LES GRANDS PHILOSOPHES

ARISTOTE

PAR

CLODIUS PIAT

AGRÉGÉ DE PHILOSOPHIE, DOCTEUR ÈS LETTRES
PROFESSEUR A L'ÉCOLE DES CARMES

PARIS
FÉLIX ALCAN, ÉDITEUR
108, BOULEVARD SAINT-GERMAIN, 108

1903

ARISTOTE

LES GRANDS PHILOSOPHES
Collection dirigée par CLODIUS PIAT

Publiée chez Félix Alcan

Volumes in-8º de 300 pages environ, chaque volume, 5 fr.

Ont paru :

SOCRATE, par Clodius Piat.

KANT, par Th. Ruyssen, ancien élève de l'École normale, professeur de philosophie au Lycée de Bordeaux.

AVICENNE, par le baron Carra de Vaux, ancien élève de l'École Polytechnique, professeur d'arabe à l'Institut catholique de Paris.

SAINT AUGUSTIN, par l'abbé J. Martin.

MALEBRANCHE, par Henri Joly.

PASCAL, par Ad. Hatzfeld.

SAINT ANSELME, par le comte Domet de Vorges.

SPINOZA, par Paul-Louis Couchoud, agrégé de philosophie, ancien élève de l'École normale.

GAZALI, par le baron Carra de Vaux, Membre du Conseil de la Société asiatique.

Va paraître :

MONTAIGNE, par Fortunat Strowski, ancien élève de l'École normale supérieure, Docteur ès Lettres, professeur à l'Université de Bordeaux.

LES GRANDS PHILOSOPHES

ARISTOTE

PAR

CLODIUS PIAT

AGRÉGÉ DE PHILOSOPHIE, DOCTEUR ÈS LETTRES
PROFESSEUR A L'ÉCOLE DES CARMES

PARIS
FÉLIX ALCAN, ÉDITEUR
108, BOULEVARD SAINT-GERMAIN, 108

1903

PUBLICATIONS DU MÊME AUTEUR :

L'Intellect actif. Leroux, Paris, 1890.

Quid divini nostris ideis tribuat Divus Thomas. Leroux, Paris, 1890.

Historique de la liberté au XIXe siècle. Lethielleux, Paris, 1894. (*Couronné par l'Académie française.*)

Problème de la liberté. Lethielleux, Paris, 1895. (*Couronné par l'Académie française.*)

L'Idée ou Critique du Kantisme, 2e édition. Ch. Poussielgue, Paris, 1901.

L'Apologétique de l'abbé de Broglie, avec héliogravure, 80 pages, in-8° jésus. V. Lecoffre, Paris, 1896.

La Personne humaine. *Bibliothèque de philosophie contemporaine.* F. Alcan, Paris, 1897. (*Couronné par l'Académie des sciences morales et politiques.*)

Destinée de l'homme. *Bibliothèque de philosophie contemporaine.* F. Alcan, Paris, 1898. (*Traduit en allemand, par Emil Prinz zu Œttingen-Spielberg.*)

La Monadologie de Leibniz, Précédée d'une étude de la philosophie de Leibniz. V. Lecoffre, Paris, 1900.

Socrate. *Collection des Grands Philosophes.* F. Alcan, Paris, 1900. (*Traduit en allemand, par Emil Prinz zu Œttingen-Spielberg.*)

Religion et critique, œuvre posthume de l'abbé de Broglie, 2e édition. V. Lecoffre, Paris, 1898. (*Traduit en allemand, par le même.*)

Questions Bibliques, œuvre posthume de l'abbé de Broglie. V. Lecoffre, Paris, 1897.

PRÉFACE

Ce livre est la monographie du système aristotélicien, l'un des plus profonds qui aient paru.

Les spécialistes y trouveront un instrument de travail, et le public cultivé une mine de pensées fortes et fécondes.

On n'a pas écrit un chapitre à part sur l'authenticité des traités d'Aristote et la suite chronologique de leur apparition, bien que ces deux questions soient assez importantes. Le lecteur trouvera, au cours de l'ouvrage, les discussions et les éclaircissements qui sont nécessaires à l'intelligence de la doctrine. Quant aux personnes qui désireront de plus amples détails, elles pourront se référer à F. Ravaisson [1] et surtout à M. Ed. Zeller qui résume magistralement le débat [2].

Les commentaires des anciens et les publications critiques des modernes ont été mis à profit sur les points dont l'interprétation soulève des difficultés; et ces points sont

---

1. *Essai sur la Métaphysique d'Aristote*, t. I, Paris, 1837.
2. *Die Philosophie der Griechen*, II, 2, p. 50-160, Leipzig, 1879.

nombreux. Le texte n'est pas toujours bien établi; et, même quand il l'est, le sens en demeure assez souvent équivoque ou douteux. Mais l'on a tenu principalement à donner une œuvre de première main, issue d'une méditation patiente et comparative des pensées de l'auteur. La raison qui nous a fait accepter cette méthode interne, c'est que les écrits d'Aristote ont comme disparu sous une couche profonde de commentaires dont l'inspiration est on ne peut plus diverse. Vu cette variété d'opinions, il ne reste qu'un moyen de savoir à quoi s'en tenir, c'est de se rabattre sur l'original et de l'étudier pour lui-même.

On a indiqué en plusieurs endroits les frontières qui séparent Aristote et saint Thomas d'Aquin. Il y a là toute une série de problèmes qui ne sont pas bien connus et que l'on recommande aux amants de la philosophie médiévale.

C. Piat.

ARISTOTE

LIVRE PREMIER

L'ÊTRE

―――∽∞∽―――

CHAPITRE PREMIER

DÉFINITION DE LA PHILOSOPHIE PREMIÈRE.

La « philosophie première »[1] a pour objet l'être consi-

---

1. Aristote ne s'est pas servi de l'expression Μετὰ τὰ φυσικά, au cours de ses ouvrages ; il emploie le mot de philosophie première (*Met.*, E, 1, 1026ᵃ, 15-31), ou celui de théologie (*Met.*, K, 7, 1064ᵇ, 3).
   Il est vrai que l'on a mis en doute l'authenticité du livre K (XI). D'après Ed. Zeller (*Die Philos. der Griechen*, II, 1, p. 447, n. 2), la 2ᵉ partie de ce livre (c. 9 fin) est sûrement apocryphe. Au sens de Rose (*Arist. libr. ordn.*, 156, Berlin, 1854, 8°), la 1ʳᵉ partie le serait également. Et cette dernière opinion se fonde principalement sur une remarque philologique. La formule γε μὴν revient sept fois dans cette première partie (Eucken, *De Ar. dicendi ratione*, I, 10 et sq., Göttingen, 1866, 8° ; *Ind. Arist.*, 147ᵃ, 44-45) ; or on ne la trouve pas dans les autres ouvrages d'Aristote : elle serait étrangère à son style.
   Mais cette preuve ne paraît pas décisive. Comme l'observe Ed. Zeller (*ouvr. cit.*, II, 2, p. 81), il y a des singularités analogues dans les autres traités d'Aristote : τὲ... τὲ, par ex., ne se rencontre à peu près que dans l'*Éthique* et la *Politique* ; ἒτ γε, que dans la *Physique*, la *Métaphysique* et la *Politique* (Eucken, 16, 33). Et ces singularités ne sont pas toutes primitives ; il en est

déré comme tel[1]. Chacune des autres sciences n'embrasse qu'une portion définie de la réalité; chacune des autres sciences se choisit dans l'immensité des choses un point de vue spécial où elle se confine[2]. La physique, par exemple, considère les corps en tant qu'ils contiennent le principe de leur mouvement; la mathématique les envisage, au contraire, en tant qu'ils sont immobiles[3]; l'art et la morale portent sur les règles de l'action. Seule, la métaphysique s'occupe de ce qui constitue le fond commun de tout individu possible ou donné : seule, elle dépasse les espèces d'être pour ne plus s'intéresser qu'à l'être.

Étudier l'être comme tel, c'est d'abord se demander s'il présente diverses déterminations et quels en sont les principes constitutifs[4]. La science se compose de définitions[5]. Or on ne définit une chose donnée qu'à condi-

---

sans nul doute qui sont dues aux copistes. Elles ne donnent donc rien de bien probant. Pour résoudre la question, il faut regarder à la teneur générale du texte; or, pris de cet autre point de vue, il porte nettement la marque d'Aristote : il en exprime les idées, il en a la facture (v. ED. ZELLER, ouvr. cit., II, 2, p. 81; BRANDIS, Abh. der Berl. Akad., 1834; BONITZ, Ar. Met., II, 15, Bonnæ, 1848-9; SCHWEGLER, Ar. Met., IV, 209, Tübingen, 1847-8). Et l'on en peut dire autant de la 2ᵉ partie.

Ce qu'il y a de fondé, c'est que le livre XI n'est peut-être pas à sa place dans la *Métaphysique* (RAVAISSON, *Essai sur la Mét. d'Ar.*, t. I, p. 96-98).

1. ARIST., *Met.*, Γ, 2, 1003ᵃ, 21-26; Γ, 2, 1005ᵃ, 13 et sqq.; K, 3, 1060ᵇ, 31-33; K, 3, 1061ᵇ, 6-11; K, 7, 1064ᵃ, 2-4.

2. *Id.*, *Ibid.*, Γ, 1, 1003ᵃ, 23-32; E, 1, 1025ᵇ, 7-10 : ἀλλὰ πᾶσαι αὗται περὶ ἕν τι καὶ γένος τι περιγραψάμεναι περὶ τούτου πραγματεύονται, ἀλλ' οὐχὶ περὶ ὄντος ἁπλῶς οὐδὲ ᾗ ὄν, οὐδὲ τοῦ τί ἐστιν οὐθένα λόγον ποιοῦνται; K, 1, 1059ᵇ, 16-21; K, 7, 1064ᵃ, 2-10.

3. *Id.*, *Phys.*, B, 2, 193ᵇ, 22-35; *Met.*, E, 1, 1025ᵇ, 18-21; E, 1, 1026ᵃ, 11-16; K, 4, 1061ᵇ, 6-11; Λ, 3, 1070ᵃ, 7-8.

4. *Id.*, *Met.*, Γ, 2, 1003ᵇ, 15-22.

5. *Id.*, *Anal. post.*, A, 31, 87ᵇ, 37-39 :... ἡ δ' ἐπιστήμη τῷ τὸ καθόλου γνωρίζειν ἐστίν.

tion d'en avoir fait l'analyse. Le mathématicien parle, à propos du nombre considéré comme nombre, des différents modes qu'il comporte, par exemple, du pair et de l'impair, de la symétrie, de l'égalité, du plus et du moins[1] : ainsi doit faire le philosophe au sujet de l'être. De plus, il faut qu'il en discerne les éléments internes; autrement, son savoir demeure inachevé[2].

En outre, étudier l'être comme tel, c'est chercher ce qui en produit le perpétuel devenir : c'est déterminer quelles sont les causes générales qui concourent soit à la formation, soit au développement, soit à la disparition des différents individus[3]. Et là se trouve le problème qu'il importe surtout de résoudre; là est le terme auquel tendent à la fois et l'analyse et la définition, car on ne sait que les choses dont on connaît le pourquoi[4].

Ainsi, la métaphysique est la science des principes et des causes de l'être pris comme tel. Par là même, c'est celle des premiers principes et des premières causes[5]; et dès lors, on voit mieux, du moins l'on voit sous un jour différent comment la métaphysique se rapporte aux autres sciences.

Celles-ci partent soit d'une donnée expérimentale, soit d'une hypothèse, pour en tirer des conclusions plus ou moins rigoureuses; et, dans la suite de leurs opérations,

1. Arist., *Met.*, Γ, 2, 1004ᵇ, 10-17.
2. *Id.*, *Phys.*, A, 1, 184ᵃ, 10-16.
3. *Id.*, *Met.*, Γ, 2, 1003ᵇ, 15-19; *Ibid.*, E, 1, 1025ᵇ, 3-4; *Ibid.*, Λ, 1, 1069ᵃ, 18-19.
4. *Id.*, *Ibid.*, A, 1, 981ᵃ, 28-30 : Οἱ μὲν γὰρ ἔμπειροι τὸ ὅτι μὲν ἴσασι, διότι δ' οὐκ ἴσασιν· οἱ δὲ τὸ διότι καὶ τὴν αἰτίαν γνωρίζουσιν.
5. *Id.*, *Ibid.*, A, 1, 981ᵇ, 27-29 : οὗ δ' ἕνεκα νῦν ποιούμεθα τὸν λόγον, τοῦτ' ἐστίν, ὅτι τὴν ὀνομαζομένην σοφίαν περὶ τὰ πρῶτα αἴτια καὶ τὰς ἀρχὰς ὑπολαμβάνουσι πάντες...

elles emploient des principes logiques dont elles ne pèsent jamais la valeur[1] : les sciences particulières ont une marche descendante. Au contraire, tout en prenant son point de départ dans les phénomènes, la métaphysique s'élève par degrés jusqu'à ce qu'elle en ait découvert l'intégrale explication : sa marche est ascendante.

Par là même, elle exerce une sorte d'hégémonie de la pensée. Est-elle en train de se faire, il n'est rien qui lui demeure indifférent. Physique, mathématique, astronomie, esthétique et morale sont autant de domaines où elle chasse tour à tour pour y trouver son bien ; les individus eux-mêmes n'échappent pas à ses investigations : « qui donc, sinon le philosophe, se demandera si Socrate est identique à Socrate assis[2]? » Est-elle faite au contraire, elle projette sa lumière sur l'univers entier : le sage, il est vrai, ne connaît pas les choses individuellement, une à une ; mais il a sa manière de tout savoir, puisque les raisons par lesquelles il sait dominent tout le reste et le rendent intelligible[3].

De plus, bien que la métaphysique soit celle de nos connaissances qui s'éloigne le plus des données sensibles et qui demande le plus d'effort[4], elle n'en demeure pas moins la plus exacte, la plus pleinement démonstrative et la plus enseignable : c'est la science parfaite[5]. Et l'on peut ajouter que c'est aussi la plus noble. Il convient, en

---

1. Arist., *Met.*, E, 1, 1025ᵇ, 10-13: ἀλλ' ἐκ τούτου αἱ μὲν αἰσθήσει ποιήσασθαι αὐτὸ δῆλον, αἱ δ' ὑπόθεσιν λαβοῦσαι τὸ τί ἐστιν, οὕτω τὰ καθ' αὑτὰ ὑπάρχοντα τῷ γένει περὶ ὅ εἰσιν ἀποδεικνύουσιν ἢ ἀναγκαιότερον ἢ μαλακώτερον; K, 3, 1061ᵃ, 35; K, 7, 1064ᵃ, 4-10.
2. *Id., Ibid.,* Γ, 2, 1004ᵃ, 2-3, 34 et sqq.
3. *Id., Ibid.,* A, 2, 982ᵃ, 8-10, 21-23.
4. *Id., Ibid.,* A, 2, 982ᵃ, 23-26.
5. *Id., Ibid.,* A, 2, 982ᵃ, 26 et sqq.

effet, de regarder comme telle la science qui trouve en Dieu et son développement idéal et son terme le plus élevé. « Or c'est là le double caractère que présente la philosophie : Apparemment, Dieu est la cause première de toutes choses; et il est seul à le savoir, du moins à le savoir éminemment[1]. »

De ces cimes où parvient le sage, se répand une lumière nouvelle sur la nature même des spéculations auxquelles il s'enchaîne.

Si Dieu est non seulement le métaphysicien par excellence, mais encore l'objet suprême de la métaphysique, cette science mérite un nom plus précis que ceux qu'on lui a donnés précédemment. On l'a d'abord définie : la science de l'être; puis : la science des premières causes et des premiers principes. On peut en fournir maintenant une notion plus concrète : la métaphysique, c'est la théologie[2].

---

1. Arist., *Met.*, A, 2, 983², 5-10.
2. *Id.*, *Ibid.*, K, 7, 1064ᵃ, 33 et sqq.

CHAPITRE II

DÉTERMINATION DES CATÉGORIES.

Toutefois, ce n'est point par cette dernière définition qu'il convient de commencer. La question qui se pose dès le début est purement ontologique ; il s'agit d'examiner ce que c'est que l'être; et, pour savoir ce qu'il est, il importe en premier lieu de chercher ce qu'il n'est pas.

On ne peut se rattacher à la théorie de l'absolue unité de l'être. Si cette théorie a fait des partisans, c'est parce que l'on n'a pas su lever les équivoques qu'elle renferme.

Que veut-on dire, en effet, lorsque l'on affirme que l'être est absolument un? Veut-on signifier que, par delà les formes de l'être et l'être lui-même, il y a l'Un et que cela seul est? Mais s'exprimer de la sorte, c'est tomber dans une contradiction manifeste. Si l'un n'enferme plus l'être, s'il est autre que l'être, il n'est pas; et rien n'est [1].

Veut-on dire seulement, avec Parménide et Mélissus, que la multiplicité des choses est une vaine apparence, et qu'au fond il n'y a qu'un seul être, partout homogène, éternellement identique à lui-même [2] ? On se trouve

---

1. Arist., *Phys.*, A, 3, 186ª, 31 et sqq.
2. *Id.*, *Met.*, A, 3, 984ª, 29 et sqq.; B, 4, 1001ª, 31 et sqq.

alors en face d'un monisme plus profond, mais qui n'en
est pas moins insoutenable dans sa noble inflexibilité.
Si tout est rigoureusement un, il n'y a plus ni naissance,
ni développement, ni disparition; il n'y a plus de mouvement d'aucune sorte [1]. Or une telle conséquence suffit
à démontrer que le système dont elle dérive demeure
totalement étranger aux faits [2]. Si tout est rigoureusement un, il faudra dire que l'homme et le cheval sont
une seule et même chose, que le bien et le mal sont
identiques, que le blanc et le noir ne font qu'un : il
faudra nier en bloc toutes les différences, toutes les oppositions, toutes les contrariétés dont la nature nous
offre le perpétuel spectacle [3]. Et quel moyen d'admettre
une doctrine qui va jusqu'à de telles extrémités? De plus,
qu'est-ce que l'être dont parlent les éléates? Puisqu'il est
un, il faut qu'il soit ou simplement continu, ou absolument indivisible. S'il est continu, il est multiple par là
même; car le propre du continu est de se diviser à l'infini. S'il est absolument indivisible, il n'a pas de grandeur:
il n'est pas infini, comme le veut Melissus, ni même fini,
comme le dit Parménide; car toute grandeur est, comme
telle, susceptible de division. Dans l'un et l'autre cas,
c'est encore à la contradiction que l'on se trouve acculé [4].

Essaie-t-on de se prononcer pour une troisième forme
de la même théorie; affirme-t-on, sur l'exemple d'Antisthène [5], que, si tout n'est pas un, du moins chaque être
est un, et au point de n'envelopper aucun élément de

1. Arist., *Phys.*, A, 3, 186ª, 10-16.
2. *Id., Ibid.*, A, 2, 184ᵇ, 25 et sqq.; *Ibid.*, Θ, 3, 253ᵇ, 4-6.
3. *Id., Ibid.*, A, 2, 185ᵇ, 19-25; A, 3, 186ª, 20-23.
4. *Id., Phys.*, A, 2, 185ᵇ, 7-19.
5. *Id., Met.*, 3, 1043ᵇ, 23-28.

distinction, aucune matière à définition. On diminue alors les difficultés; mais on est loin de les supprimer toutes. Chaque être est multiple, comme l'univers dont il fait partie, bien qu'à un moindre degré. Impossible de réduire la qualité à la quantité; impossible aussi de concevoir la qualité et la quantité sans les rapporter à un troisième terme qui les groupe et les supporte [1] : Tout individu est au moins une trinité. Cette trinité elle-même se fractionne en éléments secondaires. Il y a dans chaque homme une couleur et une taille définies, un animal, un bipède, une pensée qui se déploie en se ramassant sur elle-même; et chacune de ces choses devient multiple à son tour sous le regard de l'analyse [2].

L'être n'est pas absolument un; mais il n'est pas non plus multiple à l'infini, comme l'ont pensé Leucippe et Démocrite [3]. L'atomisme aussi passe à côté de la vérité.

On affirme qu'il existe un nombre infini de principes. Une telle conception est la négation de la science. Savoir, c'est expliquer; c'est connaître quelles sont les causes des phénomènes donnés et quel en est le nombre (ἐκ τίνων καὶ πόσων). Or, si la série des éléments qui constituent la nature n'a pas de terme, cette condition essentielle de la science n'est jamais fournie : on ne trouve nulle part une dernière cause; et l'univers demeure pour toujours inintelligible [4]. De plus, une telle conception enveloppe une antinomie qu'il est assez facile de mettre en lumière. Si le total des principes est infini, il faut que

---

1. Arist., *Phys.*, A, 2, 185^a, 27 et sqq.
2. Id., *Ibid.*, A, 3, 186^b, 14 et sqq.
3. Id., *Met.*, A, 4, 985^b, 4-22; *De gener. et corrup.*, A, 2, 316^a, 10 et sqq.; *Phys.*, A, 2, 184^b, 20-22.
4. Id., *Phys.*, A, 4, 187^b, 7-13; A, 6, 189^a, 12-20.

chacune des portions que l'on y peut concevoir le soit aussi ; car, supposé que l'une d'entre elles ne le soit pas, on n'aura plus en l'ajoutant à tout le reste qu'un nombre fini ; ce qui est contraire à l'hypothèse en question. Mais, si toutes les portions de la somme infinie des principes sont elles-mêmes infinies, on a dans l'infini donné un nombre infini d'infinis ; et c'est une contradiction qu'aucun effort ne saurait lever [1].

On ajoute que ces principes dont le nombre n'a pas de limite, sont également éternels. C'est donc qu'il y faut voir autant de causes premières. Mais, s'ils sont des causes premières, ils sont par là même absolument semblables : ils ne comportent aucune différence de qualité, de quantité, de figure, de site, de pesanteur, où de mouvement ; car ils ont tous et toujours la même raison d'être [2]. Bien plus, il faut qu'ils soient totalement identiques, qu'ils se confondent en une seule réalité [3] ; et l'on se trouve derechef en face de Parménide.

On veut aussi que ces principes infinis en nombre et éternels aient de la grandeur. Et il le faut bien ; autrement, les corps ne s'expliqueraient point. De plus, il n'y aurait entre les éléments aucun contact possible ; par là même aucune rencontre, aucune combinaison : et le monde ne se serait jamais formé [4]. Or, si les éléments ont de la grandeur, ils ne sont plus insécables, comme l'exige la théorie ; ils sont divisibles. Car, si petite que soit une partie quelconque de l'étendue, elle se divise

---

1. Arist., *Phys.*, A, 4, 188ᵃ, 2-5 ; Γ, 5, 204ᵃ, 20-26.
2. *Id.*, *De cœl.*, A, 7, 275ᵇ, 29 et sqq.
3. *Id.*, *De gener. et corrup.*, A, 8, 326ᵃ, 29-34.
4. *Id.*, *Ibid.*, A, 8, 325ᵇ, 34 et sqq.

encore, du moment qu'elle est étendue. Les atomistes se mettent en conflit avec les Mathématiques[1].

En outre, leur doctrine, bien qu'inspirée par le besoin d'expliquer le mouvement, ne rend compte pourtant ni des formes qu'il revêt, ni de ses conditions, ni de son existence elle-même. Il n'y a, d'après eux, que des agrégations et des séparations : tout changement, si profond et si durable qu'on le suppose, est purement quantitatif. L'expérience ne s'accommode pas d'une semblable interprétation.

Un corps qui passe du noir au blanc, ou du sec à l'humide, acquiert une qualité nouvelle; il en est de même du bloc de marbre qui devient une statue. Au moins faut-il convenir que l'âme est quelque chose de plus qu'un agglomérat d'atomes : la mémoire, la science et le vouloir sont des modes indivisibles et demandent par là même un sujet qui le soit aussi [2]. De plus, les atomistes ne démontrent qu'en apparence la possibilité du mouvement. A côté du plein, ils introduisent le vide, qu'ils appellent le non-être. Mais ou bien ce vide n'est absolument rien; et alors il ne peut servir de milieu au mouvement. Ou bien il est quelque chose; et alors on passe de la théorie du vide partiel à celle du continu [3]. On peut même dire que les abdérites suppriment toute possibilité de mouvement. Chaque mouvement suppose un

---

1. Arist., *De cœl.*, Γ, 4, 303ª, 20-25; *De gener. et corrup.*, A, 8, 326ª, 24-29.

2. *Id.*, *De gener. et corrup.*, A, 2, 317ª, 17-27; B, 6, 334ª, 9-14 : ἄτοπον δὲ καὶ εἰ ἡ ψυχὴ ἐκ τῶν στοιχείων ἢ ἕν τι αὐτῶν. Ce dernier texte est dirigé contre Empédocle; mais la pensée qu'il contient ne fait que commenter le premier, qui porte directement contre Démocrite.

3. *Id.*, *De gener. et corrup.*, A, 8, 326ᵇ, 10-24.

lieu naturel vers lequel il s'oriente. Or imaginez que le monde soit infini, il ne renferme plus rien de tel : il n'a plus ni centre ni circonférence, ni haut ni bas, ni avant ni arrière, ni droite ni gauche; impossible d'y déterminer une zone quelconque où les corps se puissent diriger [1]. D'ailleurs, comment interpréter, d'après l'atomisme, l'apparition même du mouvement? Dira-t-on que les atomes s'actionnent les uns les autres? Mais alors, moteurs et mobiles, ils pâtissent tous du même coup, et subissent par suite des modifications perpétuelles. Et, si l'on avance que chacun des atomes se meut de soi, l'on n'aboutit qu'à reculer la question. Dans ce cas, ils ne formeront jamais aucun agglomérat : il n'en sortira jamais un univers; ils resteront éternellement isolés, comme des monades. Encore cette irrémédiable dispersion ne fera-t-elle pas que le mouvement devienne intelligible? Si les atomes sont absolument simples, ils sont au même moment et sous le même rapport en puissance et en acte : ce qui ne se conçoit pas. S'ils sont composés au contraire, il faut qu'ils contiennent une partie qui se meut et une autre qui est mue; et la partie qui meut, se meut par là même. D'où lui vient donc ce mouvement, puisqu'il ne procède pas du dehors? comment passe-t-elle perpétuellement de la puissance à l'acte, vu que, d'après l'hypothèse où nous raisonnons, il n'y a pas de cause extérieure qui la détermine [2]?

On a vu que l'unité de l'être n'est pas absolue; il faut affirmer aussi qu'il n'est pas totalement immuable [3] : les

---

1. ARIST., *De cœl.*, A, 7, 276ª, 6-12.
2. *Id.*, *De gener. et corrup.*, A, 8, 326ᵇ, 2-6.
3. *Id.*, *Phys.*, A, 2, 184ᵇ, 16; *Met.*, A, 3, 984ª, 29 et sqq.

deux thèses fondamentales de Parménide sont fausses, quand on les envisage comme l'expression intégrale de la réalité. Le mouvement est un fait, le plus indéniable de tous les faits. S'il n'existe pas en soi, il existe au moins en nous : c'est un phénomène. Et cela suffit pour montrer l'erreur de toute théorie où l'on prétend n'en pas tenir compte [1] ; nier le devenir est faiblesse d'esprit ; car il n'y a rien, ni dans des choses ni dans la pensée, qui soit d'une évidence plus frappante [2].

Ce n'est pas à dire que l'on doive se rabattre sur la théorie de l'universel écoulement enseignée par Héraclite et poussée par Protagoras à son dernier point d'acuité ; on tomberait ainsi dans l'excès contraire. Il n'est pas vrai que « tout s'écoule, comme les fleuves [3] ».

Il y a, d'abord, des choses qui ne se meuvent pas toujours. Une pierre qui gît sur le sol, n'a pas de mouvement local ; et l'on en peut dire autant soit de la terre, soit des autres éléments qui ont atteint leur lieu naturel : ils sont en repos et n'en sortent que par la force [4]. C'est tout à coup qu'un vaisseau s'ébranle sous l'effort des matelots ; l'on n'a pas de raison de soutenir qu'auparavant il commençait à changer de place [5]. Il faut à la goutte d'eau,

---

1. Arist., *Phys.*, A, 2, 185ª, 14 : ἅμα δ' οὐδὲ λύειν ἅπαντα προσήκει ; Θ, 3, 254ª, 27-30 : Εἴπερ οὖν ἐστι δόξα ψευδὴς ἢ ὅλως δόξα, καὶ κίνησίς ἐστι, κἂν εἰ φαντασία, κἂν εἰ ὁτὲ μὲν οὕτως δοκεῖ εἶναι ὁτὲ δ' ἑτέρως· ἡ γὰρ φαντασία καὶ ἡ δόξα κινήσεις τινὲς εἶναι δοκοῦσιν ; A, 3, 186ª, 13-16.

2. *Id., Ibid.*, Θ, 3, 253ª, 32-35 : τὸ μὲν οὖν πάντ' ἠρεμεῖν, καὶ τούτου ζητεῖν λόγον ἀφέντας τὴν αἴσθησιν, ἀρρωστία τίς ἐστι διανοίας... ; B, 1, 193ª, 2-3 : ὡς δ' ἔστιν ἡ φύσις, πειρᾶσθαι δεικνύναι γελοῖον.

3. *Id., Met.*, Γ, 5, 1010ª, 7-15 ; A, 3, 984ª, 7-8 ; K, 6, 1062ᵇ, 12 et sqq. ; voir aussi Plat., *Theæt.*, VIII, 207 et sqq., éd. Stallb., Leipzig, 1881.

4. *Id., Phys.*, Θ, 3, 253ᵇ, 31-35.

5. *Id., Ibid.*, II, 5, 250ª, 17-19 ; voir aussi tout l'ensemble du chapitre.

qui use insensiblement la pierre, un certain quantum de poids et de vitesse au-dessous duquel elle ne produit encore aucun effet actuel[1]. Il se produit un instant indivisible où débute le phénomène de la congélation, instant avant lequel il n'existait que l'immobile puissance de le subir[2]. Il y a du fixe au dehors; et nous en trouvons pareillement au dedans de nous. Le sujet qui sent se souvient. Or le souvenir ne s'explique pas, si rien ne demeure identique à soi-même entre le passé et le présent[3] : celui-là seul peut revoir qui a déjà vu.

En second lieu, il existe des choses qui ne se meuvent jamais. La nature sensible elle-même en contient de telles. Les êtres sensibles sont susceptibles de définition; et toute définition est ou du moins suppose une essence qui ne change pas. On échappe à l'héraclitisme, dès qu'on passe de la quantité à la qualité[4]; on y échappe bien plus encore lorsque l'on essaie de remonter à la raison dernière du mouvement. Tout mouvement suppose une cause, qui en suppose une autre. Mais l'on ne peut aller à l'indéfini dans cette voie[5]; autrement, rien ne s'expliquerait que conditionnellement[6]. Il faut qu'il y ait quelque part un premier principe, une cause qui ne soit pas causée

---

1. ARIST., *Phys.*, Θ, 3, 253ᵇ, 14-23.
2. *Id.*, *Ibid.*, Θ, 3, 253ᵇ, 23-26.
3. *Id.*, *Met.*, Γ, 5, 1010ᵇ, 30 et sqq.
4. *Id.*, *Ibid.*, Γ, 5, 1010ᵃ, 22-25 : ἀλλὰ πορέντες ἐκεῖνα λέγωμεν, ὅτι οὐ ταὐτόν ἐστι τὸ μεταβάλλειν κατὰ τὸ ποσὸν καὶ κατὰ τὸ ποιόν. Κατὰ μὲν οὖν τὸ ποσὸν ἔστω μὴ μένον ἀλλὰ κατὰ τὸ εἶδος ἅπαντα γιγνώσκομεν; Θ, 8, 1050ᵇ, 6-8; Ζ, 8, 1033ᵃ, 28, 1033ᵇ, 1-11; Ζ, 15, 1039ᵇ, 23-27; Λ, 3, 1069ᵇ, 33-36; 1070ᵃ, 1-4.
5. *Id.*, *Ibid.*, Γ, 5, 1010ᵃ, 17-21; Α ἐλ, 994ᵇ, 3-4, 29-31; *Phys.*, Θ, 5, 256ᵃ, 13-18, 28-29.
6. *Id.*, *Met.*, Α ἐλ, 994ᵃ, 18-19; Β, 4, 1000ᵇ, 26-28.

et qui par là même soit essentiellement immuable [1].

L'école ionique a donc exagéré la part qui revient au mouvement dans l'univers [2]. De plus, elle a eu le tort de se borner à la considération des êtres sensibles : elle a ignoré le ciel qui est la portion la plus vaste et la plus belle du monde [3]. Encore l'aurait-elle découvert, si elle avait épuisé les données qui lui servent de point de départ : le mobile mène à l'immuable. Mais sa logique s'est arrêtée en chemin ; et la théorie qu'elle a construite demeure incomplète et contradictoire [4].

La philosophie de l'être est donc manquée ; et la cause principale de cet échec, c'est sans doute que l'on a mal posé le problème dont elle doit fournir la solution. Les uns se sont enfermés dans leur raison, et sont arrivés à des résultats qui ne tiennent aucun compte des données de l'expérience ; les autres, au contraire, ont fait de l'expérience un usage trop exclusif et se sont bornés à des théories qui ne tiennent aucun compte des principes fondamentaux de la raison. La nature du sujet demande une méthode plus compréhensive : il faut, pour le traiter avec succès, commencer par l'observation de la réalité concrète elle-même et en faire ensuite une analyse rationnelle plus précise et plus profonde [5]. Continuer le procédé des ioniens par celui des éléates : voilà le moyen d'aboutir.

---

1. Arist., *Phys.*, Θ, 5, 256ᵇ, 12-27 ; ici nous préférons pour la ligne 22 la variante ὑπ' ἄλλου δέ, ἀλλ' οὐχ ὑφ'.
2. *Id., Ibid.*, Θ, 8, 265ᵃ, 2-10.
3. *Id., Met.*, Γ, 5, 1010ᵃ, 25-32.
4. V. la critique du *Théætète*.
5. *Id., Phys.*, A, 1, 184ᵃ, 20-23 : ἔστι δ' ἡμῖν πρῶτον δῆλα καὶ σαφῆ τὰ

Si l'on se place à ce point de vue, on remarque qu'il y a, dans chaque être individuel, un sujet dont on affirme tous ses dérivés et qui ne s'affirme lui-même d'aucune autre chose. On dit de Socrate, par exemple, qu'il est musicien, qu'il se promène ou qu'il est assis; mais Socrate, envisagé comme étant tel homme, ne peut nullement servir de prédicat. De là une première catégorie, celle d'où dépendent toutes les autres, et qu'on appelle du nom de substance (οὐσία)[1]. De plus, il y a, dans chaque substance, de la qualité (ποιότης) et de la quantité (ποσότης)[2]. C'est la première de ces déterminations dont on affirme l'existence, lorsqu'on dit d'un corps qu'il est blanc ou noir, et d'un homme qu'il est savant ou vertueux; la seconde n'est autre chose que le nombre, l'étendue ou l'intensité. Et l'on a de cette sorte deux autres catégories qui dérivent immédiatement de la première. La qualité et la quantité elles-mêmes donnent lieu à tout un ensemble de rapports[3], tels que la ressemblance, la contiguïté, l'égalité et l'inégalité, le plus ou le moins, la causation; d'où une quatrième catégorie qui s'appelle la relation (πρός τι). En outre, on peut, à propos de tout être donné, se demander à quelle portion du temps et de l'espace il se rattache; on peut chercher également s'il

συγκεχυμένα μᾶλλον· ὕστερον δ' ἐκ τούτων γίνεται γνώριμα τὰ στοιχεῖα καὶ ἀρχαὶ διαιροῦσι ταῦτα.

1. Arist., *Met.*, Z, 2, 1028ᵇ, 8-9 : Δοκεῖ δ' ἡ οὐσία ὑπάρχειν φανερώτατα μὲν τοῖς σώμασιν; Z, 1, 1028ᵃ, 35-36 : ἀνάγκη ἐν τῷ ἑκάστου λόγῳ τὸν τῆς οὐσίας ἐνυπάρχειν. Cette évidence est si grande qu'aucun des anciens philosophes ne l'a jamais niée : ils ont discuté sur la nature et la pluralité de la substance; ils n'en ont jamais mis l'existence en doute (*Met.*, Z, 1, 1028ᵇ, 2-6).

2. *Id., Ibid.*, Λ, 1, 1069ᵃ, 20-21 : πρῶτον ἡ οὐσία, εἶτα τὸ ποιόν, εἶτα τὸ ποσόν.

3. *Id., Ibid.*, N, 1, 1088ᵃ, 17-29.

change ou non. A ces questions correspond une autre file de six catégories : où (ποῦ), quand (πότε), le repos (κεῖσθαι), la possession que donne ou enlève le changement (ἔχειν), l'action et la passion qu'il suppose (ποιεῖν καὶ πάσχειν)[1].

Les catégories sont donc au nombre de dix; et cette somme n'est pas fixée au hasard, elle résulte d'une déduction systématique de la réalité concrète. Si l'on avait quelque doute sur ce point, il serait facile d'en sortir à l'aide des paroles mêmes d'Aristote. Non seulement il affirme avec persistance qu'il y a un nombre déterminé de catégories[2]; mais encore, dans deux endroits où il s'agit d'en dresser un catalogue rigoureux, il en énumère dix : je veux parler du chapitre IV° des *Catégories*[3] et du premier livre des *Topiques*[4]. Bien plus, dans ce dernier passage, il donne formellement le chiffre en question, δέκα[5]. Mais, chose assez curieuse, cette pré-

---

1. Que les catégories désignées par les termes κεῖσθαι, ἔχειν, ποιεῖν καὶ πάσχειν se rapportent au mouvement, c'est une interprétation qui est assez bien fondée sur le texte suivant de la *Métaphysique* : ἔστι γάρ τι ὑποκείμενον ἑκάστῳ, οἷον τῷ ποιῷ καὶ τῷ ποσῷ καὶ τῷ πότε καὶ τῷ ποῦ καὶ τῇ κινήσει ; ici le mot κινήσει est à peu près sûrement une réduction à l'unité des quatre dernières catégories.

2. Arist., *Anal. post.*, A, 22, 83ᵇ, 15-16 : καὶ τὰ γένη τῶν κατηγοριῶν πεπέρανται; *Psych.*, A, 1, 402ᵃ, 23-25 : ... λέγω δὲ πότερον τόδε τι καὶ οὐσία ἢ ποιὸν ἢ ποσὸν ἢ καί τις ἄλλη τῶν διαιρεθεισῶν κατηγοριῶν...; *Met.*, Γ, 2, 1003ᵇ, 5-6.

3. 1ᵇ, 25-27 : Τῶν κατὰ μηδεμίαν συμπλοκὴν λεγομένων ἕκαστον ἤτοι οὐσίαν σημαίνει ἢ ποσὸν ἢ ποιὸν ἢ πρός τι ἢ ποῦ ἢ ποτὲ ἢ κεῖσθαι ἢ ἔχειν ἢ ποιεῖν ἢ πάσχειν.

4. 9, 103ᵇ, 21-23 : ἔστι δὲ ταῦτα τὸν ἀριθμὸν δέκα; et vient ensuite la même liste que plus haut : τί ἐστι, ποσόν, etc...

5. Adolf Trendelenburg, dans son *Histoire des catégories* (p. 21-24, Belge, Berlin, 1846), pense que la déduction des catégories est d'ordre *grammatical*. La substance représenterait le sujet de la proposition, le ποιὸν et le ποσὸν l'adjectif, ποῦ et πότε les adverbes de lieu et de temps, etc... C'est aussi l'opinion de G. Grote (*Aristotle*, t. I, p. 142-144, London, 1872). Mais on ne voit nulle part qu'Aristote ait suivi un tel procédé.

cision ne se maintient pas partout. On trouve d'autres textes où Aristote se propose également de donner une liste complète des catégories et qui en contiennent un nombre moindre. Au chapitre XXII⁰ des *Secondes analytiques*, on ne rencontre plus les termes κεῖσθαι et ἔχειν[1]; il en est de même au chapitre VII⁰ du livre Δ de la Métaphysique[2], ainsi qu'au chapitre XII⁰ du livre K du même ouvrage[3]. Et le chapitre II⁰ du livre N de ce traité ne donne plus que trois catégories : la substance, le mode, et la relation[4]. Or il est difficile de nier que ces différents passages visent à l'intégralité[5].

Comment résoudre l'antinomie qui résulte de ces textes? Dexinpus parle de *Traités hypomnématiques*, où Aristote se serait exprimé d'une manière plus nette sur les catégories[6]. Diogène de Laërce fait aussi mention d'ouvrages du même genre et relatifs au même sujet[7]; et Aristote, dans son traité *de la Mémoire*, renvoie à des exercices logiques où reparaissait peut-être l'analyse de l'être[8]. Mais ces dissertations sont perdues; et la question de-

---

1. 83ᵇ, 13-17.
2. 1017ᵃ, 22-27.
3. 1068ᵃ, 8-10. Ποτέ manque également ici; mais il est probable que cette absence n'est due qu'à une inexactitude du texte.
4. 1089ᵇ, 23-24 : τὰ μὲν γὰρ οὐσίαι, τὰ δὲ πάθη, τὰ δὲ πρός τι.
5. On ne peut se fonder ici sur les autres endroits, où Aristote ne songe évidemment pas à une énumération parfaite. V. par ex. : *Phys.*, A, 7, 190ᵃ, 34 et sqq.; *Met.*, E, 2, 1026ᵃ, 35 et sqq.; *Ibid.*, E, 4, 1027ᵇ, 31-33; *Ibid.*, Z, 1, 1028ᵃ, 11-13; *Ibid.*, Z, 5, 1030ᵃ, 18-20; *Ibid.*, Z, 7, 1032ᵃ, 15; *Ibid.*, Θ, 1, 1045ᵇ, 30-31; *Ibid.*, K, 3, 1061ᵃ, 5-10; *Ibid.*, N, 2, 1089ᵃ, 7-9.
6. Sch., 48ᵃ, 46 et sqq. : περὶ δὴ τούτων βέλτιον αὐτὸς ὁ Ἀριστοτέλης ἐν τοῖς ὑπομνήμασιν ἀνεδίδαξε· προθεὶς γὰρ τὰς κατηγορίας σὺν ταῖς πτώσεσιν αὐτῶν καὶ ταῖς ἀποφάσεσι καὶ ταῖς στερήσεσι καὶ τοῖς ἀορίστοις ὁμοῦ συνέταξεν αὐτῶν τὴν διδασκαλίαν, πτώσεις τὰς ἐγκλίσεις ὀνομάζων.
7. V, 23, éd. C. Gabr. Cobet, Firmin-Didot, Paris, 1862.
8. 2, 451ᵃ, 18-20 : ἢ ἐν τοῖς ἐπιχειρηματικοῖς λόγοις...

meure en suspens. Néanmoins, il se présente à l'esprit une conjecture assez naturelle. Le tableau des catégories aristotéliciennes est loin d'être à l'abri de toute critique. Au-dessus de la qualité et de la quantité, il y a le mode lui-même (τὰ πάθη ἢ ἐνυπάρχοντα) dont elles sont deux espèces. De plus, la qualité ne se cantonne pas dans la zone des dérivés de la substance; elle fait partie de la substance elle-même, comme on le verra plus loin. On peut ajouter que le repos et la possession ne sont aussi que des modes entendus au sens large, d'après lequel ils signifient toute détermination inhérente à la substance. Enfin, l'action et la passion ont bien l'air de se rattacher aux relations elles-mêmes. N'est-ce pas le sentiment de ces imperfections qui expliquerait les variantes de la pensée d'Aristote? N'aurait-il pas fait un effort perpétuel pour aboutir à une classification de plus en plus logique et par là même de plus en plus simple? Et la trinité par laquelle il semble conclure ne marquerait-elle pas le point de maturité de ses réflexions?

Quoi qu'il en soit, on discerne assez bien, du point de vue auquel s'est mis Aristote, la signification de ses catégories : elles ne représentent pas les formes de la pensée, comme celles de Kant; elles expriment les formes générales de la réalité concrète[1]. Et, dès lors, on comprend pourquoi il n'y est pas question d'existence, de possibilité, de contingence, de nécessité; ces choses ne sont point des dérivés de la substance, telle qu'elle nous est donnée dans l'observation.

1. Γένη, σχήματα.

CHAPITRE III

LA SUBSTANCE.

La substance est la catégorie d'où découlent toutes les autres[1], celle en dehors de laquelle elles ne sauraient ni exister ni se concevoir[2]. Quelle en est donc la nature? C'est ce qu'il convient d'examiner en premier lieu; et cette recherche a pour base d'élan le fait même au nom duquel on a rejeté l'éléatisme, à savoir le mouvement.

Tout mouvement est le passage du contraire au contraire, ou du moins à l'un de ses intermédiaires. On dit, par exemple, qu'un corps va du blanc au noir, ou à l'une des couleurs qui s'interposent entre ces deux extrêmes. Or cette sorte de passage ne devient intelligible que si l'on suppose une réalité plus profonde où rentre le terme vaincu et d'où sort le terme vainqueur[3]; car il est égale-

---

1. Arist., *Categ.*, 5, 2ᵃ, 11-14; *Met.*, Γ, 2, 1003ᵇ, 15-19.
2. Id., *Met.*, Z, 1, 1028ᵃ, 13-15; *Ibid.*, 1028ᵃ, 18-34 : ... τὰ δ' ἄλλα λέγεται ὄντα τῷ τοῦ οὕτως ὄντος [οὐσίας] τὰ μὲν ποσότητας εἶναι, τὰ δὲ ποιότητας...
3. Id., *Ibid.*, Λ, 1, 1069ᵇ, 3-7; Εἰ δ', ἡ μεταβολὴ ἐκ τῶν ἀντικειμένων ἢ τῶν μεταξύ, ἀντικειμένων δὲ μὴ πάντων (οὐ λευκὸν γὰρ ἡ φωνή) ἀλλ' ἐκ τοῦ ἐναντίου, ἀνάγκη ὑπεῖναί τι τὸ μεταβάλλον εἰς τὴν ἐναντίωσιν· οὐ γὰρ τὰ ἐναντία μεταβάλλει; Id., Λ, 10, 1075ᵃ, 30-2[1] : ἀπαθῆ γὰρ τὰ ἐναντία ὑπ' ἀλλήλων.

ment vrai que rien ne se perd et que rien ne se crée[1]. Il faut qu'il y ait un troisième terme qui persiste de l'un à l'autre des opposés[2], sous le flux des changements que subit un objet quelconque : il existe un principe qui ne change pas, un sujet fixe.

De plus, ce sujet n'est pas tout entier en acte; car, dans ce cas, il serait immuable : rien n'y pourrait rentrer, rien n'en pourrait sortir; il ne s'y produirait jamais aucun changement d'aucune sorte. Il y a donc, dans le fond de l'être qui change, un principe de possibilité[3]; et ce principe lui-même n'est pas déterminé, puisqu'il reçoit tour à tour les deux contraires[4]. Ce quelque chose d'indéterminé et de toujours déterminable : voilà ce qui s'appelle la matière. Et par là se trouve résolu le problème du devenir tant agité par les premiers penseurs[5] et dont Platon seul a deviné la réponse sans la donner toutefois en termes formels[6].

Mais l'indéterminé ne peut exister comme tel. Ce qui est absolument « amorphe », bien qu'encore pensable d'une certaine manière, ne se produit jamais à l'état « sé-

---

[1]. Arist., *Phys.*, A, 8, 191ᵃ, 27-31; *Ibid.*, A, 8, 191ᵇ, 13-14 : ἡμεῖς δὲ καὶ αὐτοί φαμεν γίγνεσθαι μὲν οὐδὲν ἁπλῶς ἐκ μὴ ὄντος...; *Ibid.*, A, 4, 187ᵃ, 26-28.

[2]. *Id.*, *Met.*, Λ, 2, 1069ᵇ, 7-9 : ἔτι τὸ μὲν ὑπομένει, τὸ δ' ἐναντίον οὐχ ὑπομένει· ἔστιν ἄρα τι τρίτον παρὰ τὰ ἐναντία, ἡ ὕλη; *Ibid.*, Λ, 10, 1075ᵃ, 28-34 : ... ἡμῖν δὲ λύεται τοῦτο εὐλόγως τῷ τρίτον τι εἶναι...; *Categ.*, 5, 4ᵃ, 10-20; *Phys.*, A, 7, 190ᵃ, 9-21; *De gener. et corrup.*, A, 4, 320ᵃ, 2-5.

[3]. *Id.*, *Met.*, Θ, 3, 1047ᵃ, 10-12 : εἰ ἀδύνατον τὸ ἐστερημένον δυνάμεως, τὸ μὴ γενόμενον ἀδύνατον ἔσται γενέσθαι; *Ibid.*, Λ, 10, 1075ᵃ, 28-34; *Ibid.*, N, 2, 1089ᵃ, 26-31; *De gener. et corrup.*, A, 2, 316ᵇ, 19-27; *Ibid.*, A, 3, 317ᵇ, 14-18.

[4]. *Id.*, *Cat.*, 5, 4ᵃ, 10-11 : μάλιστα δὲ ἴδιον τῆς οὐσίας δοκεῖ εἶναι τὸ ταὐτὸν καὶ ἓν ἀριθμῷ ὂν τῶν ἐναντίων εἶναι δεκτικόν; *De gener. et corrup.*, A, 4, 320ᵃ, 2-5; *Ibid.*, B, 1, 329ᵃ, 24-26; *Met.*, A, 5, 1071ᵃ, 10-11; *Phys.*, Δ, 9, 217ᵃ, 21 et sqq.

[5]. *Id.*, *De gener. et corrup.*, A, 3, 317ᵇ, 29-31.

[6]. *Id.*, *Met.*, N, 2, 1089ᵇ, 15-20.

paré »[1]. Il faut de toute rigueur qu'à telle détermination qui cesse en succède une autre : il faut, par exemple, qu'un bloc d'airain soit rond, triangulaire ou carré, qu'il devienne vase ou statue, ou revête quelque figure différente[2]. Parmi ces déterminations, il en est une qui est « première », constitutive de l'être et sans laquelle il ne peut y en avoir d'autres. « Une syllabe est quelque chose de plus que la série de ses lettres[3]; » « il y a dans la chair non seulement du feu et de la terre, du chaud et du froid, mais aussi quelque chose de différent[4]. » Et « l'homme n'est pas un animal, plus un bipède »; aux parties qui le composent s'ajoute une énergie à part qui en fait un seul et même être d'une nature définie[5]. A la matière s'adjoint, dans la réalité concrète, une sorte d'empreinte originelle et spécifiante que l'on peut appeler la forme (εἶδος)[6].

Tout n'est pas expliqué par là. Le principe matériel, avant d'acquérir telle forme, est dans un état de manque ou de privation à son égard (στέρησις) : et c'est là une autre

---

1. Arist., *Phys.*, Γ, 6, 206ᵃ, 18-29 : ... ὅλως μὲν γὰρ οὕτως ἐστὶ τὸ ἄπειρον, τῷ ἀεὶ ἄλλο καὶ ἄλλο λαμβάνεσθαι, καὶ τὸ λαμβανόμενον μὲν ἀεὶ εἶναι πεπερασμένον, ἀλλ' ἀεί γε ἕτερον καὶ ἕτερον. Comme on le peut voir par le contexte, ces paroles portent aussi bien sur l'infini de la qualité que sur celui de la quantité, bien que, dans le chapitre précédent, et même dans celui d'où ce passage est tiré, il s'agisse principalement de la dernière espèce d'infini. *Ibid.* : διὸ καὶ ἄγνωστον ᾗ ἄπειρον· εἶδος γὰρ οὐκ ἔχει ἡ ὕλη.
2. *Id., Ibid.,* B, 3, 194ᵇ, 23-26.
3. *Id., Met.,* Z, 17, 1041ᵇ, 16-17.
4. *Id., Ibid.,* Z, 17, 1041ᵇ, 17-19.
5. *Id., Ibid.,* H, 3, 1043ᵇ, 10-13.
6. *Id., Anal. post.,* B, 11, 94ᵃ, 34-35 : Τοῦτο δὲ ταὐτόν ἐστι τῷ τί ἦν εἶναι, τῷ τοῦτο σημαίνειν τὸν λόγον; *Phys.,* B, 3, 194ᵇ, 26-29; *Ibid.,* B, 7, 198ᵃ, 16-18; *Met.,* A, 3, 983ᵃ, 27-29; *Ibid.,* Δ, 2, 1013ᵃ, 27-29; *Ibid.,* Z, 1, 1028ᵃ, 35 et sqq.

condition du devenir, un troisième aspect de la réalité changeante qu'il importe de noter[1]. De plus, comment la matière passe-t-elle de la privation à la possession? Comment s'élève-t-elle à la forme ou plutôt à l'une des formes dont elle est susceptible? Évidemment, il faut qu'il y ait quelque part une force impulsive qui l'y pousse; et cette force ne peut être que le désir du meilleur (ὄρεξις). Il existe un principe « divin et bon », dont la nature est une sorte de dégradation. Ce principe suprême, l'être qui est susceptible de changement et par là même imparfait le connaît toujours d'une façon plus ou moins obscure : il en reçoit quelques clartés qui provoquent en ses profondeurs un inextinguible amour; et de là le drame éternel de la vie[2].

La matière, la forme, la privation et le désir : tels sont les quatre éléments essentiels auxquels conduit l'analyse du mouvement. Mais ces quatre éléments ne sont pas tous des principes, au sens rigoureux du mot. La privation n'est qu'une sorte de manque, un non-être[3]. Et le désir se rattache à la matière. On ne peut, en effet, le situer dans le terme ultime vers lequel tout aspire, vu que ce terme, étant parfait, n'a besoin de rien. On ne peut pas davantage le placer dans le contraire de la forme à conquérir; car, outre que les contraires n'influent pas direc-

---

1. Arist., *Met.*, Λ, 2, 1069ᵇ, 32-34 : τρία δὴ τὰ αἴτια καὶ τρεῖς αἱ ἀρχαί, δύο μὲν ἡ ἐναντίωσις, ἧς τὸ μὲν λόγος καὶ εἶδος, τὸ δὲ στέρησις, τὸ δὲ τρίτον ἡ ὕλη.
2. *Id.*, *Phys.*, Α, 9, 192ᵃ, 14-19 : ἡ δ' ἑτέρα μοῖρα τῆς ἐναντιώσεως πολλάκις ἂν φαντασθείη τῷ πρὸς τὸ κακοποιὸν αὐτῆς ἀτενίζοντι τὴν διάνοιαν οὐδ' εἶναι τὸ παράπαν· ὄντος γάρ τινος θείου καὶ ἀγαθοῦ καὶ ἐφετοῦ, τὸ μὲν ἐναντίον αὐτῷ φαμὲν εἶναι, τὸ δὲ ὃ πέφυκεν ἐφίεσθαι καὶ ὀρέγεσθαι αὐτοῦ κατὰ τὴν ἑαυτοῦ φύσιν; *Met.*, Λ, 7, 1072ᵃ, 26-30; *Ibid.*, Λ, 7, 1072ᵇ, 13-14 : ἐκ τοιαύτης ἄρα ἀρχῆς ἤρτηται ὁ οὐρανὸς καὶ ἡ φύσις.
3. *Id.*, *Phys.*, Α, 8, 191ᵇ, 15-16 : ἐκ γὰρ τῆς στερήσεως, ὅ ἐστι καθ' αὑτὸ μὴ ὄν, οὐκ ἐνυπάρχοντος γίγνεταί τι; *Ibid.*, Α, 9, 192ᵃ, 3-6.

tement les uns sur les autres, il est difficile de croire que chacun d'eux, une fois existant, a le désir naturel de se détruire lui-même[1]. C'est donc à la matière que se rattache cet immense vouloir-vivre qui agite la nature : il en fait le fond ; il en est comme le ressort toujours tendu[2]. Et, si cette réduction est véritable, il ne reste plus, en définitive, que deux principes dans la substance : la matière qui cherche à se déterminer et la forme qui la détermine.

Mais ces deux principes demandent une étude plus approfondie : il faut en examiner encore les caractères intimes et voir ensuite quels sont leurs rapports mutuels.

La matière occupe dans la nature un domaine immense ; et l'idée dont il faut partir, pour délimiter ce domaine, c'est qu'elle existe partout où se produit quelque changement[3].

Il y a de la matière dans les choses sensibles. C'est là son principal empire : elle s'y manifeste à chaque degré de l'être, quoique avec une influence décroissante, depuis la poussière de la route jusqu'à l'organisme humain d'où sort toute conscience, sauf le νοῦς. Il y a de la matière

---

1. Arist., *Phys.*, A, 9, 192ᵃ, 19-21 : τοῖς δὲ συμβαίνει τὸ ἐναντίον ὀρέγεσθαι τῆς ἑαυτοῦ φθορᾶς. Καίτοι οὔτε αὐτὸ ἑαυτοῦ οἷόν τε ἐφίεσθαι τὸ εἶδος διὰ τὸ μὴ εἶναι ἐνδεὲς οὔτε τὸ ἐναντίον; *ibid.*, A, 7, 190ᵇ, 33.

2. *Id.*, *Ibid.*, A, 9, 192ᵃ, 22-23 : ἀλλὰ τοῦτ' ἐστιν ἡ ὕλη, ὥσπερ ἂν εἰ θῆλυ ἄρρενος καὶ αἰσχρὸν καλοῦ. Cette théorie ressemble de très près à celle que développe Platon dans le Phédon (XIX, p. 102 fond-103).

3. *Id.*, *Met.*, H, 5, 1044ᵇ, 27-29 : οὐδὲ παντὸς ὕλη ἐστὶν ἀλλ' ὅσων γένεσίς ἐστι καὶ μεταβολὴ εἰς ἄλληλα. Ὅσα δ' ἄνευ τοῦ μεταβάλλειν ἢ μή, οὐκ ἔστι τούτων ὕλη; *De cæl.*, Δ, 4, 312ᵃ, 11-15 ; *Met.*, Λ, 2, 1069ᵇ, 24-25 : πάντα δ' ὕλην ἔχει ὅσα μεταβάλλει, ἀλλ' ἑτέραν ; *De long. et br. vit.*, 3, 465ᵇ, 11-12 ; *De cæl.*, Λ, 3, 270ᵃ, 18-22.

dans les êtres mathématiques; car, bien qu'on les envisage comme immobiles, ils ne cessent pas en réalité d'appartenir à des sujets qui se meuvent : la matière pénètre jusque dans l'intelligible[1]. Il y a même une certaine matière dans les astres et les sphères éternelles. Non pas, il est vrai, que les corps célestes subissent, comme ceux d'ici-bas, des changements internes[2]. Mais ils se déplacent sans relâche; et l'on peut dire qu'ils sont en puissance à l'égard des positions qu'ils n'ont pas encore atteintes : les astres et les sphères célestes ont une matière « topique »[3]. Il n'existe que l'Acte pur, s'il en est un, d'où la matière soit entièrement bannie.

En outre, la matière est spécifiquement multiple ou numériquement une, suivant l'aspect sous lequel on la considère.

Au sens le plus obvie du mot, elle est le principe d'où sort immédiatement une forme donnée[4] : tel est l'argent à l'égard de la coupe que l'artiste sait en tirer; tels sont aussi le sec et le froid relativement à la terre. Or la matière, prise de ce point de vue, a bien une certaine plasticité, qui la rend susceptible de plusieurs formes : « un morceau de bois, par exemple, se prête également à dé-

---

1. Arist., *Met.*, Z, 10, 1036ᵃ, 8-12 : ὕλη δ' ἡ μὲν αἰσθητή ἐστιν ἡ δὲ νοητή, αἰσθητὴ μὲν οἷον χαλκὸς καὶ ξύλον καὶ ὅση κινητὴ ὕλη, νοητὴ δὲ ἐν τοῖς αἰσθητοῖς ὑπάρχουσα μὴ ᾗ αἰσθητά, οἷον τὰ μαθηματικά; *Ibid.*, Z, 11, 1036ᵇ, 35 et sqq.; *Ibid.*, H, 6, 1045ᵃ, 33-35.

2. *Id.*, *Ibid.*, Θ, 8, 1050ᵇ, 7-8 : ἔστι δ'οὐθὲν δυνάμει ἀΐδιον; *Ibid.*, Λ, 6, 1071ᵇ, 20-21; *Ibid.*, N, 2, 1088ᵇ, 14-28; *De long. et brev. vit.*, 3, 465ᵇ, 7-12.

3. *Id.*, *Met.*, H, 1, 1042ᵇ, 5-8; *Ibid.*, H, 4, 1044ᵇ, 6-8; *Ibid.*, Λ, 2, 1069ᵇ, 25-26.

4. *Id.*, *Phys.*, A, 9, 192ᵃ, 31-32 : λέγω γὰρ ὕλην τὸ πρῶτον ὑποκείμενον ἑκάστῳ, ἐξ οὗ γίνεταί τι ἐνυπάρχοντος μὴ κατὰ συμβεβηκός; *Met.*, Θ, 7, 1049ᵃ, 3-24.

venir coffre ou lit [1]; » et l'on peut donner à un lingot d'or un nombre indéfini de figures. Mais cette plasticité a des limites. On ne fait pas une scie avec un fil de laine [2]; il faut d'abord que la terre se transforme, pour que l'on puisse en obtenir une statue d'airain [3]. Ce n'est pas la terre non plus qui est la matière directe d'où sort l'homme; c'est plutôt le germe vivant [4]. Il y a donc, en un sens, plusieurs sortes de matières; et chacune d'elles peut être considérée comme un genre à l'égard des formes qui lui reviennent [5].

Ce n'est là, toutefois, qu'un premier aperçu de la question. De même que l'on remonte de la pluralité des contraires à l'unité de la matière, on remonte aussi de la pluralité des matières à un principe plus profond, qui, lui aussi, est unique et perd en outre tout vestige de spécification.

Un corps est essentiellement une chose qui se palpe [6]. Or les contraires auxquels donne lieu le palpable sont les suivants : « le chaud et le froid, le sec et l'humide, le lourd et le léger, le dur et le mou, le gluant et le friable, le raboteux et le poli, le grossier et le fin [7]. » Parmi ces contraires, il en est deux, le lourd et le léger, qui n'entrent pas ici en ligne de compte; car il s'agit d'expliquer comment les objets sensibles influent les uns sur les

1. Arist., *Met.*, H, 4, 1044ᵃ, 25-27.
2. *Id., Ibid.*, H, 4, 1044ᵃ, 27-29.
3. *Id., Ibid.*, Θ, 7, 1049ᵃ, 17-18.
4. *Id., Ibid.*, Θ, 7, 1049ᵃ, 1-3.
5. *Id., Ibid.*, H, 4, 1044ᵃ, 13-18; *Ibid.*, Λ, 4, 1070ᵇ, 17-21 : ἀλλ' ἕκαστον τούτων ἕτερον περὶ ἕκαστον γένος ἐστίν, οἷον ἐν χρώματι λευκόν, μέλαν, ἐπιφάνεια, φῶς, σκότος, ἀήρ; 26-27 : ἀλλὰ δ' ἐν ἄλλῳ...; 1071ᵃ, 24-25, 33-35.
6. *Id., De gener. et corrup.*, B, 2, 329ᵇ, 7-8.
7. *Id., Ibid.*, 329ᵇ, 18-20.

autres, et le lourd et le léger ne sont par eux-mêmes ni actifs ni passifs [1]. De plus, le dur et le mou, le gluant et le friable, le raboteux et le poli, le grossier et le fin dérivent des quatre états par lesquels commence l'énumération précédente [2] : ils en représentent les modes divers. Il y a donc quatre contraires primitifs qui sont par là même les quatre éléments de l'être sensible, à savoir : le chaud et le froid, le sec et l'humide.

En second lieu, ces quatre éléments, par le fait qu'ils sont des contraires, se succèdent de manière à ce que celui qui paraît soit la privation de celui qui disparaît. Mais la privation et la chose dont il y a privation se rattachent nécessairement au même sujet d'inhérence [3]. Et, par conséquent, il faut que les quatre éléments, et tout le reste à leur suite, procèdent d'un seul et même principe [4] : πᾶν ἐκ παντὸς γίνεσθαι πέφυκεν [5].

Quel peut être ce principe? Ce n'est pas l'un des quatre corps simples, à savoir l'eau, la terre, l'air et le feu [6]; ce ne sont pas non plus les atomes de Démocrite, ou les lignes et les plans dont on a parlé dans l'école de Platon [7] : car chacune de ces choses, ayant une forme arrêtée, ne possède point la souplesse voulue pour revêtir d'autres formes [8]. L'infini même d'Anaximandre ne fournit

---

1. Arist., *De gener. et corrup.*, 329ᵇ, 20-23.
2. Id., Ibid., 329ᵇ, 32-34; Ibid., 330ᵃ, 24-29.
3. Id., Ibid., B, 4, 331ᵃ, 12-20; Ibid., B, 8, 335ᵃ, 6-9.
4. Id., Ibid., B, 1, 329ᵃ, 24-30 : ἡμεῖς δὲ φαμὲν μὲν εἶναί τινα ὕλην τῶν σωμάτων τῶν αἰσθητῶν, ἀλλὰ ταύτην οὐ χωριστὴν ἀλλ' ἀεὶ μετ' ἐναντιώσεως ἐξ ἧς γίνεται τὰ καλούμενα στοιχεῖα...; Ibid., B, 4, 331ᵃ, 20-23.
5. Id., Ibid., B, 4, 331ᵃ, 20-21.
6. Id., Ibid., B, 5, 332ᵃ, 5 et sqq.; *De cœl.*, Γ, 8, 306ᵇ, 4-15.
7. Id., *De gener. et corrup.*, B, 1, 329ᵃ, 21-24; *De cœl.*, Γ, 1, 299ᵇ-300ᵃ.
8. Id., *De cœl.*, Γ, 8, 306ᵇ, 15-22.

ici qu'une solution insuffisante, puisqu'il est « séparé » et
que, comme tel, il a déjà sa manière d'être à lui [1]. Le
principe unique d'où sort comme de son sujet originel
l'inépuisable multiplicité des êtres, n'a qu'une caractéristique, qui est de ne pas en avoir. Pour revêtir toutes
les déterminations, il faut que par lui-même il n'en
ait aucune[2] : c'est à cette condition seulement qu'il
peut être la mère du monde [3], la nourrice de l'univers [4].

Il y a donc bien une matière seconde (signata) et une
matière « première », « qui n'a plus ni essence ni quantité
ni aucun des autres caractères qui différencient l'être » [5].
Toutefois, on s'exprime d'une manière inexacte, lorsqu'on
s'arrête à cette dualité. En fait, il y a toute une série de
matières qui se spécifient de plus en plus au fur et à mesure qu'elles s'éloignent de la pure potentialité, et dont
chacune, sauf la première, devient forme à son tour. Le
froid et le sec sont des formes de la matière qui n'a plus
aucune détermination et servent de matière à la terre ; la
terre, de son côté, est la matière de l'airain qui peut être
la matière d'une coupe ou d'une statue. Ainsi des autres
éléments [6].

---

1. Arist., *De gener. et corrup.*, B, 1, 329ª, 8-13.
2. *Id., De cœl.*, Γ, 8, 306ᵇ, 18-19 : μάλιστα γὰρ ἂν οὕτω δύναιτο ῥυθμίζε-
σθαι, καθάπερ ἐν τῷ Τιμαίῳ γέγραπται, τὸ πανδεχές; *De gener. et corrup.*, B,
1, 329ª, 13-14 : ὡς δ' ἐν τῷ Τιμαίῳ γέγραπται, οὐδένα ἔχει διορισμόν.
3. *Id., Phys.*, A, 9, 192ª 13-14 : ἡ μὲν γὰρ ὑπομένουσα συναιτία τῇ μορφῇ
τῶν γινομένων ἐστίν, ὥσπερ μήτηρ.
4. *Id., De gener. et corrup.*, B, 2, 329ª, 23-24 : ἀδύνατον δὲ τὴν τιθήνην καὶ
τὴν ὕλην τὴν πρώτην ἐπίπεδα εἶναι.
5. *Id., Met.*, Z, 3, 1029ª, 20-21 ; *Ibid.*, Z, 11, 1037ª, 27 ; *Ibid.*, Θ, 8, 1049ᵇ,
24-26 ; *Ibid.*, Γ, 4, 1007ᵇ, 28-29.
6. Aristote appelle matière première (πρώτη ὕλη) ce qui ne peut que mé-

Une autre conséquence de cette analyse, et conséquence très importante, c'est que la matière première doit être éternelle. Le mouvement l'est; il faut donc aussi qu'elle le soit. La génération n'a pu commencer, la génération ne pourra finir; vu que la raison qui la fait être est toujours identique à elle-même et, de ce chef, possède toujours la même efficace. Par conséquent, la matière première n'a non plus ni commencement ni fin; car, en tant que puissance, elle est la condition préalable de toute génération [1].

Si la matière est puissance, la forme au contraire est « acte » [2]; et ces deux termes s'éclairent l'un l'autre [3]. Toutefois, il convient de préciser davantage. La forme n'est pas un « acte » quelconque; une matière une fois donnée, c'est « le premier acte » qu'elle revêt et par là même sa détermination spécifique : ainsi d'Hermès à l'égard du bois dont il est fait [4], de l'airain à l'égard de la terre [5] et de l'âme à l'égard du corps [6]. Du même coup, la forme devient l'objet unique de toute définition. Car ce qui suit

---

diatement devenir telle autre chose; et matière dernière (ὕλη ἐσχάτη) ce qui peut immédiatement devenir telle autre chose. Entre ces deux extrêmes, il peut y avoir toute une série de matières intermédiaires (*Mét.*, Δ, 4, 1015ᵃ, 7-11; *Ibid.*, Δ, 24, 1023ᵃ, 26-29; *Ibid.*, H, 6, 1045ᵇ, 17-19).

1. Arist., *Phys.*, A, 9, 192ᵃ, 27-31; *Mét.*, Z, 7, 1032ᵇ, 30-32.
2. Id., *Phys.*, Γ, 6, 207ᵃ, 21-24 : ἔστι γὰρ τὸ ἄπειρον τῆς τοῦ μεγέθους τελειότητος ὕλη καὶ τὸ δυνάμει ὅλον, ἐντελεχείᾳ δ' οὔ...; — *De an.*, B, 1, 412ᵃ, 9-10 : ἔστι δ' ἡ μὲν ὕλη δύναμις, τὸ δ' εἶδος ἐντελέχεια; *Ibid.*, B, 2, 414ᵃ, 14-17; *Mét.*, H, 1, 1042ᵃ, 27-28; *Ibid.*, H, 2, 1043ᵃ, 12-13, 20, 26-28; *Ibid.*, H, 3, 1043ᵃ, 29-31; *Ibid.*, H, 6, 1045ᵃ, 23-25; *Ibid.*, Θ, 8, 1050ᵃ, 15-16; 1050ᵇ, 27-28; *Ibid.*, Λ, 5, 1071ᵃ, 8-11.
3. Id., *Mét.*, Θ, 6, 1048ᵃ, 30 et sqq.
4. Id., *Ibid.*, Θ, 6, 1048ᵃ, 32-35.
5. Id., *Ibid.*, Θ, 7, 1049ᵃ, 17-18.
6. Id., *Ibid.*, Z, 11, 1037ᵃ, 5-6 : δῆλον δὲ καὶ ὅτι ἡ μὲν ψυχὴ οὐσία ἡ πρώτη, τὸ δὲ σῶμα ὕλη.

son existence est plus ou moins accidentel ; et ce qui la précède, étant amorphe, ne donne encore aucune prise au discours[1]. Aussi ces différents termes : forme, quiddité, définition, viennent-ils sans cesse sous la plume d'Aristote comme répondant aux aspects divers d'un seul et même concept[2].

Du moment que la forme est l'acte de la matière, elle ne fait avec elle qu'un seul et même tout, une seule et même réalité : elle lui est immanente et ne s'en détache pas plus que l'audition de l'ouïe ou la rondeur du rond. C'est d'ailleurs une vérité qui se prouve indirectement par la critique des idées « séparées », dont Platon est l'inventeur[3].

Si les idées sont séparées, il y a deux soleils, deux lunes ; et de même pour les autres astres. Il y a deux terres ; et de même pour les trois autres corps simples qui s'enroulent en forme de sphères autour de notre globe. À côté des plantes, des animaux et des hommes qui naissent et meurent, il y a d'autres plantes, d'autres animaux et d'autres hommes, qui, eux, sont immortels. Il existe deux mondes dont le second reproduit le premier[4].

Or c'est là une conception assez étrange. Outre qu'elle double le nombre des choses sous prétexte de les ramener à l'unité[5], elle rappelle d'assez près la fiction populaire où les dieux sont devenus des hommes éternels[6].

---

1. Arist., Met., Z, 10, 1035ᵇ, 33 et sqq. : ἀλλὰ τοῦ λόγου μέρη τὰ τοῦ εἴδους ἔνον ἐστίν, ὁ δὲ λόγος ἐστὶ τοῦ καθόλου.
2. Εἶδος, μορφή, τὸ τί ἦν εἶναι, λόγος, ὁρισμός.
3. Id., Met., A, 6, 987ᵇ, 1-14.
4. Id., Ibid., B, 2, 997ᵇ, 12-32.
5. Id., Ibid., A, 9, 990ª, 34 et sqq.; Ibid., M, 4, 1078ᵇ, 32 et sqq.
6. Id., Ibid., B, 2, 997ᵇ, 8-12.

Si les idées sont séparées, elles n'ont plus rien de commun avec la réalité sensible; car c'est jouer avec les mots que de recourir à la *participation* [1]. Il n'y a que deux solutions possibles : ou bien les idées entrent dans la constitution des individus, et alors elles deviennent immanentes; ou bien elles n'y entrent pas, et alors elles demeurent séparées, mais aussi ne gardent plus aucune communauté d'être avec les objets eux-mêmes [2]. Voilà le dilemme auquel on arrive, quand on se résigne à tenir un langage précis. Et, par suite, dire que les idées sont séparées, c'est affirmer que ni la sensibilité ne réside dans l'animal, ni la raison dans l'homme, ni la bonté dans les choses bonnes : c'est affirmer qu'il n'y a pas de substances ici-bas, que la nature entière est un phénomène inintelligible ou bien un simple accident des idées. De plus, si telle est la nature, si les objets ne contiennent pas l'essence que nous leur attribuons, la science devient impossible. On ne sait une chose, en effet, qu'à condition de connaître son essence; or, dans l'hypothèse donnée, entre un être et son essence il ne reste qu'un rapport purement nominal : l'un ne ressemble pas plus à l'autre que la constellation du Chien à l'animal qui porte ce nom [3].

Impuissantes à rendre compte de l'être, les idées séparées n'en expliquent pas mieux le devenir. En quoi

---

1. Arist., *Met.*, A, 9, 991ᵃ, 20-22 : τὸ δὲ λέγειν παραδείγματα αὐτὰ εἶναι καὶ μετέχειν αὐτῶν τἆλλα κενολογεῖν ἐστὶ καὶ μεταφορὰς λέγειν ποιητικάς.
2. Id., Ibid., A, 9, 991ᵃ, 2-8; Ibid., M, 4, 1079ᵃ, 33-36; 1079ᵇ, 1-3.
3. Id., Ibid., A, 9, 991ᵃ, 58; Ibid., Z, 6, 1031ᵃ, 31-32; 1031ᵇ, 1-22; Ibid., M, 4, 1079ᵃ, 36; 1079ᵇ, 1-3; Ibid., 5, 1079ᵇ, 35-30: ἔτι δόξειεν ἂν ἀδύνατον χωρὶς εἶναι τὴν οὐσίαν καὶ οὗ ἡ οὐσία; Ibid., A, 9, 991ᵇ, 1-2.

seraient-elles à même d'y coopérer [1]? Qu'il y ait un Socrate éternel ou qu'il n'y en ait pas, Socrate n'en demeure pas moins possible : c'est en lui, non au dehors, qu'il trouve les conditions logiques de son existence [2]. Qu'il y ait un Socrate éternel ou qu'il n'y en ait pas, Socrate n'en naîtra pas moins, si par ailleurs il doit naître : il n'a point pour cause efficiente un acte pur, mais bien une substance qui est, comme lui, sujette à la loi de la contrariété [3]; « l'homme engendre l'homme [4] ». Les « idées » sont immuables; par là même, elles exercent une action qui demeure éternellement uniforme. Et d'une telle action l'on ne fera jamais sortir un changement quelconque, aussi longtemps que l'on ne trouvera pas ailleurs un principe de variation. A plus forte raison n'en fera-t-on point sortir l'irrégularité et la discontinuité du mouvement cosmique [5].

Les idées séparées ne servent à rien : elles ne sont ni les essences des choses, ni la règle de ces essences, ni la raison des existences. De plus, quand on vient à les considérer en elles-mêmes, on y voit de toutes parts éclater la contradiction. S'il faut dans chaque problème remonter de la pluralité à un principe unique où réside la cause des ressemblances, le nombre des

---

1. ARIST., *Met.*, A 9, 991ᵇ, 3-4 : ἐν δὲ τῷ Φαίδωνι οὕτως λέγεται, ὡς καὶ τοῦ εἶναι καὶ τοῦ γίγνεσθαι αἴτια τὰ εἴδη ἐστίν; *Ibid.*, M, 5, 1080ᵃ, 2-3; PLAT., *Phædo*, 140-141.
2. ARIST., *Met.*, M, 5, 1079ᵇ, 27-30 : ἐνδέχεταί τε καὶ εἶναι καὶ γίγνεσθαι ὁτιοῦν καὶ μὴ εἰκαζόμενον, ὥστε καὶ ὄντος Σωκράτους καὶ μὴ ὄντος γένοιτ' ἂν οἷον Σωκράτης.
3. *Id., Ibid.*, Z, 8, 1033ᵇ, 24-28 : ἀλλὰ ποιεῖ καὶ γεννᾷ ἐκ τοῦδε τοιόνδε· καὶ ὅταν γεννηθῇ, ἐστὶ τόδε τοιόνδε...
4. *Id., Ibid.*, Z, 8, 1033ᵇ, 32 : ἄνθρωπος γὰρ ἄνθρωπον γεννᾷ.
5. *Id., Ibid.*, A, 9, 991ᵇ, 4-9; *Ibid.*, M, 5, 1080ᵃ, 3-11.

« idées » n'a pas de limite. Il y en a pour le blanc et le noir, le grand et le petit, le plus et le moins; il y en a pour la vision, le son et le tact, pour chaque espèce de sensation et chaque espèce de mouvement; il y en a pour les relations et les négations elles-mêmes; il y en a pour les produits de l'art aussi bien que pour les choses naturelles. Les idées comprennent toutes les déterminations de l'être et du non-être; car il n'est rien qui ne se ramène d'une certaine manière à l'unité logique [1]. Et cependant les « idées » ne devraient pas s'étendre au delà des choses naturelles [2]; vu que les produits de l'art n'en ont d'autre que celle qui réside dans l'intelligence de l'artiste [3]. Et, parmi les choses naturelles, les idées ne devraient pas s'étendre au delà de leur essence; car c'est par là seulement que les individus communiquent avec elles [4]; les accidents leur reviennent en propre. Comment d'ailleurs les accidents auraient-ils des idées? Comment ce qui change perpétuellement pourrait-il être représenté par ce qui est immuable?

1. Arist., *Met.*, A, 9, 990ᵇ, 11-27; *Ibid.*, M, 4, 1079ᵃ, 7-24 : ... τὸ γὰρ νόημα ἓν οὐ μόνον περὶ τὰς οὐσίας ἀλλὰ καὶ κατὰ μὴ οὐσιῶν ἔσται...; *Ibid.*, M, 2, 1076ᵇ, 39 et sqq.

2. *Id.*, *Ibid.*, A, 3, 1070ᵃ, 17-20 : ἀλλ' εἴπερ, ἐπὶ τῶν φύσει· διὸ δὴ οὐ κακῶς ὁ Πλάτων ἔφη ὅτι εἴδη ἐστὶν ὁπόσα φύσει, εἴπερ ἐστὶν εἴδη ἄλλα τούτων, οἷον πῦρ, σάρξ, κεφαλή.

3. *Id.*, *Ibid.*, A, 3, 1070ᵃ, 13-15 : ἐπὶ μὲν οὖν τινῶν, τὸ τόδε τι οὐκ ἔστι παρὰ τὴν σύνθετην οὐσίαν, οἷον οἰκίας τὸ εἶδος, εἰ μὴ ἡ τέχνη. D'après l'opinion de Xénocrate, « l'idée » de Platon ne serait que « la cause exemplaire de ce qu'il y a de perpétuel et de constant dans la nature » : καθά φησὶν ὁ Ξενοκράτης, εἶναι τὴν ἰδέαν θέμενος αἰτίαν παραδειγματικὴν τῶν κατὰ φύσιν ἀεὶ συνεστώτων (Procl., *Oper...*, *in Parmenid.*, 133, éd. V. Cousin, Paris, 1820-1827).

4. *Id.*, *Ibid.*, A, 9, 990ᵇ, 27-34 : κατὰ δὲ τὸ ἀναγκαῖον καὶ τὰς δόξας τὰς περὶ αὐτῶν, εἰ ἔστι μεθεκτὰ τὰ εἴδη, τῶν οὐσιῶν ἀναγκαῖον ἰδέας εἶναι μόνον...; *Ibid.*, M, 4, 1079ᵃ, 24-31.

En second lieu, si deux objets ont besoin d'une idée pour se ressembler l'un à l'autre, il faut une seconde idée en vertu de laquelle la première ressemble elle-même à ces deux objets : il y a l'homme sensible, l'homme en soi et un troisième homme [1]. De plus, ce troisième homme en suppose un autre qui en suppose un autre, ainsi à l'infini. Et c'est là pourtant une conclusion que Platon n'admet point : d'après lui, chaque idée est un terme ultime, un principe au delà duquel il n'y a plus rien.

Si du nombre des idées on passe à leur nature, les difficultés qui surgissent ne sont pas moins grandes. L'homme en soi est l'exemplaire de Callias. Mais, en même temps, il est copie à l'égard de son genre prochain qui est copie à l'égard du genre supérieur ; car le principe sur lequel se fonde la théorie est général : c'est toujours, au fur et à mesure qu'on s'élève, par l'unité que s'explique la pluralité. Les idées sont donc à la fois modèles et copies, et dans le même sens [2]. Or cela ne se conçoit pas. On conçoit encore moins que les « idées » existent en elles-mêmes et par elles-mêmes, qu'elles soient des substances, au sens rigoureux du mot. Au fond, elles sont des universels [3] ; et l'universel n'est pas une chose en soi ; l'universel ne peut être qu'attribut. On affirme l'homme de tel homme, d'Eudoxe, par exemple, ou de Calippe ; mais on ne l'élève pas à l'état de réalité indépendante, car il n'est qu'un produit logique de notre esprit [4]. C'est par son fondement

---

1. Arist., *Met.*, A, 9, 990ᵇ, 15-17 ; *Ibid.*, M, 4, 1079ᵃ, 11-13.
2. *Id., Ibid.*, A, 9, 991ᵃ, 29 et sqq. ; *Ibid.*, M, 4, 1079ᵇ, 33-35.
3. Car, si elles étaient individuelles, il faudrait qu'il y en eût autant qu'il peut exister d'individus : πολλὰ ἔσται αὐτὸ τὸ ζῷον (*Met.*, Z, 14, 1039ᵇ, 9). Mais alors, elles cesseraient d'être des principes d'unité.
4. *Id., Ibid.*, Z, 13, 1038ᵇ, 8-20.

lui-même que pèche la théorie « des idées séparées ».

« Il faut donc que « les idées » descendent de leur Olympe pour entrer dans le cours des choses; il faut qu'elles deviennent inhérentes aux individus : elles sont les déterminations spécifiques de la matière, rien de plus. Et, si telle est leur nature, on ne peut plus les regarder comme éternelles. Elles ne se « produisent » pas, il est vrai; c'est tout d'un coup qu'elles sont, et tout d'un coup qu'elles cessent d'être [1]. Mais elles n'en subissent pas moins l'alternative du commencement et de la fin. Elles n'existent pas avant les choses, elles n'existent pas après non plus; elles sont simplement leurs contemporaines, et parce qu'elles en constituent l'essence [2].

Toutefois, l'on ne peut remonter indéfiniment du contraire au contraire; la série régressive des formes doit avoir un terme ultime. Il faut qu'à l'origine il y ait au moins une forme antérieurement à laquelle il n'en existe pas d'autres, et qui soit par là même immuable [3]. C'est à l'éternité que l'on aboutit par l'analyse de la forme aussi bien que par l'analyse de la matière : il y a cela de vrai dans le poème des « idées ».

Des concepts de matière et de forme dérivent les rapports que soutiennent entre eux ces deux principes de la substance.

---

1. Arist., *Met.*, Z, 15, 1039^b, 23-27 : ... Ἀλλ' ἄνευ γενέσεως καὶ φθορᾶς εἰσὶ καὶ οὐκ εἰσίν : Il en est comme du contact, *Ibid.*, Z, 8, 1033^b, 23-24; *Ibid.*, Z, 8, 1033^a, 28 et sqq.; *De cœl.*, A, 9, 277^b, 30 et sqq.

2. *Id.*, Met., Λ, 3, 1070^b, 21-27; *Ibid.*, Z, 10, 1035^a, 25-27; *Psych.*, Γ, 5, 430^a, 22-25.

3. *Id.*, *Met.*, Λ, 3, 1069^b, 35-36; 1070^a, 1-4; *Ibid.*, Θ, 8, 1049^b, 4 et sqq.; 1050, 6-19.

La forme, sous la poussée du désir qui anime la nature, devient un principe d'action, elle s'imprime dans la matière : elle la pétrit du dedans; elle la façonne à la manière d'un architecte intérieur. Et, si son œuvre organisatrice n'y rencontrait aucun obstacle, elle en épuiserait la puissance, arriverait à la plénitude de son acte et se trouverait du même coup harmonisée avec le reste de l'univers. Il n'y aurait plus alors aucune place pour le changement; mais aussi toute imperfection, tout désordre aurait à jamais disparu : le monde serait immobilisé dans une extase éternelle. C'est qu'en effet la nature obéit de soi-même à la loi du meilleur [1], et qu'elle ne fait rien de son chef qui soit inachevé, vain ou superflu [2]. L'universelle harmonie, voilà son but; et ce but, elle l'atteindrait infailliblement, si son effort se pouvait déployer en toute liberté.

Mais la matière est là, dont l'influence a quelque chose d'essentiellement limitatif. Elle entraîne à sa suite un cortège de nécessités, qui sont autant d'imperfections plus ou moins graves [3]. Veut-on construire une maison,

---

1. Arist., *De gener. et corrup.*, B, 10, 336ᵇ, 27-28 : ... ἐν ἅπασιν ἀεὶ τοῦ βελτίονος ὀρέγεσθαί φαμεν τὴν φύσιν; *De cœl.*, B, 5, 288ᵃ, 2-3 : ... ἡ φύσις ἀεὶ ποιεῖ τῶν ἐνδεχομένων τὸ βέλτιστον; *Part. an.*, Δ, 10, 687ᵃ, 15-16; *Inc. an.*, 2, 704ᵇ, 15-18; *Phys.*, A, 1, 193ᵇ, 12-18 : ... ἡ ἄρα μορφὴ φύσις ; *De an.*, B, 4, 415ᵇ, 16-17 : φανερὸν δ' ὡς καὶ οὗ ἕνεκεν ἡ ψυχὴ αἰτία· ὥσπερ γὰρ ὁ νοῦς ἕνεκά του ποιεῖ, τὸν αὐτὸν τρόπον καὶ ἡ φύσις, καὶ τοῦτ' ἔστιν αὐτῇ τέλος.

2. Id., *De cœl.*, B, 11, 291ᵇ, 13-14 : ἡ δὲ φύσις οὐδὲν ἀλόγως οὐδὲ μάτην ποιεῖ; *Polit.*, A, 8, , 20-21 : ... ἡ φύσις μηθὲν μήτε ἀτελὲς ποιεῖ μήτε μάτην,...; *Part. an.*, Δ, 12, 694ᵃ, 14-15 : αἴτιον δ' ὅτι οὐδὲν ἡ φύσις ποιεῖ περίεργον.

3. Id., *Anal. post.*, B, 11, 94ᵇ, 36 et sqq. : ἡ μὲν γὰρ ἕνεκά του ποιεῖ φύσις, ἡ δ' ἐξ ἀνάγκης, etc...; *Phys.*, B, 9, 200ᵃ, 13-16, 30-32 : φανερὸν δὴ ὅτι τὸ ἀναγκαῖον ἐν τοῖς φυσικοῖς τὸ ὡς ὕλη λεγόμενον, καὶ αἱ κινήσεις αἱ ταύτης; *Part. an.*, A, 1, 639ᵇ, 19-30; *Ibid.*, A, 1, 642ᵃ, 1-13; *Ibid.*, Γ, 2, 663ᵇ, 22-24; *Gen. an.*, A, 4, 717ᵃ, 15-16; *Ibid.*, B, 6, 743ᵇ, 16-18; *Ibid.*, Δ, 8, 776ᵇ, 32-34; *Met.*, Δ, 5, 1015, 20-30; *Ibid.*, E, 2, 1026ᵇ, 26-31; *Ibid.*, K, 8, 1064ᵇ, 32-36; *Ibid.*, Λ, 7, 1072ᵇ, 11-13.

il y faut des pierres, du bois, des tuiles, plus tout un long et pénible labeur [1]. Pour scier une planche, il faut se procurer une scie; et, pour faire une scie, il faut avoir du fer [2]. Possède-t-on un domaine à Égine, on ne s'y rend point avec la vitesse de la pensée; une traversée s'impose où l'on peut subir une tempête [3]. La vigueur du corps ne va pas sans gymnastique; et chaque animal a besoin, pour vivre, d'air et d'aliments [4]. Toute forme, soit naturelle, soit artificielle, exige, pour se réaliser, un ensemble de conditions à la fois difficile et complexe, qui tient à la passivité de la matière [5]. Et l'être une fois constitué, ce principe est loin d'abdiquer tous ses droits. Pourquoi tel œil est-il bleu plutôt que jaune [6]? A quoi servent les cornes du cerf [7]? quelle est la fonction du fiel [8]? que peuvent signifier les éclairs et le fracas terrible qui s'ensuit? A moins que ces choses-là ne soient faites, comme le disaient les Pythagoriciens, pour effrayer les habitants du Tartare [9]. La matière conserve donc, sous l'empire de la forme, des superfluités où la finalité ne trouve pas son compte. De plus, elle s'y révèle comme une source permanente de véritables anomalies. A peine une habitation est-elle achevée, qu'elle commence à se démolir en vertu de la pesanteur, sous l'influence de la gelée et du dégel, et sous

---

1. Arist., *Phys.*, B, 9, 199^b, 35 et sqq.; *Part. an.*, A, 1, 639^b, 25-30.
2. Id., *Phys.*, B, 9, 200^a, 10-13.
3. Id., *Met.*, Δ, 5, 1015^a, 21-26.
4. Id., *Ibid.*, Δ, 5, 1015^a, 20-22; *Part. an.*, A, 1, 642^a, 6-9.
5. *Phys.*, B, 9, 200^a, 7-10, 30-32.
6. Id., *Gen. an.*, E, 1, 778^a, 30-34.
7. Id., *Part. an.*, Γ, 2, 663^a, 8-11; *Ibid.*, Γ, 2, 664^a, 6-8.
8. Id., *Ibid.*, Δ, 2, 677^a, 29-30 : φανερὸν οὖν ὅτι οὔ τινος ἕνεκα, ἀλλ' ἀποκάθαρμά ἐστιν ἡ χολή.
9. Id., *Anal. post.*, B, 11, 94^b, 31-34.

l'action corrosive des eaux. La chaleur et le froid sont pour les êtres vivants, particulièrement pour l'homme, une cause perpétuelle de souffrance. C'est en général au milieu de douleurs extrêmes que les animaux donnent le jour à leurs petits. Et d'où vient la mort elle-même? sinon de l'usure insensible, mais de jour en jour plus profonde que produit la succession des contraires? D'où vient la mort? sinon de la potentialité que renferme le principe matériel [1].

Outre les maux qui tiennent au cours régulier de la nature, il en est qui ont pour causes des convergences de phénomènes purement fortuites. On entreprend le voyage de Delphes, et l'on trouve sur sa route des voleurs qui vous dévalisent; on sort de sa maison par un temps d'orage, et l'on est foudroyé; on trouve la mort dans un remède qui était fait pour vous rendre la santé. Le temps se refroidit et il pleut ; ce qui donne à la terre une heureuse fécondité; mais, en même temps, le grain déjà ramassé se gâte au fond des granges [2]. La vie organique, pourtant si merveilleuse d'harmonie, produit elle-même des monstres, à tous les degrés [3]. Or ces diverses déviations n'ont d'autre origine qu'un certain manque de prévision : c'est la faiblesse ou la limitation de la pensée qui

---

1. Arist., *Met.*, Θ, 8, 1050ᵇ, 7-9 : ἔστι δ' οὐθὲν δυνάμει ἀΐδιον. λόγος δὲ ὅδε, πᾶσα δύναμις ἅμα τῆς ἀντιφάσεώς; ἐστι; *Ibid.*, Z, 10, 1035ᵃ, 25-27; *De cœl.*, A, 12, 283ᵃ, 29-31; *Ibid.*, 10, 279ᵇ, 20-21; *De long. et brev. vit.*, 3, 465ᵇ, 7-12; *Met.*, Θ, 8, 1050ᵇ, 22-28; *De cœl.*, B, 1, 284ᵃ, 14-15.
2. Id., *Phys.*, B, 8, 198ᵇ, 19-28.
3. Id., *Ibid.*, B, 8, 199ᵇ, 1-4; *Gén. an.*, Δ, 3, 767ᵇ, 13-15 : τὸ δὲ τέρας, οὐκ ἀναγκαῖον πρὸς τὴν ἕνεκά του καὶ τὴν τοῦ τέλους αἰτίαν, ἀλλὰ κατὰ συμβεβηκὸς ἀναγκαῖον, ἐπεὶ τήν γ' ἀρχὴν ἐντεῦθεν δεῖ λαμβάνειν; *Ibid.*, Δ, 3, 769ᵇ, 10-13 : τέλος γὰρ τῶν μὲν κινήσεων λυομένων, τῆς δ' ὕλης οὐ κρατουμένης, μένει τὸ καθόλου μάλιστα; *Ibid.*, Δ, 4, 770ᵇ, 9-11.

les amène ; et cette privation initiale vient encore de la résistance que fait la matière au développement de la forme. Ainsi s'explique également l'existence du mal moral. Rien n'est fort comme la raison ; et là où elle s'implante, elle finit toujours à la longue par avoir le dessus. Par conséquent, si l'homme glisse si facilement vers le désordre, si parfois même il arrive à s'y fixer, il n'en faut pas chercher d'autres motifs que les bornes de son esprit : c'est la claire vue, c'est la science intime et adéquate des choses qui lui fait défaut ; la forme, en lui, n'a pas encore entièrement pénétré de sa lumière purificatrice l'aveugle et indocile matière [1].

La matière n'est pas seulement une limite pour la forme ; elle joue à son égard un rôle plus positif. D'abord, c'est elle qui l'individualise. Par elle-même, la forme n'est ni cet objet-ci, ni cet objet-là ; elle convient à tous les cas donnés et possibles de la même espèce : elle est universelle [2]. Quel est donc le principe qui la singularise ? Qu'est-ce qui fait, par exemple, que l'homme devient tel homme, Calippe ou Platon [3] ? La matière. Avec un même dessin l'on peut faire plusieurs tables ; d'un seul morceau de bois l'on n'en fait qu'une. Il en est de la matière à l'égard de la forme comme de la femelle à l'égard du mâle ; la femelle se féconde en une fois, tandis que le mâle peut avoir plusieurs accouplements également heureux [4].

---

1. Arist., *Phys.*, A, 9, 192ᵃ, 14-16 ; *Met.*, Θ, 9, 1051ᵃ, 5-21 ; *Eth. Nic.*, II, 15, 1154ᵃ, 28-31.

2. *Id.*, *Met.*, Z, 10, 1035ᵇ, 33 et sqq. ; *Ibid.*, Z, 10, 1036ᵃ, 6-8, 28-29 ; *Ibid.*, Z, 15, 1039ᵇ, 23-31 ; *Ibid.*, H, 1, 1042ᵃ, 28-30.

3. *Sch.*, 757ᵃ, 38-39.

4. *Id.*, *Met.*, A, 6, 988ᵃ, 3-7 : φαίνεται δ' ἐκ μιᾶς ὕλης μία τράπεζα, ὁ δὲ τὸ εἶδος ἐπιφέρων εἷς ὢν πολλὰς ποιεῖ. Ὁμοίως δ' ἔχει καὶ τὸ ἄρρεν πρὸς τὸ θῆλυ.

« Ta matière à toi n'est pas la mienne[1]. » Et, si Socrate diffère numériquement de Callias, c'est que chacun d'eux « est dans telles chairs et tels os »; la matière en est la cause[2]. La portion d'être que j'enclos en ma personne ne peut être celle qui constitue mon voisin ou quelque autre individu; elle m'appartient et n'appartient qu'à moi. Par là même, la forme qu'elle revêt, n'en étant que la détermination, m'appartient également; et me voilà tout entier distinct du reste du monde. C'est de cette pensée que part saint Thomas, traitant le même problème; et il en fait aux anges une application curieuse. A ses yeux, chacun de ces esprits constitue à lui seul une espèce; car chacun de ces esprits est une forme pure, qui, de ce chef, n'enferme nul principe de multiplication[3].

Il y a quelque chose de plus intime encore dans la fonction de la matière. La forme ne vient pas du dehors, comme le pensait Platon; elle sort du dedans : c'est la matière qui lui fournit de son trésor tout ce qu'elle contient d'être : rien dans le cercle de bois qui ne soit du bois, rien dans la statue d'airain qui ne soit de l'airain; rien non plus dans l'âme qui ne procède du corps, sinon le νοῦς, lequel « arrive par la porte ». La matière enferme dans son ample sein tout ce qui est, tout ce qui a été, tout ce qui sera ; c'est comme l'océan d'où viennent et où retournent les rivières.

---

1. Arist., *Met.*, Λ, 5, 1071ᵃ, 27-29.
2. *Id., Ibid.*, Z, 8, 1034ᵃ, 5-8 : τὸ δ' ἅπαν ἤδη τὸ τοιόνδε εἶδος ἐν ταῖσδε ταῖς σαρξὶ καὶ ὀστοῖς, Καλλίας καὶ Σωκράτης· καὶ ἕτερον μὲν διὰ τὴν ὕλην ἑτέρα γάρ, ταὐτὸ δὲ τῷ εἴδει· ἄτομον γὰρ τὸ εἶδος.
3. *De ente et essentia*, c. v, p. 399; *De subst. sep. seu de ang.*, c. vii, p. 435-438 (Nemausi, 1854); *S. th.*, 1ᵃ, q. 3, 13 ; q. 39, 1, ad 3; q. 54, 3, ad 2; q. 56, 1, ad 2; q. 75, 4, 5; q. 85, 1, et 3, ad 4; q. 86, 1, 3 (Barri-Ducis, 1874).

Mais, si telle est la part de la matière dans la constitution des choses, si grâce à son inertie elle tient la forme en perpétuel échec, si elle confère aux individus leur caractéristique individuelle, et qu'elle soit de plus comme leur unique étoffe, ce n'est plus du non-être qu'il faut la rapprocher [1]; on serait bien plutôt tenté de la regarder comme l'être véritable. On comprend du moins qu'Aristote ait longuement discuté, au livre VI° de la Métaphysique [2], la question de savoir si c'est elle ou non qui mérite principalement le nom de substance.

On peut maintenant se faire une idée précise de la substance : c'est un tout individuel qui renferme deux principes essentiels, la matière et la forme [3]. Et ces deux principes sont tellement solidaires l'un de l'autre que rien ne les saurait séparer; ils ne comportent qu'une distinction logique. Supprimez toute forme, il n'y a plus de matière; supprimez toute matière, il n'y a plus de forme, au moins ici-bas. De plus, il ne faut pas imaginer, entre ces deux choses, une sorte de moyen terme qui les relie entre elles; c'est directement qu'elles s'unissent ; elles sont l'une à l'autre, comme le tranchant à la hache

---

1. Arist., *Phys.*, A, 8, 191ᵃ, 13-15; *Ibid.*, 9, 192ᵃ, 3-6.
2. 1-6, 1028ᵃ-1031ᵃ.
3. *Id.*, *Met.*, Z, 3, 1029ᵃ, 1-5 : μάλιστα γὰρ δοκεῖ εἶναι οὐσία τὸ ὑποκείμενον πρῶτον. Τοιοῦτον δὲ τρόπον μέν τινα ἡ ὕλη λέγεται, ἄλλον δὲ τρόπον ἡ μορφή, τρίτον δὲ τὸ ἐκ τούτων; *Ibid.*, H, 1, 1042ᵃ, 26-31 : ... τρίτον δὲ τὸ ἐκ τούτων, οὗ γένεσις μόνου καὶ φθορά ἐστι, καὶ χωριστὸν ἁπλῶς; c'est ici la vraie substance, celle qui existe, la substance concrète; et elle est un tout qui se compose de la forme et de la matière. *Ibid.*, I, 9, 1058ᵇ, 10-11 : ὁ δὲ Καλλίας ἐστὶν ὁ λόγος μετὰ τῆς ὕλης; *Ibid.*, Λ, 3, 1070ᵃ, 12-18 : ἔτι τρίτη ἡ ἐκ τούτων ἡ καθ᾽ ἕκαστα, οἷον Σωκράτης ἢ Καλλίας; *Ibid.*, Z, 10, 1035ᵇ, 27-31; *Sch.*, 757ᵃ, 42-48; *Met.*, Z, 10, 1036ᵃ, 1-8.

ou la vision à la vue[1]. Ainsi chaque substance est absolument une dans sa dualité : la diviser, c'est l'anéantir[2].

Cette définition une fois établie, la question si souvent agitée de l'être et de l'un s'éclaircit. C'est une erreur de les concevoir comme extérieurs l'un à l'autre; en fait, ils s'identifient[3]. « Tout ce qui est un, est, et tout ce qui est, est un. Il n'y a entre ces deux termes, comme entre la concavité et la convexité d'une courbe, qu'une différence logique[4] ». La substance, en effet, est à la fois être et une; et de même que les autres catégories tiennent de son être ce qu'elles sont, c'est aussi par son unité qu'elles sont unes : la réalité se prend en différents sens; mais n'empêche qu'elle ne se réduise à un seul et même principe[5].

1. Arist., *Psych.*, B, 1, 412^b, 12-15, 20-22.
2. *Ibid.*, *Phys.*, Γ, 5, 204^a, 9-13. V. dans C. Baümker, *das Problem der materie...*, p. 247-261 (Munster, 1890), la critique de la notion arist. de la substance.
3. *Id.*, *Met.*, B, 1, 996^a, 5-9; *Ibid.*, I, 2, 1053^b, 9-16; *Ibid.*, H, 3, 1044^a, 7-9 : τοῦ αὐτοῦ γὰρ λόγου, καὶ ἡ οὐσία ἓν οὕτως...; *Ibid.*, H, 6, 1045^b, 5-7 : εὐθὺς γὰρ ἕκαστόν ἐστιν ὄν τι καὶ ἕν τι, οὐχ ὡς ἐν γένει τῷ ὄντι καὶ τῷ ἑνί, οὐδ' ὡς χωριστῶν ὄντων παρὰ τὰ καθ' ἕκαστα; *Ibid.*, I, 2, 1053^b, 16-28; *Ibid.*, K, 1061^a, 15-18.
4. F. Ravaisson, *Essai sur la métaphysique d'Aristote*, t. I, p. III; l. III. c. 1, p. 358. Cf. *Met.*, Γ, 2, 1003^b, 22-25 : εἰ δὴ τὸ ἓν καὶ τὸ ὂν ταὐτὸν καὶ μία φύσις, τῷ ἀκολουθεῖν ἀλλήλοις ὥσπερ ἀρχὴ καὶ αἴτιον, ἀλλ' οὐχ ὡς ἑνὶ λόγῳ δηλούμενα.
5. Arist., *Met.*, Γ, 2, 1003^b, 5-10 : οὕτω δὲ καὶ τὸ ὂν λέγεται πολλαχῶς μέν, ἀλλ' ἅπαν πρὸς μίαν ἀρχήν; *Ibid.*, 1003^b, 33-34 : ὥσθ' ὅσα περὶ τοῦ ἑνὸς εἴδη, τοσαῦτα καὶ τοῦ ὄντος ἐστίν.

CHAPITRE IV

LES DÉRIVÉS DE LA SUBSTANCE.

Les principales catégories qui découlent de la substance sont la qualité, la quantité et les relations parmi lesquelles on peut ranger le temps et l'espace, sans faire trop de violence à la pensée d'Aristote. C'est de ces catégories, et de celles-là seulement, que l'on va parler ici.

I

On appelle *qualitatif* ce qui est en dehors de la quantité[1], c'est-à-dire ce que l'on ne peut diviser en éléments qui existent pour leur compte, comme l'on fait les parties du nombre ou celles de l'étendue[2].

La *qualité*, au sens précis du mot, signifie quelque chose de plus. Elle implique toujours une certaine durée ; c'est ce que l'on énonce en disant d'un objet qu'il est tel ou tel[3]. La rougeur qui vient de la honte et la pâleur que

---

1. ARIST., *Met.*, Δ, 14, 1020ᵇ, 6-7 : καὶ ὅλως δ παρὰ τὸ ποσὸν ὑπάρχει ἐν τῇ οὐσίᾳ, [τοῦτο ποιὸν λέγεται].
2. *Id., Ibid.*, Δ, 13, 1020ᵃ, 7-8 : ποσὸν λέγεται τὸ διαιρετὸν εἰς ἐνυπάρχοντα, ὧν ἑκάτερον ἢ ἕκαστον ἕν τι πέφυκεν εἶναι...
3. *Id., Categ.*, 8, 8ᵇ, 25 : Ποιότητα δὲ λέγω καθ' ἣν ποιοί τινες εἶναι λέγονται.

produit l'épouvante ne sont que des passions (πάθη) [1]. Mais que ces phénomènes acquièrent de la permanence : supposé, par exemple, que la rougeur ou la pâleur résultent soit du tempérament soit d'une longue maladie; elles deviennent alors des qualités[2]; car on dit, dans ce cas, que les individus qui les éprouvent sont rouges ou pâles. Ainsi des états psychologiques eux-mêmes. Un accès de colère est quelque chose de qualitatif; mais il ne suffit pas à constituer une qualité. On ne tient pour violentes, en effet, que les personnes qui sont portées par nature à la colère[3].

Les qualités diffèrent par leur rapport plus ou moins intime avec la substance : elles peuvent être ou le genre auquel elle appartient, ou sa différence spécifique, ou quelque autre prédicat qui s'y rattache sans faire partie de sa définition. C'est une qualité, pour un cheval, que d'être un animal; c'en est une autre, pour lui, d'être quadrupède; et l'on affirme aussi qu'il est tel ou tel, parce qu'il a le poil blanc ou noir[4]. Ainsi, d'après Aristote lui-même, la qualité n'est plus seulement une catégorie dérivée; elle pénètre dans la substance et sous deux aspects assez divers : ce qui constitue, je crois, un cas d'illogisme.

Les qualités diffèrent aussi par leurs causes. Elles peuvent être innées, comme les facultés de sentir et de comprendre; ou bien acquises, comme l'art, la science

---

1. Arist., Categ., 8, 9ᵇ, 28-33.
2. Id., Ibid., 8, 9ᵇ, 20-27.
3. Id., Ibid., 8, 9ᵇ, 33 et sqq.; Met., Δ, 14, 1020ᵇ, 16-25.
4. Id., Categ., 5, 3ᵇ, 10-21 : ... τὸ δὲ εἶδος καὶ τὸ γένος περὶ οὐσίαν τὸ ποιὸν ἀφορίζει· ποιὰν γάρ τινα οὐσίαν σημαίνει.

et la vertu[1]. Et, dans ce dernier cas, elles ne sont pas passives, au moins à tous égards; elles supposent toujours de l'activité dans le sujet qui les possède. C'est ce qui existe pour la vertu; et l'on en peut dire autant de la science et de l'art. Le maître n'est pas tout; il faut qu'il y ait dans le disciple une certaine spontanéité qui continue et achève son œuvre.

Enfin, les qualités comportent une troisième division moins nettement caractérisée que les deux précédentes : elles se distinguent par leur durée. S'agit-il d'une qualité stable, comme la science ou la sagesse, elle s'appelle état (ἕξις)[2]; s'agit-il, au contraire, d'une qualité plus ou moins passagère, telle qu'une caléfaction, un refroidissement, elle prend le nom de disposition (διάθεσις)[3]. Encore ne faut-il pas que les modes de cette nature disparaissent trop vite; autrement, ce ne seraient plus que des passions[4].

Le domaine de la qualité est considérable : il s'en trouve partout, jusque dans les choses dont la notion semble l'exclure. Il y a quelque chose de qualitatif et dans le mouvement et dans le temps; car ils sont continus, « grâce à la nature des sujets qu'ils affectent »[5]; et le continu déborde la quantité. Il y a de la qualité dans les êtres géométriques : telle est, par exemple, la droiture ou la courbure d'une ligne, la rondeur d'un cercle,

---

1. Arist., Met., Θ, 5, 1047ᵇ, 31-35.
2. Id., Categ., 8, 8ᵇ, 26-35.
3. Id., Ibid., 8, 8ᵇ, 35 et sqq.; Ibid., 8, 9ᵃ, 1-4.
4. Id., Ibid., 8, 9ᵇ, 28-30 : Ὅσα δὲ ἀπὸ ῥᾳδίως διαλυομένων καὶ ταχὺ ἀποκαθισταμένων γίνεται, πάθη λέγεται, ποιότητες δὲ οὔ· οὐ γὰρ λέγονται ποιοί τινες κατὰ ταύτας.
5. Id., Met., Δ, 13, 1020ᵃ, 28-32.

la forme cubique ou pyramidale d'un solide [1]. Il y a de la qualité même dans les nombres [2]. « Six ne se produit ni en deux ni en trois fois ; c'est tout d'un coup qu'il existe [3]. » Les unités qui le composent peuvent, il est vrai, venir l'une à la suite de l'autre ; mais il n'est que lorsqu'elles sont données, et en vertu d'un lien qui s'y ajoute brusquement. Car tout nombre, comme toute syllabe, implique une certaine ordonnance d'éléments et se trouve, en conséquence, d'être quelque chose de plus que ces éléments eux-mêmes [4] ; ils sont la matière ; il y faut une forme.

II

La quantité est ce qui se divise en parties dont chacune peut exister à part [5].

Il y a trois sortes de quantités : le discontinu [6], le contigu [7], et le continu [8].

On appelle discontinu toute série dont les éléments se suivent sans se toucher [9] : tels sont le nombre et la pa-

---

1. Arist., *Categ.*, 8, 10ᵃ, 11-16 : ... καθ' ἕκαστον γὰρ τούτων ποιόν τι λέγεται· τὸ γὰρ τρίγωνον ἢ τετράγωνον εἶναι ποιόν τι λέγεται, καὶ τὸ εὐθὺ ἢ καμπύλον. Καὶ κατὰ τὴν μορφὴν δὲ ἕκαστον ποιόν τι λέγεται ; *Met.*, Δ, 14, 1020ᵃ, 35 ; 1020ᵇ, 1-3.
2. Id., *Met.*, Δ, 14, 1020ᵇ, 3-7.
3. Id., *Ibid.*, Δ, 14, 1020ᵇ, 7-8 : ἅμα γὰρ ἑκάστου τὸ ἅπαξ, οἷον τῶν ἕξ οὐχ ὁ δὶς ἢ τρὶς εἰσὶν ἀλλ' ὁ ἅπαξ· ἕξ γὰρ ἅπαξ ἕξ.
4. Id., *Ibid.*, Z, 17, 1041ᵇ, 14-19.
5. Id., *Ibid.*, Δ, 13, 1020ᵃ, 7-8 : ποσὸν λέγεται τὸ διαιρετὸν εἰς ἐνυπάρχοντα, ὧν ἑκάτερον ἢ ἕκαστον ἕν τι καὶ τόδε τι πέφυκεν εἶναι.
6. Τὸ ἐφεξῆς.
7. Τὸ ἁπτόμενον.
8. Τὸ συνεχές.
9. Id., *Phys.*, E, 3, 226ᵇ, 34 et sqq. : ἐφεξῆς δὲ οὗ μετὰ τὴν ἀρχὴν μόνου ὄντος ἢ θέσει ἢ φύσει ἢ ἄλλῳ τινὶ οὕτως ἀφορισθέντος μηδὲν μεταξύ ἐστι τῶν ἐν ταὐτῷ γένει καὶ οὗ ἐφεξῆς ἐστίν ; *Met.*, K, 12, 1068ᵇ, 31-34.

rôle extérieur; telle est une file de maisons entourées de jardins[1]. Le discontinu lui-même se divise en deux espèces, d'après la nature de l'ordre qui le fonde. Tantôt, en effet, les parties qu'il comprend ont entre elles un rapport local, comme les points que l'on marque sur une ligne, les lignes d'un plan, les plans d'un solide, ou les limites mêmes qui forment un lieu donné[2]. Tantôt ces parties n'ont entre elles qu'un rapport rationnel. Ainsi des unités du nombre dont on ne peut dire qu'elles sont ici ou là, ou plus ou moins distantes les unes des autres; ainsi des parties du temps lui-même, et pour un motif assez radical : c'est que, dans les parties du temps, il n'y a rien qui demeure, et, partant, rien qui soit simultané[3]. Le discontinu est donc ou topique ou purement logique.

On appelle contigu ce dont les extrêmes se touchent[4]. Les planches d'un lit, les anneaux d'une chaîne que l'on suspend, les pièces de bois qui forment la jante d'une roue sont autant d'exemples de cette espèce de quantité[5].

Le continu est ce dont les extrêmes ne font qu'un[6]. Dans le contigu, les limites s'opposent. Dans le continu, elles se confondent[7]; et l'on n'a plus qu'un seul être, un par la forme qui le compénètre, étendu par sa matière.

---

1. Arist., *Categ.*, 6, 4ᵇ, 31 et sqq.; *Phys.*, E, 3, 226ᵇ, 35 et sqq.; *Met.*, K, 12, 1068ᵇ, 31-34.

2. *Id.*, *Categ.*, 6, 5ᵃ, 15-23.

3. *Id.*, *Ibid.*, 6, 5ᵃ, 23-37.

4. *Id.*, *Phys.*, E, 3, 226ᵇ, 23 : ἅπτεσθαι δὲ ὧν τὰ ἄκρα ἅμα; *Met.*, K, 12, 1068ᵇ, 27; *Ibid.*, K, 12, 1069ᵃ, 9-12.

5. *Id.*, *Met.*, Δ, 6, 1016ᵃ, 7-9.

6. *Id.*, *Phys.*, E, 3, 227ᵃ, 11-12 : λέγω δ' εἶναι συνεχὲς, ὅταν ταὐτὸ γένηται καὶ ἓν τὸ ἑκατέρου πέρας οἷς ἅπτονται; *Ibid.*, 12-15; *Met.*, Δ, 6, 1016ᵃ, 9-17; *Phys.*, Z, 1, 231ᵃ, 22 : συνεχῆ μὲν ὧν τὰ ἔσχατα ἕν.

7. *Id.*, *Phys.*, E, 3, 227ᵃ, 13 : Τοῦτο δ' οὐχ οἷόν τε δυοῖν ὄντοιν εἶναι τοῖν ἐσχάτοιν; *Ibid.*, 21-23; *Met.*, Δ, 6, 1016ᵃ, 7-13; *Ibid.*, K, 12, 1069ᵃ, 9-12.

Mais cette dernière question demande une étude plus approfondie. Il est bon de faire voir comment Aristote a découvert le continu, d'en déterminer la nature avec plus de précision, et de montrer comment il se forme au cours du devenir.

Zénon d'Élée, voilà le génie dont la logique obsédante a conduit le philosophe de Stagire à l'idée du continu. Disciple de Parménide, Zénon s'était acharné à combattre les concepts de pluralité et de mouvement; à force de les tourner et retourner, il avait fini par y trouver tout un ensemble d'antinomies dont voici les principales.

Impossible que l'être soit divisible. Supposez, en effet, qu'il se divise; on aura nécessairement des parties simples ou des parties étendues. Dans le premier cas, la grandeur ne s'explique point, vu qu'on ne peut faire de l'étendue avec de l'inétendu[1]. De plus, et par là même, l'être n'est pas; car ce que l'addition n'augmente pas, ce qui ne diminue pas par l'effet de la soustraction, ne mérite plus le nom d'être : ce n'est que pur néant[2]. Dans le second cas, chacune des parties peut encore se diviser en deux, puis en deux, sans que la dichotomie trouve jamais aucune raison de s'arrêter; vu que, par hypothèse, l'étendue est divisible de sa nature. Or c'est là une conséquence également insoutenable : si le multiple existe, il faut qu'il soit déterminé, « qu'il ait telle somme d'éléments, ni plus ni moins[3] ».

---

1. SIMPL., *Phys.*, 30ʳ, 139, 8 et sqq., éd. Diels, Berlin, 1895 : μεγέθους γὰρ μηδενὸς ὄντος, προσγενομένου δὲ, οὐδὲν οἷόν τε εἰς μέγεθος ἐπιδοῦναι.

2. ARIST., *Met.*, B, 4, 1001ᵇ, 7-10 : ἔτι εἰ ἀδιαίρετον αὐτὸ τὸ ἕν, κατὰ μὲν τὸ Ζήνωνος ἀξίωμα οὐθὲν ἂν εἴη. Ὁ γὰρ μήτε προστιθέμενον μήτε ἀφαιρούμενον ποιεῖ μεῖζον μηδὲ ἔλαττον, οὔ φησιν εἶναι τοῦτο τῶν ὄντων, ὡς δῆλον ὅτι ὄντος μεγέθους τοῦ ὄντος.

3. SIMPL., *loc. cit.*, 30ʳ, 140, 28 : εἰ πολλά ἐστιν, ἀνάγκη τοσαῦτα εἶναι ὅσα

Impossible aussi que l'être soit en mouvement. On conçoit le mouvement comme le passage qui s'opère, en un temps donné, d'une partie de l'espace à une autre; or un tel phénomène, de quelque manière qu'on l'entende, demeure incompréhensible.

Si les parties de l'espace et par là même celles du temps sont absolument simples, il n'y a pas de passage. La flèche que lance l'archer se trouve à chaque instant sur un point indivisible; et, par conséquent, elle ne se meut jamais, elle est toujours en repos[1].

Si les parties de l'espace et par là même celles du temps ont quelque grandeur, il n'y a pas de passage qui s'achève. Supposez, par exemple, qu'on veuille aller de A en B. Il faudra d'abord que l'on fasse la moitié du trajet; que, pour cela, on en fasse la moitié de la moitié, et ainsi de suite sans qu'on puisse jamais trouver une partie qui ne se divise plus. On aura donc l'infini à parcourir; mais l'infini ne se parcourt pas[2]. Ou bien encore, pour donner au raisonnement une forme plus sensible, imaginez une tortue au point n de la ligne suivante,

$$A \underline{\quad\quad m\ n\quad\quad\quad} B$$

et Achille au point m de la même ligne; Achille, aux pieds légers, n'atteindra jamais sa lente rivale. Pour l'atteindre, en effet, il faut qu'il franchisse la distance intermédiaire. Et cette distance ne peut se franchir; car, étant composée

ἐστὶ καὶ οὔτε πλείονα αὐτῶν οὔτε ἐλάττονα· εἰ δὲ τοσαῦτά ἐστιν ὅσα ἐστί, πεπερασμένα ἂν εἴη.

1. Arist., *Phys.*, Z, 9, 239ᵇ, 5-7, 30-33; *Sch.*, 412ᵇ, 35-40; *Sch.*, 412ᵇ, 47-48; 413ᵃ, 1-5.

2. Id., Ibid., Z, 9, 239ᵇ, 9-14; Ibid., Z, 2, 233ᵃ, 21-23; *Sch.*, 407ᵇ, 37-44.

d'un nombre infini de parties dont chacune a quelque étendue, elle est elle-même infinie[1].

Tels étaient les arguments de Zénon ; et personne n'avait encore réussi à leur donner une solution satisfaisante. Aristote essaya d'y répondre par l'idée du continu.

A son sens, Zénon triomphe, si la matière se ramène à des éléments simples [2] ; il triomphe également, si la matière comprend un nombre actuellement infini d'éléments étendus [3]. Que l'on choisisse l'une ou l'autre hypothèse, et l'on arrive fatalement à ses conclusions favorites : l'être ne se divise pas ; le mouvement n'est pas. Mais, entre ces

---

1. ARIST., *Met.*, Z, 9, 239ᵇ, 14-20. Zénon donnait un quatrième argument que l'on peut exposer de la façon suivante :

Soit une série de cubes $a\ a'\ a''\ a'''$, laquelle est immobile au milieu d'un stade ; et deux autres séries de cubes $b\ b'\ b''\ b'''$, $g\ g'\ g''\ g'''$, dont es longueurs sont égales à la première, et qui se meuvent en sens inverse avec la même vitesse sur ses deux surfaces opposées, comme le représente la figure ci-jointe :

Les deux séries $b'\ b'\ b''\ b'''$ et $g\ g'\ g''\ g'''$ mettront la moitié moins de temps à se contrepasser l'une l'autre qu'à contrepasser la série $a\ a'\ a''\ a'''$. On aura donc la même portion de l'espace parcourue avec la même vitesse en deux temps dont l'un est le double de l'autre : ce qui est contradictoire (ARIST., *Phys.*, Z, 9, 239ᵇ, 33 et sqq. ; Sch., 413ᵇ, 28 et sqq. ; 414ᵃ). Mais cet argument n'implique aucune notion spéciale ni de l'espace ni du temps. C'est un paralogisme futile, qui se dissipe dès que l'on fait observer que la vitesse de chacune des deux séries en mouvement, considérées l'une par rapport à l'autre, est la somme des vitesses de ces deux séries. Ὁ μὲν οὖν λόγος τοιοῦτός ἐστιν, εὐηθέστατος ὤν, ὥς φησιν Εὔδημος, διὰ τὸ προφανῆ τὸν παραλογισμὸν ἔχειν... (Sch., 414ᵃ, 47-48 ; 414ᵇ, 1).

2. *Id.*, *De gen. et corrup.*, A, 2, 316ᵃ, 13 et sqq. ; *Met.*, B, 4, 1001ᵇ, 17-18 ; *Phys.*, Z, 1, 231ᵇ, 18-fin ; 232ᵃ, 1-22 ; ... On ne va pas à Thèbes ; on y est toujours arrivé.

3. *Id.*, *Phys.*, Γ, 5, 204ᵃ, 20-21 ; *Ibid.*, Γ, 6, 206ᵃ, 9-14 ; *Ibid.*, Z, 9, 239, 20-24.

deux conceptions, il en est une troisième à laquelle le célèbre logicien n'a pas réfléchi et qui tranche les difficultés. Supposé que les parties de la matière soient étendues, et l'on a un intervalle à parcourir. Supposé qu'elles soient indivises; et cet intervalle peut être parcouru; car alors on ne s'y perd plus dans une dichotomie illimitée : il est d'un bloc et par là même fini. Supposé d'ailleurs que cet indivis soit divisible; et la matière cesse d'être une chose contradictoire. Le nombre de ses éléments est encore fini et infini tout à la fois, mais ce n'est plus sous le même rapport : il est fini en acte et infini en puissance [1]. Or l'indivis divisible : voilà précisément ce qui s'appelle le continu [2].

Et l'union de ces deux termes si disparates en apparence s'explique comme d'elle-même, lorsqu'on prend garde à la constitution de l'être. Sans doute, les atomes de Démocrite contiennent encore des parties actuelles : ils restent divis; car ils n'enferment aucun principe qui en unifie l'essentielle pluralité. Mais il en est autrement du continu proprement dit : il s'y ajoute du dedans une force dominatrice qui envahit ses éléments et les identifie entre eux en se les identifiant à elle-même [3]; et l'on comprend alors qu'ils soient d'une seule pièce, qu'ils constituent une réalité « dont les extrémités ne font qu'un »[4]. On comprend aussi que cette réalité demeure divisible dans son unité,

---

1. Arist., *Phys.*, Γ, 7, 207ᵇ, 11-12 : ὥστε δυνάμει μὲν ἔστι, ἐνεργείᾳ δ' οὔ.
2. *Id., Ibid.*, Z, 1, 231ᵇ, 15-16 : φανερὸν δὲ καὶ ὅτι πᾶν συνεχὲς διαιρετὸν εἰς ἀεὶ διαιρετά ; *Phys.*, Z, 2, 232ᵇ, 24-25 : λέγω δὲ συνεχὲς τὸ διαιρετὸν εἰς ἀεὶ διαιρετά.
3. *Id., Met.*, Z, 17, 1041ᵇ, 17-19 : Καὶ ἡ σὰρξ οὐ μόνον πῦρ καὶ γῆ ἢ τὸ θερμὸν καὶ ψυχρόν, ἀλλὰ καὶ ἕτερόν τι; 27-28 : οὐσία δ' ἑκάστου μὲν τοῦτο· τοῦτο γὰρ αἴτιον πρῶτον τοῦ εἶναι.
4. *Id., Phys.*, Z, 1, 231ᵃ, 22 : συνεχῆ μὲν ὧν τὰ ἔσχατα ἕν.

c'est-à-dire que l'on y puisse faire des fragments dont chacun existe pour son compte; en tant qu'étendue, elle reste tangible et sujette à la dichotomie [1]. D'autre part, les parties que l'on obtient se pénètrent d'une forme nouvelle qui en fait autant de substances; car, si rien ne se crée, rien non plus ne s'anéantit. Au contraire succède nécessairement son contraire ou du moins l'un des états qui s'interposent entre ces deux extrêmes. Le bras que l'on sépare de son organisme redevient de la terre; et, si l'on coupe un ver en deux, la partie où manque la tête se pourvoit d'une autre âme que recélaient ses mystérieuses virtualités.

La nature du continu ainsi déterminée, on est à même de voir comment il se produit au cours des choses. Il faut d'abord que les éléments qui lui servent de matière se touchent les uns les autres, c'est-à-dire que de discontinus ils deviennent contigus [2]. Il faut ensuite qu'il y ait entre eux une sorte d'affinité naturelle [3]. Car tout ne se change pas immédiatement en tout; la flexibilité de la « matière dernière » a des limites. Ces deux conditions données, deux changements se peuvent produire. Ou bien il sort des éléments en présence une forme qui les ramasse tous en son unité et les fond l'un dans l'autre : ce qui a lieu, par exemple, dans la congélation [4]. Ou bien l'un de ces éléments possède une forme prédomi-

---

1. Arist., *Phys.*, Z, 1, 231ᵇ, 4-6 : τὸ γὰρ συνεχὲς ἔχει τὸ μὲν ἄλλο τὸ δ' ἄλλο μέρος, καὶ διαιρεῖται εἰς οὕτως ἕτερα καὶ τόπῳ κεχωρισμένα.
2. *Id., Ibid.*, E, 3, 227ᵃ, 20-27 : ἐν οἷς δὲ μή ἐστιν ἀρχή, δῆλον ὅτι οὐκ ἔστιν οὐδὲ σύμφυσις ἐν τούτοις; *Met.*, K, 12, 1069ᵃ, 8-12.
3. *Id., De gen. et corrup.*, A, 5, 322ᵃ, 4-7; 20-28 : ᾗ μὲν γάρ ἐστι τὸ προσιὸν δυνάμει ποσὴ σάρξ, ταύτῃ μὲν αὐξητικὸν σαρκός, ᾗ δὲ μόνον δυνάμει σάρξ, τροφή.
4. *Id., Phys.*, Θ, 3, 253ᵇ, 23-26.

nante qui s'empare des autres et se les assimile : c'est ce qui se produit dans la digestion et la soudure des chairs¹. Et, manifestement, il y a, dans cette théorie, quelque chose de profond : c'est encore l'explication la plus plausible et des phénomènes de chimie organique et des prodiges de suture que la chirurgie opère de nos jours.

Mais dire que le discontinu donne lieu au contigu qui de son côté donne lieu au continu, c'est affirmer deux fois que l'indivis peut venir du multiple. Et alors quelle raison de s'arrêter en si bonne voie? Si l'indivis peut venir du multiple, pourquoi en irait-il autrement de l'indivisible lui-même? Pourquoi la pensée ne serait-elle pas, comme le veulent certains psychologues de notre temps, l'intime identification d'éléments divers, identification qui peut cesser aussi bien qu'elle a pu commencer? A notre sens, il y a là un problème que soulève la métaphysique d'Aristote et qu'elle ne résout pas.

A la théorie de la quantité se rattache l'idée de l'infini².

L'infini, en effet, n'est pas une substance, comme l'ont pensé Anaximandre et les Pythagoriciens³ ; car la substance ne se divise pas⁴ : l'infini, au contraire, est essentiellement divisible. Ou c'est un nombre; et l'on y peut faire des fractions. Ou c'est une grandeur ; et l'on y peut

---

1. Arist., *De gen. et corrup.*, A, 5, 321ᵇ, 21-24, 33-35; *Ibid.*, A, 5, 322ᵃ, 1-3; *Ibid.*, A, 10, 328ᵃ, 26 : Μεταβάλλει γὰρ ἑκάτερον εἰς τὸ κρατοῦν.
2. Τὸ ἄπειρον.
3. *Id., Phys.*, Γ, 4, 203ᵇ, 10-15; *Ibid.* 5, 204ᵃ, 32-34.
4. *Id., Ibid.*, Γ, 5, 204ᵇ, 8-13; *Met.*, K, 10, 1066ᵇ, 2-9.

pratiquer la dichotomie [1]. Que si l'on entend par ce mot quelque chose d'indéterminé, comme la voix humaine, on ne trouve plus, il est vrai, aucune matière à partage; mais aussi n'est-il plus question de l'infini : il ne s'agit que de l'amorphe [2].

L'infini est donc un accident et un accident qui relève de la quantité [3] : c'est la quantité considérée comme n'ayant plus aucune limite. Mais, si telle est la notion de l'infini, l'on peut dire en premier lieu qu'il n'existe en acte, ni à l'état de pluralité, ni à l'état de grandeur.

Toute série donnée se compte. Et, par conséquent, toute série donnée comprend un nombre déterminé d'éléments : car on ne peut compter l'infini; il y faudrait l'éternité [4]. Supposé d'ailleurs qu'une série donnée puisse être infinie; il faudra que chacune de ses sommes partielles le soit aussi. En effet, qu'une seule d'entre elles ne le soit pas; et l'on n'obtiendra plus, en l'ajoutant au reste, qu'une série inférieure à l'infini, c'est-à-dire finie. De plus, le nombre de ces sommes partielles ne comporte lui-même aucune borne, vu que l'infini ne s'épuise pas. On aura donc dans l'infini donné une infinité d'autres infinis : ce qui est d'une impossibilité manifeste, un agglomérat de contradictions [5].

Il faut également que tout corps donné ait une limite. En effet, s'il existe un corps infini, quel sera-t-il? Ce ne peut être un corps composé. Car alors il devra ren-

---

1. Arist., Met., Δ, 13, 1020ᵃ, 8-10.
2. Id., Phys., Γ, 4, 203ᵇ, 2-7, 12-14; Met., K, 10, 1066ᵃ, 35 et sqq.; Ibid., 1066ᵇ, 5-7.
3. Id., Phys., Γ, 5, 204ᵃ, 14-20, 28-29; Met., K, 10, 1066ᵇ, 7-11, 18-19.
4. Id., Ibid., Γ, 5, 204ᵇ, 7-10; Met., K, 10, 1066ᵇ, 24-26.
5. Id., Ibid., Γ, 5, 204ᵃ, 20-26; Met., K, 10, 1066ᵇ, 11-16. V. plus haut, p. 0.

fermer ou plusieurs éléments infinis ou un seul élément infini et plusieurs éléments finis. Si l'on admet la première hypothèse, on se heurte derechef à l'absurdité précédente : il y a plusieurs infinis dans le même infini. Et si l'on opine pour la seconde, les difficultés, pour être différentes, n'en sont pas moins insurmontables. D'abord, les éléments finis n'auront plus d'espace où ils puissent se situer. De plus, ils seront absorbés par l'élément infini. Si, par exemple, cet élément est le feu, tout deviendra du feu, ce sera l'embrasement universel; et, si cet élément est de l'eau, tout retournera fatalement à l'état humide [1]. Car la loi des mélanges n'a pas d'exception; et elle veut que le plus fort s'assimile le plus faible [2]. Il ne restera donc qu'un corps simple dont il faudra savoir s'il peut être infini; et la question ramenée à ces termes ne comporte qu'une solution négative. Ainsi le demande en premier lieu la notion même de corps. Tout corps présente une surface qui a une figure déterminée et dont les points divers sont à telle distance l'un de l'autre; autrement, l'on n'a plus qu'une chose purement amorphe, un être à l'état de puissance qui ne peut exister comme tel. Mais dire qu'un corps a une surface, une figure et des dimensions données, c'est affirmer trois fois pour une qu'il a une limite et que par là même il est fini [3].

De plus, imaginez qu'un corps simple soit infini; et l'on arrive à des conclusions insoutenables. Dans ce cas, les parties de l'univers ne se meuvent pas. Pour

---

1. Arist., Phys., I, 5, 204b, 10-19; Mét., K, 10, 1066b, 20-32.
2. Id., De gen. et corrup., A, 10, 328ᵃ, 26.
3. Id., Phys., I, 5, 204b, 5-7, 20-22; Mét., K, 10, 1066b, 22-24, 32-34.

que les parties de l'univers se meuvent, il faut qu'elles aient des inclinations divergentes, que les unes, par exemple, tendent vers le haut et les autres vers le bas. Car, si elles se rendent toutes au même point, elles s'y grouperont comme autour d'un centre et finiront par s'immobiliser mutuellement. Or, c'est précisément ce qui doit se produire dans un corps simple. Rien n'y diverge : tout y est ou du feu, ou de la terre, ou de l'air, ou de l'eau; tout y a la même nature et partant la même direction [1]. Pour que les parties de l'univers se meuvent, il faut aussi qu'il existe des lieux naturels qui servent de termes à leur parcours. Un corps simple qui est en même temps infini n'en contient pas : on ne distingue, dans son absolue homogénéité, ni milieu ni circonférence, ni haut ni bas, ni droite ni gauche, ni avant ni arrière [2]. Enfin, les parties de l'univers ne peuvent se mouvoir, si chaque intervalle donné demeure à jamais infranchissable. Et, dans un corps infini, l'on ne trouve aucune portion, si petite qu'on la suppose, qui soit susceptible d'être franchie : tout, jusqu'aux moindres parcelles, jusqu'aux fragments invisibles, y est également fait d'infinité; c'est là un des points sur lesquels Zénon reste invincible [3].

Une autre conséquence de l'hypothèse admise, c'est que l'Univers lui-même ne se meut pas non plus. Un corps infini ne peut avoir une pesanteur finie. Soit, en effet, V un corps infini et P sa pesanteur considérée comme finie; m le rapport de V à P. On peut prélever une portion de ce

---

[1]. Arist., *De cœl.*, A, 7, 275^b, 32; 276^a, 1-6; *Phys.*, Γ, 5, 205^a, 10-15; *Met.*, K, 10, 1067^a, 7-15; *Phys.*, Γ, 5, 205^b, 20-24.

[2]. *Id.*, *Phys.*, Γ, 5, 205^b, 31-35; *Met.*, K, 10, 1067^a, 27-38; *De cœl.*, A, 7, 276^a, 6-12.

[3]. *Id.*, *Phys.*, Γ, 5, 205^b, 24-30; *Met.*, K, 10, 1067^a, 23-27.

corps, dont la pesanteur sera également finie; et l'on aura les deux équations suivantes :

$$\frac{V}{P} = m$$

$$\frac{V'}{P} = m\ ;$$

d'où l'on peut écrire :

$$\frac{V}{P} = \frac{V'}{P};$$

ce qui est absurde.

Il faut donc, s'il existe un corps dont la grandeur est infinie, que sa pesanteur le soit du même coup[1]. Et, si telle est sa pesanteur, telle aussi est sa vitesse; car entre ces deux termes il y a proportion constante. Mais dire qu'un corps se meut avec une vitesse infinie, c'est dire que sa vitesse n'est jamais donnée, c'est dire qu'il ne se meut pas[2]. D'ailleurs, quel peut être le mouvement de l'univers considéré comme un tout, s'il est réellement un corps infini? Ce n'est pas une translation, car il n'y a en dehors de lui que le vide absolu; et le vide n'est pas un intervalle, le vide ne se traverse pas[3]. Ce n'est pas non plus une rotation; car toute rotation suppose un centre et une circonférence. Or l'infini, comme on l'a vu, n'a rien de pareil : son centre est partout et sa circonférence nulle part[4]. Il n'y a donc pas de mouvement qui lui convienne. Ainsi tout est en repos au dehors, comme au dedans, dans l'ensemble comme dans les parties de l'ensemble : c'est au Monisme des Éléates que l'on aboutit.

---

1. Arist., *De cœl.*, A, 6, 273ᵃ, 25 et sqq.; *Ibid.*, 273ᵇ, 1-28.
2. *Id.*, *Ibid.*, 273ᵇ, 28 et sqq.; 274ᵃ, 1-9.
3. *Id.*, *De gen. et corr.*, A, 8, 326ᵇ, 21-24 : inutile d'inventer des pores, le vide n'est pas un milieu.
4. *Id.*, *De cœl.*, A, 5, 272ᵇ, 17-24.

Supposé qu'un corps infini puisse se mouvoir, il n'expliquera pas les révolutions sidérales. Pour revenir au même point, il lui faudra parcourir une fois l'espace qui lui est égal, s'il est animé d'un mouvement rotatoire[1] ; et deux fois, s'il est animé d'un mouvement longitudinal : car alors il y a l'aller et le retour[2]. Dans les deux cas, c'est encore l'infini qui s'interpose ; et les astres ne pourront jamais reparaître au même endroit du ciel.

De quelque côté que l'on regarde la question, l'on trouve toujours qu'il n'y a, dans la réalité, ni nombre ni grandeur qui soient infinis. Et la démonstration vaut aussi pour la pensée : impossible de concevoir un nombre qui ne comprenne pas telle somme d'unités ; impossible aussi de concevoir un corps qui n'ait pas une surface et par là même une limite[3].

Si l'infini n'existe pas en acte, reste qu'il existe en puissance[4]. Chaque nombre, qu'il soit d'ordre concret ou d'ordre purement mathématique, renferme une somme finie d'unités ; mais on peut toujours de quelque manière ou le diviser ou le multiplier à plaisir. Chaque ligne a un terme ; mais elle est toujours susceptible et d'une série de diminutions et d'une série d'accroissements qui n'en ont pas. Ainsi des plans et des solides. Le fini enveloppe une aptitude essentielle à devenir autre, puis encore autre, à recevoir sans borne du plus ou du moins ; et cette aptitude inépuisable, voilà l'infini[5]. Ce n'est donc pas chose qui soit

---

1. Arist., *De cœl.*, A, 5, 271ᵇ, 28 et sqq. ; *Ibid.*, 272ᵃ, 1-7 ; *Ibid.*, 272ᵇ, 25 et sqq. ; *Ibid.*, 273ᵃ, 1-6.
2. *Id., Ibid.*, A, 5, 272ᵃ, 21-33.
3. *Id., Phys.*, Γ, 5, 204ᵇ, 5-8.
4. *Id., Ibid.*, Γ, 6, 206ᵃ, 1-18 : ... λείπεται οὖν δυνάμει εἶναι τὸ ἄπειρον.
5. *Id., Ibid.*, Γ, 6, 206ᵃ, 21-27 ; *Ibid.*, 27-29 · ὅλως μὲν γὰρ οὕτως ἐστὶ τὸ

une; il contient deux éléments irréductibles et qui pourtant se trouvent l'un dans l'autre, l'actuel et le possible. Il se fonde sur une quantité donnée, mais il n'est point cette quantité elle-même : c'est la capacité qu'elle renferme d'aller sans limite du petit au grand ou du grand au petit. L'infini de l'espace, par exemple, suppose un espace d'une grandeur déterminée; et il est quelque chose de plus, à savoir ce qui fait que l'on peut toujours y ajouter ou en retrancher.

De cette notion de l'infini découlent trois conclusions principales à l'adresse des philosophies antérieures.

En premier lieu, c'est à tort que les Pythagoriciens et Platon[1] après eux ont fait de l'infini un principe des choses, puisqu'il n'est que le dérivé d'un dérivé de la substance.

En second lieu, Anaximandre et Anaxagore[2] se sont mépris, lorsqu'ils ont vu dans l'infini comme une sorte d'enveloppe de l'univers. Tout au contraire, c'est lui qui est enveloppé : il est le contenu, non le contenant. Il procède en effet de la matière, puisqu'il n'existe qu'à l'état de puissance; or la matière, comme telle, réside dans les profondeurs de la réalité et n'apparaît qu'autant qu'elle se revêt d'une forme[3].

Troisièmement, il existe entre l'infini et le parfait une opposition complète. L'infini n'est qu'à l'état de puissance;

ἄπειρον, τῷ ἀεὶ ἄλλο καὶ ἄλλο λαμβάνεσθαι, καὶ τὸ λαμβανόμενον μὲν ἀεὶ εἶναι πεπερασμένον, ἀλλ' ἀεί γε ἕτερον καὶ ἕτερον; *Ibid.*, 206ᵇ, 12-20; *Ibid.*, 207ᵃ, 1-2 : οὐ γὰρ οὗ μηδὲν ἔξω, ἀλλ' οὗ ἀεί τι ἔξω ἐστί, τοῦτο ἄπειρόν ἐστι.

1. ARIST., *Phys.*, Γ, 5, 204ᵃ, 32-33; *Ibid.*, 4, 203ᵃ, 1-6; *Phileb.*, XII, 145-147.
2. *Id.*, *Ibid.*, Γ, 4, 203ᵇ, 10-15; *Ibid.*, Γ, 5, 205ᵇ, 1-5; *Ibid.*, Γ, 6, 207ᵃ, 15-21.
3. *Id.*, *Ibid.*, Γ, 6, 207ᵃ, 21-31.

le parfait est entièrement en acte. Par suite, l'infini est amorphe; le parfait n'est plus qu'une forme. L'infini n'a pas de terme, le parfait est terminé de tous points : c'est à cette condition seulement qu'il mérite le nom d'achevé [1]. Parménide a vu plus juste que Melissus, lorsqu'il a conçu l'être, non comme infini, mais comme fini.[2]

La notion de l'infini une fois connue, l'on en peut aussi déterminer le domaine.

Tout nombre concret est infini par multiplication, et fini par division. A une série donnée d'objets on peut toujours ajouter d'autres objets; mais l'opération inverse rencontre une limite qui est l'individu : « un homme, par exemple, est un homme, non plusieurs [3] ». Au contraire, toute grandeur concrète est infinie par division, et finie par multiplication; car le ciel a des bornes et l'on ne peut dépasser le ciel.[4]

Le mouvement est infini dans les deux sens. On le peut toujours diviser davantage, et parce qu'ainsi se divise la grandeur elle-même. De plus, il constitue un devenir qui par nature ne peut avoir aucune limite. Il n'existe point tout entier à la fois; son présent est toujours fini [5]. Mais

---

1. Arist., *Met.*, Θ, 8, 1050ᵃ, 9-10 : Τέλος δ' ἡ ἐνέργεια καὶ τούτου χάριν ἡ δύναμις λαμβάνεται; *Phys.*, Γ, 6, 207ᵃ, 7-9 : ἄπειρον μὲν οὖν ἐστιν οὗ κατὰ ποσὸν λαμβάνουσιν ἀεί τι λαβεῖν ἔστιν ἔξω. Οὗ δὲ μηδὲν ἔξω, τοῦτ' ἐστὶ τέλειον καὶ ὅλον; *Met.*, Δ, 16, 1021ᵇ, 12, 24-25 : Κατὰ γὰρ τὸ ἔχειν τὸ Τέλος τέλεια; *Ibid.*, 30 et sqq.; *Phys.*, Γ, 6, 207ᵃ, 14-15 : τὸ δὲ τέλος πέρας.

2. *Id.*, *Phys.*, Γ, 6, 207ᵃ, 15-17.

3. *Id.*, *Ibid.*, Γ, 7, 207ᵇ, 1-3, 5-7 : οἷον ὁ ἄνθρωπος εἷς ἄνθρωπος καὶ οὐ πολλοί.

4. *Id.*, *Ibid.*, Γ, 7, 207ᵇ, 3-5, 15-21.

5. *Id.*, *Ibid.*, Γ, 7, 207ᵇ, 14-15, 21-27 : « Tenons-nous-en là pour le moment, dit Aristote en ce dernier passage; nous essaierons de dire plus tard en quoi consiste chacune de ces choses [à savoir l'espace, le temps et le mouvement]. »

ce présent suppose un passé qui ne l'est pas et un avenir qui ne saurait l'être. Le mouvement n'a pu commencer et ne pourra cesser : il est éternel [1].

Par suite, le temps est également infini, et de la même manière que le mouvement. Ces deux choses, en effet, sont corrélatives : il n'y a de temps que par le mouvement et de mouvement que dans le temps [2].

Le principe de la génération est-il infini? l'on serait tenté de le croire à première vue. La génération est éternelle; et il semble qu'on ne la puisse expliquer, s'il n'existe quelque part une source inépuisable d'énergie [3]. Mais ce raisonnement, qui est d'Anaximandre, n'a qu'une valeur apparente. Tout corps est fini. Il faut donc que l'univers lui-même le soit, et, par suite, que sa puissance le soit également. Car il est impossible qu'un corps fini possède une énergie infinie : c'est une chose qui se démontre comme on a démontré plus haut que tout corps fini a nécessairement une pesanteur limitée [4]. Mais alors comment se fait-il que la génération soit à jamais indéfectible? L'individu qui s'en va est remplacé par son contraire sur la scène de la vie; la mort de l'un est toujours la naissance d'un autre [5]. Et par là s'entretient un équilibre éternel dans le budget de la nature.

Si des êtres concrets l'on passe aux opérations de la pensée, l'infini ne trouve plus aucun obstacle à son entière expansion. Les unités abstraites sont plus faciles à

---

1. Arist., *Phys.*, Θ, 1, 252ª, 10-16.
2. Id., Ibid., Δ, 11, 218ᵇ, 21 et sqq.
3. Id., Ibid., Γ, 4, 203ᵇ, 15-20.
4. Id., Ibid., Θ, 10, 266ª, 24-26 : Ὅτι δ' ὅλως οὐκ ἐνδέχεται ἐν πεπερασμένῳ μεγέθει ἄπειρον εἶναι δύναμιν, ἐκ τῶνδε δῆλον.
5. Id., Ibid., Γ, 8, 208ª, 8-11; *De gen. et corrup.*, A, 3, 318ª, 23-27.

traiter que celles qui vivent, elles se laissent fractionner ; et l'on n'a pas à craindre de se heurter à la frontière du ciel, en entassant dans son esprit des lignes, des plans ou des mondes [1]. Du point de vue logique, tout devient infini dans les deux sens, le nombre et la grandeur, comme le temps et le mouvement : infinité et quantité, ce sont alors deux choses qui ne se séparent jamais.

Telle est la théorie de la quantité, d'après Aristote ; et l'on demeure frappé de sa géniale originalité. Comparée à celle de Platon, elle constitue un progrès considérable : c'est une série de découvertes [2]. On peut dire cependant que le maître n'est pas inférieur de tous points à son disciple. Platon semble s'être fait une idée plus compréhensive de la quantité. Il y a, dans notre activité mentale, une quantité intensive, que Kant a mise en lumière de nos jours et dont il a montré l'importance expérimentale et métaphysique [3]. Ce fait d'ordre intérieur, Platon ne l'a pas seulement constaté dans son analyse du plaisir que contient le *Philèbe* ; mais encore il l'a fait entrer, avec la pluralité et la grandeur, dans un même genre, qui est celui du plus et du moins [4]. On ne trouve rien de pareil dans Aristote ; sa définition de la quantité ne concerne que le nombre et l'étendue.

1. Arist., *Phys.*, I, 8, 208ᵃ, 14-10.
2. Je crois même que l'on y pourrait trouver les principes d'une critique très forte de la thèse publiée par M. Couturat sur l'Infini mathématique (Alcan, Paris, 1896).
3. *Critique de la raison pure*, t. II, p. 15-16, éd. J. Barni, Germer-Baillière, Paris, 1869.
4. XII, 140 et 147, fond ; XV, 151, fond : ἡδονὴ καὶ λύπη πέρας ἔχετον, ἢ τῶν τὸ μᾶλλόν τε καὶ ἧττον δεχομένων, ἐστόν ; Ναί, τῶν τὸ μᾶλλον, ὦ Σώκρατες.

III

La relation consiste en ce qu'une chose ne puisse être qu'une autre ne soit [1] : le double, par exemple, suppose la moitié et le mesurable une mesure.

La relation est simple, lorsque, des deux termes qu'elle comprend, il n'y en a qu'un qui dépend de l'autre. C'est de cette manière que la science se rapporte à l'être qui lui sert d'objet [2] et la sensation aux corps [3]. Car la science exige la présence de l'être et la sensation celle des corps ; mais la réciproque n'est pas vraie. La relation est double et prend par là même le nom de corrélation, lorsque les deux termes qui sont comme ses extrêmes soutiennent une dépendance mutuelle : ainsi se rattachent l'un à l'autre l'actif et le passif, le triple et le tiers [4].

Considérée du point de vue de sa nature, la relation est tantôt déterminée, comme celle du quadruple au quart, de l'égal à l'égal ; tantôt indéterminée, comme celle du plus au moins, ou du multiple à l'un [5].

Si l'on regarde au fondement de la relation, l'on voit qu'elle se divise en trois espèces. Elle est quantitative, lorsqu'il s'agit de nombre ou d'étendue ; qualitative, lorsqu'il s'agit de ressemblances ou de différences ; dyna-

---

1. Arist., *Categ.*, 7, 6ᵃ, 36-38 : πρός τι δὲ τὰ τοιαῦτα λέγεται, ὅσα αὐτὰ ἅπερ ἐστὶν ἑτέρων εἶναι λέγεται, ἢ ὁπωσοῦν ἄλλως πρὸς ἕτερον, οἷον τὸ μεῖζον τοῦθ' ὅπερ ἐστὶν ἑτέρου λέγεται.
2. *Id., Ibid.*, 7, 7ᵃ, 22-25.
3. *Id., Ibid.*, 7, 7ᵇ, 35-38.
4. *Id., Met.*, Δ, 15, 1020ᵇ, 26-30.
5. *Id., Ibid.*, Δ, 15, 1020ᵇ, 32 et sqq. ; *Ibid.*, 1021ᵃ, 1-11 ; *Categ.*, 6, 5ᵇ, 11-29.

mique, toutes les fois qu'elle est d'ordre causal [1].

Il y a du relatif partout, excepté dans la substance [2]. Encore ne peut-on s'en tenir là, lorsque, au lieu de considérer les individus séparément, on envisage l'ensemble de l'univers ; car alors on observe que les substances coagissent les unes aux autres et rentrent par le fait dans le domaine de la relativité. L'Acte pur lui-même n'est absolu que d'un côté, puisqu'il est la fin suprême de la nature [3] et que toute fin l'est nécessairement de quelque chose. Mais de ce qu'il y a du relatif partout, on n'a nul droit de conclure que tout est relatif. Dans chaque relatif, en effet, il faut distinguer la relation elle-même et le sujet qui la fonde. Or ce sujet a toujours quelque chose d'absolu. C'est l'homme qui engendre l'homme ; et le corps a, par exemple, qui meut le corps b. La science est une qualité de l'âme ; et les multiples eux-mêmes, bien qu'ils soient comme tels de pures relations, ne laissent pas d'être des nombres et partant des modes de la quantité [4].

Quelle idée faut-il se faire du lieu ? C'est un des sujets les plus difficiles que l'on puisse se proposer [5] ; et les philosophes antérieurs l'ont laissé à peu près intact. Per-

---

[1]. Arist., *Met.*, Δ, 15, 1021ª, 8-21 ; *Ibid.*, 1020ᵇ, 26-32.

[2]. Id., *Categ.*, 7, 8ª, 13-18 ; cf. Sylvest. Maurus, *Arist. oper. omnia...*, t. I, p. 45ª, 0, éd. Fr. Ehrle, Paris, 1885. C'est peut-être le plus clair et le plus objectif des commentaires latins d'Aristote.

[3]. Arist., *Met.*, Λ, 7, 1072ᵇ, 13-14 : ἐκ τοιαύτης ἄρα ἀρχῆς ἤρτηται ὁ οὐρανὸς καὶ ἡ φύσις.

[4]. Cette explication résulte de la doctrine aristotélicienne, mais ne repose pas sur des textes formels. Voir cependant (*Categ.*, 7, 8ª, 84-35) l'incidente qui suit : οὐ μὴν ταὐτόν γέ ἐστι τῷ πρός τι αὐτοῖς εἶναι τὸ αὐτὰ ἅπερ ἐστὶν ἑτέρων λέγεσθαι. Cf. Sylv. Maur., t. I, 45ª-16ᵇ.

[5]. Arist., *Phys.*, Δ, 1, 208ª, 32-34 ; *Ibid.*, 4, 212ª, 7-10.

sonne n'y a touché[1], sauf Platon dont la théorie à peine ébauchée est de plus entachée d'erreur.

Le meilleur moyen d'éclaircir la question est d'écarter successivement les hypothèses qui n'y répondent pas; c'est de procéder par voie d'élimination[2].

Tout d'abord, le lieu n'est pas quelque chose de purement intelligible. Sans doute, nous concevons au dedans de nous des lignes, des plans, des solides : il y a des lieux dans notre pensée. Mais ils sont d'ordre logique ; et, pour que les corps réels se situent, il leur faut un milieu réel[3].

Le lieu n'est pas non plus un corps. Car le lieu d'un corps nous apparaît comme un terme vers lequel il tend et dont il peut s'écarter après l'avoir atteint; par conséquent, il s'en distingue[4]. Il y aurait aussi, d'après cette hypothèse, deux corps en même temps dans le même endroit; et la chose est impossible, vu que les corps sont impénétrables[5]. Enfin, si le lieu est un corps, il occupe lui-même un lieu, qui occupe un autre lieu; ainsi de suite à l'infini, comme le disait Zénon. Or, quand il s'agit du donné, une telle régression est contradictoire[6].

On ne peut dire davantage que le lieu d'un corps est sa forme même, et pour deux raisons principales. D'abord, la forme de tout corps change de place avec lui, vu qu'elle lui est immanente; au contraire, son lieu est absolument immobile, au milieu des fluctuations du devenir. Impossible de concevoir, par exemple, que les

---

1. Arist., *Phys.*, Δ, 2, 209ᵇ, 16-17; *Ibid.*, Δ, 208ᵃ, 34 et sqq.
2. *Id., Ibid.*, Δ, 4, 211ᵇ, 5-10.
3. *Id., Ibid.*, Δ, 1, 209ᵃ, 13-18 : ... ἐκ δὲ τῶν νοητῶν οὐδὲν γίνεται μέγεθος.
4. *Id., Ibid.*, Δ, 2, 210ᵃ, 2-5.
5. *Id., Ibid.*, Δ, 1, 209ᵃ, 4-7.
6. *Id., Ibid.*, Δ, 1, 209ᵃ, 23-26.

distances qui le séparent des extrémités du ciel et du centre de la terre, aient jamais subi ou puissent jamais subir une variation quelconque [1]. De plus, la forme d'un corps est périssable; son lieu est indestructible. Là où tel corps s'est situé une fois, d'autres corps ont pu se situer dans le passé, d'autres le pourront dans l'avenir; et l'on ne se figure aucune portion du temps où cette possibilité vienne à manquer : elle est éternelle [2].

Il est plus difficile encore de soutenir, avec Platon [3], que le lieu d'un corps n'est autre chose que sa matière. Car, outre que la matière se transporte d'un point à un autre, comme la forme et avec elle, il est clair qu'elle n'a rien de ce qui sert à constituer un lieu. Le lieu nous apparaît comme l'enveloppe du corps qui l'occupe : c'est une sorte de contenant. Or la matière, ainsi qu'on l'a déjà fait observer, est plutôt un contenu; et ce contenu n'a par lui-même ni figure ni limites : il ne peut se situer dans l'espace qu'autant qu'il s'y ajoute une forme [4].

Si l'on se rabat sur les intervalles qui séparent les extrémités d'un même corps, on fait une hypothèse plus vraisemblable, mais qui ne résiste pas mieux à l'épreuve de la réflexion. Soit un corps donné : ses intervalles changent de place avec lui; on peut donc leur en substituer d'autres, puis d'autres encore, sans qu'une telle opération rencontre jamais aucune limite; et l'on aura par là même « une infinité de lieux dans le même

1. Arist., *Phys.*, Δ, 1, 208ᵇ, 1-8; *Ibid.*, 2, 209ᵇ, 22-30.
2. *Id., Ibid.*, Δ, 1, 208ᵇ, 29-35; *Ibid.*, 209ᵃ, 1-2 : «... οὐ γὰρ ἄνευ τῶν ἄλλων οὐδέν ἐστιν, ἐκεῖνο δ' ἄνευ τῶν ἄλλων, ἀνάγκη πρῶτον εἶναι· οὐ γὰρ ἀπόλλυται ὁ τόπος τῶν ἐν αὐτῷ φθειρομένων; *Ibid.*, Δ, 2, 210ᵃ, 9-11.
3. *Id., Ibid.*, Δ, 2, 209ᵇ, 11-22.
4. *Id., Ibid.*, Δ, 2, 209ᵇ, 30-32.

lieu » : ce qui est une contradiction manifeste[1].

Reste donc que le lieu d'un corps soit la limite intérieure du corps qui l'enveloppe[2]. Supposez une coupe remplie d'eau : on y distingue d'abord une limite du liquide inhérente au récipient; puis une limite du récipient inhérente au liquide, et qui demeure la même lorsqu'on remplace l'eau par du vin, de l'air ou quelque autre corps. Cette seconde limite, voilà le lieu. Il est comme un « vase immobile », qui peut recevoir successivement une infinité d'objets, ou bien encore comme les rives d'un fleuve qui assistent impassibles à l'éternel écoulement des flots[3]. Et de cette définition du lieu dérivent un certain nombre de conséquences qu'il faut indiquer.

1° Tout est dans le ciel. En effet, puisqu'il n'existe aucun corps qui ne soit fini, le ciel doit avoir une limite extrême; et cette limite, considérée comme inhérente à tout le reste, en est l'enveloppe immobile et par là même le lieu[4].

2° Le ciel n'est nulle part; car, au delà de sa limite extrême, il n'y a plus rien dont il soit le contenu[5].

3° Le ciel ne peut avoir qu'un mouvement circulaire. Pour qu'il fût animé de translation, il faudrait qu'il y eût des lieux en dehors de lui; et il n'en existe point, vu que l'enveloppe du ciel n'est pas elle-même enveloppée[6].

---

1. Arist., *Phys.*, Δ, 4, 211^b, 14-25.
2. *Id., Ibid.*, Δ, 4, 212^a, 5-6 : ἀνάγκη τὸν τόπον εἶναι τὸ λοιπὸν τῶν τεσσάρων, τὸ πέρας τοῦ περιέχοντος σώματος.
3. *Id., Ibid.*, Δ, 4, 212^a, 14-21.
4. *Id., Ibid.*, Δ, 5, 212^b, 14-20.
5. *Id., Ibid.*, Δ, 5, 212^b, 20-22; *De cœl.*, Λ, 9, 270^a, 11-14.
6. *Id., Ibid.*, Δ, 5, 212^a, 34-35; *Ibid.*, 212^b, 1-10.

4° Il n'y a pas de vide. Il n'existe pas de corps qui ne soit dans un lieu; et, par suite, il n'existe pas de corps qui ne soit inhérent à la limite ambiante de quelque autre chose. Et ce raisonnement vaut pour les parties des corps elles-mêmes. Supposez, en effet, qu'une seule de ces parties donne dans le vide de toutes parts ou seulement par l'un de ses côtés, il faudra dire qu'elle n'est pas dans un lieu ou qu'elle n'y est que par quart ou par moitié : deux choses également impossibles. Il n'y a donc rien qui ne soit continu ou contigu; tout se tient et par toutes ses faces d'une extrémité à l'autre du ciel.

Mais la question du vide occupe une place importante dans la Physique d'Aristote. Il a fourni d'autres raisons, pour en établir l'impossibilité; et il convient de les faire connaître.

Il n'est pas nécessaire de recourir à l'hypothèse du vide, pour expliquer le mouvement. Rien n'empêche que les changements qualitatifs ne s'opèrent dans le plein [1]. Le mouvement local se comprend, dès que l'on suppose que les corps se succèdent les uns aux autres dans le même lieu [2]. La raréfaction peut provenir de ce qu'un corps plus léger, comme l'air ou le feu, pénètre dans un autre corps; et la condensation, du phénomène inverse [3]. L'extension spatiale peut n'être qu'un changement qualitatif; ce qui se produit, par exemple, lorsque l'eau se transforme en vapeur [4]. Tout s'interprète par la théorie du plein [5].

1. Arist., *Phys.*, Δ, 7, 214ᵃ, 28 : ἀλλοιοῦσθαι γὰρ τὸ πλῆρες ἐνδέχεται.
2. Id., Ibid., Δ, 7, 214ᵃ, 28-32.
3. Id., Ibid., Δ, 7, 214ᵃ, 32 et sqq.
4. Id., Ibid., Δ, 7, 214ᵇ, 2-3.
5. Id., Ibid., Δ, 7, 214ᵃ, 26.

De plus, l'hypothèse du vide a le grave inconvénient d'être la négation du fait qu'elle semble expliquer : il s'ensuit, en réalité, que le mouvement local est impossible[1]. Le vide, non plus que l'infini, n'a ni centre, ni circonférence, ni haut ni bas, ni droite ni gauche, ni avant ni arrière : il est de tous points absolument homogène. Par là même, il n'y a aucune raison pour que les corps qui sont censés s'y mouvoir comme dans un océan sans bornes, prennent une direction plutôt qu'une autre ; ils ne se mouvront donc jamais[2]. En outre, le vide n'est rien ; s'il est encore quelque chose, c'est dans la théorie du plein que l'on retombe sans le savoir. Or le rien ne sert à rien ; et, par suite, il ne peut pas plus être le trajet parcouru par un corps en mouvement qu'il ne peut être ce corps lui-même : aucun mobile n'avance ou ne recule à travers le vide[3]. On peut remarquer aussi qu'un mouvement donné se fait en un temps d'autant plus court que le milieu est moins dense. Mais la densité du vide est nulle ; donc la durée du mouvement que l'on suppose s'y faire l'est du même coup : ce qui signifie qu'un tel mouvement n'existe pas[4].

Supposé par impossible qu'il y ait du mouvement dans le vide ; on n'arrivera point par là même à se mettre d'accord avec les données de l'observation. Un corps tombe avec d'autant plus de vitesse qu'il est plus lourd ; et la raison du fait, c'est qu'il écarte avec d'autant plus de facilité les obstacles qui s'opposent à son passage. Mais, dans

---

1. Arist., *Phys.*, Δ, 8, 214ᵇ, 28-31.
2. Id., Ibid., Δ, 8, 215ᵃ, 6-11.
3. Id., Ibid., Δ, 8, 214ᵇ, 31 et sqq.
4. Id., Ibid., Δ, 8, 215ᵃ, 29 et sqq.

le vide, ces obstacles n'existent pas; et, par conséquent, tous les corps devraient y tomber avec la même vitesse [1] : ce que l'expérience dément chaque jour.

Cette théorie du lieu et du plein, qu'Aristote a créée de toutes pièces, provoque quelques remarques qui nous semblent suggestives.

Il s'en dégage d'abord une notion de l'espace qu'Aristote n'a point formulée; car ses préoccupations n'étaient pas les nôtres. L'espace est quelque chose de plus que le lieu; il y ajoute un élément qui est l'intervalle ou la grandeur : c'est le ciel lui-même, en tant qu'il forme un système de contenants et de contenus. Et, par conséquent, il n'y a pas d'espace pur, au sens où l'on prend ce mot de nos jours.

En second lieu, Aristote a vivement senti l'éternité et l'immutabilité de l'espace, dont les modernes ont si souvent parlé; mais il ne semble pas qu'il en ait donné une explication complètement satisfaisante. La limite du contenant est aussi changeante, aussi périssable que la limite inhérente au contenu; et alors que deviennent l'immobilité et l'indestructibilité du lieu? De plus, comment la limite intérieure du ciel, s'il y en a une, peut-elle être « quiescente », vu que la sphère du premier ciel se meut avec une vitesse extrême? Elle n'est telle qu'idéalement. Mais, dans ce cas, on n'a plus le droit de la considérer comme le lieu des différentes parties du monde; car il est entendu que le réel ne se situe pas dans l'intelligible. D'autre part, est-il bien démontré que le lieu n'a pas d'in-

---

[1] Arist., *Phys.*, Δ, 8, 216^a, 13-27. Épicure et ses disciples ont vu plus juste qu'Aristote à cet égard : ils ont exprimé clairement la loi d'après laquelle tous les corps tombent avec une même vitesse dans le vide (Diog. Laert., X, 61; Lucr., II, 225-242, éd. P. Aug. Lemaire, Paris, 1838).

tervalles? Je suppose que l'on détermine un point de l'espace à trente mètres de l'extrémité de l'obélisque de Louqsor, et qu'ensuite on fasse dans l'intervalle le vide absolu. Croit-on que le point dont il s'agit ne garderait plus la distance indiquée? Sans doute, on pourrait répondre avec Aristote que l'hypothèse n'est pas faisable, puisque tout est toujours plein de par la nature même des choses. Mais, si l'hypothèse n'est pas faisable d'après Aristote, ne l'est-elle pas en soi? Il y a là un problème qui continue à tourmenter les vrais « amants de la sagesse ».

La question du temps est plus épineuse encore que celle du lieu : de quelque point de vue qu'on l'envisage, elle présente surtout des difficultés [1].

Que peut être le temps?

Ce n'est pas le passé, puisqu'il n'est plus. Ce n'est pas l'avenir, puisqu'il n'est pas encore [2]; et il semble aussi qu'il ne soit pas le présent. Le présent n'est que la limite commune du passé et de l'avenir. Or cette limite varie sans cesse, elle devient toujours autre; et, par suite, elle n'est jamais [3]. De plus, cette limite est un instant indivisible. Et, par là même, on aura beau la multiplier; on n'en tirera point du continu : on n'en fera pas plus de la durée qu'on ne fait de la grandeur avec des parties simples. Si le temps est une somme de limites, tous les moments qui le composent n'en formeront plus qu'un; et Homère se trouvera d'avoir été le contemporain de Socrate [4].

1. Arist., *Phys.*, Δ, 10, 217ᵇ, 30 et sqq.
2. Id., Ibid., Δ, 10, 217ᵇ, 33 et sqq.
3. Id., Ibid., Δ, 10, 218ᵃ, 8-11, 21-25
4. Id., Ibid., Δ, 10, 218ᵃ, 25-30.

Il semble également malaisé de soutenir que le temps est une sorte de synthèse des trois éléments qui entrent dans sa notion. Car l'on ne fait des synthèses qu'avec du simultané. Et le propre des éléments du temps, c'est de se succéder les uns aux autres : le passé n'est plus quand paraît le présent; le présent n'est plus quand paraît l'avenir[1]. C'est donc une chose « étrange » que le temps; on se demande, à l'examen, si les raisonnements de Zénon sur la « pluralité » sont bien des paralogismes. Aussi les anciens n'ont-ils fait qu'effleurer un tel sujet; et ce qu'ils en ont dit n'éclaircit rien[2]. Les uns ont identifié le temps avec la sphère, d'autres avec le mouvement de la sphère[3]; Platon soutenait qu'il a commencé[4] : autant de simples aperçus, et qui sont inexacts.

Il importe donc de faire pour le temps ce que l'on a fait pour l'espace : il faut entreprendre une analyse rationnelle qui nous conduise de degré en degré jusqu'à sa nature véritable.

Le temps n'est pas le mouvement. Supposez plusieurs mobiles qui traversent le même espace avec une vitesse égale : chacun d'eux a son mouvement en propre; il n'y a qu'un temps pour tous[5]. Le mouvement peut d'ailleurs devenir ou plus rapide ou plus lent; le cours du temps, au contraire, demeure toujours égal à lui-même : il en est comme d'un fleuve dont la pente ne varie nulle part[6].

---

1. Arist., *Phys.*, Δ, 10, 218ª, 3-19.
2. Id., *Ibid.*, Δ, 10, 218ᵃ, 31 et sqq.
3. Id., *Ibid.*, Δ, 10, 218ª, 33 et sqq.
4. Id., *Ibid.*, Θ, 1, 251ᵇ, 14-19.
5. Id., *Ibid.*, Δ, 10, 218ᵇ, 10-13.
6. Id., *Ibid.*, Δ, 10, 218ᵇ, 13-18.

Si le temps ne s'identifie pas avec le mouvement, il n'en est cependant pas tout à fait distinct. Dès que nous avons conscience d'un mouvement quelconque, nous avons par le fait même conscience d'une certaine durée : il y a du temps, et il n'y en a que dans ce cas. Les pèlerins, qui se rendent à Sardes près du tombeau d'Hercule, s'endorment la nuit autour de la couche funèbre du demi-dieu : ils y perdent le sentiment du devenir; et la conséquence de ce sommeil profond, c'est que le dernier instant de leur veille et le premier de leur réveil ne font plus qu'un[1]. On peut dire que la perception du temps naît et disparaît avec la perception du mouvement. Par là même, le temps et le mouvement sont essentiellement inhérents l'un à l'autre : si le premier n'est pas le second, il faut au moins qu'il en fasse partie[2].

Mais de quelle manière le temps fait-il partie du mouvement?

Soit une ligne droite :

Elle se décompose en intervalles d'ordre statique, dont chacun a deux limites[3].

Soit un mouvement qui s'opère d'un bout à l'autre de cette ligne; il se décompose de la même manière. Mais, dans ce dernier cas, les intervalles sont des parties d'un seul et même déploiement d'énergie, des éléments d'ordre dynamique. De plus, et par suite, les limites ne coexistent

---

1. Arist., *Phys.*, Δ, 11, 218ᵇ, 21-33; 219ᵃ, 1-8.
2. Id., Ibid., Δ, 11, 219ᵃ, 8-10 : ὥστε ἤτοι κίνησις ἢ τῆς κινήσεώς τί ἐστιν ὁ χρόνος· ἐπεὶ οὖν οὐ κίνησις, ἀνάγκη τῆς κινήσεώς τι εἶναι αὐτόν.
3. Id., Ibid., Δ, 11, 219ᵃ, 10-16.

plus ; elles viennent l'une après l'autre et s'appellent commencement et fin [1].

Le mouvement enveloppe donc à l'état de puissance une série d'intervalles qui peuvent s'accroître indéfiniment : il est nombre par l'un de ses aspects.

Or en quoi consiste ce nombre ? Le commencement, c'est l'avant ; la fin, c'est l'après [2]. Et ces deux extrêmes supposent un intervalle de même ordre qui est une portion de la durée [3]. Autrement, ils s'identifieraient l'un avec l'autre ; et l'on n'aurait plus ni commencement ni fin : il ne resterait qu'une indivisible limite où tout mouvement deviendrait impossible. Mais l'avant, l'après, la durée sont les trois éléments du temps ; le temps est donc le nombre du mouvement, non point le nombre nombrant, mais le nombre nombré [4].

Ainsi, le temps n'est pas une qualité de l'âme ; il existe dans les choses, il y existe au même titre que le mouvement dont il est un aspect. Et il peut s'y trouver de deux manières : tantôt il y est à l'état formel, comme dans le mouvement brisé qui se fait sur une droite ; tantôt il n'y est qu'à l'état de puissance, comme dans les révolutions des sphères célestes. Dans le premier cas, en effet, il comprend déjà deux instants, qui lui sont comme deux unités : il est partiellement nombré. Dans le second cas, il ne con-

---

1. Arist., *Phys.*, Δ, 11, 219ᵃ, 16-18.
2. *Id., Ibid.*, Δ, 11, 219ᵃ, 18-25.
3. *Id., Ibid.*, Δ, 11, 219ᵃ, 25-29.
4. *Id., Ibid.*, Δ, 11, 219ᵃ, 29-33 ; 219ᵇ, 1-8 : τοῦτο γάρ ἐστιν ὁ χρόνος, ἀριθμὸς κινήσεως κατὰ τὸ πρότερον καὶ ὕστερον· οὐκ ἄρα κίνησις ὁ χρόνος ἀλλ' ᾗ ἀριθμὸν ἔχει ἡ κίνησις. σημεῖον δέ· τὸ μὲν γὰρ πλεῖον καὶ ἔλαττον κρίνομεν ἀριθμῷ, κίνησιν δὲ πλείω καὶ ἐλάττω χρόνῳ· ἀριθμὸς ἄρα τις ὁ χρόνος...ὁ δὲ χρόνος ἐστὶ τὸ ἀριθμούμενον καὶ οὐχ ᾧ ἀριθμοῦμεν. *Ibid.*, Δ, 12, 221ᵇ, 8-9.

tient que la possibilité d'avoir des instants : il est seulement nombrable. Mais, que la pensée se borne à le constater, ou qu'elle l'élève du virtuel à l'actuel, c'est toujours dans les objets, non en elle-même, qu'elle le perçoit[1].

La définition du temps une fois dégagée, il convient d'examiner de plus près les éléments qui le constituent.

L'avant et l'après sont deux instants. Qu'est-ce donc que l'instant dont « la nature » semblait déjà si « singulière » à Platon[2]? « C'est une certaine extrémité du passé qui n'a rien de l'avenir; et, d'autre part, une certaine extrémité de l'avenir qui n'a rien du passé[3] ». Mais ces deux extrémités ne sont pas, en fait, deux limites indivisibles. Car alors entre le passé et l'avenir s'interposeraient deux instants à la Zénon; et la continuité du temps serait détruite[4]. Ces deux extrémités ne se fondent pas non plus en un tout continu, car ce tout serait une portion de la durée. On pourrait le diviser en deux parties; et il y aurait ainsi quelque chose du passé dans l'avenir et quelque chose de l'avenir dans le passé[5]. L'instant est donc une limite

---

1. Arist., *Phys.*, Δ, 14, 223ᵃ, 16-20 : ... ἀριθμὸς γὰρ ἢ τὸ ἀριθμημένον ἢ τὸ ἀριθμητόν· εἰ δὲ μηδὲν ἄλλο πέφυκεν ἀριθμεῖν ἢ ψυχὴ καὶ ψυχῆς νοῦς, ἀδύνατον εἶναι χρόνον ψυχῆς μὴ οὔσης : voilà l'objection. ἀλλ' ἢ τοῦτο ὅ ποτε ὄν ἐστιν ὁ χρόνος, οἷον εἰ ἐνδέχεται κίνησιν εἶναι ἄνευ ψυχῆς. Τὸ δὲ πρότερον καὶ ὕστερον ἐν κινήσει ἐστίν· χρόνος δὲ ταῦτ' ἐστιν ᾗ ἀριθμητά ἐστιν : voilà la réponse. Il n'y a donc pas l'ombre d'idéalisme dans la manière dont Aristote définit le temps; mais elle est une forme du conceptualisme. Le temps qui n'est que nombrable, passe de la puissance à l'acte sous l'effort de la pensée.

2. *Parm.*, xxi, 182. Ce passage contient déjà une analyse de l'instant qui est singulièrement pénétrante et qui sans doute a été inspirée par Aristote lui-même.

3. Arist., *Phys.*, Z, 3, 233ᵇ, 1; 234ᵃ, 1-3.

4. Id., *Ibid.*, Z, 3, 234ᵃ, 1-7.

5. Id., *Ibid.*, Z, 3, 234ᵃ, 7-14.

unique et indivisible. De plus, cette limite est toujours identique à elle-même et toujours autre, suivant le point de vue dont on la considère[1]. Quel que soit le mobile ou le mouvement, l'instant est toujours la limite constante du passé et de l'avenir. Et néanmoins, tout en gardant sa nature, il s'évanouit et renaît sans cesse[2]. Car le mobile, en se mouvant, change perpétuellement de position; et l'instant change avec la position du mobile[3]. C'est là ce qui distingue la limite de l'étendue et celle du temps. La première demeure; la seconde passe sans trêve ni repos : elle est un éternel devenir[4]. L'instant a donc trois caractères principaux; et ces trois caractères font mieux comprendre sa fonction. En tant qu'il est indivisible et toujours le même, il rattache l'une à l'autre les deux portions du temps qui semblaient d'abord ne pouvoir se réunir. En tant qu'il devient toujours autre, il sert à diviser le mouvement en parties de plus en plus petites et par là même à le mesurer[5].

Entre l'avant et l'après, il y a un intervalle qui s'appelle la durée. Or la durée ne ressemble pas à ses extrêmes : elle est continue. Tel est le mobile; tel est, par suite, le mouvement. Il faut donc aussi que telle soit la

---

1. Arist., *Phys.*, Δ, 11, 219ᵇ, 12-13 : τὸ δὲ νῦν ἔστι μὲν ὡς τὸ αὐτό, ἔστι δ' ὡς οὐ τὸ αὐτό.

2. *Id., Ibid.*, Δ, 11, 219ᵇ, 13-15 : ᾗ μὲν γὰρ ἐν ἄλλῳ καὶ ἄλλῳ, ἕτερον (τοῦτο δ' ἦν αὐτῷ τὸ νῦν), ᾗ δὲ ὅ ποτε ὄν ἐστι τὸ νῦν, τὸ αὐτό; *Ibid.*, 219ᵇ, 18-28 : ... ᾗ δὲ ἀριθμητὸν τὸ πρότερον καὶ ὕστερον, τὸ νῦν ἐστίν...

3. *Id., Ibid.*, Δ, 11, 219ᵇ, 15-22, 31-33.

4. *Id., Ibid.*, Δ, 11, 220ᵃ, 10-14.

5. *Id., Ibid.*, Δ, 13, 222ᵃ, 10-16 : τὸ δὲ νῦν ἐστι συνέχεια χρόνου, ὥσπερ ἐλέχθη· συνέχει γὰρ τὸν χρόνον τὸν παρελθόντα καὶ ἐσόμενον, καὶ ὅλως πέρας χρόνου ἐστίν· ἔστι γὰρ τοῦ μὲν ἀρχή, τοῦ δὲ τελευτή. Ἀλλὰ τοῦτ' οὐχ ὥσπερ ἐπὶ τῆς στιγμῆς μενούσης φανερόν· διαιρεῖ δὲ δυνάμει. Καὶ ᾗ μὲν τοιοῦτο, ἀεὶ ἕτερον τὸ νῦν, ᾗ δὲ συνδεῖ, ἀεὶ τὸ αὐτό, ὥσπερ ἐπὶ τῶν μαθηματικῶν γραμμῶν.

durée qui est le mouvement lui-même considéré en tant que « nombrable »[1]. C'est ce que révèle d'ailleurs l'examen direct de la durée. Quel que soit son rapport avec le mobile ou le mouvement du mobile, on ne la peut concevoir que comme continue. Supposez, en effet, qu'elle ne le soit pas ; et la difficulté que l'on a élevée dès le début reprend sa force. Tous les siècles passés et à venir, si longue qu'en soit la chaîne, vont se ramasser en un point indivisible : il n'y aura pas de temps[2].

Mais, si la durée est continue, comment la mesurer elle-même d'une façon précise? Car on a beau l'emprisonner entre deux instants, puis entre deux autres instants; il n'y a pas d'unité qu'on lui puisse appliquer comme on fait une ligne, un plan ou bien un solide; et, par suite, il y demeure toujours quelque chose d'insaisissable ; on n'en a jamais directement qu'une évaluation plus ou moins approximative. Il faut donc lui trouver une mesure qui s'en distingue sans lui devenir tout à fait hétérogène. Et voici comment la question se peut résoudre. Imaginez un mouvement que l'on sache absolument régulier de sa nature, indépendamment de toute considération chronologique ; ce mouvement mettra toujours le même temps à s'accomplir. Par suite, on pourra le diviser en autant de parties égales que l'on voudra, dont chacune comprendra invariablement la même portion de la durée; et l'on aura une unité du temps, comme on a une unité de la grandeur. Or ce mouvement existe et il est à l'origine de tout ce qui change ; on sait par

---

1. Arist., *Phys.*, Δ, 11, 219ª, 10-13.
2. *Id., Ibid.*, Δ, 10, 218ª, 6-8.

la métaphysique que la rotation de la sphère est d'une régularité parfaite [1]. Et de là un cas de réciprocité assez étrange. Le temps mesure le mouvement ; et, à son tour, le mouvement mesure le temps [2]. Mais ce n'est pas de la même manière. Le mouvement régulier précise la durée, qui fait partie du temps ; et, la durée une fois précisée, le temps devient, non plus une mesure quelconque, mais la mesure exacte du mouvement.

De la nature du temps ainsi ramenée à des termes plus nets découlent un certain nombre de caractères essentiels qu'il faut indiquer.

Le temps est unique. Il demeure le même, quelle que soit l'espèce du mouvement, quelle que soit sa vitesse ; quels que soient aussi l'éloignement réciproque et la diversité des mobiles. Car il n'est point le mouvement lui-même ; c'en est le nombre. Or un nombre ne se multiplie pas, parce qu'on s'en sert pour compter plusieurs groupes d'objets : qu'il s'agisse, par exemple, de sept chiens ou de sept chevaux, il n'y a qu'un nombre pour les uns et pour les autres [3].

Le temps est continu. En effet, toute portion du temps comprend une certaine durée, plus deux instants qui la terminent et dont l'un la relie au passé, l'autre à l'a-

---

1. Arist., *Phys.*, Δ, 14, 223ᵇ, 18-20 : εἰ οὖν τὸ πρῶτον μέτρον πάντων τῶν συγγενῶν, ἡ κυκλοφορία ἡ ὁμαλὴς μέτρον μάλιστα, ὅτι ὁ ἀριθμὸς ὁ ταύτης γνωριμώτατος ; *Ibid.*, 223ᵇ, 21-23 : διὸ καὶ δοκεῖ ὁ χρόνος εἶναι ἡ τῆς σφαίρας κίνησις, ὅτι ταύτῃ μετροῦνται αἱ ἄλλαι κινήσεις καὶ ὁ χρόνος ταύτῃ τῇ κινήσει.

2. *Id.*, *Ibid.*, Δ, 12, 220ᵇ, 14-31 : Οὐ μόνον δὲ τὴν κίνησιν τῷ χρόνῳ μετροῦμεν, ἀλλὰ καὶ τῇ κινήσει τὸν χρόνον διὰ τὸ ὁρίζεσθαι ὑπ' ἀλλήλων... ; *Ibid.*, Δ, 14, 223ᵇ, 15-18.

3. *Id.*, *Ibid.*, Δ, 14, 223ᵇ, 2-15 : ... καὶ διὰ τοῦτο αἱ μὲν κινήσεις ἕτεραι καὶ χωρίς, ὁ δὲ χρόνος πανταχοῦ ὁ αὐτός, ὅτι καὶ ὁ ἀριθμὸς εἷς καὶ ὁ αὐτὸς πανταχοῦ ὁ τῶν ἴσων καὶ ἅμα...

venir. Par suite, le temps lui-même n'a de rupture nulle part. Imaginons d'ailleurs qu'il y en ait une; et l'on s'apercevra bien vite qu'elle ne peut être que fictive. D'après cette hypothèse, la fin de la première partie et le commencement de la seconde ne sont séparés par aucun autre instant : ils ne forment donc qu'une seule et même limite; et la continuité se rétablit.

Le temps est divisible à l'infini. C'est un corollaire de la proposition précédente. Tout continu est susceptible d'une dichotomie qui n'a pas de terme.

Le temps est éternel. Quelque portion du temps que l'on considère, elle a toujours deux limites, un commencement qui est la fin d'un passé et une fin qui est le commencement d'un avenir [1]. Il faut donc que le temps lui-même n'ait ni limite antérieure ni limite postérieure : il n'est point né, comme l'a cru Platon, et il ne disparaîtra jamais. En outre, le mouvement est éternel, comme on le verra plus loin; et, par suite, le temps qui le mesure l'est du même coup [2].

De la nature du temps dépend aussi la délimitation de son domaine. Il enferme tout ce qui est animé d'un mouvement local, tout ce qui se transforme, tout ce qui croît et décroît, tout ce qui naît et meurt, et aussi tout ce qui est en repos, vu que le repos n'est que la privation du mouvement. L'empire du temps est identique à l'empire de la matière : c'est celui du devenir [3]. Par suite, il faut placer en dehors du temps les vérités nécessaires ou

---

1. Arist., *Phys.*, Δ, 13, 222^a, 33; 222^b, 1-8; *Ibid.*, Θ, 1, 251^b, 19-26.
2. *Id., Ibid.*, Δ, 13, 222^b, 28-30. V. plus loin, p. 103.
3. *Id., Ibid.*, Δ, 12, 221^a, 4-7; *Ibid.*, 221^b, 7-12; *Ibid.*, Δ, 13, 222^b, 16-19, 30-32.

de droit, la pensée qui est la fin suprême de la nature, et l'intelligence humaine en tant qu'elle est une sorte d'irradiation de cette pensée ; car ce sont là autant de choses qui ne changent pas[1].

Aristote a donc poussé très loin l'analyse de la notion du temps. Mais il ne semble pas qu'il ait levé toutes les difficultés qu'elle enveloppe. Il n'a pas réussi à montrer que le temps fait partie du mouvement ; le résultat de son étude, c'est seulement qu'entre ces deux choses il y a une corrélation constante. De plus, l'unicité du temps ne peut être réelle, d'après sa théorie ; elle n'existe que pour et par notre intelligence : elle est purement idéale. En fait, le mouvement se multiplie avec le mobile ; et, par là même, il faut que le temps, s'il est un état du mouvement, se multiplie aussi. En troisième lieu, comment expliquer la durée, si le temps est un aspect du mouvement, et rien que cela ? Dans ce cas, la principale objection formulée par Aristote lui-même demeure tout entière. Le passé n'est pas, l'avenir n'est pas non plus et le présent n'est qu'un instant indivisible qui devient toujours autre : il n'y a rien qui persiste dans l'existence, rien qui dure. Saint Augustin dit à propos de cette difficile question : « Le temps n'est pas autre chose qu'une distension ; mais de quoi est-il la distension ? Je l'ignore : et ce sera merveille s'il n'est pas la distension de l'âme elle-même[2]. »

Peut-être cette vue est-elle un progrès ; il reste vrai,

---

1. Arist., *Phys.*, Δ, 12, 221ᵇ, 2-7, 20 sqq.
2. *Confess.*, l. XI, c. xxvi, n° 33, éd. Migne, Paris, 1842 ; Nihil esse aliud tempus quam distentionem : sed cujus rei, nescio ; et mirum si non ipsius animi. Voir aussi abbé J. Martin, *Saint Augustin*, p. 268-273, Alcan, Paris, 1901 (Collection des Grands Philosophes).

du moins, que, pour expliquer la durée, il faut avoir recours à quelque chose qui soit.

IV

Aux dérivés de la substance s'ajoute « l'accident »[1].

Ce terme a trois significations principales. L'accident est d'abord « ce qu'une chose entraîne de soi sans l'envelopper dans sa définition »[2]. On peut dire en ce sens que c'est un accident, pour le triangle, d'avoir la somme de ses angles égale à deux droits; car cette propriété découle de sa notion sans y être énoncée, vu que le triangle n'est autre chose par définition que l'intersection de trois lignes. En second lieu, l'accident est ce qui ne s'affirme d'un objet qu'indirectement. Par exemple, le temps et le mouvement ne sont point divisibles de leur nature; ils le sont en vertu du mobile auquel ils se rattachent[3]. De même, ce n'est pas le médecin qui a le teint blanc; c'est l'homme qui connaît la médecine. En troisième lieu, le terme d'accident peut avoir une acception à la fois plus singulière et plus stricte. Il y a des faits qui, certaines conditions données, se produisent nécessairement : si l'air se condense, il faut qu'il pleuve ; s'il y a des éclairs, il faut qu'il tonne ; et, quand l'Ilissus déborde, il est difficile d'empêcher qu'il ne cause quelque ravage. Il y a d'autres faits qui, certaines conditions données, se produisent à peu près toujours : il arrive généralement que les gram-

---

1. Συμβεβηκός.
2. Arist., Met., Δ, 30, 1025ª, 30-32 : λέγεται δὲ καὶ ἄλλως συμβεβηκός, οἷον ὅσα ὑπάρχει ἑκάστῳ καθ' αὑτὸ μὴ ἐν τῇ οὐσίᾳ ὄντα, οἷον τῷ τριγώνῳ τὸ δύο ὀρθὰς ἔχειν.
3. Id., Ibid.; Δ, 13, 1020ª, 26-30.

mairiens observent l'orthographe, que les hommes naissent avec des yeux et que le semblable engendre son semblable. Enfin, il y a des faits dont l'apparition n'est ni nécessaire ni ordinaire, qui sont à la fois fortuits et rares : un pharmacien, par exemple, peut se tromper de remède et causer la mort au lieu de ramener la santé ; les germes vivants dévient aussi parfois de leur type normal et ne donnent que des monstres. Cette troisième espèce de faits, voilà ce qui se nomme accidents au sens le plus précis du mot[1]. L'accident, pris dans ce dernier sens, peut être heureux, comme lorsqu'on trouve un trésor en arrachant un arbre[2]; il peut aussi être malheureux, comme dans le cas où l'on est poussé par la tempête sur une rive inhospitalière et accueilli par des voleurs[3] ; une série d'accidents heureux devient la prospérité, et une série d'accidents malheureux constitue l'infortune[4].

Quelle que soit celle de ces trois significations que l'on ait en vue, l'accident n'est jamais une nouvelle catégorie de l'être; c'est toujours un certain mode de l'une des dix catégories. Dire d'un médecin qu'il est blanc, c'est en affirmer quelque chose de qualitatif; le plus et le moins, le plus grand et le plus petit, le long et le court sont autant de déterminations de la quantité; une anomalie biologique n'est autre chose qu'une déviation de la forme. Et

---

1. Arist., *Phys.*, B, 8, 199ᵇ, 17-26; *Met.*, E, 2, 1026ᵇ, 31 et sqq. : ὃ γὰρ ἂν ᾖ μήθ' ὡς ἐπὶ τὸ πολύ, τοῦτό φαμεν συμβεβηκὸς εἶναι...; *Ibid.*, Δ, 30, 1025ᵃ, 14-16 : συμβεβηκὸς λέγεται, ὃ ὑπάρχει μέν τινι καὶ ἀληθὲς εἰπεῖν, οὐ μέντοι οὔτ' ἐξ ἀνάγκης οὔτ' ἐπὶ τὸ πολύ, οἷον εἴ τις ὀρύττων φυτῷ βόθρον εὗρε θησαυρόν; *Ibid.*, K, 8, 1064ᵇ, 30-37; 1065ᵃ, 1-6.

2. *Id.; Met.*, Δ, 30, 1025ᵃ, 15-16.

3. *Id., Ibid.*, Δ, 30, 1025ᵃ, 25-27.

4. *Id., Phys.*, B, 5, 197ᵃ, 25-27; *Met.*, K, 8, 1065ᵃ, 35 et sqq.

l'on peut raisonner de même au sujet des autres accidents; car on ne dépasse pas plus le nombre des catégories que la limite extrême du ciel : l'un et l'autre sont déterminés par la logique des choses.

Les deux premières espèces d'accidents sont objet de science; car elles se prêtent l'une et l'autre à la démonstration et se traduisent par là même en affirmations universelles. Mais il n'en est pas ainsi de l'accident proprement dit. Du moment qu'il ne se produit ni toujours ni dans la plupart des cas, il ne peut être érigé ni à l'état de proposition apodictique ni même à l'état de loi [1]. De plus, savoir une chose, c'est connaître sa cause [2]; et la cause de l'accident dont il s'agit est un inconnaissable [3] : il suffit, pour s'en rendre compte, de préciser un peu plus la notion qui correspond à cette sorte de phénomène. Un médecin veut guérir, et il tue; un cheval s'efforce de dépasser une barrière pour échapper à la poursuite d'un chien, et il se casse une jambe; la nature désire « le bien et le beau », et n'aboutit parfois qu'à de monstrueuses anomalies : voilà autant d'accidents de la troisième espèce. Or chacun d'eux se produit en dehors de toute intention; chacun d'eux est le résultat imprévu d'une action qui a manqué sa fin. Et, par suite, ils ne relèvent point de la forme, mais de la matière [4]. Il y a dans la matière une égale aptitude à prendre sous le choc du dehors les modes les plus op-

---

1. Arist., *Anal. post.*, A, 4, 73ᵃ, 24-40; 73ᵇ, 1-5; *Ibid.*, A, 6, 75ᵃ, 18-22; *Top.*, A, 5, 102ᵇ, 4-8; *Met.*, E, 2, 1026ᵇ, 2-7.
2. *Id.*, *Anal. post.*, A, 6, 75ᵃ, 31-35 : ... Τὸ δὲ διότι ἐπίστασθαι ἔστι τὸ διὰ τοῦ αἰτίου ἐπίστασθαι.
3. *Id.*, *Ibid.*, A, 30, 87ᵇ, 19-27; *Met.*, E, 2, 1027ᵃ, 5-26.
4. *Id.*, *Phys.*, B, 5, 197ᵃ, 32-35; *Ibid.*, B, 8, 199ᵃ, 33-35; 199ᵇ, 1-4; *De Cœl.*, A, 12, 283ᵃ, 32-33; 283ᵇ, 1-6; *Met.*, K, 8, 1065ᵃ, 28-35; *Ibid.*, E, 2, 1027ᵃ, 13-28.

posés ; c'est là, c'est dans ce fond d'indétermination que se trouve la cause de l'accident proprement dit. Cette cause est donc indéfinie ; ce qui veut dire qu'elle est impensable.

Ainsi, l'on se trouve derechef en face d'une conclusion que l'on a déjà rencontrée plusieurs fois : tout n'est pas entièrement intelligible. Il en est de l'accident pris en son troisième sens comme de l'infini : on ne peut s'en faire qu'une idée imparfaite, et parce que, comme l'infini lui-même, il relève d'un principe indéterminé qui est la matière. Conséquemment, le principe de causalité n'est pas universel ; il y a, dans l'être, un certain aspect qui lui échappe, et la science ne peut devenir intégrale.

V

C'est aussi dans la zone des catégories dérivées qu'il faut situer les contraires. Car, ainsi qu'on l'a vu plus haut, ils n'existent pas à l'état séparé. Ils supposent un troisième terme d'où ils sortent, où ils rentrent pour en sortir derechef. Et, par suite, ce ne sont point des substances, comme l'ont cru les Physiciens ; ce sont des modalités de la substance [1].

En quoi consistent ces modalités ? C'est le point qu'il faut éclaircir maintenant.

Les catégories, en se déterminant, produisent des oppositions ; et ces oppositions se ramènent à quatre types : elles peuvent exister comme relation, comme privation, comme contradiction, ou comme contrariété. Par exemple, le double et la moitié s'opposent à titre de relation ; la cécité et

---

1. Arist., *Phys.*, A, 5, 188ª, 19-26 ; *Ibid.*, A, 6, 189ª, 27-32 ; *Met.*, N, 1, 1087ª, 29-37 ; 1087ᵇ, 1-4.

la vue, à titre de privation. Cette proposition : « Socrate est » assis et cette autre : « Il ne l'est pas » forment une contradiction ; et le bien et le mal, un cas de contrariété[1].

La contrariété serait donc une espèce d'opposition, qui, comme telle, se distinguerait totalement des trois autres et se rangerait avec elles sur le même plan. C'est la thèse qui se dégage des *Catégories*. D'après cet ouvrage, la contrariété n'est jamais une relation. Car tout relatif se dit de quelque autre chose : ce qui n'a point lieu pour les contraires ; le bien, par exemple, n'est pas bien du mal, comme le double est double de la moitié[2]. La contrariété ne se confond pas davantage avec la contradiction ou la privation. L'un de ses traits essentiels est, en effet, d'admettre des intermédiaires entre les deux termes qui la fondent ; or la contradiction n'en saurait avoir, vu qu'il faut de toute rigueur qu'un homme soit malade ou ne le soit pas[3]. Et il en va de même pour la privation ; car du moment qu'un être a des yeux, il est nécessaire ou qu'il soit aveugle ou qu'il jouisse de la vue : la privation est une sorte de contradiction[4]. Partant, il semble bien que la contrariété soit absolument irréductible à l'une quelconque des autres oppositions.

---

1. Arist., *Categ.*, 10, 11ᵇ, 15-23 ; *Met.*, Δ, 10, 1018ᵇ, 20-25 ; *Ibid.*, I, 4, 1055ᵃ, 38 et sqq.
2. Id., *Categ.*, 10, 11ᵇ, 32-28.
3. Id., *Ibid.*, 10, 13ᵇ, 27-31.
4. Id., *Ibid.*, 10, 12ᵇ, 26-27 ; *Ibid.*, 13ᵃ, 8-17 : ce dernier passage est d'une subtilité quelque peu juvénile ; et ce n'est pas l'unique trait de cette nature que l'on trouve dans les *Catégories :* cet ouvrage prouve assez bien par ses caractères internes qu'il n'est point de l'âge mûr d'Aristote. Il ne serait pas même surprenant que, comme le pense Ed. Zeller (*ouvr. cit.*, II, 2, p. 69), la dernière partie des *Catég.* fût de la main d'un disciple à partir du chapitre 9, 11ᵇ, 7.

Mais, au livre IX⁰ de la *Métaphysique,* on trouve une opinion différente, dont la forme est plus précise et qui paraît être la pensée définitive d'Aristote. D'après ce passage, la privation peut être quelque chose de plus qu'une sorte de contradiction ; elle admet des degrés. Il n'est pas nécessaire, par exemple, que l'on passe brusquement de la vue à l'état de cécité complète, ou qu'un objet qui est parfaitement blanc devienne noir tout d'un coup ; entre ces extrêmes, il peut y avoir des intermédiaires plus ou moins nombreux [1]. D'autre part, la privation est la seule des oppositions qui admette des degrés [2]. C'est donc d'elle que dérivent toutes les contrariétés, comme de leur genre prochain [3]. Et, par suite, la contrariété elle-même devient une sous-espèce d'opposition.

Quoi qu'il en soit, la contrariété se rattache toujours de quelque manière à l'opposition ; et voici quelle en est la note caractéristique. Lorsque deux opposés peuvent diverger plus ou moins l'un de l'autre, et que par ailleurs cette divergence a deux termes extrêmes entre lesquels s'accomplissent toutes ses variations, ces deux termes extrêmes s'appellent des contraires ; et la contrariété est la divergence qu'ils présentent [4]. On peut donc regarder la contrariété comme une opposition maxima [5] ; ou comme une privation absolue [6], si c'est à la privation qu'il la faut rapporter immédiatement.

1. I, 4, 1055ª, 33-35 ; *Ibid.*, 1055ᵇ, 15-17, 23-25 ; *Ibid.*, 5, 1056ª, 26 et sqq.
2. Arist., *Met.*, I, 7, 1057ª, 33 et sqq.
3. *Id., Ibid.*, I, 4, 1055ª, 33-38 ; *Ibid.*, 1055ᵇ, 13-15.
4. *Id., Ibid.*, I, 4, 1055ª, 3-10.
5. *Id., Ibid.*, I, 4, 1055ª, 4-5 : ... ἔστι τις καὶ μεγίστη διαφορά, καὶ ταύτην λέγω ἐναντίωσιν.
6. *Id., Ibid.*, I, 4, 1055ª, 33-35 : ... οὐ πᾶσα δὲ στέρησις (πολλαχῶς γὰρ λέγεται ἡ στέρησις), ἀλλ' ἥτις ἂν τελεία ᾖ ; *Ibid.*, 1055ᵇ, 13-17.

Telle est la définition de la contrariété ; et l'on en peut tirer trois conséquences qui ont de l'importance en métaphysique.

La première, c'est qu'une chose quelconque ne peut avoir qu'un contraire; car un seul et même intervalle ne peut admettre que deux extrêmes, et au delà de l'extrême il n'y a plus rien [1]. La deuxième conséquence, c'est que les contraires relèvent d'un seul et même sujet. Ou bien il y a passage immédiat du premier au second; et, dans ce cas, il faut de toute nécessité qu'il n'existe qu'une matière où l'un s'enveloppe et l'autre se développe. Ou bien le passage est indirect; et alors il faut aussi qu'il y ait une seule et même matière du premier contraire au premier intermédiaire, du premier intermédiaire au second, et ainsi de suite jusqu'à l'autre contraire : quelle que soit la série des moyens termes, le sujet de la divergence totale demeure toujours unique [2]. En troisième lieu, les contraires sont nécessairement du même genre. Il y a passage du blanc au noir, de la première corde à la dernière, de la sagesse à la méchanceté [3]; mais il n'y en a pas de la science à longueur ni de la couleur à la figure, sinon par accident [4] : la matière renferme comme des cloisons qui endiguent le flux et le reflux du devenir.

---

1. Arist., *Met.*, I, 4, 1055ᵃ, 19-21.
2. *Id., Ibid.*, I, 4, 1055ᵃ, 29-30 : καὶ τὰ ἐν ταὐτῷ δεκτικῷ πλεῖστον διαφέροντα ἐναντία· ἡ γὰρ ὕλη ἡ αὐτὴ τοῖς ἐναντίοις.
3. *Id., Categ.*, 11, 14ᵃ, 19-25; *Met.*, I, 4, 1055ᵃ, 6-7, 27-28, 31-33; *Ibid.*, I, 7, 1057ᵃ, 19-28; 1057ᵇ, 13-18.
4. *Id., Met.*, I, 7, 1057ᵃ, 26-28.

CHAPITRE V

LES CAUSES.

La « philosophie première » ne s'en tient pas à l'analyse de l'être; elle en cherche aussi les causes et ne clôt son enquête qu'après en avoir épuisé la série [1].

Tout être qui naît et qui meurt a d'abord deux causes. Il enferme, en effet, deux éléments constitutifs qui l'ont produit par leur réunion, une matière et une forme [2] : une matière dont il est fait, une forme qui le spécifie et qui est par là même sa définition [3]. De plus, comme il a commencé, son existence suppose un changement; et ce changement ne s'explique pas tout seul. Ce n'est pas de lui-même que le bois devient lit ou le marbre statue; ce n'est pas non plus de lui-même que l'air se transforme en feu ou le feu en air [4]. Qu'il s'a-

---

1. Arist., *Met.*, A, 1, 981ᵇ, 28-29; *Ibid.*, Γ, 1, 1003ᵃ, 26-32; *Ibid.*, E, 1, 1025ᵇ, 3-4.

2. *Id.*, *Ibid.*, Z, 3, 1029ᵃ, 1-3 : μάλιστα γὰρ δοκεῖ εἶναι οὐσία τὸ ὑποκείμενον πρῶτον. Τοιοῦτον δὲ τρόπον μέν τινα ὕλη λέγεται, ἄλλον δὲ τρόπον ἡ μορφή, τρίτον δὲ τὸ ἐκ τούτων; *Ibid.*, H, 1, 1042ᵃ, 26-31; *Ibid.*, Λ, 3, 1070ᵃ, 12-13.

3. *Id.*, *De gen. et corr.*, B, 9, 335ᵃ, 29-31 : ἡ μὲν γάρ ἐστιν ὡς ὕλη, ἡ δ' ὡς μορφή.

4. *Id.*, *Ibid.*, B, 9, 335ᵇ, 29-33 : τῆς μὲν γὰρ ὕλη, τὸ πάσχειν ἐστὶ καὶ κινεῖσθαι, τὸ δὲ κινεῖν καὶ ποιεῖν ἑτέρας δυνάμεως. Δῆλον δὲ καὶ ἐπὶ τῶν τέχνη καὶ ἐπὶ

gisse d'œuvres d'art ou de choses naturelles, la matière est également indifférente à devenir ceci plutôt que cela[1]; par suite, elle demeure impuissante à se donner de son chef une autre forme que celle qu'elle possède déjà. Il faut qu'il y ait un troisième principe qui vienne convertir en acte ce qu'elle renferme virtuellement[2] : à la matière et à la forme s'ajoute la cause motrice.

Ces trois causes ne suffisent pas à fournir la raison intégrale de l'être. La nature n'est point un amas de phénomènes qui se produisent pêle-mêle. L'homme, d'ordinaire, n'engendre pas des monstres; et l'on ne cueille pas l'olive sur des épis de blé[3] ; il y a de l'ordre dans les choses. Il y en a dans le cours des astres qui se meuvent au-dessus de nos têtes. Il y en a aussi dans la suite des saisons[4]; et c'est grâce à cet ordre que la terre retrouve sans cesse son heure de se féconder, puis celle de se charger de fleurs et de fruits. Il y a de l'ordre surtout dans le règne des êtres vivants. Les plantes ne poussent point leurs racines en haut, elles les dirigent vers le sol où se trouvent les sucs appropriés à les nourrir; et, quand elles se préparent à donner leur fruit, elles l'entourent de feuilles afin de le protéger contre les ardeurs du soleil et les atteintes du froid. L'hirondelle bâtit son nid avant de faire sa couvée; c'est

---

τῶν φύσει γινομένων· οὐ γὰρ αὐτὸ ποιεῖ τὸ ὕδωρ ζῷον ἐξ αὐτοῦ, οὐδὲ τὸ ξύλον κλίνην, ἀλλ' ἡ τέχνη; *Ibid.*, B, 9, 336ᵃ, 1-14; *Met.*, A, 3, 984ᵃ, 16-27.

1. Arist., *De gen. et corr.*, B, 9, 335ᵃ, 33-35; 335ᵇ, 1-8.
2. *Id., Ibid.*, B, 9, 335ᵃ, 30-31 : δεῖ δὲ καὶ τὴν τρίτην ἔτι προσυπάρχειν; *Ibid.*, 335ᵇ, 7-10; *Met.*, A, 3, 984ᵃ, 25-27 : τὸ δὲ τοῦτο ζητεῖν ἐστι τὸ τὴν ἑτέραν ἀρχὴν ζητεῖν, ὡς ἂν ἡμεῖς φαίημεν, ὅθεν ἡ ἀρχὴ τῆς κινήσεως.
3. *Id., De gen. et corr.*, B, 6, 333ᵇ, 7-9 : τί οὖν τὸ αἴτιον τοῦ ἐξ ἀνθρώπου ἄνθρωπον ἢ ἀεὶ ἢ ὡς ἐπὶ τὸ πολύ, καὶ ἐκ τοῦ πυροῦ πυρὸν ἀλλὰ μὴ ἐλαίαν.
4. *Id., Phys.*, B, 8, 198ᵇ, 36; 199ᵃ, 1-3.

avec une sorte d'industrie divine que l'araignée construit sa toile, l'abeille ses alvéoles, et la fourmi son labyrinthe de fragiles galeries [1].

La nature est pleine de faits où l'on voit un nombre incalculable d'éléments divers concourir à la réalisation d'un seul dessein, lequel concourt lui-même, soit à l'éclosion, soit au développement de la vie. Or, si ces faits n'étaient que de rares exceptions, on pourrait les rattacher à la cause motrice : il serait permis de les considérer comme d'heureuses rencontres, de simples coups de hasard [2]. Mais ils se produisent régulièrement dans les mêmes circonstances [3]. La chaleur de l'été succède toujours aux rigueurs de l'hiver; le semblable produit d'ordinaire son semblable; et, dans l'évolution d'un germe vivant, chaque organe attendu paraît juste à point avec la forme spéciale qui lui convient [4]. Les phénomènes de coordination sont constants. Et, s'ils sont tels, il devient impossible de les faire dépendre d'un principe aveugle, qui tend de sa nature aussi bien au désordre qu'à l'ordre et contient par là même infiniment plus de chances de produire le chaos que l'harmonie [5]. Il doit donc y avoir une sorte d'idéal qui dirige l'activité de la cause motrice,

---

1. Arist., *Phys.*, B, 8, 199ᵃ, 18-30.
2. Empédocle et les autres mécanistes pourraient avoir raison (*Phys.*, B, 8, 198ᵇ, 16-34).
3. *Id.*, B, 8, 198ᵇ, 34-36 : ἀδύνατον δὲ τοῦτον ἔχειν τὸν τρόπον. Ταῦτα μὲν γὰρ καὶ πάντα τὰ φύσει ἢ ἀεὶ οὕτω γίνεται ἢ ὡς ἐπὶ τὸ πολύ, τῶν δ' ἀπὸ τύχης καὶ τοῦ αὐτομάτου οὐδέν.
4. *Id.*, *Ibid.*, B, 8, 199ᵇ, 7-15.
5. *Id.*, *Met.*, A, 3, 984ᵇ, 11-15 : Τοῦ γὰρ εὖ καὶ καλῶς τὰ μὲν ἔχειν τὰ δὲ γίγνεσθαι τῶν ὄντων ἴσως οὔτε πῦρ οὔτε γῆν οὔτ' ἄλλο τῶν τοιούτων οὐδὲν οὔτ' εἰκὸς αἴτιον εἶναι οὔτ' ἐκείνους οἰηθῆναι· οὐδ' αὖ τῷ αὐτομάτῳ καὶ τῇ τύχῃ τοσοῦτον ἐπιτρέψαι πρᾶγμα καλῶς εἶχεν.

comme il y en a un qui dirige la main de l'architecte ou celle du médecin[1] : la nature suppose la cause finale au même titre que l'art lui-même[2]. Toute la différence, c'est que, dans l'art, la cause finale reste extérieure à l'œuvre qui en dépend; tandis que, dans la nature, elle lui est intérieure[3]. Encore verra-t-on plus loin que cette différence n'est que partiellement fondée.

Ainsi l'on trouve, à première vue, qu'il y a quatre espèces de causes[4]. Et il semble bien que ce nombre ne puisse se réduire sous l'effort d'un examen plus approfondi; les hésitations d'Aristote à cet égard ne sont qu'apparentes.

Il n'existe aucun moyen d'identifier la matière et la forme. Aristote affirme perpétuellement la distinction de ces deux causes; et la chose se comprend de soi. La forme est acte, la matière puissance; par là même, la forme est déterminée, la matière indéterminée. Il faut également maintenir la distinction de la forme et de la cause motrice. Sans doute, la forme est aussi cause motrice, et de deux manières : elle l'est au dedans où elle façonne la matière; elle l'est au dehors à l'égard des autres

---

1. Arist., *Met.*, B, 3, 984ᵇ, 15-22, *Phys.*, B, 8, 199ᵃ, 3-8, 30-32.

2. *Id.*, *Phys.*, B, 8, 199ᵃ, 12-18; 199ᵇ, 29-30 : ὥστ' εἰ ἐν τῇ τέχνῃ ἔνεστι τὸ ἕνεκά του, καὶ ἐν φύσει.

3. *Id.*, *Ibid.*, B, 8, 199ᵇ, 28-29 : καὶ γὰρ εἰ ἐνῆν ἐν τῷ ξύλῳ ἡ ναυπηγική, ὁμοίως ἂν φύσει ἐποίει.

4. *Id.*, *Anal. post.*, B, 11, 94ᵃ, 20-24 : ἐπεὶ δὲ ἐπίστασθαι οἰόμεθα ὅταν εἰδῶμεν τὴν αἰτίαν, αἰτίαι δὲ τέτταρες, μία μὲν τὸ τί ἦν εἶναι, μία δὲ τὸ τίνων ὄντων ἀνάγκη τοῦτ' εἶναι, ἑτέρα δὲ ἥ τι πρῶτον ἐκίνησε, τετάρτη δὲ τὸ τίνος ἕνεκα, πᾶσαι αὗται διὰ τοῦ μέσου δείκνυνται; *Phys.*, B, 3, 194ᵇ, 23-35; *Ibid.*, B, 7, 198ᵃ, 14-24 : ἐπεὶ δ' αἰτίαι τέτταρες, περὶ πασῶν τοῦ φυσικοῦ εἰδέναι, καὶ εἰς πάσας ἀνάγων τὸ διὰ τί ἀποδώσει φυσικῶς, τὴν ὕλην, τὸ εἶδος, τὸ κινῆσαν, τὸ οὗ ἕνεκα; *Met.*, Δ, 2, 1013ᵃ, 24-35; *Ibid.*, Δ, 2, 1013ᵇ, 16-17 : ἅπαντα δὲ τὰ νῦν εἰρημένα αἴτια εἰς τέτταρας τρόπους πίπτει τοὺς φανερωτάτους; *Ibid.*, H, 4, 1044ᵃ, 32 et sqq.; *De gen. an.*, A, 1, 715ᵃ, 4-7.

substances : par exemple, c'est l'homme qui engendre l'homme[1]. Et ces deux fonctions sont particulièrement accusées dans ce qu'on appelle du nom d'âme; l'âme construit son corps et s'en sert comme d'un levier pour remuer ce qui l'entoure[2]. Mais, si la forme est cause motrice, ce n'est pas comme forme. Considérée en elle-même, elle constitue l'essence et par là même la définition de l'être dont elle fait partie; et, de ce chef, elle mérite une place à part. La question se réduit donc à savoir si l'on doit confondre la fin avec la forme. Or, l'identification de ces deux termes ne peut pas non plus être complète. Il est vrai de dire que la forme de tout individu et sa fin particulière ne font qu'une même chose[3]. La fin particulière d'un être donné, c'est son bien; son bien, c'est l'acte qui le spécifie, sa « première entéléchie »; sa première entéléchie, c'est sa forme[4]. Et l'on arrive à la même conclusion, lorsque l'on considère en quoi consiste la fin universelle. Il faut placer à l'origine des choses une fin suprême dont l'excellence exerce sur la nature un charme éternellement vainqueur : autrement, rien ne sortirait jamais du possible, il ne se

---

[1]. Arist., *Phys.*, B, 7, 198ᵃ, 26-27 : τὸ δ' ὅθεν ἡ κίνησις πρῶτον τῷ εἴδει ταὐτὸ τούτοις· ἄνθρωπος γὰρ ἄνθρωπον γεννᾷ; *Mét.*, Z, 8, 1033ᵇ, 29-33; *De part. an.*, A, 1, 641ᵃ, 25-27.

[2]. *De an.*, B, 4, 415ᵇ, 9-12 : Ὁμοίως δ' ἡ ψυχὴ κατὰ τοὺς διωρισμένους τρόπους· τρεῖς αἰτίαι· καὶ γὰρ ὅθεν ἡ κίνησις αὐτή, καὶ οὗ ἕνεκα, καὶ ὡς ἡ οὐσία τῶν ἐμψύχων σωμάτων ἡ ψυχὴ αἰτία.

[3]. *Id.*, *Phys.*, B, 7, 198ᵃ, 25-26 : τὸ μὲν γὰρ τί ἐστι καὶ τὸ οὗ ἕνεκα ἕν ἐστι; *Ibid.*, B, 8, 199ᵃ, 30-32 : καὶ ἐπεὶ ἡ φύσις διττή, ἡ μὲν ὡς ὕλη ἡ δ' ὡς μορφή, τέλος δ' αὕτη, τοῦ τέλους δ' ἕνεκα τἆλλα, αὕτη ἂν εἴη αἰτία ἡ οὗ ἕνεκα; *Mét.*, H, 4, 1044ᵃ, 36; 1044ᵇ, 1 : τί δ' ὡς τὸ εἶδος; τὸ τί ἦν εἶναι. Τί δ' ὡς οὗ ἕνεκα; τὸ τέλος. Ἴσως δὲ ταῦτα ἄμφω τὸ αὐτό; *De gen. an.*, A, 1, 715ᵃ, 4-7. C'est aussi l'identification de la forme et de la fin que suppose le chapitre 9ᵉ du second livre *De la génération et corruption;* on n'y trouve que trois causes : la matière, la forme, la cause motrice.

[4]. *Id.*, *Mét.*, Θ, 8, 1050ᵃ, 8-10.

produirait jamais aucun changement. Par le fait même que cette fin se situe à l'origine des choses, c'est un acte pur; c'est une forme, la seule qui soit parfaite[1]. Néanmoins, on peut faire ici une remarque analogue à celle que l'on a faite un peu plus haut. La fin, bien qu'ontologiquement identique à la forme, ne se confond pas avec elle de tous points : ce n'est pas la forme considérée en soi, en tant qu'elle sert à constituer la substance; c'est la forme, en tant qu'elle sollicite le désir de la nature. Et, à ce titre, on doit la regarder comme une cause qui diffère de toutes les autres[2].

Il y a donc bien quatre causes, quoiqu'il n'y ait que deux principes[3]. Et l'on peut voir, par la définition même de ces causes, comment elles se subordonnent les unes aux autres. La fin éternelle et universelle provoque le désir, qui meut la matière, d'où sort la forme[4]; de là les substances sujettes au devenir qui deviennent à leur tour causes motrices. Ainsi le mécanisme n'arrive qu'en dernier lieu. Au-dessus du mécanisme où se sont arrêtés

---

1. Arist., *Met.*, Θ, 8, 1049ᵇ, 23-29; 1050ᵃ, 2-3; 1050ᵇ, 6-19 : ... εἰ γὰρ ταῦτα μὴ ἦν, οὐδὲν ἂν ἦν.

2. Il nous semble donc qu'Ed. Zeller a simplifié outre mesure la théorie aristotélicienne des causes en les réduisant à deux : la matière et la forme (*ouvr. cit.*, II, 2, 327-330). La division quaternaire qu'Aristote donne en général est logiquement fondée, vu la nature de son système métaphysique.

3. Ou trois, si l'on veut, en comptant la στέρησις qui est plutôt une condition qu'un principe.

4. Arist., *Phys.*, B, 3, 195ᵃ, 24-25 : τὸ γὰρ οὗ ἕνεκα βέλτιστον καὶ τέλος τῶν ἄλλων ἐθέλει εἶναι; *Ibid.*, B, 9, 199ᵇ, 34-35, 200ᵃ, 1-15; *De part. an.*, A, 1, 639ᵇ, 14 : φαίνεται δὲ πρώτη, ἣν λέγομεν ἕνεκά τινος; *Ibid.*, A, 5, 645ᵃ, 30 et sqq.; *Met.*, Θ, 8, 1050ᵃ, 7-11 : καὶ ὅτι ἅπαν ἐπ' ἀρχὴν βαδίζει τὸ γιγνόμενον καὶ τέλος· ἀρχὴ γὰρ τὸ οὗ ἕνεκα, τοῦ τέλους δ' ἕνεκα ἡ γένεσις. Τέλος δ' ἡ ἐνέργεια, καὶ τούτου χάριν ἡ δύναμις λαμβάνεται· οὐ γὰρ ἵνα ὄψιν ἔχωσιν ὁρῶσι τὰ ζῷα, ἀλλ' ὅπως ὁρῶσιν ὄψιν ἔχουσιν.

Leucippe et Démocrite, il y a une sorte de dynamisme psychologique qui s'interpose entre « l'acte pur » et les virtualités de la matière; ce dynamisme lui-même se couronne de finalisme. Et l'on retrouve la pensée d'Anaxagore, modifiée par Socrate[1], transformée par Platon. Mais cette pensée elle-même est transformée de nouveau par Aristote, comme la suite le fera voir. A ce point de vue, ainsi qu'à beaucoup d'autres, c'est d'après le principe de continuité que se développe la philosophie grecque. Les révolutions lui sont étrangères; il ne s'y fait que des réformes où l'on va précisant de plus en plus la même idée.

C'est maintenant le lieu de montrer comment la philosophie est une science et une science unique; les considérations que l'on a faites jusqu'ici nous mettent à même d'élucider ces deux questions dont Aristote a parlé en plus d'un endroit.

En réalité, il y a autant d'actes que de puissances, autant de formes que de matières. Et la matière elle-même se multiplie avec les individus[2]; la matière de Socrate, par exemple, n'est pas celle de Callias.[3] Pareille est la façon dont se diversifie la cause motrice : c'est le corps A qui pousse le corps B; et c'est Pélée qui est le père d'Achille[4]. Pris à l'état concret, éléments et causes sont

---

1. Voir sur ce point *Socrate*, c. vii, p. 193 et sqq., Alcan, Paris, 1899 (Collection des Grands Philosophes).
2. Arist., *Met.*, Λ, 5, 1071ᵃ, 27-29 : Καὶ τῶν ἐν ταὐτῷ εἴδει ἕτερα, οὐκ εἴδει, ἀλλ' ὅτι τῶν καθ' ἕκαστον ἄλλο, ἥ τε σὴ ὕλη καὶ τὸ κινῆσαν καὶ τὸ εἶδος καὶ ἡ ἐμή, τῷ καθόλου δὲ λόγῳ ταὐτά.
3. *Id., Ibid.*, Λ, 3, 1070ᵃ, 12-13.
4. *Id., Ibid.*, Λ, 5, 1071ᵃ, 20-24 : ἀρχὴ γὰρ τὸ καθ' ἕκαστον τῶν καθ' ἕκαστον.

particuliers ainsi que les êtres auxquels ils se rapportent; et, comme tels, ils ne sont pas objet de science, vu qu'il n'y a de science que de l'universel[1]. Mais on peut les considérer d'une manière analogique : on peut considérer la matière en tant que matière, la forme en tant que forme, la cause motrice en tant que cause motrice, la fin comme fin[2]. Et vus de ce biais, éléments et causes sont communs à tous les individus existants et possibles : chacun d'eux est identique et universel. Or c'est ainsi, c'est de cette façon tout abstraite que le philosophe les voit; et par là même il fait véritablement de la science.

La première question se trouve donc résolue. Et la seconde peut aussi se résoudre à la lumière de principes connus. Les deux éléments constitutifs de l'être, à savoir la matière et la forme, n'existent pas séparément, comme le voulait Platon; ce sont deux aspects d'une chose unique, qui est la substance. Par suite, que l'on étudie l'un ou que l'on étudie l'autre, l'objet demeure le même. C'est à la substance aussi que les catégories se rattachent, bien que d'une autre manière : elles vont s'identifier dans ses profondeurs et n'ont de réalité que par elle. On ne peut donc pas non plus les regarder comme des êtres à part; Tout ce que l'on en affirme, c'est de la substance même qu'on l'affirme. Les causes ne s'unifient pas toutes, comme les éléments et les catégories, dans une seule et même essence. Elles sont tantôt intérieures, tantôt extérieures à

ἄνθρωπος μὲν γὰρ ἀνθρώπου καθόλου· ἀλλ' οὐκ ἔστιν οὐδείς, ἀλλὰ Πηλεὺς Ἀχιλλέως, σοῦ δὲ ὁ πατήρ, καὶ τοδὶ τὸ Β τουδὶ τοῦ ΒΑ, ὅλως δὲ τὸ Β τοῦ ἁπλῶς ΒΑ.

1. Arist., *Anal. post.*, A, 31, 87^b, 37-39 : αἰσθάνεσθαι μὲν γὰρ ἀνάγκη καθ' ἕκαστον, ἡ δ' ἐπιστήμη τῷ τὸ καθόλου γνωρίζειν ἐστί; *Met.*, Z, 15, 1039^b, 27-30.

2. *Id.*, *Met.*, Λ, 4, 1070^b, 17-21, 25-26 : ὥστε στοιχεῖα μὲν κατ' ἀναλογίαν τρία, αἰτίαι δὲ καὶ ἀρχαὶ τέτταρες; *Ibid.*, Λ, 5, 1071^a, 3-6, 24-27.

l'être qu'il s'agit de produire[1]. Mais la substance n'en est pas moins le centre où elles convergent toutes : toutes elles concourent à déterminer son existence, à faire qu'elle soit et ce qu'elle doit être; ce sont comme des points de vue généraux, des lieux, d'où l'on examine l'un après l'autre ses différents aspects. Et, par conséquent, lorsqu'on s'occupe des causes, on s'occupe encore de la substance : c'est toujours elle que l'on a en perspective[2].

Rien n'est universel et rien n'est un comme l'objet de la philosophie. A ce point de vue, ainsi qu'à celui de la noblesse et de l'intégrité, le sage a pris pour lui-même la meilleure part : la science à laquelle il consacre sa libérale activité, est la plus parfaite des sciences.

---

1. Arist., *Met.*, Δ, 1, 1013ᵃ, 19-20 : Τούτων δὲ αἱ μὲν ἐνυπάρχουσαί εἰσιν αἱ δὲ ἐκτός; *Ibid.*, Λ, 4, 1070ᵇ, 22-23.
2. *Id., Ibid.*, Γ, 2, 1003ᵇ, 12-14 : οὐ γὰρ μόνον τῶν καθ' ἓν λεγομένων ἐπιστήμης ἐστὶ θεωρῆσαι μιᾶς, ἀλλὰ καὶ τῶν πρὸς μίαν λεγομένων φύσιν· καὶ γὰρ ταῦτα τρόπον τινὰ λέγεται καθ' ἕν.

LIVRE II

LA NATURE

CHAPITRE PREMIER

LE MOUVEMENT.

Le phénomène dominant de la nature est le mouvement. C'est donc là ce qu'il convient d'étudier en premier lieu.

Or cette question présente toute une série de difficultés. Il en est, comme on l'a vu plus haut, qui tiennent au concept du temps, au concept de l'espace, à celui de la matière. Et ce ne sont pas les seules. Considéré en lui-même, le mouvement apparaît aussi comme une sorte d'énigme indéchiffrable. Il est moins que « l'acte complet », qui le termine; plus que la privation qui n'est qu'un non-être; plus aussi que la matière, puisque la matière, apte à devenir, ne devient pas encore. Le mouvement n'est ni totalement fini, ni totalement infini : de telle sorte que l'on ne sait où le classer parmi les déterminations de l'être[1]. Aussi les anciens se sont-ils mé-

---

1. Arist., *Phys.*, I', 2, 201ᵇ, 16-19, 24-35.

pris sur la définition de ce phénomène. Les uns en ont fait une « différence », les autres une « inégalité », les autres un « non-être ». Et ce sont là autant de solutions inexactes : il n'est pas essentiel aux objets de se mouvoir, par là même qu'ils diffèrent entre eux ou sont inégaux ; et ce qui n'est pas ne se meut pas[1].

Il importe donc de faire l'analyse rationnelle du mouvement, comme on a déjà fait celle du temps et celle de l'espace. C'est l'unique moyen de lever l'une après l'autre toutes les équivoques et d'aboutir à des notions précises.

Le mouvement a lieu, au moment où le mobile agit, et rien qu'à ce moment. Car, auparavant, le mobile n'est encore qu'à l'état de puissance ; après, il a déjà trouvé son terme. *Cet acte en devenir*, voilà le mouvement[2]. Par exemple, c'est lorsque le combustible est en acte que la combustion a lieu ; et cet acte est la combustion même. C'est lorsque le constructible est en acte que la construction se fait ; et cet acte est précisément ce qui s'appelle construction[3]. Ainsi de la rotation, du saut, de la traction, de la caléfaction, de la maturation : ainsi de tous les mouvements, quels qu'en soient le mobile ou la nature[4]. *Le mouvement est donc l'acte du possible.* Mais cette définition n'est qu'une première approximation. Le mobile présente toujours deux aspects très différents : c'est d'abord

---

1. Arist., *Phys.*, Γ, 2, 201ᵇ, 19-22 : δῆλον δὲ σκοποῦσιν ὡς τιθέασιν αὐτὴν εἶναι ἔνιοι, ἑτερότητα καὶ ἀνισότητα καὶ τὸ μὴ ὂν φάσκοντες εἶναι τὴν κίνησιν... ; *Met.*, K, 9, 1066ᵃ, 7-20.

2. *Id.*, *Phys.*, Γ, 1, 201ᵃ, 9-10 ; *Met.*, K, 9, 1065ᵇ, 14-17.

3. *Id.*, *Phys.*, Γ, 1, 201ᵃ, 16-18 : ὅταν γὰρ τὸ οἰκοδομητόν, ᾗ τοιοῦτον αὐτὸ λέγομεν εἶναι, ἐντελεχείᾳ ᾖ, οἰκοδομεῖται, καὶ ἔστι τοῦτο οἰκοδόμησις ; *Met.*, K, 9. 1065ᵇ, 17-19.

4. *Id.*, *Phys.*, Γ, 1 ; 201ᵃ, 18-19 ; *Met.*, K, 9, 1065ᵇ, 19-20.

un sujet de telle espèce, de plus ce sujet enferme la possibilité de revêtir diverses déterminations. Or ce n'est pas en tant que sujet que le mobile se meut; c'est en tant que possible. Soit un bloc d'airain. Il ne se meut pas comme tel, lorsqu'il devient statue; il garde son essence sous la transformation qu'il subit : après comme avant, l'on a toujours de l'airain. Ce qui s'actualise en lui, c'est seulement la statue en puissance [1]. Et de là une formule plus rigoureuse, qui supprime toute équivoque : *le mouvement est l'acte du possible en tant que possible* [2].

On a donc raison de dire, en réalité, que le mouvement n'est ni « acte complet », ni « puissance pure », qu'il n'est ni fini ni infini. Il a quelque chose d'hybride qui tient de l'un et de l'autre : c'est un acte qui se fait, considéré au moment où il se fait; c'est un « acte inachevé » [3]. Mais on aurait tort de conclure de là que le mouvement ne se situe nulle part dans les déterminations génériques de l'être; il y a sa place marquée. Si l'on ne peut le regarder comme une catégorie, si l'on ne peut en faire non plus le résultat auquel aboutit une catégorie en se modifiant, il est du moins cette modification elle-même : le mouvement, par exemple, c'est la caléfaction, non la chaleur; la guérison, non la santé; l'instruction, non la science [4].

1. Arist., *Phys.*, Γ, 1, 201ᵃ, 27-34; *Met.*, K, 9, 1065ᵇ, 22-28.
2. *Id.*, *Phys.*, Γ, 1, 201ᵇ, 4-5 : ἡ τοῦ δυνατοῦ, ᾗ δυνατόν, ἐντελέχεια φανερὸν ὅτι κίνησίς ἐστι; *Met.*, K, 9, 1065ᵇ, 33.
3. *Id.*, *Phys.*, Γ, 2, 201ᵇ, 31-32 : ἥ τε κίνησις ἐνέργεια μέν τις εἶναι δοκεῖ, ἀτελὴς δέ; *Met.*, K, 9, 1066ᵃ, 20-21; *Phys.*, Γ, 1, 201ᵇ, 5-15; *Met.*, K, 9, 1065ᵇ, 33-35, 1066ᵃ, 1-6.
4. *Id.*, *Met.*, K, 11, 1067ᵇ, 9-12 : τὰ δ' εἴδη καὶ τὰ πάθη καὶ ὁ τόπος, εἰς ἃ κινοῦνται τὰ κινούμενα, ἀκίνητά ἐστιν, οἷον ἐπιστήμη καὶ θερμότης· ἔστι δ' οὐχ ἡ θερμότης κίνησις ἀλλ' ἡ θέρμανσις.

Il y a plusieurs sortes de mouvements; et, pour en déterminer le nombre, il faut remonter à une idée plus générale, qui est celle de changement.

Tout changement se fait d'un terme à un autre terme et présente de ce chef une certaine opposition [1]. Il n'y a donc pas de changement du non-être au non-être; vu que le rien ne s'oppose pas au rien [2]. Il y en a seulement du non-être à l'être, de l'être au non-être, et de l'être à l'être. Or la première espèce de changement, qui s'appelle la génération, n'est pas un mouvement. Car, avant de se mouvoir, il faut que l'être soit; et il s'agit ici de sa naissance [3]. De plus, le propre du mouvement est d'admettre des intermédiaires. Et la génération n'en admet point; elle ne donne lieu qu'à la contradiction : on est ou l'on n'est pas. Ce n'est pas un mouvement non plus, que la seconde espèce de changement qui s'appelle la mort. Car le passage de l'être au non-être s'opère brusquement, comme celui du non-être à l'être : il n'y a pas plus d'intermédiaires dans un cas que dans l'autre [4].

Le mouvement proprement dit, le mouvement, au sens rigoureux du mot, se cantonne donc dans la troisième espèce de changement. Il se fait de l'être à l'être, et par suite dans un même sujet qu'il suppose et dont il n'est qu'un mode plus ou moins profond : c'est tou-

---

1. Arist., *Met.*, K, 11, 1067ᵇ, 12-14 : ἡ δὲ μὴ κατὰ συμβεβηκὸς μεταβολὴ οὐκ ἐν ἅπασιν ὑπάρχει, ἀλλ' ἐν τοῖς ἐναντίοις καὶ μεταξὺ καὶ ἐν ἀντιφάσει.

2. Id., *Phys.*, E, 1, 225ᵃ, 3-12 : … Οὔτε γὰρ ἐναντία οὔτε ἀντίφασίς ἐστιν; *Met.*, K, 11, 1067ᵇ, 14-21.

3. Id., *Phys.*, E, 1, 225ᵃ, 25-27 : ἀδύνατον γὰρ τὸ μὴ ὂν κινεῖσθαι, εἰ δὲ τοῦτο, καὶ τὴν γένεσιν κίνησιν εἶναι· γίνεται γὰρ τὸ μὴ ὄν; *Met.*, K, 11, 1067ᵇ, 25-32.

4. Id., *Phys.*, E, 1, 225ᵃ, 32-33; *Ibid.*, 225ᵇ, 1 : αὗται [γένεσις καὶ φθορὰ] δ' εἰσὶν αἱ κατ' ἀντίφασιν; *Met.*, K, 11, 1067ᵇ, 36 et sqq.

jours un mobile qui se meut [1]. Mais un mobile quelconque peut se mouvoir de différentes manières; et c'est là que se pose d'une façon précise le problème de la division des mouvements.

Puisque la substance n'est susceptible que de naissance et de mort, puisqu'elle ne se meut pas, il ne peut y avoir du mouvement que dans les catégories qui en dérivent. De plus, ces catégories elles-mêmes ne sont pas toutes sujettes au mouvement. Il ne s'en produit pas dans la relation qui, n'existant que par ses deux termes, ne varie que par eux [2]. Il ne s'en produit pas non plus dans l'action et la passion; autrement, il y aurait devenir du devenir : ce qui est contradictoire [3]. Et l'on peut dire aussi qu'il ne se produit pas du mouvement dans le temps, au sens où l'on prend ici la chose : le temps est la mesure du mouvement, non ce qui se meut. Reste que le mouvement se confine en trois catégories, qui sont la qualité, la quantité, le lieu [4]. Et, par là même, il n'y a que trois espèces de mouvements qu'on peut appeler : qualification, accroissement et diminution, déplacement [5].

---

[1]. Arist., *Phys.*, Γ, 1, 200ᵇ, 32-33 : οὐκ ἔστι δὲ κίνησις παρὰ τὰ πράγματα.

[2]. *Id., Ibid.,* E, 2, 225ᵇ, 11 : οὐδὲ δὴ τῷ πρός τι ; *Met.,* K, 12, 1068ᵃ, 11. L'affirmation d'Aristote est claire: il n'y a pas de mouvement dans la relation ; mais la raison qu'il en donne est difficile à saisir, le texte n'étant pas nettement établi. Que l'on compare les lignes 11-13 de la page 225ᵇ de la *Physique* avec les lignes 11-13 de la page 1068ᵃ de la *Métaphysique*, et l'on se rendra compte du fait. La preuve que nous donnons ici est donc moins tirée des paroles d'Aristote que de sa théorie de la relation. — V. Sylv. Maur. (*ouvr. cit.*, t. III, pp. 135ᵇ-136ᵃ; t. IV, pp. 536ᵇ-537ᵃ); mais son interprétation ne tient nul compte des difficultés que présente le texte.

[3]. *Id., Phys.*, E, 2, 225ᵇ, 13-16; *Met.*, K, 12, 1068ᵃ, 13-16.

[4]. *Id., Phys.*, E, 2, 226ᵃ, 23-26; *Met.*, K, 12, 1068ᵇ, 15-20.

[5]. *Id., Phys.*, E, 2, 226ᵃ, 26-33; *Ibid.*, H, 2, 243ᵃ, 6-10. Les termes

Chacune de ces espèces de mouvement admet-elle des contraires? Aristote l'affirme d'une manière formelle et à diverses reprises [1]. Suivant son dire, la qualification peut aller au meilleur et au pire ; il y a un accroissement maximum et une diminution minima ; et le mouvement qui se fait en haut doit être regardé comme le contraire de celui qui se fait en bas [2]. Mais c'est une manière de voir qui se concilie difficilement avec l'ensemble de son système. On peut accorder à la rigueur que la qualification a deux extrêmes qu'elle ne dépasse jamais. Ce que l'on ne saisit pas, c'est qu'il en aille de même pour le mouvement quantitatif. Il se produit, en effet, dans une grandeur concrète ; or chaque grandeur concrète se divise à l'infini : ce qui fait qu'il y manque toujours un extrême. En outre, le mouvement de la Sphère est une espèce de déplacement. Et, dans le traité du *Ciel*, Aristote s'efforce d'établir que ce mouvement ne peut avoir de contraire [3]. Aussi remarque-t-on que le style du Stagirite devient imprécis dans les endroits où il parle d'une telle matière : on y sent que sa pensée n'est pas suffisamment définie.

Le déplacement est le premier en date des mouvements ; car il est la condition préalable des deux autres [4]. Qu'il s'agisse de qualification ou d'accroissement, il faut toujours qu'il y ait un certain contact du moteur et du mo-

---

dont se sert Aristote sont les suivants : ἀλλοίωσις, αὔξησις καὶ φθίσις, φορά.

1. Arist., *Phys.*, E, 2, 225ᵇ, 10-11 ; *Met.*, K, 12, 1068ᵃ, 10-11 ; *Phys.*, E, 2, 226ᵃ, 25-26 ; *Met.*, K, 12, 1068ᵇ, 17-18.
2. Id., *Phys.*, Γ, 1, 201ᵃ, 3-8 ; *Met.*, K, 9, 1065ᵇ, 9-13 ; *Phys.*, E, 2, 226ᵇ, 1-10.
3. Id., *De cœl.*, A, 4, 270ᵇ, 32 et sqq.
4. Id., *Phys.*, Θ, 7, 260ᵃ, 26-29.

bile; et ce contact suppose leur rapprochement : il se produit à la faveur d'une translation[1].

A son tour, le mouvement circulaire est le premier en date des déplacements. C'est toujours ce qu'il y a de plus un qu'il faut situer à l'origine; et rien n'approche de l'unité comme la figure que décrit le mouvement circulaire. Le carré se décompose en deux triangles; le triangle comprend trois lignes[2]. Le cercle, au contraire, n'en a qu'une qui est elle-même indivisible en un sens : si toute droite se fragmente en parties de plus en plus petites qui lui demeurent semblables, la circonférence ne donne que des parties hétérogènes au tout dont elles se détachent[3]. A l'origine se situe également ce qu'il y a de plus parfait; et la plus parfaite des figures, c'est le cercle. Toute ligne droite est actuellement finie; et, par suite, toute ligne droite a deux limites au delà desquelles on conçoit toujours quelque autre chose. Rien de pareil dans la courbe qui termine le cercle. Comme elle est entièrement close, elle n'admet pas d'extrémités : elle ne supporte pas plus l'addition que le retranchement. C'est ce en dehors de quoi rien de plus n'est possible; et cela, voilà l'être achevé, voilà le parfait[4]. Parfait en vertu de la courbe qui le détermine en le limitant, le cercle l'est aussi par la disposition des parties qu'il contient. Chacun de ses rayons, si nombreux qu'on

---

1. Arist., *Phys.*, Θ, 7, 260ᵃ, 20 et sqq.
2. *Id.*, *De cœl.*, B, 4, 286ᵇ, 13-18.
3. *Id.*, *Ibid.*, B, 4, 286ᵇ, 28-32.
4. *Id.*, *Phys.*, Θ, 9, 265ᵃ, 22-24; *De cœl.*, A, 2, 269ᵃ, 18-23 : ἀλλὰ μὴν καὶ πρώτην γε ἀναγκαῖον εἶναι τὴν τοιαύτην φοράν. Τὸ γὰρ τέλειον πρότερον τῇ φύσει τοῦ ἀτελοῦς, ὁ δὲ κύκλος τῶν τελείων, εὐθεῖα δὲ γραμμὴ οὐδεμία· οὔτε γὰρ ἡ ἄπειρος (ἔχοι γὰρ ἂν πέρας καὶ τέλος) οὔτε τῶν πεπερασμένων οὐδεμία (πασῶν γὰρ ἔστι τι ἐκτός· αὐξῆσαι γὰρ ἐνδέχεται ὁποιανοῦν); *De cœl.*, B, 4, 286ᵇ, 18-23.

les suppose, converge vers un même point qui s'appelle centre, et sans qu'aucun d'eux puisse l'emporter en dimension sur les autres. Tout y est unité, variété, proportion : c'est le type de l'eurythmie [1]. Et ces deux raisons, qui militent l'une et l'autre en faveur de la perfection du cercle, dérivent d'un seul principe. L'être se développe dans l'harmonie. Moins il y a de puissance, plus il y a d'acte; et plus il y a d'acte, plus la nature, considérée comme forme, se conquiert elle-même : plus il y a d'ordre et, par conséquent, de beauté.

Une troisième preuve de la priorité du mouvement circulaire se fonde sur l'éternité du mouvement lui-même.

De quelque manière que l'on conçoive la cause première du mouvement, qu'on la fasse intérieure ou extérieure aux choses, on n'y peut imaginer des caprices qui changent brusquement son allure. Elle reste totalement identique à travers l'éternité entière : elle est toujours la même, elle a toujours la même énergie, elle produit toujours le même effet; car elle enveloppe toujours la même raison d'être et d'agir. Par suite, supposez qu'à un moment donné le mouvement n'ait pas été, et il ne sera jamais ; au contraire, supposez que le mouvement ait jamais été, et il sera toujours [2]. Anaxagore imagine qu'après une éternité de repos, l'Intelligence est sortie de son sommeil et que, par une sorte de coup d'État, elle a imprimé le mouvement à l'immobile chaos.

---

1. Arist., *Anal. post.*, B, 7, 92ᵇ, 20-21; *Met.*, Δ, 14, 1020ᵃ, 85 : Καὶ κύκλος ποιόν τι σχῆμα ὅτι ἀγώνιον; *Probl.*, Ις, 10, 915ᵃ, 33-36 (?); *Rhet.*, Γ, 6, 1407ᵇ, 26-28.

2. *Id.*, *Phys.*, Θ, 1, 251ᵃ, 20-22 : εἰ δ' ὄντα προϋπῆρχεν ἀεὶ κινήσεως μὴ οὔσης, ἄλογον μὲν φαίνεται καὶ αὐτόθεν ἐπιστήσασιν.

C'est là une fantaisie que ne comporte pas la nature des choses. Du moment que l'Intelligence est demeurée inactive pendant un temps infini, il n'y a plus de motif pour qu'elle intervienne à un instant de l'homogène durée plutôt qu'à un autre; et, par suite, il n'y en a plus pour qu'elle intervienne jamais [1]. Empédocle se figure que le Tout passe sans fin d'une période de mouvement à une période de repos, qui est suivie elle-même d'une autre période de mouvement : il assimile le monde à un animal qui a besoin de veille et de sommeil. C'est là une irrégularité dans la marche des choses qui ne trouve de fondement nulle part [2]. Il n'y a ni hausse ni baisse dans le premier principe du mouvement; et, par là même, il n'y en a pas non plus dans la somme des mouvements que comprend l'univers. Quand un acte disparaît, un autre le remplace ; au contraire succède le contraire. De même, quand un corps se met en repos, c'est qu'un autre se met en mouvement; et le même équilibre se conserve toujours.

Le mouvement est donc doublement éternel, si l'on peut parler de la sorte : il l'est en remontant, il l'est en descendant. C'est ce qu'ont senti profondément les anciens philosophes : hormis Platon, ils sont unanimes à se figurer le mouvement comme une chose qui n'a pas commencé [3].

Mais tout mouvement ne peut être éternel. Soit un

---

1. Arist., Phys., Θ, 1, 252ᵃ, 10-16 : ... ἀλλὰ μὴν οὐδέν γε ἄτακτον τῶν φύσει καὶ κατὰ φύσιν· ἡ γὰρ φύσις αἰτία πᾶσι τάξεως. Τὸ δ' ἄπειρον πρὸς τὸ ἄπειρον οὐδένα λόγον ἔχει· τάξις δὲ πᾶσα λόγος. Τὸ δ' ἄπειρον χρόνον ἠρεμεῖν, εἶτα κινηθῆναί ποτε, τούτου δὲ μηδεμίαν εἶναι διαφοράν, ὅτι νῦν μᾶλλον ἢ πρότερον, μηδ' αὖ τινὰ τάξιν ἔχειν, οὐκέτι φύσεως ἔργον.
2. Id., Ibid., Θ, 1, 252ᵃ, 20-32.
3. Id., Ibid., Θ, 1, 251ᵇ, 14-19.

mouvement qui s'opère le long d'une droite *a b*. Quand le mobile arrive en *b*, il faut qu'il s'arrête avant de revenir vers *a*; autrement, il y aurait un instant où il continuerait à tendre vers *b* et commencerait à tendre vers *a* : ce qui ne saurait être, vu qu'un même corps ne peut avoir au même moment deux directions contraires. Le mouvement *a b + b a* est donc brisé ou discontinu ; c'est la somme de deux mouvements qui sont l'un et l'autre finis [1]. Or, que l'on multiplie des mouvements finis autant que l'on voudra, le total en sera toujours fini et n'aura de ce chef qu'une durée finie : on ne pourra jamais en emplir l'éternité [2].

Le mouvement éternel ne s'effectue pas non plus sur une ligne composée de droites et de courbes ouvertes; car le même raisonnement revient alors avec la même force. Un tel système de lignes a deux extrémités; et, sur chacune d'elles, le mobile s'arrête avant de retourner en arrière, comme un balancier [3].

Il faut donc que le mouvement éternel se fasse d'après une courbe fermée [4]. C'est alors seulement qu'il peut aller toujours de l'avant, sans jamais rencontrer de termes où il se partage en portions finies [5]. Et cette courbe

---

1. Arist., *Phys.*, Θ, 8, 261ᵇ, 31-34; 262ᵃ, 12-32; 262ᵇ, 1-4; 264ᵃ, 10-20; *Ibid.*, Θ, 9, 265ᵃ, 20-22 : ἡ δ' ἐπὶ τῆς πεπερασμένης εὐθείας ἀνακάμπτουσα μὲν συνθετὴ καὶ δύο κινήσεις.

2. *Id.*, *Ibid.*, II, 1, 242ᵇ, 8-19.

3. *Id.*, *Ibid.*, Θ, 8, 261ᵇ, 28-31 : πᾶν γὰρ κινεῖται τὸ φερόμενον ἢ κύκλῳ ἢ εὐθεῖαν ἢ μικτήν, ὥστ' εἰ μηδ' ἐκείνων ἡ ἑτέρα συνεχής, οὐδὲ τὴν ἐξ ἀμφοῖν οἷόν τ' εἶναι συγκειμένην.

4. *Id.*, *Ibid.*, Θ, 8, 261ᵇ, 27-28 : Ὅτι δ' ἐνδέχεται εἶναί τινα ἄπειρον, μίαν οὖσαν καὶ συνεχῆ, καὶ αὕτη ἐστὶν ἡ κύκλῳ, λέγωμεν νῦν; *Met.*, Λ, 6, 1071ᵇ, 10-11 : κίνησις δ' οὐκ ἔστι συνεχὴς ἀλλ' ἢ κατὰ τόπον, καὶ ταύτης ἡ κύκλῳ.

5. *Id.*, *Ibid.*, Θ, 8, 264ᵇ, 9-19, 27-28 : ... ἡ δὲ τοῦ κύκλου συνάπτει [τῇ ἀρχῇ τὸ πέρας]; καὶ ἔστι μόνη τέλειος; *Ibid.*, Θ, 9, 265ᵃ, 24-32.

n'est point aplatie d'un côté et renflée d'un autre; elle n'admet non plus aucun mélange de lignes droites : c'est une circonférence parfaite, plus parfaite que celles que le tourneur dessine avec son tour. Car, le principe sous l'influence duquel cette courbe se décrit étant toujours égal à lui-même, il n'y a pas de raison pour qu'elle s'infléchisse en un point plus ou moins qu'en un autre : il n'y a pas de raison pour qu'il s'y produise des irrégularités.

CHAPITRE II

LE MOTEUR IMMOBILE.

Rien ne s'élève par soi-même de la puissance à l'acte[1]; car rien ne peut être à la fois puissance et acte au même instant et sous le même rapport[2]. A tout mobile, il faut un moteur externe ou interne[3]; ainsi le veut la raison; et l'expérience ne lui donne jamais aucun démenti.

Il y a des mouvements que l'on peut appeler violents, parce qu'ils sont contraires à la nature[4]. Or ces mouvements ne se font que sous l'influence d'une force extérieure à leurs mobiles. Ce n'est pas d'elle-même qu'une pierre s'élève dans l'air; il faut qu'on l'y jette ou qu'on l'y pousse. Et le feu ne descend que s'il rencontre un agent contraire à son élan natif qui l'emporte en haut[5].

---

1. Arist., *Met.*, Λ, 6, 1071ᵇ, 29-31 : Οὐ γὰρ ἥ γε ὕλη κινήσει αὐτὴ ἑαυτήν, ἀλλὰ τεκτονική, οὐδὲ τὰ ἐπιμήνια, οὐδ' ἡ γῆ, ἀλλὰ τὰ σπέρματα καὶ ἡ γονή.

2. Id., *Ibid.*, Γ, 3, 1005ᵇ, 19-20 : τὸ γὰρ αὐτὸ ἅμα ὑπάρχειν τε καὶ μὴ ὑπάρχειν ἀδύνατον τῷ αὐτῷ καὶ κατὰ τὸ αὐτό.

3. Id., *Phys.*, Θ, 4, 256ᵃ, 2-3 : ἅπαντα ἂν τὰ κινούμενα ὑπό τινος κινοῖτο; *Ibid.*, Θ, 5, 256ᵃ, 4-5 : Τοῦτο δὲ διχῶς· ἢ γὰρ οὐ δι' αὐτὸ τὸ κινοῦν, ἀλλὰ δι' ἕτερον ὃ κινεῖ τὸ κινοῦν, ἢ δι' αὑτό.

4. Id., *Ibid.*, Θ, 4, 254ᵇ, 12-14 : τῶν δὲ καθ' αὑτὰ τὰ μὲν ὑφ' ἑαυτοῦ τὰ δ' ὑπ' ἄλλου, καὶ τὰ μὲν φύσει τὰ δὲ βίᾳ καὶ παρὰ φύσιν.

5. Id., *Ibid.*, Θ, 4, 254ᵇ, 19-27 : ... καὶ μάλιστα τὸ ὑπό τινος κινεῖσθαι τὸ κινούμενον ἐν τοῖς παρὰ φύσιν κινουμένοις ἐστὶ φανερὸν διὰ τὸ δῆλον εἶναι ὑπ' ἄλλου κινούμενον.

Il existe aussi des mouvements naturels, dont les autres ne sont que des déviations plus ou moins temporaires. Et ceux-là non plus ne peuvent trouver leur explication intégrale dans la puissance dont ils sont « l'acte inachevé ». On serait tenté de croire, à première vue, qu'ils se produisent d'eux-mêmes [1]; mais lorsqu'on y regarde de près, on s'aperçoit qu'il n'y a là qu'une apparence.

Tout corps inanimé a son lieu naturel vers lequel il se meut et où il trouve le repos. Et ce lieu qui est sa fin est aussi sa forme [2]. Par suite, devenir léger, c'est tendre à monter, c'est monter de fait quand rien ne s'y oppose par ailleurs; être absolument léger, c'est résider aux confins du ciel à moins que l'ambiance n'y mette obstacle : devenir du feu et se mouvoir en haut ne font qu'une seule chose. De même, en vertu du raisonnement inverse, devenir lourd, c'est aspirer à descendre, c'est descendre en réalité toutes les fois que rien ne résiste du dehors; être absolument lourd, c'est se trouver au centre du monde à moins qu'il ne se rencontre quelque empêchement dans le milieu parcouru : devenir de la terre et se mouvoir en bas ne font encore qu'une seule chose. Ainsi des éléments intermédiaires, qui sont l'air et l'eau [3]. Or les corps ne passent point par eux-mêmes du lourd au léger ou du

---

1. Arist., *Phys.*, Θ, 2, 252ᵇ, 7-28 : τὰ δ' ἐναντία τούτοις οὐ χαλεπὸν λύειν...; *Ibid.*, Θ, 4, 254ᵇ, 34-35, 255ᵃ, 1-5 : τῶν γὰρ ὑπ' ἄλλου κινουμένων τὰ μὲν παρὰ φύσιν ἐθήκαμεν κινεῖσθαι, τὰ δὲ λείπεται ἀντιθεῖναι ὅτι φύσει. Ταῦτα δ' ἐστὶν ἃ τὴν ἀπορίαν παράσχοι ἂν ὑπὸ τίνος κινεῖται, οἷον τὰ κοῦφα καὶ τὰ βαρέα. ταῦτα γὰρ εἰς μὲν τοὺς ἀντικειμένους τόπους βίᾳ κινεῖται, εἰς δὲ τοὺς οἰκείους, τὸ μὲν κοῦφον ἄνω τὸ δὲ βαρὺ κάτω, φύσει· τὸ δ' ὑπὸ τίνος οὐκέτι φανερόν, ὥσπερ ὅταν κινῶνται παρὰ φύσιν.

2. *Id.*, *De cœl.*, Δ, 3, 310ᵃ, 31-34 :... τὸ δ' εἰς τὸν αὑτοῦ τόπον φέρεσθαι ἕκαστον τὸ εἰς τὸ αὑτοῦ εἶδός ἐστι φέρεσθαι; *Ibid.*, 310ᵇ, 4-12.

3. *Id.*, *Ibid.*, Δ, 3, 311ᵃ, 1-12; *Phys.*, Θ, 4, 255ᵇ, 2-12.

léger au lourd ; il leur faut, pour revêtir ces déterminations, le concours d'un principe extérieur[1]. Ils ne vont donc pas non plus par eux-mêmes soit vers le haut soit vers le bas ; ils sont aussi impuissants à se donner une impulsion quelconque qu'une table à se promener toute seule d'un bout à l'autre d'une salle ; c'est par autre chose que les êtres inanimés se meuvent de leur mouvement naturel[2].

Au contraire, c'est en eux que les êtres animés portent le principe de leurs mouvements de même espèce[3]. Mais il ne faudrait point croire que ce principe s'exerce indépendamment de tout acte antérieur. Les animaux agissent toujours sous l'influence plus ou moins indirecte de leur milieu[4]. Ils subissent à chaque instant tout un ensemble d'impressions sensorielles qui, par le plaisir ou la douleur, le désir ou la crainte, se traduisent en mouvement. De plus, le cours de la vie charrie sans cesse à travers leurs organes des éléments étrangers et devient ainsi une cause perpétuelle de changements : de là des alternatives de veille et de sommeil, de marche et de repos[5]. La plupart des animaux ont aussi la faculté d'emmagasiner dans leur cerveau les sensations et les

---

1. Arist., *Phys.*, Θ, 4, 255ᵇ, 30-31 : ἀλλὰ κινήσεως ἀρχὴν ἔχει, οὐ τοῦ κινεῖν οὐδὲ τοῦ ποιεῖν, ἀλλὰ τοῦ πάσχειν.

2. *Id., Ibid.*, Θ, 4, 255ᵇ, 29 : ὅτι μὲν τοίνυν οὐδὲν τούτων αὐτὸ κινεῖ ἑαυτό, δῆλον ; *De cœl.*, Δ, 3, 311ᵃ, 9-12.

3. *Id., Phys.*, Θ, 2, 252ᵇ, 22-23 : τὸ δὲ ζῷον αὐτό φαμεν ἑαυτὸ κινεῖν ; *Ibid.*, Θ, 4, 254ᵇ, 15-16 : κινεῖται γὰρ τὸ ζῷον αὐτὸ ὑφ' αὑτοῦ ; *Ibid.*, 254ᵇ, 27-30 ; *Ibid.*, Θ, 6, 259ᵇ, 1-3.

4. *Id., Ibid.*, Θ, 2, 253ᵃ, 2-3 ; 11-13 : ὁρῶμεν γὰρ ἀεί τι κινούμενον ἐν τῷ ζῴῳ τῶν συμφύτων· τούτου δὲ τῆς κινήσεως οὐκ αὐτὸ τὸ ζῷον αἴτιον, ἀλλὰ τὸ περιέχον ἴσως.

5. *Id., Ibid.*, Θ, 6, 259ᵇ, 11-15.

émotions qu'ils ont une fois éprouvées [1]; puis, ce trésor d'énergies latentes reparaît à certaines heures et le spectacle intérieur qu'il donne tend à provoquer les mêmes mouvements que la réalité. Le chien qui a chassé le cerf ou le sanglier, s'enroule à son retour et s'endort. Mais il revoit pendant son sommeil le drame qui l'a passionné : il le revit, et tout son être en est comme ébranlé de nouveau. Sur son corps passent des ondulations nerveuses, il frémit, il remue les pattes, il aboie, comme s'il apercevait encore le gibier à la suite duquel il a fatigué ses membres. Ainsi, l'on se trouve toujours en présence de la même loi : ce n'est pas telle puissance qui produit tel mouvement, c'est un autre mouvement [2]. Et cette loi s'étend, de quelque manière, jusqu'aux facultés supérieures de l'homme. L'homme est libre; et il semble que, comme tel, il n'ait pas besoin d'autre chose pour vouloir [3]. Mais, au fond, le problème est plus complexe qu'il ne le paraît. Si chacun de nous se détermine par lui-même, il ne se détermine pourtant pas dans le vide. La liberté a son milieu : elle ne se conçoit qu'autant qu'on la met en face de représentations qui la sollicitent [4]. Et là se révèle derechef le rapport essentiel de la puissance à l'acte : la puissance exige l'acte, sinon comme la cause, du moins comme la condition des modalités qu'elle acquiert.

Tout mobile en mouvement présuppose donc un moteur, qui, s'il est lui-même en mouvement, présuppose un autre

---

1. Arist., *Phys.*, Θ, 2, 253ᵃ, 15-20.
2. *Id.*, *Ibid.*, Θ, 4, 254ᵇ, 30-33.
3. *Id.*, *Eth. Nic.*, Γ, 4, 1111ᵇ, 29-30 : ὅλως γὰρ ἔοικεν ἡ προαίρεσις περὶ τὰ ἐφ' ἡμῖν εἶναι.
4. *Id.*, *Ibid.*, Γ, 4, 1112ᵃ, 15-16 : ἡ γὰρ προαίρεσις μετὰ λόγου καὶ διανοίας.

moteur; ainsi de suite aussi longtemps que, à partir du point de départ, on n'a que des moteurs en mouvement. Mais « il faut s'arrêter »; la série régressive des mobiles et des moteurs ne peut être illimitée [1]. Supposez, en effet, qu'elle le soit; et la nature a dû parcourir l'infini avant d'arriver jusqu'à nous : ce qui signifie que chacun de nous est une antinomie vivante, une contradiction qui marche. Bien plus, la nature a dû parcourir l'infini avant d'arriver à l'un quelconque des états de l'univers antérieurs au nôtre; et toute génération, tout mouvement deviennent impossibles [2]: c'est Parménide qui l'emporte derechef. Supposez que la série régressive des mobiles et des moteurs soit infinie; et l'on ne trouve plus rien nulle part qui soit éternellement en acte. Le dernier des mobiles est en puissance à l'égard de son moteur immédiat, qui est lui-même en puissance à l'égard de son moteur immédiat; ainsi du reste, si loin que l'on y pousse la régression. Tout est en puissance; par suite, tout peut être et ne pas être. Et, si tout peut être et ne pas être, rien n'est [3] : c'est Gorgias et son école qui triomphent.

---

1. Arist., *Phys.*, II, 1, 242ᵃ, 15-20; *Ibid.*, Θ, 5, 256ᵃ, 13-21 ; 28-29 : εἰ οὖν κινούμενόν τι κινεῖ, ἀνάγκη στῆναι καὶ μὴ εἰς ἄπειρον ἰέναι. En ce passage de la *Physique*, Aristote affirme, sous trois formes différentes, la nécessité de s'arrêter sur la voie de la régression; mais sans aller jusqu'aux preuves fondamentales de son sentiment. *Ibid.*, Θ, 5, 257ᵃ, 6-7 : ἀλλ' ἀνάγκη στῆναι; *Met.*, Α ἐλ., 2, 994ᵃ, 1-19.

2. *Id.*, *Met.*, Α ἐλ., 2, 994ᵇ, 19-20 : οὗ δὲ τὸ πρῶτον μὴ ἔστιν, οὐδὲ τὸ ἐχόμενόν ἐστι; *Ibid.*, Κ, 12, 1068ᵇ, 4-6 : ἐπεὶ δὲ τῶν ἀπείρων οὐκ ἔστι τι πρῶτον, οὐκ ἔσται τὸ πρῶτον, ὥστ' οὐδὲ τὸ ἐχόμενον. Οὔτε γίγνεσθαι οὖν οὔτε κινεῖσθαι οἷόν τε οὔτε μεταβάλλειν οὐθέν.

3. *Id.*, *Ibid.*, Θ, 8, 1050ᵇ, 10-19 : τὸ δυνατὸν δὲ πᾶν ἐνδέχεται μὴ ἐνεργεῖν· τὸ ἄρα δυνατὸν εἶναι ἐνδέχεται καὶ εἶναι καὶ μὴ εἶναι· τὸ αὐτὸ ἄρα δυνατὸν καὶ εἶναι καὶ μὴ εἶναι. Τὸ δὲ δυνατὸν μὴ εἶναι ἐνδέχεται μὴ εἶναι..... εἰ γὰρ ταῦτα [τὰ ἀΐδια ἐνεργείᾳ ὄντα] μὴ ἦν, οὐθὲν ἂν ἦν.

Contraire aux faits les plus incontestables, qui sont l'être et le devenir de l'être, l'hypothèse d'une série infinie de mobiles et de moteurs se heurte aussi de la façon la plus directe aux exigences de la raison. Que l'on imagine l'existence d'une telle série; et il ne reste plus que des causes qui sont en même temps des effets. Il ne reste plus que des choses causées ; ce qui est manifestement contradictoire, vu que toute chose causée suppose une cause [1]. Leucippe et Démocrite n'ont rien expliqué avec leurs atomes qui se poussent éternellement les uns les autres dans le vide infini [2]. Il faut qu'il existe un moteur premier, et qui, parce qu'il est tel, n'est mû par aucune autre chose antérieure [3].

Si le premier moteur n'est pas mû, ne se meut-il pas lui-même? Platon l'a pensé : Platon s'est imaginé la cause suprême à la façon d'une âme intelligente, qui trouve en sa spontanéité le principe de ses actions [4]. Mais c'est là une réponse qui ne va pas au fond des choses. Si le premier moteur se meut lui-même, il passe de la puissance à l'acte. Par suite, son mouvement pouvait ne pas se produire; il pourra cesser aussi à un moment donné : il est purement contingent. Et dès lors, la nécessité du

---

1. ARIST., *Met.*, A ἐλ., 2, 994ᵃ, 18-19 : ὥστ' εἴπερ μηθέν ἐστι πρῶτον, ὅλως αἴτιον οὐθέν ἐστι. Voir comment Spinoza expose cet argument d'après Rab Ghasday (L. XV, t. III, p. 383, éd. Charpentier, Paris).

2. *Id., Ibid.*, Λ, 6; 1071ᵇ, 31-37. Il est question, dans ce passage, de Leucippe et de Platon. Et il y faut faire une distinction : d'après le second de ces philosophes, le mouvement est bien éternel; mais l'ordre du mouvement ne l'est pas (*Phys.*, Θ, 1, 251ᵇ, 14-19).

3. *Id., Phys.*, Θ, 5, 257ᵃ, 25-26 : οὐκ ἄρα ἀνάγκη ἀεὶ κινεῖσθαι τὸ κινούμενον ὑπ' ἄλλου, καὶ τούτου κινουμένου· στήσεται ἄρα.

4. *Id., Met.*, Λ, 6, 1071ᵇ, 37 et sqq. : ἀλλὰ μὴν οὐδὲ Πλάτωνί γε οἷόν τε λέγειν ἣν οἴεταί ἐνίοτε ἀρχὴν εἶναι, τὸ αὐτὸ ἑαυτὸ κινοῦν.

devenir ne s'explique plus [1]. Pourquoi supposer d'ailleurs que le premier moteur recèle en son essence un fond de matière? Quelle raison de croire qu'il s'arrête dans son déploiement à tel degré du possible plutôt qu'à tel autre? il faut qu'il l'épuise en entier ou ne soit pas du tout : entre ces deux extrêmes, il n'y a place que pour le caprice [2]. Ainsi, le premier moteur n'est mû ni du dehors ni du dedans : il ne peut l'être d'aucune manière. Il est essentiellement et totalement immuable, parce qu'il est la réalisation pleine du possible : c'est l'Acte pur [3].

Du moment que le premier moteur est acte pur, il faut le concevoir comme indivisible. Car toute division suppose un passage de la puissance à l'acte; et le propre de l'acte pur consiste à ne plus avoir de puissance. En outre, on peut se fonder ici, comme tout à l'heure, sur l'essentielle indéfectibilité du mouvement. Imaginons que le premier moteur enveloppe quelque chose de corporel; son étendue ne sera que finie, vu que toute grandeur donnée a des limites. Or une étendue finie n'enferme à son tour qu'une puissance finie et n'a point, comme telle, ce qu'il faut pour mouvoir pendant l'infinité du temps. Le

---

1. Arist., *Met.*, Λ, 6, 1071ᵇ, 17-20 : εἰ γὰρ μὴ ἐνεργήσει, οὐκ ἔσται κίνησις· ἔτι οὐδ' εἰ ἐνεργήσει, ἡ δ' οὐσία αὐτῆς δύναμις· οὐ γὰρ ἔσται κίνησις ἀΐδιος· ἐνδέχεται γὰρ τὸ δυνάμει ὂν μὴ εἶναι· δεῖ ἄρα εἶναι ἀρχὴν τοιαύτην ἧς ἡ οὐσία ἐνέργεια.

2. Id., *Ibid.*, Λ, 6, 1071ᵇ, 20-22 : ἔτι τοίνυν ταύτας δεῖ τὰς οὐσίας εἶναι ἄνευ ὕλης· ἀϊδίους γὰρ δεῖ, εἴ πέρ γε καὶ ἄλλο τι ἀΐδιον· ἐνεργείᾳ ἄρα; *Ibid.*, Θ, 8, 1049ᵇ, 23-29; *Ibid.*, 1050ᵇ, 7-8 : ἔστι δ' οὐθὲν δυνάμει ἀΐδιον; *Phys.*, Θ, 1, 252ᵃ, 17-19 : ἢ γὰρ ἁπλῶς ἔχει τὸ φύσει, καὶ οὐχ ὁτὲ μὲν οὕτως ὁτὲ δ' ἄλλως, οἷον τὸ πῦρ ἄνω φύσει φέρεται καὶ οὐχ ὁτὲ μὲν ὁτὲ δὲ οὔ· ἡ λόγον ἔχει τὸ μὴ ἁπλοῦν.

3. Id., *Phys.*, Θ, 5, 258ᵇ, 4-9 : φανερὸν τοίνυν ἐκ τούτων ὅτι ἔστι τὸ πρώτως κινοῦν ἀκίνητον...; *Met.*, Λ, 7, 1072ᵃ, 23-26 : ... καὶ οὐσία καὶ ἐνέργεια οὖσα; *Ibid.*, 1072ᵇ, 7-8.

premier moteur ne contient donc ni parties actuelles ni parties virtuelles; et dire qu'il ne contient ni parties actuelles ni parties virtuelles, c'est affirmer son absolue simplicité [1].

Essentiellement pur de toute matière, le premier moteur est par là même ce qu'il y a de meilleur et de plus beau : c'est l'être souverainement parfait. Et, comme la perfection implique le plus haut degré de la connaissance, il ne passe pas l'éternité dans le sommeil; il pense et sa pensée n'admet aucun mélange de puissance et d'acte : il est lui-même la pensée [2].

De plus, cette pensée substantielle ne se disperse pas au dehors; elle est tout entière tournée vers le dedans. Le premier moteur ne connaît ni les formes qui tantôt sont et tantôt ne sont pas, ni la matière qui, bien qu'impérissable en son fond, va du contraire au contraire : il ignore à la fois et le cours des astres qui roulent dans l'espace, et les vicissitudes des événements humains et les vertus du juste et les crimes du méchant, et les desseins qui s'agitent au secret des cœurs. Car il est l'immuable; et, s'il connaissait ces choses, il changerait avec elles [3]. Il est l'in-

---

1. Arist., *Phys.*, Θ, 10, 266ª, 12-33; 266ᵇ, 1-7; *Ibid.*, Θ, 10, 267ᵇ, 17-26; *Met.*, Λ, 7, 1073ª, 5-11 : δέδεικται δὲ καὶ ὅτι μέγεθος οὐθὲν ἔχειν ἐνδέχεται ταύτην τὴν οὐσίαν ἀλλ' ἀμερὴς καὶ ἀδιαίρετός ἐστιν. Κινεῖ γὰρ τὸν ἄπειρον χρόνον, οὐθὲν δ' ἔχει δύναμιν ἄπειρον πεπερασμένον· ἐπεὶ δὲ πᾶν μέγεθος ἢ ἄπειρον ἢ πεπερασμένον, πεπερασμένον μὲν διὰ τοῦτο οὐκ ἂν ἔχοι μέγεθος, ἄπειρον δ' ὅτι ὅλως οὐκ ἔστιν οὐθὲν ἄπειρον μέγεθος. Mais cette raison qu'apporte Aristote à l'appui de l'indivisibilité du premier moteur n'est pas nette. Comment le corps fini dont il est question s'applique-t-il à son mobile? et de quelle puissance s'agit-il au juste? Ce sont là deux choses qu'il est difficile de préciser. Il semble bien aussi que cette seconde preuve n'ait qu'une valeur d'apparence.
2. *Id.*, *Met.*, Λ, 9, 1074ᵇ, 15-21; *Ibid.*, Λ, 7, 1072ᵇ, 22-23 : ἐνεργεῖ δὲ ἔχων.
3. *Id.*, *Ibid.*, Λ, 9, 1074ᵇ, 25-27 : δῆλον τοίνυν ὅτι τὸ θειότατον καὶ τιμιώτατον νοεῖ καὶ οὐ μεταβάλλει· εἰς χεῖρον γὰρ ἡ μεταβολή, καὶ κίνησίς τις ἤδη τὸ τοιοῦτον.

dépendant; et, s'il y avait un objet qui s'imposât de l'extérieur à sa conscience, il en deviendrait le subordonné[1]. Il est l'immaculé, celui dont l'essence très pure ne souffre pas même le reflet idéal du désordre. Or le monde n'est pas uniquement le théâtre du bien; le mal s'y produit à tous les degrés et sous toutes les formes. Le premier moteur demeure totalement étranger à la science du devenir et par suite à la science de la nature; car il réalise le meilleur, et le meilleur est qu'il ne la connaisse pas. Il se sait lui-même et ne sait que cela ; « il est la pensée de la pensée »[2].

1. Arist., Met., Λ, 9, 1072ᵇ, 28-30 : ἔπειτα δῆλον ὅτι ἄλλο τι ἂν εἴη τὸ τιμιώτερον ἢ ὁ νοῦς, τὸ νοούμενον.

2. Id., Ibid., Λ, 9, 1074ᵇ, 31-35 : καὶ γὰρ τὸ νοεῖν καὶ ἡ νόησις ὑπάρξει καὶ τὸ χείριστον νοοῦντι, ὥστ' εἰ φευκτὸν τοῦτο (καὶ γὰρ μὴ ὁρᾶν ἔνια κρεῖττον ἢ ὁρᾶν), οὐκ ἂν εἴη τὸ ἄριστον ἡ νόησις· αὐτὸν ἄρα νοεῖ, εἴπερ ἐστὶ τὸ κράτιστον, καὶ ἔστιν ἡ νόησις νοήσεως νόησις. — Consulter sur ce point capital : Silvest. Maur. ouvr. cit., t. IV, pp. 562-563; p. 287ᵃ, 10 et sqq.; p. 309ᵇ, 16 et sqq.; p. 421ᵃ, 1 et sqq.; p. 441ᵃ, 1 et sqq.; p. 445ᵇ, c. xvi. Consulter également : S. Thomas, In Aristotelis nonnullos libros comment., t. IV, p. 221ᵇ-222ᵃ. D'après le saint Docteur, la pensée divine envelopperait les raisons ou formes des choses, même celles des corps qui composent la nature. « Nec tamen sequitur quod omnia alia a se sint et ignota; nam intelligendo se, intelligit omnia alia. Quod sic patet. Cum enim ipse sit ipsum suum intelligere, ipsum autem est dignissimum et potentissimum, necesse est quod suum intelligere sit perfectissimum : perfectissime ergo intelligit seipsum. Quanto autem aliquod principium perfectius intelligitur, tanto magis intelligitur in eo effectus ejus : nam principiata continentur in virtute principii. Cum igitur a primo principio, quod est Deus, dependeat cœlum et tota natura, ut dictum est, patet quod Deus cognoscendo seipsum omnia cognoscit... » Cette interprétation nous semble trop augustinienne pour convenir à la théorie du Stagirite : elle ramène le ciel des intelligibles dont Aristote ne veut pas, contre lequel il s'élève à diverses reprises et toujours avec la même énergie (v. p. 29 et sqq.). De plus, elle introduit dans l'essence divine toute une hiérarchie de formes qui se graduent d'après leur degré de perfection. Selon « le maître », au contraire, Dieu ne peut comprendre en lui-même que ce qu'il y a de plus noble et de plus digne, que ce qu'il y a de plus parfait : le reste est exclu de son être. Et la raison qu'il en donne, c'est que, la pensée et les intelligibles en acte

Par le fait même, l'objet qu'il perçoit n'enveloppe aucune pluralité; et l'acte par lequel il le perçoit, aucune succession. Car cet objet est indivisible; et l'indivisible se pénètre d'un regard ou ne se pénètre pas du tout. Par le fait aussi, l'on ne peut trouver aucune distinction entre cet acte et cet objet. Car ce qui fait la distinction de la connaissance et de la chose connue, c'est la matière que la chose connue enveloppe; et la cause suprême n'en contient pas, vu qu'elle est acte pur[1]. C'est dans l'unité absolue que le premier moteur se pense lui-même : il est l'éternelle possession de l'un par l'un.

Il est donc également la vie pleine et pleinement consciente[2]. Et, comme tel, il jouit d'un bonheur qui ne peut avoir ni ombre ni déclin. C'est une loi des choses ; le plaisir accompagne l'action; il s'y ajoute « comme à la jeunesse sa fleur ». Et plus l'action a de noblesse et d'harmonie, plus il acquiert de charme. Voilà pourquoi la veille, les sensations, les souvenirs et les espérances se traduisent en nous par de douces émotions; voilà pourquoi nous touchons à la félicité, quand nous nous élevons à la contemplation du bien et du beau. Mais, pour nous, cet état n'est qu'éphémère; bientôt arrive la mort qui emporte tout. Dans le premier moteur, au contraire, cet état dure toujours et donne toujours la même joie; car la source dont

---

ne faisant qu'une même chose, l'imperfection de ceux-ci entraîne l'imperfection de celle-là: καὶ γὰρ τὸ νοεῖν καὶ ἡ νόησις ὑπάρξει καὶ τὸ Χείριστον νοοῦντι... Saint Thomas, en vertu de la charité intellectuelle qui l'anime, cherche partout les convergences; et il lui arrive parfois d'en voir où de fait il n'y en a pas.

1. Arist., *Met.*, Λ, 9, 1074[b], 36-38; 1075[a], 1-10.
2. Id., *Ibid.*, Λ, 7, 1072[b], 26-28 : Καὶ ζωὴ δέ γε ὑπάρχει· ἡ γὰρ νοῦ ἐνέργεια ζωή, ἐκεῖνος δὲ ἡ ἐνέργεια· ἐνέργεια δὲ ἡ καθ' αὑτὴν ἐκείνου ζωὴ ἀρίστη καὶ ἀΐδιος.

il procède est à jamais invariable. Dieu est bienheureux, le seul qui le soit, le seul qui puisse l'être [1].

Mais le premier moteur ne serait-il pas numériquement multiple? N'y aurait-il pas quelque chose de fondé dans les traditions populaires, d'après lesquelles il existe une société de dieux? Ce sont là des fictions vagues où l'on prend le divin pour Dieu lui-même et dont le philosophe ne peut s'accommoder. Le premier moteur est unique aussi bien qu'il est un. Il y a un mouvement éternel, et il n'y en a qu'un; car il est inutile qu'il y en ait plusieurs et la nature ne fait rien de vain [2]. D'autre part, ce mouvement éternel doit être continu. Or un mouvement continu ne peut admettre qu'un seul moteur, comme il n'admet qu'un seul mobile. Imaginez qu'il existe plusieurs moteurs; ils produiront, en se succédant, une série d'impulsions successives qui seront par là même discontinues, et ne donneront ainsi qu'un mouvement discontinu [3]. En outre, le monde n'est point un chaos d'épisodes [4]; il forme un tout dont les parties se subordonnent les unes aux autres; c'est un vaste organisme. Il lui suffit donc d'avoir un seul moteur; et si cela lui suffit, c'est qu'il n'en a qu'un. La nature, en effet, réalise toujours le meilleur dans la mesure du possible; or l'unité vaut mieux que la pluralité [5]. Il est préférable aussi que l'univers entier re-

---

1. ARIST., *Met.*, Λ, 7, 1072ᵇ, 14-26 : Διαγωγὴ δ' ἐστὶν οἵα ἡ ἀρίστη μικρὸν χρόνον ἡμῖν. Οὕτω γὰρ ἀεὶ ἐκεῖνό ἐστιν...
2. *Id., De cæl.*, Λ, 4, 271ª, 33 : ὁ θεὸς καὶ ἡ φύσις οὐδὲν μάτην ποιοῦσιν.
3. *Id., Phys.*, Θ, 6, 259ª, 13-20; *Ibid.*, Θ, 10, 267ᵇ, 19-24; *Sch.*, 438ᵇ, 25-35, 38-40. Cet argument paraît n'avoir aucune valeur, du moment que le premier moteur ne peut être matériel; et, même dans ce cas, sa signification ne serait pas grande.
4. *Id., Met.*, Λ, 10, 1076ª, 1.
5. *Id., Phys.*, Θ, 6, 259ª, 9-13.

lève d'un seul gouverneur ; c'est avec raison qu'Homère a dit ces paroles : « La polyarchie n'est pas bonne, qu'il n'y ait qu'un chef »[1]. L'unicité du premier moteur se déduit également de son essence elle-même. C'est par la matière, et par la matière seulement, que les êtres se multiplient : il n'y a pas d'autre principe d'individuation. Mais le premier moteur ne contient pas de matière ; c'est une forme pure : il ne se multiplie donc pas. Ou plutôt, et pour parler avec plus de précision, il n'est ni un ni plusieurs ; il est au-dessus du nombre[2].

Si tel est le premier moteur, comment peut-il mouvoir le monde ?

Il ne le meut pas en vertu d'une impulsion mécanique. Car toute impulsion de ce genre suppose une limite commune où le mobile touche le moteur, l'actionne à son tour et lui imprime du même coup une espèce de mouvement[3] ; or le premier moteur est intangible comme pensée, immobile comme acte pur. Mais au-dessus de la causalité physique, il y a la causalité finale ; et c'est là, c'est dans le mode de cette énergie supérieure que se trouve la solution du problème.

Le premier moteur ignore la nature, mais il n'en est pas ignoré. Au fond de la matière habite une âme qui lui est immanente. Cette âme enveloppe-t-elle, comme la nôtre, la sensibilité et l'imagination ? c'est chose difficile à préciser. On ne peut nier cependant qu'elle ait une sorte

---

1. Arist., *Met.*, Λ, 10, 1076ᵃ, 3-4 : τὰ δὲ ὄντα οὐ βούλεται πολιτεύεσθαι κακῶς· « Οὐκ ἀγαθὸν πολυκοιρανίη· εἷς κοίρανος ἔστω. »

2. *Id.*, *Met.*, Λ, 8, 1074ᵃ, 33-37.

3. *Id.*, *Phys.*, Γ, 2, 202ᵃ, 6-9 : τοῦτο δὲ ποιεῖ οἴξει, ὥστε ἅμα καὶ πάσχει...; *De gen. et corr.*, A, 6, 323ᵃ, 22-28 ; *De gen. an.*, Δ, 3, 768ᵇ, 15-20.

d'intelligence en vertu de laquelle elle prend de l'acte pur une intuition plus ou moins sourde [1]. Et par là s'entretient en elle un désir éternel de vaincre la matière, de diminuer l'empire de la puissance, de devenir elle-même plus acte et par suite de promouvoir sous ses modes divers le règne de la bonté et de la beauté; de là un effort incessant qui produit à la fois et le mouvement des corps simples et les révolutions des astres et le déploiement de la vie : de là le branle universel [2]. C'est l'amour du meilleur perçu dans sa réalisation substantielle qui agite le monde entier.

Le premier moteur n'est donc qu'une fin vers laquelle tout le reste gravite; et, comme fin, il demeure immuable au milieu du mouvement qu'il provoque autour de lui jusque dans les dernières fibres de l'être en devenir [3]. Les Pythagoriciens et Speusippe se trompaient en disant que la nature va du moins au plus, du bien au meilleur. Ce progrès n'existe pas. A l'origine se situe le parfait; et les autres êtres vont se dégradant au fur et à mesure qu'ils s'en éloignent [4]. Anaxagore, au contraire, eut une idée de génie, lorsqu'il vint parler du νοῦς : il parut comme un homme à jeun au milieu de personnes ivres [5]. Toutefois, sa pensée restait encore imprécise. L'intelligence, d'après lui, enveloppait de la puissance; elle ne peut être qu'une forme pure. Il en faisait une cause efficiente; elle ne peut être qu'une cause finale.

1. Arist., *Met.*, Λ, 7, 1072ª, 26 et sqq. : ... κινεῖ δὲ ὡς ἐρώμενον, κινούμενον δὲ τἆλλα κινεῖ.
2. Id., *Ibid.*, Λ, 7, 1072ᵇ, 13-14 : ἐκ τοιαύτης ἄρα ἀρχῆς ἤρτηται ὁ οὐρανὸς καὶ ἡ φύσις.
3. Id., *De gen. et corr.*, Α, 6, 323ª, 28-33; *Ibid.*, Α, 7, 324ª, 30-35; 324ᵇ, 1-24.
4. Id., *Met.*, Λ, 7, 1072ᵇ, 30 et sqq.
5. Id., *Ibid.*, Α, 3, 984ᵇ, 15 et sqq.

Tel est le Dieu d'Aristote [1]; et ce Dieu est grand. Ce n'est pas un démiurge qui descend de son ciel pour façonner la matière à grands frais de calculs et d'énergie. Ce n'est pas non plus une force infinie, qui, par un effort interne et toujours tendu, se déploie en une série éternelle de phénomènes éphémères. Il n'a pas même besoin d'une parole ou d'un signe pour mettre les choses en mouvement et tirer l'ordre du chaos. Il est; et il n'en faut pas davantage pour que tout frissonne et palpite, pour que tout travaille de concert au triomphe de l'ordre, de la justice et de la bonté : il sème les étoiles dans le ciel et les fleurs dans les champs, il organise, il prévoit et pourvoit, il sanctifie sans s'imposer à lui-même aucun labeur. C'est assez qu'il soit vu pour être aimé, et qu'il soit aimé pour répandre partout le charme efficace de sa beauté. Mais aussi, comme ce Dieu a dû s'appauvrir pour se purifier! et quelle effrayante solitude que la sienne!

L'Acte pur provoque le désir; mais il ne suffit pas à déterminer la direction qu'il doit prendre en chaque cas donné.

La nature ne va pas à tâtons; elle ne procède pas au hasard, comme un joueur de dés. La concevoir de la sorte, ce serait revenir, par une voie détournée, au mécanisme d'Empédocle. La nature réalise toujours et du premier coup la meilleure des formes qui se présentent; et cette

---

[1]. Arist., *Met.*, Λ, 7, 1072^b, 30 : τοῦτο γὰρ ὁ θεός. Il est donc difficile de soutenir, avec Brandis (*Græc. Rom. Phil.*, II, b, 575, Berlin, 1835-1836), que les formes sont les idées de Dieu qui se développent d'elles-mêmes au sein de la nature. Car Dieu n'a pas d'autre idée que sa propre pensée. Au point de vue intellectuel, il est tout entier d'un côté, et la nature tout entière de l'autre.

forme, elle l'élèverait régulièrement à son plus haut degré de perfection, si la matière ne lui faisait obstacle soit par sa résistance interne, soit par les coïncidences fortuites qu'elle peut occasionner [1]. A quoi tient cette sûreté d'allure? D'où vient que, entre tous les possibles qui sont à même de passer en acte, c'est toujours le plus noble qui est le préféré? Il ne suffit pas à l'architecte d'avoir l'idée du meilleur pour construire une maison; il faut de plus qu'il ait l'idée de cette maison elle-même : il faut qu'il en possède le plan. Ainsi doit procéder la nature. Elle ne peut réaliser tel acte, au lieu de tel autre, qu'à condition d'en avoir quelque connaissance préalable. D'où vient cette connaissance?

Il n'y a pas de formes séparées, et subsistantes; il n'y a pas non plus de formes qui soient inhérentes à la pensée première, puisque cette pensée est essentiellement vide de tout autre objet qu'elle-même. On ne peut dire davantage que l'âme de la nature enveloppe des formes éternellement en acte qui lui servent d'idéal et de règle; car cette hypothèse se heurte à des difficultés invincibles. On a déjà vu qu'à l'exception de l'Acte pur et de l'intelligence poétique, toutes les formes sont immanentes aux choses, et que par suite elles n'existent ni avant ni après elles [2]. En outre, supposer qu'il y a des formes éternelles au fond de la matière, c'est dire que tout est éternellement réalisé et nier par là même le devenir; c'est affirmer aussi que les contraires coexistent en acte dans un seul et même sujet : ce qui implique une contradiction. Et cependant la matière, par elle-même,

---

1. V. plus haut, pp. 36 et sqq.
2. V. plus haut, p. 35.

n'est jamais assez déterminée pour ne plus laisser qu'une voie ouverte à la poussée du désir; si longue que soit la hiérarchie de ses spécifications, elle garde toujours une certaine plasticité : elle peut toujours recevoir plusieurs formes d'inégale valeur entre lesquelles il reste à choisir.

Il faut donc que l'âme qui réside au fond de l'être en devenir ait une certaine perception de ses potentialités. Non seulement elle communie à la pensée suprême, mais encore elle connaît de quelque façon les virtualités de la matière : c'est à ces deux conditions seulement que la nature peut réaliser infailliblement le meilleur, toutes les fois que rien ne vient du dehors entraver son activité. Chacune de ses opérations se peut comparer à un syllogisme dont la majeure est l'acte pur, la mineure telle possibilité à convertir en forme, et la conclusion cette forme elle-même. De plus, entre la pensée de la nature et la possibilité qui va s'élaborer, ne s'interpose aucun moyen terme qui ressemble à une idée. C'est cette possibilité elle-même qui passe à l'acte sous l'effort intérieur du désir; c'est cette possibilité qui se développe comme un germe.

Ainsi, la nature n'est plus, pour Aristote, un simple accident de l'être, un ensemble de phénomènes qui ne peut avoir de réalité que par participation. L'amour que Platon prêtait à son Démiurge, est descendu de son ciel dans la matière; et les « idées » ont suivi la même voie : les « idées » aussi se sont emprisonnées dans les objets changeants pour y devenir de pures virtualités dont le rôle est d'aller alternativement de la puissance à l'acte et de l'acte à la puissance. Et la nature s'est enrichie d'autant ; elle s'est transformée en un être vivant qui porte en lui-même le principe et une certaine règle de ses actions ; la nature est devenue un artiste qui habite son œuvre et la façonne du dedans [1].

1. A cette interprétation de la φύσις semble s'opposer le texte suivant de la *Physique* : ἄτοπον δὲ τὸ μὴ οἴεσθαι ἕνεκά του γίνεσθαι, ἐὰν μὴ ἴδωσι τὸ κινοῦν βουλευσάμενον. Καίτοι καὶ ἡ τέχνη οὐ βουλεύεται· καὶ γὰρ εἰ ἐνῆν ἐν τῷ ξύλῳ ἡ ναυπηγική, ὁμοίως ἂν φύσει ἐποίει (B, 8, 199ᵇ, 26-29). D'après Ed. Zeller, ce passage signifierait que l'art de la nature est *inconscient* (*ouvr. cit.*, II, 2, p. 426-427). Mais cette interprétation tout hégélienne ne s'accorde pas avec la théorie de l'ὄρεξις à laquelle Aristote revient sans cesse et qui peut seule expliquer l'action du premier moteur sur la nature. L'art dont il s'agit dans le passage en question n'est pas un simple idéal ; il implique le désir, et par là même la connaissance : τὸ ὀρεκτὸν καὶ νοητὸν κινεῖ οὐ κινούμενα (*Met.*, 1072ᵃ, 26-27). Seulement, cette connaissance n'est point réflexive ni délibérative. Précisément à cause de sa sûreté, elle est toujours tout entière en son but, comme un instinct.

CHAPITRE III

LE CIEL.

L'univers est une sorte de poème, qui se fait tout seul sous l'éternelle influence de la pensée pure. Et ce poème est partiellement déchiffrable à notre humaine faiblesse [1]; nous pouvons dans une certaine mesure en discerner les éléments principaux et l'admirable dessein.

Grecs et barbares se sont toujours représenté le firmament comme incorruptible. C'est la raison pour laquelle ils en ont fait la demeure des dieux; il convenait, à leur sens, que les immortels eussent un palais immortel. Aussi leur a-t-il paru que la substance sidérale n'était point semblable aux corps que nous voyons ici-bas; ils ont toujours regardé le ciel comme formé d'une essence supérieure, à la fois plus subtile et inaltérable, qu'ils ont appelée du nom d'éther [2]. Vieille est la croyance en la réalité d'un cinquième corps qui se distingue spécifiquement des quatre autres, à savoir la terre, l'eau, l'air et le feu; et cette croyance a son fondement dans les choses.

Si loin que l'on pousse ses recherches dans le passé, on

---

1. Arist., *De cœl.*, B, 5, 287^b, 28-31.
2. Id., *Ibid.*, A, 3, 270^b, 5-9; *Meteor.*, A, 3, 339^b, 21-30.

constate toujours que l'ambiance, la forme et le cours des astres n'ont jamais subi de changements : le spectacle que nous offre le ciel ne varie pas. Or il prendrait une autre apparence, s'il était, comme notre terre, le théâtre de la naissance et de la mort. Il est facile aussi d'observer qu'aucun des corps simples de la zone terrestre ne peut servir à constituer le firmament. Évidemment, il n'est formé ni d'une masse de terre ni d'une masse d'eau. Et l'on ne conçoit pas non plus qu'il soit fait d'une nappe de feu ou d'air. Si les astres et l'espace qui les sépare étaient ignés, il y a longtemps que les autres éléments auraient disparu dans un embrasement universel. D'autre part, l'air n'est pas en quantité suffisante pour remplir le dôme bleu qui se déploie au-dessus de nos têtes : imaginons que toute l'eau qui forme la ceinture de la terre se change en air et que tout l'air à son tour se change en feu; qu'est-ce que le volume ainsi obtenu comparativement à l'immensité et à la profondeur de la voûte céleste [1]? Il faut donc que la substance sidérale soit d'une nature à part.

On peut démontrer de plus que cette substance demeure éternellement étrangère à toute corruption. Mue par le premier moteur, dont l'action est invariable, elle ne va pas de droite à gauche, puis de gauche à droite; le sens de sa rotation est unique [2] : c'est une sphère qui se rend toujours du même point au même point [3]. Elle ne passe donc pas, elle ne peut passer du contraire au contraire;

1. Arist., *Meteor.*, A, 3, 340ᵃ, 1-18.
2. *Id.*, *De cœl.*, B, 6, 288ᵃ, 34 et sqq. : τὸ μὲν γὰρ κινούμενον δέδεικται ὅτι πρῶτον καὶ ἁπλοῦν καὶ ἀγένητον καὶ ἄφθαρτον καὶ ὅλως ἀμετάβλητον, τὸ δὲ κινοῦν πολὺ μᾶλλον εὔλογον εἶναι τοιοῦτον.
3. *Id.*, *Ibid.*, A, 9, 279ᵇ, 2-3 : τοῦ δὲ κύκλῳ σώματος ὁ αὐτὸς τόπος ὅθεν ἤρξατο καὶ εἰς ὃν τελευτᾷ.

et, par suite, elle n'est susceptible ni de naissance ni de mort. Rien n'y commence, rien n'y finit; rien n'y augmente, rien n'y diminue : elle reste toujours identique dans son indéfectible mouvement, le plus semblable possible à l'Acte pur dont elle subit immédiatement la victorieuse influence [1].

L'éther existe donc. Et sa masse ne renferme aucun intervalle, puisqu'il n'y a pas de vide : toutes les parties qui le composent sont ou continues ou contiguës.

De plus, il se scinde en un certain nombre de sphères où les astres sont enchâssés comme des rubis et dont la vitesse est d'autant plus grande que l'on s'éloigne davantage de leur centre commun. Ainsi l'exige la nature du mouvement diurne. La terre étant immobile, il faut que les astres fassent tous une révolution complète en vingt-quatre heures; et ce n'est point ce qui se produirait, s'ils étaient libres. Ce n'est pas non plus ce qui se produirait, si les sphères elles-mêmes, tout en entraînant les corps célestes, avaient une rotation également rapide. Dans l'un et l'autre cas, les astres les plus éloignés mettraient plus de temps à revenir au même point que les plus proches [2]; et les données de l'expérience quotidienne n'auraient pas satisfaction.

En outre, si les astres se mouvaient d'eux-mêmes à travers l'océan de l'éther, s'ils n'étaient fixés dans leurs cercles comme le mât d'un navire dans sa carène, le bruit de leur parcours se propagerait jusqu'à nous : et il ne nous arriverait pas sous forme d'harmonie, suivant le beau

---

1. Arist., De cœl., A, 3, 270ª, 11-22; Ibid., A, 9, 279ª, 25 et sqq.; Ibid., B, 12, 292ᵇ, 17-25.
2. Id., Ibid., B, 8, 289ᵇ, 1-34.

rêve des Pythagoriciens ; ce serait un fracas terrible qui ferait sauter la terre en éclats [1].

Puisque les astres sont mus par les sphères, il y a autant de sphères que de mouvements, et pas plus ; or les étoiles ne réalisent qu'un mouvement, à savoir la révolution complète qui forme le jour : c'est donc une seule et même sphère qui les entraîne toutes à travers l'espace. Il en va différemment des sept planètes. Outre le mouvement diurne auquel elles participent, les sept planètes ont des mouvements particuliers. Le soleil, par exemple, se conforme au mouvement général que provoque la première sphère et qui l'emporte d'orient en occident ; il remonte aussi peu à peu d'occident en orient suivant l'écliptique dont le plan coupe le plan de l'équateur en passant, comme lui, par le centre de la terre ; de plus, il oscille lentement d'un bout à l'autre de la largeur du zodiaque. Ainsi de la lune ; Mercure, Vénus, Mars, Jupiter et Saturne ont des mouvements analogues et qui paraissent plus complexes encore [2]. Par suite, il y a plusieurs sphères pour la même planète.

Quel est le nombre de ces sphères ? c'est aux astronomes de le déterminer [3]. Eudoxe [4] en compte 26 et Calippe [5] 33. D'après le chapitre VIII du 12ᵉ livre de la *Métaphysique*,

---

[1] Arist., *De cœl.*, B, 9, 291ᵃ, 7-22.

[2] Id., *Ibid.*, B, 12, 292ᵇ, 31 et sqq. : ἡ μὲν γὰρ πρώτη μία οὖσα πολλὰ κινεῖ τῶν σωμάτων τῶν θείων, αἱ δὲ πολλαὶ οὖσαι ἓν μόνον ἑκάστη· τῶν γὰρ πλανωμένων ἐν ὁτιοῦν πλείους φέρεται φοράς ; *Met.*, Λ, 8, 1073ᵃ, 28-32 ; *Ibid.*, 1073ᵇ, 17-32.

[3] *Id., Met.*, Λ, 8, 1073ᵇ, 3-5.

[4] V. sur Eudoxe, *De cœl.*, sch., 498ᵃ, 45 ; 498ᵇ, 25 ; Ideler, *Philosoph. abh. d. Berl. Akad.*, J., 1830, p. 67.

[5] V. sur Calippe, Ideler, *Ibid.*, p. 73 ; Bonitz, *Arist. Met.*, 507 ; Prantl, Ἀριστ. π. οὐρ., p. 303, Lipsiæ, 1881, 8°.

Aristote lui-même opine que ce total ne suffit pas à l'explication des apparences. La sphère la moins élevée de chaque planète touche la sphère la plus élevée de la planète qui vient immédiatement au-dessous et tend par là même à précipiter son mouvement. Et du moment qu'il est ainsi, toute l'économie du système se trouve détruite. Il faut donc, au sens d'Aristote, admettre des sphères intermédiaires dont l'effet soit de paralyser l'influence des astres supérieurs sur les astres inférieurs. Ces sphères, qui sont comme des freins de la machine céleste, s'élèveraient au nombre de 22[1]. Ce qui donnerait, en tout, 55 sphères pour les planètes, non compris la sphère du premier ciel[2].

D'où vient que tout n'obéit pas à la rotation générale? Comment se fait-il que certains astres, les plus rapprochés de nous, aient des mouvements multiples? La réponse à cette question est dans le principe d'ordre mental qui meut la nature sous l'influence du premier moteur. L'âme du monde, sollicitée d'en haut, tend toujours le plus possible à la réalisation de l'unité[3]. Mais elle y rencontre d'autant plus d'obstacles que les couches d'éther où s'exerce son action deviennent plus éloignées de la sphère initiale. Il arrive un moment où elle n'y réussit plus; et alors elle continue son œuvre en produisant une harmonieuse variété[4]. Ainsi, l'on peut dire en un sens

---

1. Arist., *Met.*, Λ, 8, 1073ᵇ, 17-38; 1074ᵃ, 1-11.
2. *Id.*, *Ibid.*, Λ, 8, 1074ᵃ, 10-12.
3. *Id.*, *De cœl.*, B, 12, 292ᵃ, 18-21 : ἀλλ' ἡμεῖς ὡς περὶ σωμάτων αὐτῶν μόνον, καὶ μονάδων τάξιν μὲν ἐχόντων, ἀψύχων δὲ πάμπαν, διανοούμεθα· δεῖ δ' ὡς μετεχόντων ὑπολαμβάνειν πράξεως καὶ ζωῆς; *Ibid.*, 292ᵇ, 1-2.
4. *Id.*, *Ibid.*, B., 12, 292ᵃ, 21-35 : οὕτω γὰρ οὐδὲν δόξει παράλογον εἶναι τὸ συμβαῖνον· ἔοικε γὰρ τῷ μὲν ἄριστα ἔχοντι ὑπάρχειν τὸ εὖ ἄνευ πράξεως, τῷ δ' ἐγγύτατα

que chaque sphère a une intelligence comme moteur interne [1]. Mais ces intelligences ne ressemblent pas aux âmes astrales dont Platon a parlé; il faut bannir du ciel tous ces « Ixions » [2]. Elles ne se meuvent pas « d'elles-mêmes » : elles sont éternelles; or ce qui est éternel est toujours tout ce qu'il peut être, et ne comporte par suite aucun passage de la puissance à l'acte. Il est difficile également de faire de ces intelligences autant de « pensées de la pensée ». Ainsi comprises, elles deviendraient inutiles : chacune d'elles serait « séparée »; et la sphère correspondante ne pourrait se mouvoir qu'à condition d'avoir une autre intelligence qui ne le fût pas. De plus, une telle conception ne s'accorde point avec la théorie du premier moteur qui, aux yeux d'Aristote, est manifestement unique.

Les intelligences des sphères ne sont donc que des déterminations immuables de l'âme de la nature partout identique à elle-même, mais aussi partout différenciée d'après le plus ou moins de docilité du corps qu'elle informe [3].

διὰ ὀλίγης καὶ μιᾶς, τοῖς δὲ πορρωτάτω διὰ πλειόνων...; *Ibid.*, 292ᵇ, 17-23 ; *Ibid.*, 293ᵃ, 2-4 : ταύτῃ τε οὖν ἀνισάζει ἡ φύσις καὶ ποιεῖ τινα τάξιν, τῇ μὲν μιᾷ φορᾷ πολλὰ ἀποδοῦσα σώματα, τῷ δ' ἑνὶ σώματι πολλὰς φοράς.

1. Arist., *Met.*, Λ, 8, 10, 1073ᵃ, 26 et sqq.
2. Id., *De cœl.*, B, 1, 284ᵃ, 27-35.
3. Id., *Met.*, Λ, 8, 1074ᵃ, 14-16 : τὸ μὲν οὖν πλῆθος τῶν σφαιρῶν ἔστω τοσοῦτον, ὥστε καὶ τὰς οὐσίας καὶ τὰς ἀρχὰς τὰς ἀκινήτους καὶ τὰς αἰσθητὰς τοσαύτας εὔλογον ὑπολαβεῖν. — Bulhe (*Ueber die aechtheit der Metaphysik*, p. 29 et sqq., in der bibliothek der alten literatur und Kunst, Göttingue, 1789), J. L. Ideler (*Arist. Meteorolog.*, t. I, p. 318-319, Lipsiæ, 1834-1836), Ideler père (*Comment. de Eudoxio Cnidio*, p. 46, in der Berliner Ak., 1828-1830) ont rejeté le chapitre 8ᵉ du XIIᵉ livre de la *Métaphysique* comme apocryphe.

Félix Ravaisson y voit une hypothèse qu'Aristote se serait proposée un instant, sauf à la réfuter ensuite : ce qu'il n'aurait pas eu le temps de faire

Ni les étoiles ni les planètes ne tournent sur elles-mêmes, comme se l'imaginaient les Pythagoriciens; elles n'ont d'autres mouvements que ceux qui leur sont imprimés par les sphères. La lune nous présente toujours la même face : ce qui prouve assez qu'elle n'a pas de mouvement de rotation. Mais si elle n'en a pas, les autres astres n'en ont pas non plus; on peut induire ici d'un cas unique à l'ensemble, les lois du ciel étant toujours le plus uniformes possible[1]. Il semble, il est vrai, que le soleil, à son lever et à son coucher, produise comme d'immenses ondulations; on remarque aussi des étoiles dont la clarté scintillante ressemble à un globe de feu que l'on ferait tourner autour d'un axe. Mais ces phénomènes sont de simples apparences : ils tiennent à l'effort que nous faisons pour regarder des astres aussi lointains; c'est dans nos organes, non dans l'objet, qu'a lieu le mouvement observé[2].

Les astres sont sphériques, comme leurs orbites. Immo-

(ouvr. cit., t. I, p. 103-105). Et la raison que ces critiques ont apportée à l'appui de leurs conclusions, c'est que l'on affirme, dans ce chapitre, l'existence de plusieurs moteurs immobiles, tandis qu'en divers endroits, Aristote n'en admet qu'un. Mais la contradiction n'est qu'apparente. Le passage en litige ne signifie point qu'il y a plusieurs premiers moteurs; il signifie seulement (et la chose est assez claire) que, au-dessous du premier moteur qui est séparé, il existe dans l'intérieur des sphères des moteurs immuables, qui, sous l'influence de la pensée pure, les meuvent du dedans. Et ce sont deux choses tout à fait distinctes qui ne se heurtent nullement l'une l'autre. Comment la pensée de la pensée pourrait-elle mouvoir les sphères, si ces sphères étaient inertes, si elles n'enfermaient elles-mêmes un principe pensant? C'est l'opinion de Zévort (PIERRON et ZÉVORT, Mét. d'Arist., II, p. 362-363, Paris, 1840) et celle de Zeller (ouvr. cit., II, 2, p. 465-467), qu'il faut admettre de préférence; le chapitre 8ᵉ est authentique, comme l'ont pensé les anciens.

1. Arist., De cœl., B, 8, 290ᵃ, 25-27.
2. Id., Ibid., B, 8, 290ᵃ, 13-24.

biles par eux-mêmes, ils n'ont pas besoin d'organes en saillie, à l'aide desquels ils puissent se mouvoir. Et, s'ils n'en ont pas besoin, c'est qu'ils en sont dépourvus; car la nature ne fait rien en vain : les astres sont ronds, parce qu'ils ne sont point destinés à se mouvoir d'eux-mêmes comme les animaux terrestres [1]. On peut aussi, dans le cas actuel, inférer, comme tout à l'heure, de la nature de la lune aux autres corps célestes. Or la lune est une sphère. On en a pour preuves la forme de son croissant et la régularité de son disque; on en a pour preuve également l'aspect qu'elle revêt à nos yeux, pendant les éclipses de soleil : les flots de lumière qui s'épanchent alors sur ses côtés lui font une couronne de gloire [2].

Au-dessous du monde céleste, se situe le monde terrestre. Et voici comment il est formé.

Les corps lourds tendent naturellement vers le centre unique de toutes les sphères; et la terre est l'agglomérat qu'ils y composent : elle a donc sa place au milieu du Tout [3].

De plus, elle y est immobile. Si la terre avait un mouvement de translation, elle changerait de positions à l'égard des étoiles fixes, et l'on constaterait des variations dans leur lever et leur coucher : ce qui n'existe pas [4]. Si la terre tournait sur son axe, l'on verrait ses parties se mouvoir dans le même sens qu'elle; il arriverait également qu'une pierre lancée d'un point de sa surface viendrait retomber en un autre point. Ni l'un ni l'autre de ces deux

---

1. Arist., *De cœl.*, B, 11, 291ᵇ, 14-17; voir (290ᵃ, 29 et sqq.) une considération de même genre fondée aussi sur le principe de finalité.
2. *Id., Ibid.*, B, 11, 291ᵇ, 17-23.
3. *Id., Ibid.*, B, 14, 296ᵇ, 26 et sqq.
4. *Id., Ibid.*, B, 14, 296ᵃ, 34 et sqq.

phénomènes ne se produit ; c'est le contraire que nous révèle l'expérience [1].

On se tromperait donc, si l'on croyait, avec certains anciens, ou que la terre se déplace comme un astre, ou qu'elle se meut sur elle-même [2]. Et l'on ne se tromperait pas moins, en lui prêtant la forme d'un disque [3]. La terre est sphérique, comme les étoiles et les planètes ; par là elle ressemble au monde supérieur. Soit O le centre de la terre, A, B, C trois de ses rayons, A C une corde qui coupe en P le rayon O B. Puisque les parties qui sont en A et celles qui sont en C tendent au centre de la terre, elles doivent rouler vers P qui en est plus proche et s'entasser peu à peu jusqu'au niveau de B : ce qui donne un arc de sphère [4]. Ainsi des autres sections de la masse terrestre. On se rend compte du même fait par les éclipses de lune. Cet astre, en traversant le cône d'ombre, nous apparaît toujours comme un disque. Tel ne serait point son aspect, si la terre n'avait elle-même une forme ronde ; il s'y produirait, au moins dans certains cas, comme des échancrures de lumière [5].

Quel est le volume de la terre ? C'est une question que l'expérience nous permet aussi de résoudre, au moins dans une certaine mesure. La portion de l'univers que la nature a réservée aux mortels, n'est pas énorme [6]. Lorsqu'on va de l'île de Chypre en Égypte, on aperçoit, il est vrai, les mêmes astres. Mais si l'on s'éloigne davantage

---

1. Arist., *De cœl.*, B, 14, 296^a, 30-32 ; *Ibid.*, 296^b, 23-25.
2. *Id., Ibid.*, B, 14, 296^a, 24-27.
3. *Id., Ibid.*, B, 13, 293^b, 31 et sq.
4. *Id., Ibid.*, B, 14, 297^a, 21 et sqq.
5. *Id., Ibid.*, B, 14, 297^b, 23-30.
6. *Id., Ibid.*, B, 14, 297^b, 30-32.

soit vers le sud soit vers le nord, l'horizon ne tarde pas à changer. Les corps célestes que l'on voyait d'abord, disparaissent en vertu de la courbure de notre globe; et ce sont d'autres constellations qui se montrent à la surface du ciel [1]. D'après le calcul des mathématiciens, la circonférence de la terre ne dépasserait pas 400.000 stades [2].

Autour de la terre s'enroule une ceinture d'eau, autour de l'eau une ceinture d'air, autour de l'air une ceinture de feu. Et le feu lui-même touche, par sa partie supérieure, l'extrémité inférieure de la dernière des sphères célestes. Tout est sphérique et tout est plein d'un bout à l'autre de l'univers [3]. C'est le triomphe du cercle, la plus belle des formes, et celle qui, dans le même espace, peut enfermer le plus d'être.

La partie supérieure du monde exerce une action constante sur sa partie inférieure : elle y produit l'alternative de la génération et de la corruption.

La génération a pour cause immédiate la chaleur; et la corruption pour cause immédiate le froid. Mais le froid n'a rien de positif; il n'est que la privation de chaleur [4] : de telle sorte qu'expliquer l'un de ces phénomènes, c'est expliquer l'autre du même coup. Or la chaleur vient du frottement qu'exercent les astres sur la portion la plus élevée du monde sub-lunaire. Ce n'est pas que les astres s'échauffent et s'embrasent eux-mêmes. Ils sont d'éther, comme les sphères au milieu desquelles ils se trouvent; et l'éther n'est pas sujet à la loi de contrariété. Mais ils n'en actionnent pas moins les couches d'air qui leur sont

1. Arist., *De cœl.*, B, 14, 298ᵃ, 3-9.
2. Id., *Ibid.*, B, 14, 298ᵃ, 15-20.
3. Id., *Ibid.*, B, 4, 287ᵃ, 2-11, 30 et sqq.
4. Id., *Ibid.*, B, 3, 286ᵃ, 25-26.

contiguës et les transforment en feu ; il en est de ce phénomène comme des pointes de plomb dont les flèches sont armées et qui se fondent en traversant l'atmosphère[1].

Toutefois, si la chaleur ne procédait que du frottement des astres et de l'air, elle n'alternerait jamais avec le froid ; et par là même la génération n'alternerait pas non plus avec la corruption. A la cause qui produit la chaleur il en faut ajouter une autre qui la fasse varier. Cette cause est le mouvement oblique du soleil, celui qu'il opère en une année suivant l'écliptique. Au fur et à mesure que cet astre s'avance par les signes du Zodiaque, les parties de la terre dont il s'approche s'échauffent, et celles dont il s'éloigne se refroidissent : de là le cortège éternel des saisons, les réviviscences et les agonies de la nature[2].

Telle est la théorie astronomique qu'Aristote a englobée dans son système en l'imprégnant de métaphysique. Cette théorie, si enfantine qu'elle nous paraisse aujourd'hui, devait avoir une fortune immense ; elle a vécu près de deux mille ans, sans cesse retouchée, mais aussi toujours acceptée comme une explication définitive ; d'Eudoxe à Copernic exclusivement, tous les docteurs et tous les doctes l'ont tour à tour honorée de leur adhésion. Kepler lui-même en était encore pénétré : il passa plusieurs années à chercher l'orbite de Mars d'après l'hypothèse des mouvements circulaires, arrêté dans son essor génial par ce fantôme de vérité[3]. Lente est la marche de l'esprit humain.

1. Arist., *De cœl.*, B, 7, 286^a, 14-35 ; *Meteor.*, A, 3, 340^b, 6 et sqq.
2. *Id., De gen. et corr.*, B, 10, 336^a, 23-34 ; 336^b, 1-9 ; *Meteor.*, A, 9, 346^b, 20-31 ; *Ibid.*, B, 2, 354^b, 26-34 ; cf. *Met.*, A, 8, 1073^b, 17-20.
3. J. Bertrand, *Les fondateurs de l'astronomie moderne*, p. 142-143, 7e éd., Hetzel, Paris.

Revenons au ciel d'Aristote ; et, après en avoir décrit les parties principales, prenons-le dans son ensemble.

Le monde est unique [1]. Puisqu'il n'y a pas de vide, il faut que tout soit continu ou contigu : tout se tient [2] ; il n'existe pas plusieurs mondes qui soient séparés les uns des autres. Et l'on ne peut dire davantage qu'il s'en est formé plusieurs dans la masse unique des éléments. Un même corps, en quelque endroit qu'il se trouve, a toujours la même nature : le feu, par exemple, est partout du feu, et l'eau de l'eau. Par suite, un même corps, en quelque endroit qu'il se trouve, a toujours le même mouvement naturel ; partout la terre se rend en bas et dans le même bas ; partout le feu se rend vers le haut et vers le même haut ; et il n'existe d'autre éther que celui qui circule autour du feu lui-même. Il n'y a donc qu'un centre autour duquel évolue tout le reste : notre monde est l'univers [3]. La première sphère est d'ailleurs unique, et pour deux raisons. Il n'y a qu'un premier mouvement, lequel est circulaire ; et, partant, il n'y a qu'un premier mobile, lequel est circulaire aussi [4]. De plus, la première sphère ne comporte de sa nature aucune pluralité numérique. Elle se meut, il est vrai, mais sans éprouver de changement interne ; rien n'y naît, rien ne s'y corrompt. Rien, par suite, ne s'y multiplie ; elle est au-dessus du nombre, comme le premier moteur lui-même [5]. Mais, s'il n'y a qu'une sphère, tout s'y emprisonne ; il faut aussi qu'il n'y ait qu'un monde.

1. Arist., *De cœl.*, A, 8, 276ª, 18.
2. *Id., Ibid.*, A, 9, 278ª, 25-28 ; 279ᵇ, 7-11.
3. *Id., Ibid.*, A, 8, 276ª, 30 et sqq. ; 277ª, 3-11 ; 277ᵇ, 9-18.
4. *Id., Ibid.*, A, 4, 271ª, 20-33.
5. *Id., Met.*, A, 8, 1074ª, 35-38 ; *De cœl.*, A, 9, 277ᵇ.

Le monde est sphérique, puisque, comme on vient de le voir, il est terminé par une sphère. Et cette sphère est parfaite. Ainsi le veut la loi du meilleur qui, dans le ciel, ne peut trouver d'obstacle à sa réalisation [1]. Ainsi le veut aussi la loi du plein. S'il existait la moindre irrégularité soit au dedans soit au dehors de la première sphère, elle constituerait un lieu qui n'aurait pas de corps ; elle formerait un vide ; et c'est un principe démontré qu'il ne peut y en avoir.

Par là même, le monde est fini. Car une sphère dont la circonférence n'est nulle part, n'a plus ni rayons ni centre : ce n'est plus une sphère.

Le monde n'a pas de mouvement de translation. Car où irait-il ? Et par quel milieu ? puisqu'il n'existe rien en dehors de lui. Par quelle impulsion pourrait-il se déplacer en haut ou en bas, à droite ou à gauche, en avant ou en arrière ? Les corps qui se meuvent de cette manière, sont tous ou pesants ou légers ; et la première sphère du ciel, qui englobe et commande tout le reste, n'a ni pesanteur ni légèreté ; elle est impondérable [2].

Le monde est éternel. Le ciel d'abord ne peut avoir de défaillance : point de variations dans la nature de l'éther, puisqu'elle est étrangère à la loi de l'opposition [3]; point de variations non plus dans son mouvement, qui, va toujours du même au même [4] avec une vitesse égale, sous l'influence essentiellement immuable de l'Acte pur [5]. Le ciel

---

1. Arist., *De cœl.*, B, 4 ; 287ª, 11-22 ; 287, 14-20.
2. Id., Ibid., A, 3, 269ᵇ, 29-31 : τὸ δὴ κύκλῳ σῶμα φερόμενον ἀδύνατον ἔχειν βάρος ἢ κουφότητα.
3. Id., Ibid., A, 3 ; 270ª, 12-17.
4. Id., Ibid., B, 6, 288ª, 22-27.
5. Id., Ibid., B, 6, 288ª, 27-34 ; 288ᵇ, 1-7.

a toujours été; il sera toujours et tel qu'il est : il s'y conserve comme une vigueur de jeunesse qui ne se fatigue jamais[1]. Le monde terrestre n'a point la même fixité : c'est le domaine du changement, et par là même celui de la mort. Mais la mort y alterne avec la vie; et cette alternance n'a pas eu de commencement, elle n'aura pas de fin non plus[2]. Éternelle est la matière; éternel aussi le mouvement oblique du soleil qui la fait passer de la puissance à l'acte, puis de l'acte à la puissance[3]. Quand l'individu n'est plus immortel, la nature fait que l'espèce le devienne[4].

Parvenue à ce point, la métaphysique d'Aristote est une sorte de dualisme. Tout s'y ramène à deux principes : l'Acte pur et la nature qui se meut elle-même sous l'influence de l'Acte pur. Ne peut-on pas aller plus loin dans le sens de l'unité? La métaphysique d'Aristote n'est-elle pas une espèce de monisme?

D'abord, Aristote, comme Platon, va sans cesse du multiple à l'un : l'unité, voilà le but suprême qu'il se propose d'atteindre et vers lequel tendent tous ses efforts. Il serait assez surprenant qu'il se fût arrêté à la solution arbitraire d'après laquelle il y aurait deux principes, l'un et l'autre éternels et substantiellement distincts.

De plus, tout est vivant, d'après Aristote, depuis les astres qu'habitent d'immuables intelligences jusqu'aux grains de sable que balaye le vent[5]; la nature contient

---

1. Arist., *De cœl.*, B, 1, 284ᵃ, 13-20.
2. Id., *Ibid.*, A, 10, 279ᵇ, 20 et sqq.; 280ᵃ, 21-27.
3. Id., *De gen. et corr.*, B, 10, 336ᵃ, 15 et sqq.
4. Id., *Ibid.*, B, 10, 336ᵇ, 27 et sqq.
5. Id., *De gen. an.*, Γ, 11, 762ᵃ, 18-21 : γίνεται δ' ἐν γῇ καὶ ἐν ὑγρῷ τὰ ζῷα

une âme qui s'y trouve partout répandue soit à l'état d'acte soit à l'état de puissance. Or cette âme cosmique a le meilleur pour idéal : son but est de parvenir à l'acte pur ; et son effort n'est pas vain. Elle va s'élevant de plus en plus, diminuant toujours davantage le domaine de la puissance. L'être inorganique est déjà vivant de quelque manière [1] ; la plante est un animal en formation [2] ; l'animal un nain par rapport à l'homme [3], où se trouve une première éclosion de la pensée qui se pense ; les astres eux-mêmes ne sont arrêtés que par l'imperfection de l'éther dans leur désir d'égaler l'Acte pur : tout marche vers la pensée de la pensée. N'est-elle donc pas le point du monde où l'âme de la nature réussit enfin à se délivrer totalement, à se conquérir elle-même ? La chose est d'autant plus probable que, suivant les expressions réitérées d'Aristote, il y a du divin partout [4].

La « philosophie première » serait donc un animisme, pareil dans le fond à celui d'Anaxagore, de Socrate et de Platon, mais plus savant, plus précis et plus affiné [5]. Sur ce point, comme à propos du finalisme, se révélerait l'unité de développement du génie grec.

καὶ τὰ φυτὰ διὰ τὸ ἐν γῇ μὲν ὕδωρ ὑπάρχειν, ἐν δ' ὕδατι πνεῦμα, ἐν δὲ τούτῳ παντὶ θερμότητα ψυχικήν, ὥστε τρόπον τινὰ πάντα ψυχῆς εἶναι πλήρη.

1. Arist., *Phys.*, Θ, 1, 250ᵇ, 11-15 : ... οἷον ζωή τις οὖσα τοῖς φύσει συνεστῶσι πᾶσιν. Ce texte fait partie, il est vrai, d'une phrase interrogative ; mais Aristote se prononce, dans le texte précédent, pour la théorie qui s'y trouve exprimée.
2. Id., *De gen. an.*, Γ, 7, 757ᵇ, 18-19, 24-27 ; *Phys.*, B, 8, 199ᵇ, 9-10 : ἔτι καὶ ἐν τοῖς φυτοῖς ἔνεστι τὸ ἕνεκά του, ἧττον δὲ διήρθρωται.
3. Id., *Part. an.*, Δ, 10, 686ᵇ, 2-3 : πάντα γάρ ἐστι τὰ ζῷα ναυώδη τἆλλα παρὰ τὸν ἄνθρωπον ; Ibid., 686ᵇ, 10-11, 20-23 ; Ibid., Δ, 12, 695ᵃ, 8-9.
4. Id., *Gen. an.*, B, 3, 736ᵇ, 33 et sqq ; *Eth. Nic.*, II, 14, 1153ᵇ, 32 : πάντα γὰρ φύσει ἔχει τι θεῖον ; *Part. an.*, A, 5, 645ᵃ, 15 et sqq.
5. Clodius Piat, *Socrate*, p. 202 (Collection des Grands Philosophes).

LIVRE III

L'AME

CHAPITRE PREMIER

L'AME ET SES FACULTÉS.

Tous les anciens philosophes, ou à peu près, ont considéré l'âme comme un principe de mouvement[1] : ainsi pensaient déjà Thalès[2] et Pythagore[3]; c'était également l'opinion d'Héraclite[4], celle de Démocrite[5] et celle d'Anaxagore[6]. Platon lui-même admettait cette manière de voir; et c'est de là qu'il partait pour édifier sa psychologie tout entière[7].

Comme, d'autre part, ces penseurs ne comprenaient pas encore qu'une chose pût en mouvoir une autre

---

1. ARIST., *De an.*, A, 2, 403ᵇ, 28-29 : φασὶ γὰρ ἔνιοι καὶ μάλιστα καὶ πρώτως ψυχὴν εἶναι τὸ κινοῦν. Et ces quelques-uns (ἔνιοι), c'est presque tout le monde, comme on le voit par la suite.
2. *Id., Ibid.*, A, 2, 405ᵃ, 19-21.
3. *Id., Ibid.*, A, 2, 404ᵃ, 16-19.
4. *Id., Ibid.*, A, 2, 405ᵃ, 25-29.
5. *Id., Ibid.*, A, 2, 403ᵇ, 31 et sqq.
6. *Id., Ibid.*, A, 2, 404ᵃ, 25-26; 405ᵃ, 13-19.
7. *Id., Ibid.*, A, 2, 404ᵃ, 20-25; 404ᵇ, 16-30; *Ibid.*, A, 3, 406ᵇ, 25 et sqq.

sans être elle-même en mouvement [1], ils ont abouti dans leurs recherches à deux conceptions principales de l'âme : la première d'après laquelle son essence est d'être en mouvement, c'est ce qu'enseignaient Leucippe et Démocrite [2]; la seconde d'après laquelle l'essence de l'âme est de se mouvoir elle-même, tel était le sentiment de Platon et des Platoniciens [3].

Ces deux conceptions sont l'une et l'autre entachées d'erreurs.

Il y a quatre espèces de mouvements : la translation, l'altération, la diminution et l'accroissement ; et c'est dans l'espace que tous ces mouvements s'accomplissent. Si donc le propre de l'âme consiste à se mouvoir de l'un quelconque d'entre eux, il faut aussi qu'elle soit dans l'espace ; il faut qu'elle y soit par elle-même, non par accident : ce qui semble tout à fait contraire aux données de l'expérience intime. L'âme n'est pas dans l'espace à la manière d'un corps ; elle n'y est pas en vertu de son essence ; elle ne s'y trouve que grâce à l'organisme dont elle a pris possession, comme « la blancheur ou la dimension de trois coudées » [4]. En outre, supposé que le propre de l'âme soit de se mouvoir, quel est son mouvement ? Si elle va vers le haut, c'est du feu ; si elle va vers le bas, c'est de la terre ; si elle oscille entre ces deux extrêmes, c'est de l'air ou de l'eau ; dans tous les cas,

---

1. Arist., *De an.*, A, 2, 403ᵇ, 29-31 : οἰηθέντες δὲ τὸ μὴ κινούμενον αὐτὸ μὴ ἐνδέχεσθαι κινεῖν ἕτερον, τῶν κινουμένων τι τὴν ψυχὴν ὑπέλαβον εἶναι.

2. *Id., Ibid.*, A, 2, 403ᵇ, 31 et sqq.; *Ibid.*, A, 2, 405ᵃ, 7-13 : κινεῖταί τε καὶ κινεῖ τὰ ἄλλα πρώτως...

3. *Id., Ibid.*, A, 2, 404ᵃ, 20-25 ; ἐπὶ ταὐτὸ δὲ φέρονται καὶ ὅσοι λέγουσι τὴν ψυχὴν τὸ αὐτὸ κινοῦν...; Plat., *Phædr.*, XXIV, 25-26.

4. Arist., *De an.*, A, 3, 406ᵃ, 12-22.

elle ne peut être qu'un corps [1]. Or cette thèse, que l'on trouve dans tous les systèmes mécanistes, a fait son temps : elle est devenue de plus en plus insoutenable, au fur et à mesure que la psychologie a gagné en précision. La pensée proprement dite, la pensée telle qu'elle sort du νοῦς, n'a pas seulement l'unité de la grandeur : elle n'est pas seulement continue ; elle est plutôt indivisible. Comment pourrait-elle donc n'être que la modalité d'un corps [2] ? On observe quelque chose d'approchant dans les formes inférieures de l'activité psychologique. L'imagination, le souvenir et même la sensation enveloppent un élément *sui generis* qui ne ressemble ni aux phénomènes du feu ni à ceux de l'air : il s'y trouve toujours quelque trace de perception. Et la perception ne peut dériver de l'étendue ; l'on n'en fait ni des moitiés ni des quarts, elle est tout entière ou n'est pas du tout [3]. De plus, les modes de l'âme ne demeurent pas à l'état d'éparpillement, comme les grains de poussière dont parlait Pythagore ; ils se ramènent à l'unité d'un même principe. A chaque instant, je subis ou produis une foule de phénomènes qui forment la trame de ma vie intérieure : je vois, je touche, je sens et j'entends ; j'imagine et me souviens ; je pense, je raisonne, je veux et me meus moi-même. Et tous ces phénomènes, je les englobe dans une même vue qui les pénètre plus ou moins de sa clarté. Comment cette synthèse se produit-elle, si l'âme n'est qu'une coordination d'atomes ? comment puis-je percevoir le multiple, si je ne suis pas un [4] ?

1. Arist., *De an.*, A, 3, 406^a, 27-30.
2. Id., *Ibid.*, A, 3, 407^a, 2-10.
3. Id., *De gen. et corr.*, B, 6, 334^a, 9-15.
4. Id., *De an.*, A, 5, 409^b, 26 et sqq. ; *Ibid.*, A, 5, 410^b, 10-15.

La théorie mécaniste n'explique donc ni les états psychologiques ni l'unité du sujet qui les saisit et les compare; et cette critique de fond n'est pas la seule que l'on puisse lui opposer. Si l'âme se compose d'atomes, il n'y a plus de démarcation possible entre l'être brut et l'être animé. Tout sent et tout pense; tout vit, et au même degré : ce qui contredit la plus universelle et la plus constante des apparences [1]. Si l'âme se compose d'atomes, elle est toujours mue; elle ne se détermine jamais elle-même. Il ne reste plus de place pour la liberté dans le monde : ce qui renverse la condition et le principe de la moralité [2].

Telles sont les principales difficultés de la théorie d'après laquelle l'âme est un être en mouvement; elle conduit tout droit au matérialisme; et le matérialisme ne se défend pas.

On se heurte aux mêmes obstacles, lorsqu'on soutient, avec Platon, que l'âme « se meut elle-même ». Si l'âme se meut au sens précis du mot, c'est qu'elle est en mouvement; et, si elle est en mouvement, il faut du même coup qu'elle soit un corps. De plus, la conception platonicienne soulève des objections qui lui sont propres et dont la solution semble impossible.

La « pensée » nous apparaît plutôt comme un arrêt que comme un mouvement [3]. Et, supposé qu'elle soit un mouvement, comment expliquer, dans ce cas, l'intellection divine elle-même, cette éternelle intellection qui donne le branle aux sphères et par suite aux astres? Ou

---

1. Arist., De an., A, 5, 410ᵇ, 7-10.
2. Id., Eth. Nic., Γ, 5, 1112ᵃ, 30-34; Ibid.; 6, 1113ᵇ, 30 et sqq.
3. Id., De an., A, 3, 407ᵃ, 32-33 : ἔτι δ' ἡ νόησις ἔοικεν ἠρεμήσει τινὶ καὶ ἐπιστάσει μᾶλλον ἢ κινήσει.

bien l'intelligence « royale » procède par points; et alors elle n'enveloppera jamais tout son objet, vu que le nombre de points enfermés dans chaque sphère est infini. Ou bien elle procède par parties; et alors elle connaîtra plusieurs fois la même chose, vu que chaque sphère est un tout fini. Or ces deux conséquences sont également inadmissibles : il n'y a ni succession, ni limite, ni répétition dans le développement de la pensée divine; elle est toujours tout ce qu'elle peut être [1]. Platon, d'ailleurs, veut expliquer par sa définition de l'âme le devenir qui se manifeste dans la nature; et il n'y réussit pas. « L'âme, dit-il, se meut elle-même; et, par le mouvement qu'elle s'imprime, elle meut les corps avec lesquels elle est entrelacée ». Mais, si l'âme se meut elle-même, elle peut aussi ne pas se mouvoir; si elle peut ne pas se mouvoir, l'impulsion qu'elle produit au dehors peut aussi ne pas être. Et dans ce cas, le mouvement cosmique n'a plus rien de nécessaire; il n'est que contingent : ce qui est impossible, comme on l'a déjà vu plus haut [2]. Impossible aussi que l'âme qui préside aux révolutions célestes ne soit pas heureuse. Platon avoue lui-même que, si elle est au-dessus du plaisir, elle n'est point au-dessus du bonheur. Et, pourtant, il n'y a rien de pareil, si elle est condamnée à tirer d'elle-même l'effort voulu pour imprimer aux sphères le mouvement vertigineux qui les entraîne autour de leur centre commun; sa vie, dans de telles conditions, devient une fatigue qui n'a pas de remède, une douleur qui n'a ni trêve ni soulagement, un tourment éternel : sa destinée

---

1. Arist., *De an.*, A, 3, 407ª, 10-18.
2. *Id., Ibid.*, A, 3, 407ᵇ, 5-9. V. plus haut, p. 10?.

n'est plus celle d'un Dieu, c'est celle d'un autre Ixion [1].

Il faut renoncer aux définitions de l'âme que l'on a données jusqu'ici. Les anciens, dans leurs recherches psychologiques, ont adopté comme point de départ l'idée de mouvement; et ils ont eu raison. Mais ils se sont arrêtés trop tôt ; ils n'ont pas poussé leurs analyses assez loin pour arriver jusqu'à la vérité. Après eux, la question est à reprendre ; et voici comment on peut l'approfondir.

Il y a des substances qui ne sont que mues ; mais il en est d'autres qui se meuvent elles-mêmes : tels sont les êtres intelligents et les êtres sensibles, tels sont aussi ceux dont l'activité se borne à la nutrition. Car se nourrir, c'est produire une action qui commence au dedans et s'y termine; se nourrir, c'est encore se mouvoir soi-même. En d'autres termes, il y a des êtres bruts et des êtres vivants [2].

Ceux qui vivent ne s'expliquent pas d'une manière purement mécaniste; ils supposent une énergie spéciale, ils contiennent un principe hyperphysique. Que ni la pensée, ni l'imagination, ni le souvenir, ni même la sensation ne puissent trouver dans le corps leur véritable cause, c'est ce que l'on vient de voir précédemment. Et l'on peut montrer qu'il en va de même pour le phénomène

---

1. Arist., *De an.*, A, 3, 407ª, 34 et sqq. ; *De cœl.*, B, 1, 284ª, 28-35. — La plupart des raisonnements qu'Aristote oppose à la conception platonicienne n'ont de valeur que si l'on prend le terme de mouvement dans son sens mécanique. Mais il est très sûr que Platon ne le prenait pas ainsi. Quand il affirmait que l'âme « se meut elle-même », il voulait simplement dire qu'elle peut se déterminer de son chef : mouvement, dans ce cas, signifiait passage de la puissance à l'acte ou changement. La critique d'Aristote est donc quelque peu tendancieuse.

2. *Id.*, *De an.*, B, 1, 412ª, 13-15 : Τῶν δὲ φυσικῶν τὰ μὲν ἔχει ζωήν, τὰ δ' οὐκ ἔχει...; *Ibid.*, B, 1, 412ᵇ, 15-17; *Ibid.*, B, 2, 413ª, 20-31.

de la nutrition. Les plantes ne croissent pas au hasard et à l'indéfini, comme un tas de pierres ; elles acquièrent un volume et une figure qui sont toujours les mêmes pour chaque espèce ; elles se développent d'après un plan déterminé. Or il est illogique d'affirmer que des parties corporelles, dont chacune agit pour son propre compte, suffisent à cette savante et progressive coordination : autant vaudrait dire qu'une maison peut se bâtir toute seule. Il faut qu'une force distincte et unique s'empare des éléments ambiants, se les assimile et leur impose sa loi [1].

Ce principe hyperphysique, qui façonne la matière du dedans, qui s'élève parfois jusqu'à la sensation et même jusqu'à la pensée, voilà ce qu'il faut appeler du nom d'âme [2].

Mais c'est là une définition qu'il faut serrer de plus près.

Bien qu'hyperphysique et par là même incorporelle, l'âme n'est pas unie à son organisme d'une manière purement extérieure : elle n'y est ni « comme le pilote dans son navire », ni comme l'eau dans les pores d'une éponge. Si telle était l'union du physique et du mental, l'âme

---

1. Arist., *De an.*, B, 4, 416ª, 6-18 : πρὸς δὲ τούτοις τί τὸ συνέχον εἰς τἀναντία φερόμενα τὸ πῦρ καὶ τὴν γῆν ; διασπασθήσεται γάρ, εἰ μή τι ἔσται τὸ κωλῦον· εἰ δ' ἔσται, τοῦτ' ἐστὶν ἡ ψυχὴ καὶ τὸ αἴτιον τοῦ αὐξάνεσθαι καὶ τρέφεσθαι. Δοκεῖ δέ τισιν ἡ τοῦ πυρὸς φύσις ἁπλῶς αἰτία τῆς τροφῆς καὶ τῆς αὐξήσεως εἶναι· καὶ γὰρ αὐτὸ φαίνεται μόνον τῶν σωμάτων ἢ τῶν στοιχείων τρεφόμενον καὶ αὐξόμενον. Διὸ καὶ ἐν τοῖς φυτοῖς καὶ ἐν τοῖς ζῴοις ὑπολάβοι τις ἂν τοῦτο εἶναι τὸ ἐργαζόμενον. Τὸ δὲ συναίτιον μέν πώς ἐστιν, οὐ μὴν ἁπλῶς γε αἴτιον, ἀλλὰ μᾶλλον ἡ ψυχή· ἡ μὲν γὰρ τοῦ πυρὸς αὔξησις εἰς ἄπειρον, ἕως ἂν ᾖ τὸ καυστόν, τῶν δὲ φύσει συνισταμένων πάντων ἐστὶ πέρας καὶ λόγος μεγέθους τε καὶ αὐξήσεως· ταῦτα δὲ τῆς ψυχῆς, ἀλλ' οὐ πυρός, καὶ λόγου μᾶλλον ἢ ὕλης. — *Id., Ibid.*, B, 2, 413ª, 25-31.

2. *Id., Ibid.*, A, 1, 402ª, 6-7 : ἔστι γὰρ οἷον ἀρχὴ τῶν ζῴων ; *Ibid.*, B, 4, 415ᵇ, 8 : ἔστι δὲ ἡ ψυχὴ τοῦ ζῶντος σώματος αἰτία καὶ ἀρχή.

serait coétendue à son corps ou du moins à quelques-unes de ses parties; et, pour avoir cette coextension, il faudrait qu'elle fût elle-même un corps [1] : la théorie de Platon redevient matérialiste à force de spiritualisme. De plus, si l'âme s'appliquait simplement du dehors à son organisme, si elle s'y adaptait comme fait un levier, rien n'empêcherait qu'elle n'y rentrât après en être sortie ; on pourrait voir des morts s'échapper tout vivants de leurs tombeaux [2].

Il faut qu'entre l'âme et le corps il existe quelque chose de plus intime qu'une simple adaptation et même qu'une sorte de compénétration : il faut que l'âme et le corps soient plus que contigus. Et c'est ce que démontrent les faits. Il n'y a pas un mouvement du corps qui ne s'achève dans l'âme, sous forme de nutrition, de sensation, de souvenir ou d'imagination. Inversement, il n'y a pas un mode de l'âme qui ne s'achève de quelque manière dans le corps lui-même, si l'on excepte la pensée proprement dite : « le courage, la douceur, la crainte, la pitié, la joie, l'amour et la haine » sont autant d'états qui participent à la fois du physique et du mental. Le corps, aussi longtemps qu'il est animé, n'a pas d'affection qui lui soit propre; et l'âme, aussi longtemps que l'on ne s'élève pas jusqu'au νοῦς, n'en a pas non plus [3]. C'est donc qu'ils font un seul et même être à deux as-

---

1. Arist., *De an.*, A, 3, 406ᵃ, 12-22.
2. Id., Ibid., A, 3, 406ᵇ, 3-5 : εἰ δὲ τοῦτ' ἐνδέχεται, καὶ ἐξελθοῦσαν εἰσιέναι πάλιν ἐνδέχοιτ' ἄν· τούτῳ δ' ἕποιτ' ἂν τὸ ἀνίστασθαι τὰ τεθνεῶτα τῶν ζῴων.
3. Id., Ibid., A, 1, 403ᵃ, 10-25 : ἔοικε δὲ καὶ τὰ τῆς ψυχῆς πάθη πάντα εἶναι μετὰ σώματος, θυμός, πραότης, φόβος, ἔλεος, θάρσος, ἔτι χαρὰ καὶ τὸ φιλεῖν τε καὶ μισεῖν· ἅμα γὰρ τούτοις πάσχει τι τὸ σῶμα..; *De sens.*, 1, 436ᵃ, 6-10; 436ᵇ, 1-4; *De Mem.*, 2, 453ᵃ, 14 et suiv.

pects divers, c'est qu'ils constituent une seule et même substance : tels modes, tel sujet ¹.

Si l'âme et le corps ne font qu'une seule et même substance (οὐσία), il est de rigueur logique que l'une soit forme et l'autre matière. Or c'est au corps que revient le rôle de matière ; car l'étendue, par elle-même, n'existe qu'à l'état de puissance, elle ne devient ceci ou cela qu'autant qu'il s'y déploie une force qui l'actualise : elle ne devient ceci ou cela qu'autant qu'elle est informée. Et, si le corps joue dans l'être vivant le rôle de matière, il faut par là même que l'âme y joue le rôle de forme. C'est d'ailleurs ce qui peut s'établir directement. « L'âme est primordialement ce par quoi nous vivons, sentons et pensons » ³ : l'âme est le principe de tous nos modes d'énergie ; et, par suite, c'est bien elle, c'est elle seule, qui mérite le nom de forme ⁴.

Dire que l'âme est la forme du corps, c'est affirmer du même coup qu'elle en est l'acte (ἐντελέχεια). « Mais ce terme s'entend de deux manières : ou comme la science, ou comme la contemplation. Et c'est dans le premier sens, évidemment, qu'il se prend ici. Car, au cours de l'existence de l'âme, il y a du sommeil et de la veille ; et la

---

1. Arist., *De an.*, A, 1, 403ᵃ, 3-16 : ... εἰ μὲν οὖν ἐστί τι τῶν τῆς ψυχῆς ἔργων ἢ παθημάτων ἴδιον, ἐνδέχοιτ' ἂν αὐτὴν χωρίζεσθαι· εἰ δὲ μηθέν ἐστιν ἴδιον αὐτῆς, οὐκ ἂν εἴη χωριστή, ἀλλὰ καθάπερ τῷ εὐθεῖ, ᾗ εὐθύ, πολλὰ συμβαίνει, οἷον ἅπτεσθαι τῆς χαλκῆς σφαίρας κατὰ στιγμήν, οὐ μέντοι γ' ἅψεται τούτου χωρισθὲν τὸ εὐθύ· ἀχώριστον γάρ, εἴπερ ἀεὶ μετὰ σώματός τινός ἐστιν.

2. *Id., Ibid.*, B, 1, 412ᵃ, 16-19 : ἐπεὶ δ' ἐστὶ σῶμα καὶ τοιονδί τοῦτο, ζωὴν γὰρ ἔχον, οὐκ ἂν εἴη τὸ σῶμα ψυχή· οὐ γάρ ἐστι τῶν καθ' ὑποκειμένου τὸ σῶμα, μᾶλλον δ' ὡς ὑποκείμενον καὶ ὕλη.

3. *Id., Ibid.*, B, 2, 414ᵃ, 12-13 : ἡ ψυχὴ δὲ τοῦτο ᾧ ζῶμεν καὶ αἰσθανόμεθα καὶ διανοούμεθα πρώτως.

4. *Id., Ibid.*, B, 2, 414ᵃ, 13-16 : ὥστε λόγος τις ἂν εἴη καὶ εἶδος, ἀλλ' οὐχ ὕλη καὶ τὸ ὑποκείμενον...

veille est analogue à la contemplation, le sommeil au fait de posséder la science et de ne pas la penser » [1]. « L'âme est donc l'acte primitif du corps » [2]. Et, par là même, on peut dire d'une certaine façon qu'elle n'est ni totalement réalisée, ni totalement réalisable. Elle renferme un fond de puissance ; elle contient un principe de devenir, en vertu duquel elle tend sans cesse vers l'Acte pur sans jamais l'atteindre : elle est susceptible de développement et ne s'achève jamais.

Il n'y a là toutefois que l'un des deux aspects de la question.

La plupart des philosophes « se bornent à chercher ce que c'est que l'âme ; quant à la nature du corps qui doit la recevoir, ils ne la déterminent nullement. Ils procèdent comme si, d'après les mythes pythagoriciens, n'importe quelle âme pouvait revêtir n'importe quel corps [3] » : « ils parlent à peu près comme celui qui dirait que l'art du charpentier peut descendre dans des flûtes » [4]. Pourtant l'âme et le corps « ont entre eux une communication intime : l'un est agent, l'autre patient ; l'un est moteur, l'autre mû. Et ces rapports mutuels ne s'établissent pas au hasard » [5]. Il importe donc de définir de quelle espèce de corps l'âme est « l'acte primitif » ; et voici comment on le peut faire.

Par là même que l'âme est « l'acte premier d'un corps », elle n'existe jamais dans les êtres artificiels ; car ces êtres, considérés comme tels, n'ont qu'une détermination de

---

1. Arist., *De an.*, B, 1, 412ª, 6-11, 21-27.
2. *Id., Ibid.*, B, 1, 412ª, 27-28 : διὸ ἡ ψυχή ἐστιν ἐντελέχεια ἡ πρώτη σώματος...
3. *Id., Ibid.*, A, 3, 407ᵇ, 15-17, 20-24.
4. *Id., Ibid.*, A, 3, 407ᵇ, 24-26.
5. *Id., Ibid.*, A, 3, 407ᵇ, 17-19.

surface, ils ne possèdent qu'une forme accidentelle ou dérivée [1]. L'âme est donc « l'acte primitif d'un corps naturel » [2]. De plus, l'acte de chaque chose ne peut se produire que dans une matière appropriée ; il ne peut sortir que de ce qui est déjà cette chose en puissance [3]. Et, si telle est la loi du devenir, l'âme n'apparaît pas dans un corps naturel quelconque ; il faut que ce corps possède déjà la vie de quelque manière, comme la semence ou le fruit [4]. « L'âme est l'acte primitif d'un corps naturel qui a la vie en puissance » [5]. D'autre part, « un tel corps ne peut être qu'organisé. Les parties des plantes elles-mêmes sont des organes, mais tout à fait simples : par exemple, la feuille est l'abri du péricarpe, et le péricarpe celui du fruit ; quant aux racines, elles sont analogues à la bouche ; car les unes, comme l'autre, absorbent la nourriture » [6]. Ainsi, « l'âme est l'acte premier d'un corps naturel, capable de vivre et organisé » [7]. Et cette définition peut elle-même se simplifier. Comme tout corps organisé est à la fois naturel et vivant, on peut la ramener à la formule suivante : L'âme est l'acte premier d'un corps organisé.

---

1. Arist., De an., B, 1, 412ᵃ, 11-13.

2. Id., Ibid., B, 1, 412ᵃ, 27-28 : διὸ ἡ ψυχή ἐστι ἐντελέχεια ἡ πρώτη σώματος φυσικοῦ; Ibid., 19-20.

3. Id., Ibid., B, 2, 414ᵃ, 25-27 : ἑκάστου γὰρ ἡ ἐντελέχεια ἐν τῷ δυνάμει ὑπάρχοντι καὶ τῇ οἰκείᾳ ὕλῃ πέφυκεν ἐγγίνεσθαι.

4. Id., Ibid., B, 1, 412ᵃ, 25-27 : ἔστι δὲ οὐ τὸ ἀποβεβληκὸς τὴν ψυχὴν τὸ δυνάμει ὄν ὥστε ζῆν, ἀλλὰ τὸ ἔχον· τὸ δὲ σπέρμα καὶ ὁ καρπὸς τὸ δυνάμει τοιονδὶ σῶμα.

5. Id., Ibid., B, 1, 412ᵃ, 27-28 : Διὸ ἡ ψυχή ἐστιν ἐντελέχεια ἡ πρώτη σώματος φυσικοῦ δυνάμει ζωὴν ἔχοντος; Ibid., 20-21.

6. Id., Ibid., B, 1, 412ᵃ, 28 et sqq.

7. Id., Ibid., B, 1, 412ᵇ, 4-6 : εἰ δή τι κοινὸν ἐπὶ πάσης ψυχῆς δεῖ λέγειν, εἴη ἂν ἐντελέχεια ἡ πρώτη σώματος φυσικοῦ ὀργανικοῦ.

De cette notion découlent plusieurs conséquences qu'il convient d'indiquer.

Tout d'abord, si telle est la nature de l'âme, s'il faut la considérer comme la forme du corps, elle ne s'en sépare pas autrement que la rondeur du rond, l'empreinte de la cire [1], ou la vision de l'œil lui-même [2] : elle s'en sépare logiquement, non physiquement. L'âme n'existe pas avant le corps, elle n'existe pas après lui non plus. Contrairement au rêve de Platon, elle ne dure qu'autant que sa maison d'argile : elle lui est essentiellement contemporaine [3]. Par suite, s'il se trouve dans l'âme un principe supérieur, qui ait de quoi subsister par lui-même, il faut qu'il y vienne du dehors et comme « par la porte » [4] : il s'y ajoute de quelque manière et n'en sort pas [5].

De plus, l'on peut dire en un sens que la psychologie est un chapitre de la physique. Le physicien ne s'occupe pas seulement de la matière des corps; il considère aussi leur forme : elle est même l'objet principal de ses recherches, car son but est d'aboutir à des définitions et c'est par leur forme que les choses se définissent. Il lui revient donc d'étudier l'âme, ses facultés et ses modes. Mais on peut dire en un autre sens que l'âme se rattache à une science plus élevée : la psychologie, en tant qu'elle porte

---

1. Arist., *De an.*, B, 1, 412[b], 6-9.
2. Id., *Ibid.*, B, 1, 412[b], 18-25, 27-28; 413[a], 1-5 : ὅτι μὲν οὖν οὐκ ἔστιν ἡ ψυχὴ χωριστὴ τοῦ σώματος, ἢ μέρη τινὰ αὐτῆς, εἰ μεριστὴ πέφυκεν, οὐκ ἄδηλον; *Ibid.*, B, 2, 414[a], 10-22.
3. Id., *Met.*, Λ, 3, 1070[a], 21-27.
4. Id., *De gen. an.*, B, 3, 736[b], 27-28 : λείπεται δὲ τὸν νοῦν μόνον θύραθεν ἐπεισιέναι καὶ θεῖον εἶναι μόνον.
5. Id., *De an.*, B, 2, 413[b], 24-26 : περὶ δὲ τοῦ νοῦ καὶ τῆς θεωρητικῆς δυνάμεως οὐδέν πω φανερόν, ἀλλ' ἔοικε ψυχῆς γένος ἕτερον εἶναι...

sur l'intellect actif, est du ressort « de la philosophie première »[1].

La définition de l'âme permet aussi de délimiter le domaine qui revient à la vie dans la nature. Il est vrai d'une certaine manière que tout est animé. Il existe au fond des choses un désir intelligent et éternel d'où résulte primordialement tout ce qui devient : le monde, considéré dans son ensemble, est un immense animal, ainsi qu'on a pu le remarquer déjà. Mais, si la nature concourt, comme cause efficiente, à la production de tous les êtres, elle ne leur communique pas à tous quelque chose de ce qui la rend elle-même vivante : la pierre et le métal n'ont rien d'actuellement animé. Et l'on peut soutenir, en se plaçant à cet autre point de vue, que la vie a sa zone à elle dans la réalité. Métaphysiquement tout vit; empiriquement, la vie commence, dans la hiérarchie des êtres, avec les individualités qui peuvent se mouvoir elles-mêmes.

Bien qu'une en son fond, l'âme n'est pas entièrement uniforme : elle s'épanouit en facultés de nature diverse. C'est un fait que les anciens ont observé d'assez bonne heure; mais la description qu'ils en ont laissée, n'a pas la rigueur voulue. Ils ont d'abord divisé l'âme en deux parties très distinctes et souvent opposées, dont la première serait « rationnelle » et la seconde « irrationnelle »[2]. Puis, Platon est venu à son tour subdiviser la partie irrationnelle

---

[1]. Arist., *De an.*, A, 1, 403ª, 25-31; 403ᵇ, 1-19; *Phys.*, B, 1, 193ª, 28 et sqq.
[2]. Id., *De an.*, Γ, 9, 432ª, 26 :... Οἱ δὲ τὸ λόγον ἔχον καὶ τὸ ἄλογον. Aristote semble viser ici l'opinion courante, d'après laquelle il faut distinguer dans l'âme la raison et les sens et qui était « devenue un lieu commun dans la philosophie grecque depuis Parménide et Héraclite » (v. sur ce point *Traité de l'âme* par G. Rodier, t. II, p. 529, 432ª, 26, Leroux, Paris, 1900).

en deux autres, qui sont l'amour du bien et l'amour du plaisir[1].

Or, même conduite à ce point, la classification des facultés de l'âme demeure encore très imparfaite; il est permis tout au plus de s'en servir, lorsque le sujet dont on parle ne demande pas une plus grande exactitude[2]: considérée de près, elle ne s'accorde pas avec la réalité. D'abord, elle établit entre le rationnel et l'irrationnel une ligne de démarcation beaucoup trop radicale. Il y a du rationnel dans le principe qui nous fait aimer le bien; il y en a même dans le principe qui nous fait aimer le plaisir. L'un et l'autre sont capables, quoique à des degrés divers, de se soumettre aux ordres de la raison; et comment le seraient-ils, s'ils ne les entendaient d'une certaine manière, s'ils ne se trouvaient eux-mêmes pénétrés de quelque lueur de raison[3]? Il est bien difficile aussi de soutenir que la sensibilité ne participe point à cette faculté supérieure et n'en est pas comme surélevée du dedans[4]. Si l'on peut dire que la sensibi-

---

1. Arist., *De an.*, 432ᵃ, 24-26 : Τρόπον γάρ τινα ἄπειρα φαίνεται [τὰ μόρια τῆς ψυχῆς]; καὶ οὐ μόνον ἅ τινες λέγουσι διορίζοντες, λογιστικὸν καὶ θυμικὸν καὶ ἐπιθυμητικόν. Évidemment, c'est de Platon qu'il s'agit en ce passage : V. *Phædr.*, VIII, xiv, 15; *Ibid.*, xxxiv, 36; *Tim.*, VII, xxxi, 67.

2. C'est ce que fait Aristote lui-même. V. *Eth. Nic.*, A, 13, 1102ᵃ, 26-28 : λέγεται δὲ περὶ αὐτῆς καὶ ἐν τοῖς ἐξωτερικοῖς λόγοις ἀρκούντως ἔνια, καὶ χρηστέον αὐτοῖς. Οἷον τὸ μὲν ἄλογον αὐτῆς εἶναι τὸ δὲ λόγον ἔχον; *Ibid.*, Z, 2, 1139ᵃ, 3-5; *Eth. Mag.*, A, 1, 1182ᵃ, 23-26.

3. Arist., *Eth. Nic.*, A, 13, 1102ᵇ, 16 et sqq. : ... τὸ μὲν γὰρ φυτικὸν οὐδαμῶς κοινωνεῖ λόγου, τὸ δ' ἐπιθυμητικὸν καὶ ὅλως ὀρεκτικὸν μετέχει πως, ᾗ κατήκοόν ἐστιν αὐτοῦ καὶ πειθαρχικόν, etc. C'est le même fait qu'implique d'ailleurs la théorie de Platon, comme on le peut voir par les textes cités plus haut : les deux coursiers sont capables l'un et l'autre, bien qu'à des degrés divers, de se plier aux ordres du cocher.

4. Id., *De an.*, Γ, 9, 432ᵃ, 30-31 : καὶ τὸ αἰσθητικόν, ὃ οὔτε ὡς ἄλογον οὔτε ὡς λόγον ἔχον θείη ἄν τις ῥᾳδίως.

lité se trouve chez tous les animaux, il n'en reste pas moins vrai qu'elle juge de la différence des qualités sensibles et que, à ce titre, elle est comme une première ébauche de la raison[1]. Les facultés de l'âme ne se juxtaposent pas comme des lames de fer; elles se compénètrent les unes les autres : et c'est là une chose que Platon n'a pas vue avec assez de précision. En outre, il a le tort de considérer comme primitives des différences qui ne sont que dérivées. Par exemple, l'amour du bien et l'amour du plaisir dépendent l'un et l'autre du désir, ils en sont deux espèces; et le désir, à son tour, suivant qu'il est brut ou réfléchi, se rattache soit à la sensation soit à l'intellection[2]. De plus, et par le fait que Platon s'arrête à des distinctions de surface, sa classification n'a pas de limite précise. Si l'amour du bien suppose une faculté et l'amour du plaisir une autre, il en va de même *a fortiori* pour la nutrition, pour la sensation, pour la locomotion et pour l'intellection; il en va de même aussi pour le désir brut, pour le volontaire, le libre, le plaisir et la douleur, la joie et la tristesse; car ces choses diffèrent entre elles autant ou plus que le goût du bien et celui du plaisir[3]. On ne s'arrête plus, et l'on peut dire d'une certaine manière que le nombre des facultés s'élève à l'infini[4].

Platon n'a pas résolu le problème dont il s'agit; et son insuccès vient sans doute du point de vue auquel

---

1. Them., *Paraphr.*, II, 215, 12, Lipsiæ, éd. L. Spengel, 1866 : καθὸ μὲν γὰρ κρίνει τὰς ἐν τοῖς αἰσθητοῖς διαφορὰς καὶ ἀφορμὴ καὶ ἐπιβάθρα γίνεται τῷ λόγῳ, κατὰ τοῦτο ἂν δόξειε νοῦ κοινωνεῖν· καθὸ δὲ ἐστιν οὐδὲν ἔλαττον ἐν τοῖς ἀλόγοις ζώοις, ταύτῃ δὲ αὖ πάλιν ἄλογον ἂν νομισθείη.
2. Arist., *De an.*, I, 5, 432ᵇ, 5-7.
3. Id., *Ibid.*, I, 5, 432ᵃ, 26-31; 432ᵇ, 1-4.
4. Id., *Ibid.*, I, 5, 432ᵃ, 24 : Τρόπον γάρ τινα ἄπειρα φαίνεται; cf. *Ibid.*, I, 10, 433ᵇ, 1-4.

il s'est placé pour le résoudre. Il semble n'avoir étudié l'âme que dans l'homme. Le vrai procédé, c'est de la considérer telle qu'elle se manifeste dans l'ensemble des êtres vivants. Alors on trouve des divisions toutes faites ; et ces divisions ne présentent plus rien d'artificiel, vu que, étant l'œuvre même de la nature, elles ne peuvent être que conformes à ses lois.

Si l'on suit cet autre procédé, l'on observe d'abord une sorte de gradation d'êtres animés où la vie revêt quatre modes principaux : la nutrition, la sensation, la locomotion et l'intellection [1]. Puis, lorsque l'on compare ces modes entre eux, on constate qu'ils ne se ramènent pas totalement les uns aux autres : la sensation se distingue essentiellement de la nutrition, la locomotion des deux phénomènes précédents, et l'intellection de tout le reste [2]. Enfin, lorsque l'on compare ces modes aux autres, on voit qu'ils en sont comme la source : de la sensation découlent à la fois le plaisir, la douleur et le désir spontané [3] ; à l'intellection se rattache le désir réfléchi, le volontaire et le libre [4]. Quant à la locomotion, il est vrai qu'elle dérive indirectement de la connaissance et directement du désir [5] ; et, par suite, l'on ne peut pas dire

1. Arist., *De an.*, B, 2, 413ª, 20-26 : λέγομεν οὖν ἀρχὴν λαβόντες τῆς σκέψεως, διωρίσθαι τὸ ἔμψυχον τοῦ ἀψύχου τῷ ζῆν. Πλεοναχῶς δὲ τοῦ ζῆν λεγομένου, κἂν ἕν τι τούτων ἐνυπάρχῃ μόνον, ζῆν αὐτό φαμεν, οἷον νοῦς, αἴσθησις, κίνησις καὶ στάσις ἡ κατὰ τόπον, ἔτι κίνησις ἡ κατὰ τροφὴν καὶ φθίσις τε καὶ αὔξησις.
2. *Id.*, *Ibid.*, B, 3, 415ª, 1-13.
3. *Id.*, *Ibid.*, B, 3, 414ᵇ, 4 : ᾧ δ' αἴσθησις ὑπάρχει, τούτῳ ἡδονή τε καὶ λύπη καὶ τὸ ἡδύ τε καὶ λυπηρόν, οἷς δὲ ταῦτα, καὶ ἡ ἐπιθυμία ; *De somn.*, 1, 454 , 20-31.
4. *Id.*, *De an.*, Γ, 10, 433ª, 23 : ἡ γὰρ βούλησις ὄρεξις· ὅταν δὲ κατὰ τὸν λογισμὸν κινῆται, καὶ κατὰ βούλησιν κινεῖται ; *Eth. Nic.*, Γ, 1-8, 1109ᵇ-1114ᵇ.
5. *Id.*, *De an.*, A, 3, 406ᵇ, 24-25 : ὅλως δ' οὐκ ἔστω φαίνεται κινεῖν ἡ ψυχὴ τὸ ζῷον, ἀλλὰ διὰ προαιρέσεώς τινος καὶ νοήσεως ; *Ibid.*, Γ, 10, 433ª, 21-23.

absolument qu'elle soit primitive. Mais elle l'est encore d'une certaine façon. Le désir ne meut pas par lui-même ; il meut par l'intermédiaire d'un organe central d'où le mouvement se propage dans les différentes parties du corps[1]. Or l'ébranlement de cet organe qui débute à la limite du conscient et de l'inconscient, est assez original pour qu'on puisse le regarder comme un autre point de départ.

La vie, telle qu'elle se développe dans la nature, présente donc bien quatre phénomènes dominants, quatre phénomènes autour desquels tous les autres viennent se grouper comme autour de leurs centres. Et, par conséquent, l'âme peut avoir quatre facultés, et pas plus : la nutritivité, la sensibilité, l'intelligence et la puissance motrice[2]. Cependant, Aristote, un peu plus loin, sent le besoin d'augmenter cette liste : il y ajoute l'appétivité[3]. Mais cette addition n'est pas conforme à son principe ; de plus, il tombe, en la faisant, sous le coup des critiques qu'il a lui-même adressées à son maître : on peut lui reprocher que sa division n'a plus de terme.

Du moment qu'il y a plusieurs facultés, il faut savoir aussi de quelle manière elles se distinguent les unes des autres ; et c'est un des problèmes les plus difficiles que l'on puisse se poser[4]. Si les facultés de l'âme se distinguent réellement, comment se ramènent-elles à l'unité d'une même forme ? Et si elles s'identifient entre elles,

---

1. Arist., *De an.*, Γ, 10, 433ᵇ, 19-27.
2. *Id.*, *Ibid.*, B, 2, 413ᵇ, 10-13 : ..« Τούτοις ὥρισται [ἡ ψυχή], θρεπτικῷ, αἰσθητικῷ, διανοητικῷ, κινήσει.
3. *Id.*, *Ibid.*, B, 3, 414ª, 31-32 : δυνάμεις δ' εἴπομεν θρεπτικόν, ὀρεκτικόν, αἰσθητικόν, κινητικὸν κατὰ τόπον, διανοητικόν.
4. *Id.*, *Ibid.*, A, 1, 402ᵇ, 10-11.

comment conservent-elles la diversité de leurs fonctions?

Il est possible toutefois que la question comporte plus d'une réponse ; il est possible aussi qu'il existe un mode de distinction auquel on n'ait pas pensé jusqu'ici. Il semble bien que l'intellect actif soit « une autre espèce d'âme et qu'il puisse se séparer, comme l'éternel du périssable »[1]. Mais il en va différemment des facultés inférieures : impossible d'admettre, comme quelques-uns, qu'elles se distinguent réellement les unes des autres[2]. La sensation se prolonge dans l'imagination qui n'en est que la suite naturelle ; de son côté, l'imagination participe d'une certaine manière à l'intellection, puisque c'est dans les images elles-mêmes que nous découvrons les idées[3]. L'amour du bien et le goût du plaisir sont deux variantes d'un phénomène unique, qui est le désir. Et le désir lui-même ne se cantonne pas dans « la partie irrationnelle » ; il s'imprègne de raison : ce qui fait qu'il devient tour à tour souhait, délibération ou choix[4]. Le plaisir n'est pas un mode à part ; ce n'est qu'un épiphénomène : il s'ajoute à l'acte comme le sourire au visage, il en est l'achèvement[5]. C'est là d'ailleurs un point sur lequel les platoniciens n'élèvent aucune contestation.

Toutes les facultés de l'âme se mêlent, se compénètrent et si intimement qu'aucune d'elles ne peut exercer sa fonc-

1. Arist., *De an.*, B, 2, 413ᵇ, 24-27.
2. Id., *Ibid.*, B, 2, 418ᵇ, 27-29 : τὰ δὲ λοιπὰ μόρια τῆς ψυχῆς φανερὸν ἐκ τούτων ὅτι οὐκ ἔστι χωριστά, καθάπερ τινές φασιν.
3. Id., *Ibid.*, Γ, 9, 432ᵃ, 31 et sqq.; *Ibid.*, Γ, 3, 429ᵃ, 1-2 : ἡ φαντασία ἂν εἴη κίνησις ὑπὸ τῆς αἰσθήσεως τῆς κατ' ἐνέργειαν γιγνομένη [L]; *Ibid.*, Γ, 7, 431ᵇ, 2 : τὰ μὲν οὖν εἴδη τὸ νοητικὸν ἐν τοῖς φαντάσμασι νοεῖ.
4. Id., *Ibid.*, B, 3, 414ᵇ, 2.
5. Id., *Eth. Nic.*, K, 4, 1174ᵇ, 23 : Τελειοῖ δὲ τὴν ἐνέργειαν ἡ ἡδονή.

tion sans le concours des autres. Et, si telle est leur connexion, si elles sont synergiques à ce point, il ne faut plus parler à leur sujet de division spatiale, ni de séparation; ce sont des aspects divers d'une seule et même réalité : il n'existe entre elles qu'une distinction logique[1]. Cette solution, il est vrai, n'a peut-être pas toute la clarté désirable : il y reste un fond d'obscurité; mais rien de plus humain. Les puissances de l'âme ne nous apparaissent que dans leurs actes; en elles-mêmes, elles demeurent inaccessibles aux prises de l'intuition : elles tiennent de l'inconnaissable[2].

Quoi qu'il en soit de la nature de leurs rapports mutuels, les facultés de l'âme se réalisent dans les êtres vivants de manière à former une sorte de hiérarchie, où le supérieur enveloppe toujours l'inférieur[3]. Les plantes ne possèdent que la nutritivité; les animaux joignent à la nutritivité le pouvoir de sentir. Et ce pouvoir lui-même présente deux degrés : tantôt il se borne au tact, tantôt il s'élève jusqu'à la locomotion. Enfin, chez l'homme, toutes ces facultés se couronnent d'une énergie à part qui est l'intelligence[4].

1. Arist., *De an.*, B, 2, 413ᵇ, 20 : τῷ δὲ λόγῳ ὅτι ἕτερα, φανερόν.
2. Peut-être aussi la solution d'Aristote n'est-elle pas définitive : entre la distinction *locale* attribuée assez gratuitement à Platon et la distinction *logique*, il y a la distinction *réelle*. Toutefois, ce n'est pas à S. Thomas lui-même que revient formellement la découverte de ce moyen terme. On ne trouve pas dans ses œuvres le terme *realis* appliqué à la distinction des facultés de l'âme; et peut-être sa réserve tient-elle à ce sentiment de l'inexplicable qu'ont tous les grands génies (*S. th.*, 1ᵃ : q., 77, 2, 3, 4; 5 : q., 78 : q., 79 : q., 80, 1 : q., 81 : q., 82, 5; 1ᵃ 2ᵃᵉ : q., 17, 2, ad 2 : q., 22, 2 et 3 : q., 50, 2 : q., 50, 3, ad 1, 2, 3 : q., 50, 4 : q., 50, 5, ad 1, 2; 2ᵃ 2ᵃᵉ : q., 18, 1; 3ᵃ : q., 11, 1; *S. c. g.*, II, 70).
3. Arist., *De an.*, B, 2, 413ᵇ, 32-33; *Ibid.*, B, 3, 414ᵇ, 28-33; 415ᵃ, 1-13.
4. *Id., Ibid.*, B, 2, 413ᵃ, 25-33; 413ᵇ, 1-10.

Cette hiérarchie des êtres vivants se fonde sur trois lois principales dont la première est celle de finalité.

Tous les êtres vivants ont besoin de se nourrir : c'est la condition de leur développement; et il n'en est aucun qui ne possède la nutritivité[1]. Tous les animaux ont besoin d'un organe à l'aide duquel ils puissent choisir leurs aliments; autrement, ils n'arriveraient point à conserver l'existence. Et cet organe leur est donné : c'est le goût qui a pour base le tact[2]. Tous les animaux qui se meuvent sont obligés de chercher leur pâture; car ils ne la trouvent pas sur place, comme ceux qui sont immobiles. Ils ne pourraient donc subsister s'ils n'avaient des organes qui fussent capables de les renseigner à distance, si leur sensibilité se bornait au tact et au goût? Aussi possèdent-ils en plus l'odorat, l'ouïe et la vue[3]. L'homme également possède tous ces sens; et c'est une marque de finalité plus accusée encore que les précédentes. Ces sens, en effet, ne sont pas seulement nécessaires à notre conservation, ils le sont aussi au développement de notre esprit. Que deviendrait la science, si l'âme n'avait pas des fenêtres ouvertes sur le dehors qui correspondent aux différents aspects de la réalité? A quoi se réduirait notre savoir, sans les informations qui nous arrivent par nos organes[4]?

La seconde loi qui préside au développement de la vie, est celle de la continuité. « Le passage de l'être inanimé à l'être vivant est si insensible, que l'on ne peut dis-

---

1. Arist., De an., I, 12, 434ª, 22-30.
2. Id., Ibid., I, 12, 434ᵇ, 11-24; De sens., 1, 436ᵇ, 12-18.
3. Id., De an., I, 12, 434ª, 24 et sqq.; De sens., 1, 436ᵇ, 18-21.
4. Id., De sens., 1, 437ª, 1-17; De an., I, 12, 434ᵇ, 3-4; Ibid., I, 13, 435ᵇ, 19-25.

tinguer au juste où se trouve leur limite commune et duquel des deux relèvent les intermédiaires. Au règne inanimé succède immédiatement le règne des plantes. Or les plantes, comparées entre elles, semblent déjà présenter différents degrés de vie; de plus, mises en face des êtres inorganiques, elles paraissent animées de quelque manière; et, mises en face des animaux, elles paraissent au contraire dépourvues de vie. Le passage des plantes aux animaux est également continu. On peut se demander, à propos de certains types marins, si ce sont des animaux ou des plantes. Car ils sont adhérents au sol; et, si on les arrache, nombre d'entre eux en périssent. Les pinnes, par exemple, sont adhérentes; et les solens, une fois détachés, ne peuvent pas vivre. En général, les crustacés, quand on les compare aux animaux qui se meuvent d'un endroit à un autre, ont l'apparence de la plante »[1]. On remarque le même genre de gradation, lorsqu'on examine les différents modes que revêtent la sensation, la génération et la nutrition. Tout se tient, tout s'apparente dans la nature, et de telle sorte que plus on connaît d'individus, moins on est tenté de faire des classifications[2].

A la continuité se rattache une autre loi, qui est celle de l'analogie. Quand la nature varie son œuvre, c'est encore dans l'unité d'un même motif qui reparaît toujours[3]. Au système osseux correspondent, chez les poissons et les serpents, les arêtes et les cartilages[4]. Les plumes

1. Arist., *Hist. an.*, Θ, 1, 588ᵇ, 4-17.
2. *Id., Ibid.*, Θ, 1, 17 et sqq.; *Part. an.*, Δ, 5, 681ᵃ, 15 et sqq. — V. sur cette question et la suivante Meyer, *Aristoteles Thierkunde*, Berlin, 1855.
3. *Id., Part. an.*, A, 4, 644ᵃ, 12-23; *Ibid.*, A, 5, 645ᵇ, 3-10; *Hist. an.*, A, 1, 486ᵇ, 17-21; *Ibid.*, A, 7, 491ᵃ, 14-19; *Ibid.*, B, 1, 497ᵇ, 9-12.
4. *Id., Part. an.*, B, 8, 653ᵇ, 33-36; *Ibid.*, B, 9, 655ᵃ, 16-21; *Ibid.*, B, 9, 652ᵃ, 2-6; *Hist. an.*, Γ, 7, 516ᵇ, 11-20; *Ibid.*, Γ, 8, 517ᵃ, 1-5.

sont aux oiseaux ce que les poils sont aux animaux terrestres[1], et le bec est aux uns ce que les dents sont aux autres[2]. Les bras de l'homme, les pieds antérieurs des autres animaux, les ailes des oiseaux et les pinces des écrevisses sont autant d'organes qui se répètent sous des formes différentes[3]. Au lieu de main, l'éléphant a une trompe[4]; au lieu de poumons, le poisson a reçu des branchies en partage[5]; les plantes se servent de leurs racines comme d'une bouche, pour prendre leur nourriture[6]. Et le cœur[7] et le cerveau[8], et le sang[9] et la langue[10] ont leurs équivalents chez les animaux qui ne possèdent pas ces organes. L'embryon tient de l'œuf[11]; les animaux supérieurs sont, à leur début, comme les vers d'où sortent les insectes[12]. Et du dehors la même loi se propage au dedans. En apparence au moins, l'âme de l'enfant diffère assez peu de celle des animaux. L'homme lui-même découvre, dans les formes inférieures de la vie psychologique, d'é-

---

1. Arist., Part. an., A, 4, 644ª, 21-22; Ibid., Δ, 11, 691ª, 14-17; Hist. an., A, 1, 486ᵇ, 21-22.
2. Id., Part. an., Δ, 12, 692ᵇ, 15-16.
3. Id., Ibid., Δ, 12, 693ª, 26 et sqq.; 693ᵇ, 10-13; Ibid., Δ, 11, 691ᵇ, 17-19; Hist. an., A, 1, 486ᵇ, 19-21.
4. Id., Part. an., Δ, 12, 692ᵇ, 16-17.
5. Id., Ibid., A, 5, 645ᵇ, 3-8; Ibid., Δ, 1, 676ª, 26-28; Hist. an., Θ, 2, 589ᵇ, 18-20; Ibid., B, 13, 504ᵇ, 27-29.
6. Id., De an., B, 4, 416ª, 3-5; De juvent., 1, 468ª, 9-12.
7. Id., Part. an., B, 1, 647ª, 30-31; Ibid., Δ, 5, 678ª, 33 et sqq.; Ibid., Δ, 5, 681ᵇ, 14-17.
8. Id., Ibid., B, 7, 652ᵇ, 19-25; Ibid., 7, 653ª, 10-12; De somn., 3, 457ᵇ, 29-31.
9. Id., Part. an., B, 8, 653ᵇ, 19-21; Ibid., Γ, 5, 668ª, 25-27; Hist. an., A, 3, 489ª, 21-23; De an., B, 11, 422ᵇ, 19-23; Ibid., B, 11, 423ª, 13-15.
10. Id., Part. an., Δ, 5, 678ᵇ, 6-10.
11. Id., Hist. an., H, 7, 586ª, 19-23; Gen. an., Γ, 9, 758ᵇ, 2-5.
12. Id., Gen. an., Γ, 9, 758ᵇ, 21-28.

tranges imitations de ce qui fonde sa supériorité : les bêtes ont aussi leur manière de se montrer vaillantes; les bêtes aussi ont leur façon à elles de raisonner[1].

Ainsi le règne vivant se diversifie à l'infini. Mais cette diversité n'enferme rien qui soit abandonné au hasard : la finalité est toujours là qui mesure tout, proportionne tout en subordonnant le moins bon au meilleur. De plus, cette diversité ne présente rien ni de brusque ni de totalement inattendu : tout s'y fait par certaines transitions insensibles où le supérieur rappelle l'inférieur en l'enrichissant comme d'une note nouvelle. L'unité dans une constante variété, l'eurythmie que l'on aime à trouver dans un bel instrument de musique : voilà le trait dominant de l'éternelle et intelligente nature.

Cette théorie d'Aristote est-elle comme une première ébauche de l'évolutionisme? On serait tenté de le croire au premier abord, à voir la manière dont il parle de la continuité et de l'analogie. Mais on se détrompe bien vite, quand on regarde aux grandes lignes de sa métaphysique. La cause première, étant immuable, enveloppe éternellement la même efficacité, la même force d'expansion au dehors comme au dedans; par suite, la nature donne toujours tout ce qu'elle peut donner : il n'y a pas de marche en avant. Ce n'est point que les formes ne tendent à monter; par elles-mêmes, elles ne sont pas des types immobiles, comme on l'a dit souvent. Au contraire, elles travaillent toutes à se délivrer en se purifiant de plus en plus, à conquérir quelque nouveau degré de perfection; et, si rien ne s'opposait à l'énergie interne qui les pousse, elles iraient se per-

1. Arist., *Hist. an.*, Θ, 1, 588ᵃ, 18 et sqq.

dre d'un coup dans l'Acte pur: il n'y aurait plus que la pensée de la pensée. Mais la matière est là qui résiste à leur amour du meilleur; et cette résistance les arrête toujours au même degré, vu que rien ne change dans le principe auquel le ciel et la terre sont suspendus. Reste donc que la nature réalise à nouveau les formes que la mort a détruites : elle ne fait que réparer ses pertes.

CHAPITRE II

LA NUTRITION.

La distinction des facultés de l'âme une fois établie, il convient de les reprendre une à une pour en donner une notion plus précise; et la vraie méthode à suivre en pareille matière, c'est de commencer par les faits, vu qu'ils « sont logiquement antérieurs aux puissances » [1].

On ne peut expliquer la nutrition comme l'ont essayé Empédocle et Démocrite; ici encore la théorie mécaniste se trouve en défaut [2]. La nutrition n'est pas un mélange, c'est une assimilation. Dès qu'un être prend de la nourriture, commence un travail intérieur par lequel il tend à la changer en sa substance : elle devient son sang, sa chair et ses os; l'aliment absorbé perd peu à peu sa forme pour revêtir celle du vivant qui s'alimente [3].

Du moment que la nutrition est un phénomène d'assimilation, elle ne peut aller que du dissemblable au semblable. Parmi les anciens, les uns ont soutenu que le vi-

---

1. Aristr., *De an.*, B, 4, 415ᵃ, 14-20 : ... πρότερον γάρ εἰσι τῶν δυνάμεων αἱ ἐνέργειαι καὶ αἱ πράξεις κατὰ τὸν λόγον ; *Ibid.*, A, 1, 402ᵇ, 22-25.

2. *Id.*, *Ibid.*, B, 4, 415ᵇ, 28 et sqq.; 416ᵃ 1-18. V. plus haut, p. 145.

3. *Id.*, *De gen. et corr.*, A, 5, 321ᵇ, 16-24, 32-34; cf. 328ᵃ, 26-28; *De an.*, B, 4, 416ᵃ, 6-18.

vant se nourrit de ce qui lui ressemble ; d'autres qu'il se nourrit de ce qui lui est contraire [1]. Ces deux opinions se concilient, si divergentes qu'elles soient en apparence ; car elles répondent aux deux aspects principaux du processus de la nutrition. L'aliment, à son point de départ, diffère de l'être nourri ; mais, à son point d'arrivée, il ne fait plus avec lui qu'une même chose [2].

Toutefois, cette conciliation n'est qu'approximative. Si la nourriture digérée ressemble complètement au sujet nourri, la nourriture à digérer ne peut en différer de toute manière. Rien ne devient telle chose qui ne soit déjà cette chose en puissance ; c'est un principe inéluctable ; car la matière ne fournit que ce qu'elle enveloppe déjà dans ses virtualités [3]. Par suite, rien ne devient du sang qui ne soit du sang en puissance ; rien ne devient de la chair qui ne soit de la chair en puissance ; rien ne se change en os ou en nerfs que ce qui contient déjà par lui-même de quoi se changer en ces parties de la substance organisée [4]. L'être vivant ne peut pas plus vivre de tout qu'un artiste ne peut faire une statue de marbre avec du bois : la nutrition suppose une certaine adaptation de la nourriture à celui qui se nourrit et ne s'opère que dans la mesure même où elle est donnée.

D'ordinaire, elle ne l'est que d'une manière assez

---

1. Arist., *De an.*, B, 4, 416ᵃ, 29 et sqq.
2. Id., *Ibid.*, B, 4, 416ᵇ, 4-9 ; *De gen. et corr.*, A, 5, 322ᵃ, 3-4.
3. Id., *De an.*, B, 2, 414ᵃ, 25-27.
4. Id., *De gen. et corr.*, A, 5, 322ᵃ, 5-8 : φανερὸν δὴ ὅτι δυνάμει ἐκεῖνο, οἷον εἰ σάρξ, δυνάμει σάρκα. Ἐντελεχείᾳ ἄρα ἄλλο· φθαρὲν δὴ τοῦτο σὰρξ γέγονεν. οὐκοῦν οὐκ αὐτὸ καθ' αὑτό· γένεσις γὰρ ἂν ἦν, οὐκ αὔξησις· ἀλλὰ τὸ αὐξανόμενον τούτῳ ; cf. 327ᵃ, 22-31.

imparfaite. Et alors le phénomène de la nutrition se complique : il n'est plus seulement l'imposition de la forme de l'être qui absorbe aux éléments absorbés; il devient un travail d'analyse par lequel le vivant choisit ce qui lui convient et rejette ce qu'il ne peut s'identifier : de là les sécrétions. Mais supposez que les aliments fussent assez bien adaptés pour ne rien contenir d'irréductible à l'organisme qui les a pris; dans ce cas, tout s'assimilerait sous l'action du principe nutritif : il ne resterait plus aucun déchet à éloigner du cours normal de la vie[1].

De l'idée de la nutrition telle qu'on vient de la fournir découle une autre conséquence. L'un de ses effets apparents est la croissance de l'être animé; mais cet effet ne tient pas à son essence elle-même : ici, comme ailleurs, la quantité n'est qu'un dérivé. Puisque la nutrition est un phénomène d'assimilation, il faut aussi qu'elle soit initialement un phénomène d'ordre qualitatif. Par suite, c'est pour la forme, comme par la forme, qu'elle se produit : son rôle principal est de la conserver le plus longtemps possible. Aussi voyons-nous que les vivants se nourrissent encore après avoir atteint leur maximum de développement[2].

La nutrition a pour condition la chaleur : considérée du point de vue physique, elle est une sorte de combustion[3].

---

1. Arist., *De gen. et corr.*, A, 10, 328ᵃ, 23-32.
2. Id., *De an.*, B, 4, 416ᵇ, 11-19; *De gen. et corr.*, A, 5, 322ᵃ, 20-29 : ... Καὶ ἡ τροφὴ τῇ αὐξήσει τὸ αὐτὸ μέν, τὸ δ' εἶναι ἄλλο· ᾗ μὲν γὰρ ἔστι τὸ προσιὸν δυνάμει ποσὴ σάρξ, ταύτῃ μὲν αὐξητικόν σαρκός, ᾗ δὲ μόνον δυνάμει σάρξ, τροφή. Τοῦτο δὲ τὸ εἶδος ἄνευ ὕλης, οἷον αὐλὸς δύναμίς τις ἐν ὕλῃ ἐστίν. A ce point de vue, la nourriture est une forme ou, plutôt, fait partie de la forme de l'être alimenté.
3. Id., *De an.*, B, 4, 416ᵇ, 28-29 : πᾶσαν δ' ἀναγκαῖον τροφὴν δύνασθαι πέττεσθαι, ἐργάζεται δὲ τὴν πέψιν τὸ θερμόν· διὸ πᾶν ἔμψυχον ἔχει θερμότητα.

Mais ce phénomène ne s'accomplit pas d'un seul coup; il passe par une série de phases dont chacune l'approche de son terme final.

Les aliments descendent d'abord dans l'estomac qui les change en liquide[1]. Puis, de l'estomac ils s'insinuent dans le mésentère qui est aux animaux ce que les racines sont aux plantes[2]; de là ils sont introduits dans les veines qui les vaporisent et commencent à leur donner une forme sanguine[3]. Tout en leur faisant subir cette transformation, l'action des veines les charrie peu à peu vers le cœur où elles ont leur aboutissement commun[4]. Ces vaisseaux, en effet, après avoir enveloppé le corps de leur réseau mobile et délicat, se réunissent tous en deux confluents, qui sont l'aorte et la grande veine; chacun de ces confluents vient à son tour se déverser dans l'une des deux chambres du cœur. Et là s'opère une troisième conversion, qu'ont préparée les deux autres : sous l'action de la chaleur dont cet organe est le centre et le principe, la nourriture devient du sang[5].

Une fois formé, le sang s'échappe dans les différentes parties du corps. Et cette diffusion ne se fait pas au hasard; elle a également ses lois. Entre les deux chambres du cœur, se trouve une veine commune où se produit une première sélection[6]. Par la partie supérieure de ce

---

1. Arist., *Part. an.*, Γ, 14, 674ª, 21-675ª, 30; *Hist. an.*, B, 17, 507ª, 24-509ª, 23; *Ibid.*, Δ, 1, 524ᵇ, 0 et sqq.; *Ibid.*, Δ, 3, 527ª; *Part an.*, B, 2, 647ᵇ, 26.
2. Id., *Part. an.*, B, 3, 650ª, 2-31; *Ibid.*, Δ, 3, 678ª, 6-15.
3. Id., *De somn.*, 3, 456ᵇ, 2-5 : Τῆς μὲν οὖν θύραθεν τροφῆς εἰσιούσης εἰς τοὺς δεκτικοὺς τόπους γίνεται ἡ ἀναθυμίασις εἰς τὰς φλέβας, ἐκεῖ δὲ μεταβάλλουσα ἐξαιματοῦται καὶ πορεύεται ἐπὶ τὴν ἀρχήν; *Part. an.*, B, 3, 650ª, 27-35; Δ, 3, 678ª, 6-15.
4. Id., *De somn.*, 3, 456ᵇ, 1-5.
5. Id., *Ibid.*, 3, 458ª, 15-10.
6. Id., *Ibid.*

canal mitoyen, le sang le plus pur monte vers le cerveau, tandis que, par sa partie inférieure, le sang le moins pur descend vers les intestins [1]. De plus, chacune des deux moitiés de la veine médiane s'épanouit en embranchements, dont le nombre augmente au fur et à mesure qu'on s'éloigne du centre : Grâce à ces embranchements, le sang est porté jusqu'aux extrémités du corps [2], vivifiant tout sur sa route dans la proportion où chaque partie peut se l'assimiler. Ainsi, l'on peut dire avec Meyer qu'Aristote n'a connu ni la distinction des veines et des artères, ni la circulation du sang [3]; mais il est bon de remarquer aussi que ce sont là deux découvertes dont il s'est approché d'assez près.

A la nutrition se rattache tout un ensemble de fonctions organiques qui en sont ou les auxiliaires ou les effets. Le foie, la rate et la membrane graisseuse qui entoure les viscères contribuent à l'accroissement de la chaleur animale [4]. Le cerveau, tout au contraire, en est, par sa froideur naturelle, comme le perpétuel modérateur [5]. Les reins et la vessie sont des appareils de sécrétion [6]. D'autre part, le cœur se dilate sous l'influence de son travail de cuisson et force par là même les cavités des poumons à se dilater aussi : ce qui fait que l'air s'y

---

1. Arist., *De somn.*, 3, 458ᵃ, 13-24; *Part. an.*, B, 2, 647ᵇ, 31 et sqq.
2. Mais ce sont les mêmes vaisseaux qui servent au mouvement centrifuge qui part du mésentère, au mouvement centripète dont le terme est le cœur, et au mouvement centrifuge qui a pour point initial le cœur lui-même.
3. *Ouvr. cit.*, p. 425 et sqq.
4. Arist., *Part. an.*, Γ, 7, 670ᵃ, 20-21; *Ibid.*, Δ, 3, 677ᵇ, 29-35.
5. *Id., De somn.*, 3, 457ᵇ, 29 et sqq.
6. *Id., Hist. an.*, B, 16; *Part. an.*, Γ, 8, 9, particulièrement à partir de la page 672ᵃ, 1.

engouffre. L'air, à son tour, refroidit ces organes par son contact et les rétrécit à nouveau : ce qui fait qu'il en est chassé. Alternance qui produit à la fois la respiration et la pulsation [1].

Le propre de la nutrition n'est pas seulement de conserver l'individu; c'est aussi et principalement de perpétuer l'espèce. Le désir éternel qui meut l'univers du dedans va toujours au meilleur; et le meilleur serait que tous les êtres fussent éternels, comme les sphères et les astres. Mais il y a dans la matière un principe qui s'oppose à cet achèvement des choses. Nous mourons à chaque instant dans nos cheveux, nos dents et nos membres; à la fin, nous mourons tout entiers. Et pareil est le sort des autres vivants. Pour réparer ces ruines incessantes, la nature a communiqué aux individus la capacité de produire leurs semblables : elle leur a donné en partage la puissance de la génération [2]. Or la génération n'est pas un phénomène à part, comme la sensation ou la pensée; elle n'est que le prolongement de la nutrition elle-même : c'est ce qui ressort de l'analyse des faits.

Il y a des êtres vivants qui se reproduisent en dehors de tout concours sexuel. Telles sont les plantes dont la propagation se fait par graines ou par boutures; tels sont aussi certaines plantes et même certains animaux, qui naissent de matières en putréfaction ou sur d'autres organismes [3] : il existe des êtres à génération spontanée. Au-dessus de ces espèces inférieures, apparaissent d'autres

---

1. Arist., *De respir.*, 20, 479ᵇ, 20 et sqq. ; 480ᵃ, 1-15 ; *Ibid.*, 21, 480ᵃ, 16 et sqq.
2. *Id., De an.*, B, 4, 415ᵃ, 26-29 ; 415ᵇ, 1-7 ; *De gen. et corr.*, B, 10, 336ᵃ, 26 et sqq. ; *De gen. an.*, B, 1, 731ᵇ, 20 et sqq. ; *Polit.*, A, 2, 1252ᵃ, 26-31.
3. *Id., De an.*, B, 4, 415ᵃ, 27-28 ; *Hist. an.*, E, 1, 539ᵃ, 17-25 ; *Ibid.*, 539ᵇ, 7-14 ; *Ind. Arist.*, 12ᵇ, 3 : συμβέβηκε καὶ ἐπὶ τῶν ζῴων καὶ ἐπὶ τῶν φυτῶν αὐτό-

individus dont la reproduction se fait au contraire par l'accouplement des sexes. Le mâle contient des spermes, la femelle des menstrues; c'est grâce à l'union de ces deux principes que s'accomplit la génération du semblable par le semblable. Dans cette synthèse mystérieuse d'où jaillit l'étincelle de la vie, le sperme et les menstrues ont des rôles très différents. Le premier de ces deux termes agit, le second pâtit; l'un meut, l'autre est mû; l'un est forme, l'autre matière [1]. Ainsi, c'est du mâle que vient l'âme, la femelle ne fournit que le corps [2]. Et ce point, Aristote le défend avec rigueur. Il n'est pas féministe, non plus que Platon; on peut même dire qu'il l'est moins que lui.

Bien qu'essentiellement passives, les menstrues renferment, comme toute matière, une certaine force d'inertie qui s'oppose au triomphe total du sperme; et c'est par là que s'expliquent les lois de l'hérédité. La tendance naturelle du sperme est de produire un être absolument semblable à celui dont il se détache comme un fragment de sa substance; mais cette tendance est plus ou moins entravée dans son essor par la résistance des menstrues : ce qui donne lieu à cinq cas dominants entre lesquels s'échelonnent des variantes à l'infini. Si

μετά τινα γίνεσθαι· τὰ αὐτομάτως γιγνόμενα ἐκ τινῶν (ἐκ γῆς σηπομένης, δρόσου al.), ἐν τίσι (ἐν βορβόρῳ, κόπρῳ, περιττώμασι, ξύλοις al.) γίγνεται. Saint Thomas a maintenu cette opinion (S. th., 1ª, q. 45, 8, ad 3; q. 70, 3; q. 70, 3, ad 3; q. 71, ad 1; q. VI, 2, ad 2; S. c. g., t. I, 316-317; Comment. in libros Metaph., p. 637ª, 638ᵇ, 649ª, éd. Vivès, Paris, 1875); et les expériences de Pasteur n'en sont peut-être pas une réfutation décisive.

1. Arist., Gen. an., A, 20, 7?ᵇ, 9-14; Ibid., 21, 720ᵇ, 12-18; Ibid., 730ª, 24-30; Ibid., B, 4, 738ᵇ, 20-36; Ibid., 740ᵇ, 12-25.

2. Id., Ibid., B, 4, 738ᵇ, 25-26 : ἔστι δὲ τὸ μὲν σῶμα ἐκ τοῦ θήλεος, ἡ δὲ ψυχὴ ἐκ τοῦ ἄρρενος.

le sperme l'emporte à la fois et par la force qu'il a de reproduire le type paternel et par celle qu'il a de reproduire le sexe masculin, il se forme un homme qui ressemble au père. Si, au contraire, le sperme est vaincu sous ce double rapport, il se forme une femme qui ressemble à la mère. Si le sperme l'emporte seulement par la force qu'il a de reproduire le type paternel, il se forme une femme qui ressemble au père ; et, si le sperme l'emporte seulement par la force qu'il a de reproduire le sexe masculin, il se forme un homme qui ressemble à la mère. Supposé que le sperme n'ait pas assez de vitalité pour marquer son empreinte et que par ailleurs les menstrues ne possèdent pas assez de consistance pour maintenir la leur, on voit alors réapparaître l'un des types familiaux : la génération aboutit à un phénomène d'atavisme[1].

Tels sont les moyens qu'emploie la nature pour propager la vie sur la terre. Or, si l'on excepte les espèces à génération spontanée, ces moyens sont autant de modes terminaux de la nutrition. Et le sperme et les menstrues se ramènent à des aliments assimilés : ce sont comme des enveloppes sanguines qui entourent les organes, en reçoivent le mouvement propre à chacun d'eux et le continuent par elles-mêmes une fois séparées de l'être générateur[2]. Si ces principes diffèrent au point que l'on a vu, c'est grâce seulement aux conditions caloriques où s'opère leur formation[3]. Les menstrues devien-

---

1. Arist., *Gen. an.*, Δ, 3, 767ᵃ-769ᵇ.
2. *Id., Ibid.*, Δ, 1, 766ᵇ, 7-15; *Ibid.*, A, 19, 726ᵇ, 5-17. Voir d'ailleurs les chapitres 17, 18, 19 et 20 du livre premier du même ouvrage.
3. *Id. Ibid.*, B, 1, 734ᵇ, 31-36; *Ibid.*, B, 4, 740ᵇ, 25-34; *Ibid.*, B, 6, 743ᵃ, 3-4 : ἡ δὲ γένεσίς ἐστιν ἐκ τῶν ὁμοιομερῶν ὑπὸ ψύξεως καὶ θερμότητος; *Ibid.*, 21-29; *Ibid.*, Δ, 1, 765ᵇ, 8 et sqq.

draient des spermes, si la femme avait un tempérament plus vigoureux et plus chaud : les menstrues sont des spermes ébauchés, comme la femme elle-même est un homme en devenir[1]. Et ce qui est vrai des vivants à système sexuel, l'est aussi des plantes. Les semences qu'enferment les fruits sont les analogues des spermes ; et les rejetons sont un effet de la croissance, qui a pour cause la nourriture.

La puissance génératrice se ramène donc à la puissance nutritive[2] : elle n'en est qu'un point de vue. D'autre part, la puissance nutritive n'est pas purement corporelle ; car le corps, considéré en lui-même, ne suffit de soi ni à produire ni à maintenir l'harmonieux balancement de ses parties. C'est l'âme qui emploie et façonne la nourriture au profit de l'être dont elle est la forme ; la faculté nutritive est d'ordre psychologique.

Ainsi pensait Aristote au sujet de la nutrition. Et, certes, sa théorie est loin d'être vraie à tous égards : elle sent son antiquité. Mais elle n'en contient pas moins des vues remarquables. Inspiré par sa philosophie de la matière et de la forme, Aristote soutient déjà que la nutrition suppose la présence d'un principe hyperphysique, l'intervention « d'un agent spécial », comme l'a dit Claude Bernard en notre siècle. Il enseigne tout le premier que le cœur est le centre de la vie organique : d'après lui, les vaisseaux sanguins aboutissent tous au cœur pour s'irradier ensuite dans les différentes parties du corps. Aristote constate également le phénomène de l'hérédité et en donne une explication aussi suggestive qu'originale.

---

1. Arist., *Gener. an.*, A, 20, 728ᵃ, 17-29 : ... ἔστι γὰρ τὰ καταμήνια σπέρμα οὐ καθαρὸν ἀλλὰ δεόμενον ἐργασίας... ; *Ibid.*, B, 3, 737ᵃ, 17-29.
2. *Id., De an.*, B, 4, 416ᵇ, 20-29.

CHAPITRE III

LA SENSATION.

Les sens n'opèrent point par eux-mêmes [1]. S'ils opéraient par eux-mêmes, ils seraient perpétuellement en acte; et tel n'est pas le fait que l'expérience nous révèle. Nous ne jouissons pas toujours de la lumière; nous ne percevons pas toujours des sons, des odeurs et des saveurs; le tact lui-même, bien que répandu par le corps entier, ne s'exerce pas d'une manière continue; du moins ne possède-t-il pas constamment tous les modes qu'il peut revêtir : les sens ne sont de leur chef qu'à l'état de puissance [2]; et, par suite, ils ont besoin, pour agir, d'un objet extérieur qui les excite et les détermine. Le bois ne brûle que sous l'influence d'un agent étranger qui s'appelle le feu : ainsi de nos organes sensoriels; ce sont des mobiles auxquels il faut un moteur qui vienne du dehors les élever à la dignité de l'acte [3].

En quoi consiste ce commerce des sens avec leurs

---

1. Arist., *Met.*, Γ, 5, 1010ᵇ, 35-37 : οὐ γὰρ δὴ ἥ γ' αἴσθησις αὐτὴ ἑαυτῆς ἐστίν, ἀλλ' ἔστι τι καὶ ἕτερον παρὰ τὴν αἴσθησιν, ὃ ἀνάγκη πρότερον εἶναι τῆς αἰσθήσεως.
2. Id., *De an.*, B, 5, 417ᵃ, 6-9 : Δῆλον οὖν ὅτι τὸ αἰσθητικὸν οὐκ ἔστιν ἐνεργείᾳ, ἀλλὰ δυνάμει μόνον. Διὸ καθάπερ τὸ καυστὸν οὐ καίεται αὐτὸ καθ' αὑτὸ ἄνευ τοῦ καυστικοῦ· ἔκαιε γὰρ ἂν ἑαυτό, καὶ οὐθὲν ἐδεῖτο τοῦ ἐντελεχείᾳ πυρὸς ὄντος.
3. Id., *Ibid.*, B, 5, 417ᵃ, 17-18 : πάντα δὲ πάσχει καὶ κινεῖται ὑπὸ τοῦ ποιητικοῦ καὶ ἐνεργείᾳ ὄντος.

moteurs respectifs? Là se trouve le point vital du problème de la perception extérieure.

Tout d'abord, le sens affecté reçoit en lui l'acte de l'objet qui l'affecte [1]. Car c'est un principe général : l'acte du moteur passe dans le mobile ; il se propage dans sa virtualité, il s'y continue lui-même [2]. Bien plus, le sens affecté reçoit tel quel l'acte de l'objet qui l'affecte : il n'y ajoute rien, il n'y retranche rien, il ne l'altère d'aucune façon; il le reproduit exactement comme un miroir parfaitement uni reproduit l'image de la personne qui s'y contemple. La raison que l'on en doit fournir, c'est qu'étant de sa nature à l'état de pure puissance, il est aussi totalement indéterminé, susceptible par conséquent de revêtir toutes les déterminations qui lui sont connaturelles. On peut même dire d'une certaine manière que l'acte du sens et celui de son objet sont identiques [3]. Ces deux actes sont des formes qui se ressemblent, comme on vient de le voir. Et les formes qui se ressemblent se différencient bien par leurs sujets; mais, considérées en elles-mêmes, elles ne font plus qu'un, vu qu'elles ont une seule définition. Enfin, le sens affecté ne reçoit que l'acte de l'objet qui l'affecte ; il n'englobe pas sa matière. Il le reçoit, en effet, dans la mesure où il

---

1. Arist., *De an.*, Γ, 2, 426ᵃ, 2-6 : εἰ δή ἐστιν ἡ κίνησις καὶ ἡ ποίησις καὶ τὸ πάθος ἐν τῷ ποιουμένῳ, ἀνάγκη καὶ τὸν ψόφον καὶ τὴν ἀκοὴν τὴν κατ' ἐνέργειαν ἐν τῇ κατὰ δύναμιν εἶναι· ἡ γὰρ τοῦ ποιητικοῦ καὶ κινητικοῦ ἐνέργεια ἐν τῷ πάσχοντι ἐγγίνεται· διὸ οὐκ ἀνάγκη τὸ κινοῦν κινεῖσθαι; *Ibid.*, 9-11.

2. *Id., Phys.*, Γ, 3, 202ᵇ, 5-10 : ἢ οὔτε τὸ τὴν ἄλλου ἐνέργειαν ἐν ἑτέρῳ εἶναι ἄτοπον (ἔστι γὰρ ἡ δίδαξις ἐνέργεια τοῦ διδασκαλικοῦ, ἐν τινι μέντοι, καὶ οὐκ ἀποτετμημένη, ἀλλὰ τοῦδε ἐν τῷδε)...; *Ibid.*, 21-22.

3. *Id., De an.*, Γ, 2, 425ᵇ, 25-27 : ἡ δὲ τοῦ αἰσθητοῦ ἐνέργεια καὶ τῆς αἰσθήσεως ἡ αὐτὴ μέν ἐστι καὶ μία, τὸ δ' εἶναι οὐ τὸ αὐτὸ αὐταῖς; *Phys.*, Γ, 3, 202ᵃ, 14-20; *Ibid.*, 202ᵇ, 10-14.

agit; or il agit dans la mesure où il est « acte ». La cire prend la figure de l'anneau sans le fer qui le compose; elle reçoit indifféremment l'empreinte de l'or ou celle de l'airain, mais ne se laisse jamais atteindre ni par l'or ni par l'airain, considérés comme tels. Il se passe quelque chose d'analogue dans la sensibilité. Elle « pâtit sous l'influence des corps qui possèdent la couleur, la saveur ou le son »; mais ces corps ne l'actionnent que par ces qualités elles-mêmes : la sensibilité ne reçoit des objets que leurs formes sensibles [1].

Pourtant la sensation n'est pas un phénomène purement passif; il s'y fait une réaction à l'égard de l'objet : il s'y manifeste une véritable spontanéité.

Elle n'est pas ce premier changement au terme duquel l'être sensible se trouve produit; elle le suppose [2] : car c'est une modalité, et une modalité quelconque ne peut avoir lieu que dans un sujet déjà donné. La sensation n'est pas non plus un changement privatif, comme celui par lequel on passe de la vue à la cécité, ou de la chaleur au froid. Il faut y voir un mouvement, ou plutôt un acte qui se traduit par un progrès dans l'être : elle apporte à la sensibilité l'achèvement qui lui convient [3]. Et cet achèvement, l'âme le veut d'un

---

1. Arist., *De an.*, B, 12, 424ᵃ, 17-24 : καθόλου δὲ περὶ πάσης αἰσθήσεως δεῖ λαβεῖν ὅτι ἡ μὲν αἴσθησίς ἐστι τὸ δεκτικὸν τῶν αἰσθητῶν εἰδῶν ἄνευ τῆς ὕλης, οἷον ὁ κηρὸς τοῦ δακτυλίου ἄνευ τοῦ σιδήρου καὶ τοῦ χρυσοῦ δέχεται τὸ σημεῖον, λαμβάνει δὲ τὸ χρυσοῦν ἢ τὸ χαλκοῦν σημεῖον, ἀλλ' οὐχ ᾗ χρυσὸς ἢ χαλκός.

2. Id., *Ibid.*, B, 5, 417ᵇ, 16-17 : τοῦ αἰσθητικοῦ ἡ μὲν πρώτη μεταβολὴ γίνεται ὑπὸ τοῦ γεννῶντος· ὅταν δὲ γεννηθῇ, ἔχει ἤδη ὥσπερ ἐπιστήμην καὶ τὸ αἰσθάνεσθαι.

3. Id., *Ibid.*, B, 5, 417ᵇ, 2-16 : Οὐκ ἔστι δ' ἁπλοῦν οὐδὲ τὸ πάσχειν, ἀλλὰ τὸ μὲν φθορά τις ὑπὸ τοῦ ἐναντίου, τὸ δὲ σωτηρία μᾶλλον τοῦ δυνάμει ὄντος ὑπὸ τοῦ ἐντελεχείᾳ ὄντος καὶ ὁμοίου, οὕτως ὡς δύναμις ἔχει πρὸς ἐντελέχειαν... τὸ δ'

vouloir essentiel; elle y tend sous l'influence de cet amour profond qui fait graviter les choses vers la pensée pure. Aussi, dès qu'une forme sensible commence à se dessiner dans l'un de ses organes, elle s'y porte d'un élan tout naturel [1], s'y éveille à titre de perception et la convertit d'image vivante en image connue [2]. Mais cette espèce de choc en retour n'a pas l'effet que l'on pourrait croire à l'égard des « formes sensibles » : il n'y produit pas plus de changement que la réceptivité des organes. La connaissance, considérée en soi, demeure pure de tout alliage : elle n'altère point son objet; elle ne fait que s'en saisir.

Il n'y a là d'ailleurs qu'un aspect de l'activité qui se déploie dans la sensation. L'âme, une fois mise en mouvement, ne se borne pas à percevoir la forme sensible; elle la rapporte naturellement à sa cause externe. Lorsqu'un objet donné détermine l'un quelconque de nos organes, nous sentons non seulement l'empreinte qu'il y dépose, mais encore l'union synergique que nous soutenons avec lui : nous nous rendons compte de sa pré-

---

ἐκ δυνάμει ὄντος μανθάνον καὶ λαμβάνον ἐπιστήμην ὑπὸ τοῦ ἐντελεχείᾳ ὄντος καὶ διδασκαλικοῦ ἤτοι οὐδὲ πάσχειν φατέον, ὥσπερ εἴρηται, ἢ δύο τρόπους εἶναι ἀλλοιώσεως, τήν τε ἐπὶ τὰς στερητικὰς διαθέσεις μεταβολὴν καὶ τὴν ἐπὶ τὰς ἕξεις καὶ τὴν φύσιν. *Ibid.*, Γ, 7, 431ª, 4-6 : φαίνεται δὲ τὸ μὲν αἰσθητὸν ἐκ δυνάμει ὄντος τοῦ αἰσθητικοῦ ἐνεργείᾳ ποιοῦν· οὐ γὰρ πάσχει οὐδ' ἀλλοιοῦται. Διὸ ἄλλο εἶδος τοῦτο κινήσεως. SIMPL., *In libros Aristotelis De anima comm.*, 192, 31 et sqq., éd. M. HAYDUCK, Berlin, 1882 : τίς οὖν ἡ ποίησις καὶ ἡ κίνησις, ἧς τὸ αἰσθητὸν ποιητικόν;... οὔτε δὲ πάθη οὔτε κίνησις, ἀλλ' εἴδη καὶ ἐνέργειαι καὶ τελειότητες...

1. SIMPL., *Ibid.*, 193, 8-9 : καὶ ἀφ' ἑαυτῆς ἡ ψυχὴ ἐνεργεῖ δεομένη πρὸς τὴν ἐνέργειαν τῆς τοῦ ὀργάνου ὑπὸ τοῦ αἰσθητοῦ πείσεως.

2. ARIST., *De somn.*, 1, 451ª, 7-11 : ἐπεὶ δ' οὔτε τῆς ψυχῆς ἴδιον τὸ αἰσθάνεσθαι οὔτε τοῦ σώματος (οὗ γὰρ ἡ δύναμις, τούτου καὶ ἡ ἐνέργεια· ἡ δὲ λεγομένη αἴσθησις, ὡς ἐνέργεια, κίνησίς τις διὰ τοῦ σώματος τῆς ψυχῆς ἐστί), φανερὸν ὡς οὔτε τῆς ψυχῆς τὸ πάθος ἴδιον, οὔτ' ἄψυχον σῶμα δυνατὸν αἰσθάνεσθαι. Il se fait un mouvement qui vient de l'âme; c'est là ce qui s'appelle proprement du nom de sentir.

sence et nous l'affirmons. La conscience de ce contact du réel demeure faible en certains cas; mais, quand l'action de l'objet est très marquée, nous ne nous méprenons jamais [1] : c'est dans la certitude que s'achève le cycle de la perception extérieure.

Il y a donc dans la sensibilité un principe de connaissance. Et ce principe, bien qu'inséparablement lié à l'étendue, ne se confond pas avec elle; il s'en distingue essentiellement : il en est la forme et de ce chef ne peut être qu'incorporel [2]. De plus, et pour le même motif, ce principe n'est pas indéterminé. Mesure, proportion, harmonie : ce sont là autant de termes qui lui conviennent, parce que ce sont là autant de termes qui conviennent à la définition de la forme; toute forme, en effet, dérivant immédiatement de l'âme du monde qui est raison, ne peut manquer d'avoir l'ordre pour marque essentielle. C'est là d'ailleurs ce que révèle l'une des lois fondamentales de l'activité sensitive. « Chacun des excès, soit l'aigu, soit le grave, détruit l'ouïe. L'excès de saveur

---

[1]. Arist., *De an.*, Γ, 3, 428ª, 11-15 : εἶτα αἱ μὲν ἀληθεῖς ἀεί, αἱ δὲ φαντασίαι γίνονται αἱ πλείους ψευδεῖς. ἔπειτ' οὐδὲ λέγομεν, ὅταν ἐνεργῶμεν ἀκριβῶς περὶ τὸ αἰσθητόν, ὅτι φαίνεται τοῦτο ἡμῖν ἄνθρωπος· ἀλλὰ μᾶλλον ὅταν μὴ ἐναργῶς αἰσθανώμεθα [τότε ἢ ἀληθὴς ἢ ψευδής]. — On pourrait être tenté de fournir une autre explication de la manière dont les sensations se rapportent à la réalité : on pourrait croire, en se fondant sur la théorie du moteur et du mobile développée au livre III de la *Physique* (c. 3), que le sens une fois actionné par l'objet réagit contre lui et l'atteint en lui-même : ce qui donnerait une perception immédiate des choses, dont l'espèce sensible ne serait plus que le moyen. Mais, comme on le verra plus loin, cette explication ne s'accorde pas avec l'idée qu'Aristote se fait de la sensation : d'après lui, chaque sens, même le toucher, est séparé par « un intermédiaire » de son objet correspondant (v. p. 180).

[2]. Arist., *De an.*, B, 12, 424ª, 24-28; *De gen. et corr.*, A, 5, 322ª, 28-29 : Τοῦτο δὲ τὸ εἶδος ἄνευ ὕλης, οἷον ἄϋλος δύναμίς τις ἐν ὕλῃ ἐστίν. Ces paroles se rapportent à la nourriture; mais elles s'entendent, à plus forte raison, de la sensibilité elle-même.

détruit le goût; ce qui est brillant ou sombre à l'excès détruit la vue; et il en va de même pour les odeurs fortes, soit douces soit amères, à l'égard de l'odorat ». Il n'y a d'agréable et de fortifiant que les sensations bien rythmées [1]. A quoi tient ce fait? A ce que le fond de la sensibilité est lui-même eurythmie. « Dès que le mouvement subi par l'organe est trop fort, sa forme se dissout, comme le ton et l'harmonie quand les cordes sont frappées violemment »[2].

Ainsi se présentent les différents caractères de la sensation : elle est à la fois passion, réaction, perception par là même d'une forme que l'âme rapporte naturellement à un objet. Et de ces différents caractères découle la valeur objective de la connaissance sensible.

Si les sens ne se déterminent que sous l'influence des objets, il faut bien que ces objets possèdent une réalité préalable, et que, partant, il y ait un monde extérieur. Sans doute, le sensible, pris comme tel, n'existe pas en soi. Envisagé de ce point de vue, il a son acte dans l'organe qu'il affecte, il devient identique à la sensation produite : il commence et finit avec cette sensation [3]. Mais on n'a plus le droit de raisonner ainsi, lorsqu'on vient à considérer le sensible en lui-même, indépendamment de tout rapport actuel avec nos organes. Vu de ce biais, il est une réalité qui a son existence à elle, et qui, avant d'exercer une action quelconque sur nos sens, est déjà pourvue de toutes ses qualités.

1. Arist., *De an.*, Γ, 2, 426ᵃ, 27-31 ; 426ᵇ, 1-7.
2. *Id., Ibid.*, B, 12, 424ᵃ, 28-32.
3. *Id., Ibid.*, Γ, 2, 425ᵇ, 26-28 : ἡ δὲ τοῦ αἰσθητοῦ ἐνέργεια καὶ τῆς αἰσθήσεως ἡ αὐτὴ μέν ἐστι καὶ μία, τὸ δ' εἶναι οὐ τὸ αὐτὸ αὐταῖς· λέγω δ' οἷον ὁ ψόφος ὁ κατ' ἐνέργειαν καὶ ἡ ἀκοὴ ἡ κατ' ἐνέργειαν ; *Ibid.*, 425ᵇ, 28-31. 426ᵃ, 1-20.

« Les anciens physiologues ne s'exprimaient pas avec justesse, lorsqu'ils disaient qu'il n'y a ni blanc ni noir en dehors de la vision, ni saveur en dehors du goût; leur langage cachait un mélange d'erreur et de vérité. La sensation et le sensible se prennent de deux manières : à l'état de puissance et à l'état d'acte. Leur façon de parler était exacte dans le dernier sens, inexacte dans le second »[1]. Le sensible en lui-même est antérieur à la sensation[2] ; la sensation le suppose, comme le mobile suppose le moteur[3].

Non seulement il y a un monde extérieur, mais ce monde est semblable aux formes vivantes qu'il produit dans nos organes[4]. Démocrite se trompait en enseignant qu'il n'existe au dehors de nous-mêmes que des atomes qui se meuvent, se croisent et s'entrechoquent dans le silence éternel du vide infini. Elle est autrement profonde, autrement riche et diverse en ses effets, l'énergie qui s'exerce au sein de l'univers. Nous ne prêtons à la nature ni l'immensité du ciel, ni la magie des couleurs, ni la mystérieuse arithmétique des sons, ni le charme des parfums ; c'est d'elle, au contraire, que nous vient comme une image intérieure de toutes ces choses. Supposé qu'il n'y ait plus sur le globe aucun être

---

1. Arist., *De an.*, I, 2, 426^a, 15-26.
2. Id., *Cat.*, 7, 7^b, 36-38 : τὸ γὰρ αἰσθητὸν πρότερον τῆς αἰσθήσεως δοκεῖ εἶναι. Τὸ μὲν γὰρ αἰσθητὸν ἀναιρεθὲν συναναιρεῖ τὴν αἴσθησιν, ἡ δὲ αἴσθησις τὸ αἰσθητὸν οὐ συναναιρεῖ.
3. Id., *Met.*, I, 5, 1010^b, 31-37, 1011^a, 1 : ... τὸ γὰρ κινοῦν τοῦ κινουμένου φύσει πρότερόν ἐστι. — Voir sur cette question : G. Rodier, *ouvr. cit.*, t. II, p. 373, 426^a, 19; Siebeck, *Aristoteles*, p. 76 (Stuttgart, 1899).
4. Id., *De an.*, B, 5, 417^a, 20 : πάσχει γὰρ τὸ ἀνόμοιον, πεπονθὸς δ' ὅμοιόν ἐστιν; *Ibid.*, 418^a, 4-6 : πάσχει μὲν οὖν οὐχ ὅμοιον ὄν, πεπονθὸς δ' ὡμοίωται καὶ ἔστιν οἷον ἐκεῖνο.

sensible, elles continueraient à se produire, et comme auparavant. Il existerait encore dans le monde la même quantité de lumière et de chaleur. Ni les arbres ne cesseraient de frissonner au souffle du vent, ni la mer de mugir en frappant son rivage; et les printemps ne perdraient rien ni de leurs tièdes haleines ni de leur odorante parure. La seule différence serait qu'il n'y aurait plus ni œil, ni oreille, ni odorat, ni palais, ni toucher, à jouir de la beauté du spectacle.

Pour qu'il en fût différemment, pour qu'il y eût de la relativité dans la connaissance sensible, il faudrait qu'il se glissât quelque altération ou dans l'objet lui-même, ou dans la forme qui résulte de son action; l'une et l'autre de ces deux hypothèses sont dépourvues de fondement. L'objet ne change pas pour agir : il a son acte dans le sens qu'il affecte; c'est un moteur immobile à l'égard de ce sens, comme la médecine à l'égard du malade. De son côté, la forme sensible ne change pas non plus, aussi longtemps du moins que l'objet demeure présent. Elle ne pourrait changer que sous l'influence de la perception qui l'enveloppe; et la perception, comme on l'a déjà vu, ne modifie rien : elle respecte tout ce qu'elle compénètre de sa lumière.

Pourtant, cette démonstration, si précise qu'elle paraisse, ne suffit pas à fonder de tous points la valeur objective de la connaissance empirique. Rigoureusement, le principe d'assimilation de l'organe à son moteur ne garantit que les « formes sensibles » et l'existence de la cause extérieure qui les produit. Dès qu'il est question de définir la nature de l'objet qui agit ou de se prononcer soit sur sa figure, soit sur sa grandeur, soit sur son mouvement, soit sur sa distance, ce principe nous laisse par lui-même sujets à l'erreur [1]; il ne garde sa portée qu'autant que l'on y adjoint un certain nombre de conditions.

Ce n'est pas directement que les objets atteignent les sens qui leur correspondent. Entre le visible et la vue [2], le son et l'ouïe [3], l'odorant et l'odorat s'interposent l'air et l'eau [4]; entre le tangible et le toucher, il y a la chair. Ce serait une illusion de croire que la chair fait partie du sensorium tactile; si elle en faisait partie, il ne percevrait pas plus le tangible que l'œil ne perçoit un objet blanc appliqué sur sa surface. Le toucher se situe au dedans: il a son siège dans le cœur [5]; et la chair n'est qu'une sorte d'intermédiaire à travers lequel il reçoit le choc des corps, « comme celui qui est frappé à travers son bouclier » [6]. Tous nos sens supposent un milieu, qui leur transmet l'acte des sensibles; par suite, il faut que cette transmission n'altère rien, qu'elle demeure conforme dans tout son parcours à l'impulsion immédiate et originelle de l'objet.

Nos organes sensoriels sont sujets à diverses maladies

---

1. Arist., *De an.*, B, 6, 418ᵃ, 11-16 : λέγω δ' ἴδιον μὲν ὃ μὴ ἐνδέχεται ἑτέρᾳ αἰσθήσει αἰσθάνεσθαι, καὶ περὶ ὃ μὴ ἐνδέχεται ἀπατηθῆναι, οἷον ὄψις χρώματος καὶ ἀκοὴ ψόφου καὶ γεῦσις χυμοῦ. ἡ δ' ἁφὴ πλείους μὲν ἔχει διαφοράς· ἀλλ' ἑκάστη γε κρίνει περὶ τούτων, καὶ οὐκ ἀπατᾶται ὅτι χρῶμα οὐδ' ὅτι ψόφος, ἀλλὰ τί τὸ κεχρωσμένον ἢ ποῦ, ἢ τί τὸ ψοφοῦν ἢ ποῦ; *Ibid.*, 418ᵃ, 20-23; *Ibid.*, Γ, 1, 425ᵃ, 24-30; *Ibid.*, Γ, 6, 430ᵇ, 2-3; *Met.*, Γ, 5, 1010ᵇ, 18-26.

2. *Id.*, *De an.*, B, 7, 419ᵃ, 15-21; *Ibid.*, B, 11, 423ᵇ, 17-20.

3. *Id.*, *Ibid.*, B, 8, 419ᵇ, 18-20; *Ibid.*, B, 11, 423ᵇ, 17-20; *De sens.*, 6, 446ᵇ, 6-9.

4. *Id.*, *De an.*, B, 9, 421ᵇ, 9-13; *Ibid.*, B, 11, 423ᵇ, 17-20.

5. *Id.*, *De somn.*, 2, 455ᵃ, 12-25. D'après ce texte, le tact et le sens commun paraissent avoir le même organe.

6. *Id.*, *De an.*, B, 11, 423ᵇ, 8-26.

qui en troublent la réceptivité ; et alors nous voyons en jaune ou violet ce qui est blanc, en mouvement ce qui est immobile; nous trouvons amer ce qui est doux et doux ce qui est amer ; les sons changent de timbre et d'intensité [1]. L'activité de nos sens peut même devenir assez grande pour réagir sur les objets ; on observe, par exemple, que lorsque les femmes, à l'époque des menstrues, se regardent dans un miroir, leurs yeux projettent sur l'airain poli une sorte de buée sanguine qu'il est assez difficile de faire disparaître [2]. Par conséquent, il faut que les organes, pour recevoir à l'état pur l'acte du sensible, soient eux-mêmes dans leur état normal.

Derrière les sens périphériques, il y a un sensorium central, comme on le verra plus loin; de là une autre source de perturbation pour la connaissance empirique. La moindre ressemblance suffit à l'amoureux pour se convaincre de la présence de l'objet aimé, au peureux pour se convaincre de la présence de l'ennemi; les fiévreux voient dans les inscriptions qui sont sur les murs des animaux terribles dont ils s'efforcent de se défendre. Pareils sont les effets de la colère et de nos autres passions : elles provoquent de leur chef des images hallucinatoires, qui recouvrent la forme sensible produite par l'objet réel; et nous voilà dans l'erreur [3]. Il faut donc que cette intervention du dedans n'ait pas lieu; il faut que les sens soient seuls à rendre leur témoignage.

Mais ces conditions se trouvent généralement réalisées. L'acte de l'objet sensible se transmet de proche en

---

1. Arist., *De insomn.*, 2, 460ᵃ, 3-9 ; cf. *Met.*, Γ, 5, 1010ᵇ, 3-9 : Καὶ πότερόν οἷα τοῖς ὑγιαίνουσιν ἢ οἷα τοῖς κάμνουσιν...

2. *Id.*, *De insomn.*, 2, 459ᵇ, 26-32 ; *Met.*, Γ, 5, 1009ᵇ, 2-6.

3. *Id.*, *De insomn.*, 2, 460ᵇ, 3-16.

proche jusqu'à son organe respectif ; ainsi le veut la loi d'après laquelle l'acte du moteur se produit dans le mobile. D'ordinaire, les sens extérieurs fonctionnent d'une façon normale; et il en va de même pour le sens commun. Car la nature veut l'ordre : et, dans la majorité des cas, elle réussit à le produire; les troubles que l'on vient de décrire ne sont que des accidents. C'est dans l'idée de la finalité universelle que s'achève l'analyse de la connaissance sensible.

D'ailleurs, quand il se produit des anomalies, on a des procédés pour s'en rendre compte, aussi longtemps du moins que l'on garde la maîtrise de soi-même[1]. D'abord, on corrige le présent par l'expérience du passé. Lorsqu'on quitte le port, les côtes semblent se mouvoir; mais on sait déjà de conviction sûre qu'elles sont immobiles, et l'on en conclut que c'est le bateau qui se meut[2]. De plus, on corrige le présent par l'expérience du présent. Si l'on remue une boulette de mie de pain entre ses doigts, il arrive au bout d'un certain temps que l'on en sent deux; mais la vue est là pour nous apprendre qu'il n'y en a toujours qu'une[3]. Nous pouvons aussi, pour lever la difficulté, recourir à la lumière du raisonnement. Par exemple, le soleil, d'après le témoignage de nos yeux, n'a guère qu'un pied de largeur; mais une inférence assez simple suffit à dissiper cette tromperie. Le soleil, pour envelopper la terre de ses rayons, doit en être très éloigné; et, de la distance où il est, il ne peut se projeter dans notre organe

---

1. Arist., *De insomn.*, 2, 460ᵇ, 16-18 : αἴτιον δὲ τοῦ συμβαίνειν ταῦτα (ἀπάτας) τὸ μὴ κατὰ τὴν αὐτὴν δύναμιν κρίνειν τότε κύριον καὶ ᾧ τὰ φαντάσματα γίνεται; cf. *ibid.*, 13-16. — V. Sylv. Maur., *ouvr. cit.*, t. IV, p. 183ᵃ-183ᵇ.

2. Arist., *De insomn.*, 2, 460ᵇ, 22-27.

3. *Id., Ibid.*, 2, 460ᵇ, 20-22.

visuel qu'à condition d'avoir un volume immense. La réflexion est une réductrice toujours en éveil des erreurs de la sensation[1].

Aristote poursuit donc la relativité partout où il la rencontre : il en est l'ennemi, comme Protagoras était celui de l'être. Mais, malgré son effort génial, il ne semble pas qu'il l'ait entièrement évincée.

A l'état normal, nous ne voyons pas tous les mêmes teintes en face du même objet; nous ne sentons pas tous les mêmes fleurs de la même façon; et ce qui est lourd pour un oiseau, se trouve d'être léger pour un éléphant[2]. Il y a dans la sensation une équation individuelle, et peut-être aussi une équation spécifique, qui résiste à la théorie d'Aristote. On peut même dire que le principe fondamental de cette théorie demeure sujet à caution. Qui nous dit que la finalité demande une ressemblance parfaite de la représentation à son objet? Tout ne va-t-il pas comme auparavant, si l'on suppose une série de signes qui symbolisent la suite des faits naturels sans en être les sosies?

De la valeur objective de la connaissance sensible, Aristote passe à ce que l'on peut appeler son extension.

Il y a cinq sens, et l'on ne conçoit pas qu'il y en ait plus[3]; car, s'il y avait un sens de plus, quelle pourrait être sa matière? Ce ne serait pas du feu, vu que le feu, composant comme la base de tous les sens, n'est propre par là même à aucun d'eux; ce ne serait pas de la terre non plus, vu que la terre a dans le toucher la seule place

---

1. Arist., *De Insomn.*, 2, 460^b, 18-20.
2. *Id.*, *Met.*, Γ, 5, 1009^b, 7-10; *Ibid.*, 1010^b, 4-10. Aristote exprime en ces deux passages des objections que sa théorie ne résout que partiellement.
3. *Id.*, *De an.*, Γ, 1, 424^b, 22-24.

qui lui convienne. Restent donc l'air et l'eau. Mais l'air forme déjà l'ouïe ; l'eau, la vue ; l'air et l'eau, l'odorat ; de telle sorte qu'il est impossible de combiner ces deux corps simples de manière à obtenir un organe nouveau[1]. Il faut qu'il n'y ait que cinq sens : ainsi le veut la physique.

D'autre part, l'homme n'est pas né pour un savoir incomplet et fragmentaire ; du moment qu'il possède l'intelligence, sa fin doit être la science universelle. Or la science universelle n'est faisable que si l'on perçoit l'ensemble des phénomènes à travers lesquels se manifeste l'essence des choses ; celui-là seul peut connaître toutes les formes intelligibles qui connaît d'abord toutes les formes sensibles[2]. Il y a donc lieu de croire que les cinq sens dont nous sommes doués suffisent à nous mettre en rapport avec la totalité des aspects sous lesquels se présente la nature : il n'existe dans la réalité aucun mouvement, aucun mode, aucune qualité, aucune détermination quelconque dont ils ne soient à même de nous informer. Ainsi le veut la téléologie.

1. Arist., *De an.*, Γ, 1, 424ᵇ, 31-34 ; 425ᵃ, 1-10; *De sens.*, 2, 438ᵇ, 19-30 ; 439, 1-5 ; ce dernier passage présente une variante. L'odorat ne s'y compose plus d'air et d'eau ; il est de feu, πυρὸς δὲ τὴν ὄσφρησιν. Mais cette variante s'explique à la rigueur : si l'on peut dire que l'odorat se compose de feu, c'est sans doute parce que ce corps simple, qui est la condition de toute sensibilité, se trouve en plus grande abondance dans l'odorat, sans constituer pourtant sa caractéristique.

2. *Id.*, *Anal. post.*, A, 13, 81ᵃ, 38-40 : φανερὸν δὲ καὶ ὅτι, εἴ τις αἴσθησις ἐκλέλοιπεν, ἀνάγκη καὶ ἐπιστήμην τινὰ ἐκλελοιπέναι, ἣν ἀδύνατον λαβεῖν, εἴπερ μανθάνομεν ἢ ἐπαγωγῇ ἢ ἀποδείξει ; *De an.*, Γ, 8, 432ᵃ, 3-10. — Themistius donne la même interprétation (*Paraphr. Arist.*, II, 149, 23-27) : δῆλη δέ ἐστιν ἡ φύσις, ὅτι πανταχοῦ τὰς ἀτελεστέρας δυνάμεις ὁλοκλήρους ταῖς τελειοτέραις προϋβάλλεται, ὥστε εἴπερ ἐν ἀνθρώπῳ λόγος καὶ νοῦς, πᾶσαι ἂν αὐτῷ προϋπάρχοιεν αἱ αἰσθήσεις. — Idem dans Simpl. (*De anima*, 173, 30 et sqq.) ; Philop. (*In Arist. De anima libros comm.*, 450, 8-19, éd. Hayduck, Berlin, 1897) ; Alex. Aphr. (*De an.*, 65, 20, 66, 1-8, éd. Bruns, Berlin, 1887).

Après l'étude de la connaissance sensible, se présente celle des sensibles eux-mêmes, dont il faut dire quelques mots.

Les corps ne sont pas colorés de leur nature. Ils renferment tous à un degré ou à un autre une certaine propriété qui en est inséparable bien que distincte, et qui s'appelle le diaphane [1]. L'acte du diaphane est la lumière; sa puissance, l'obscurité [2]; et le mélange à proportions diverses de ces deux extrêmes compose la gamme des couleurs [3]. Mais, puisque le diaphane passe de la puissance à l'acte, il lui faut un moteur [4]; ce moteur est un autre diaphane en acte qui suppose lui-même un autre diaphane en acte. Or l'on ne peut aller ainsi indéfiniment : il doit y avoir un premier diaphane immobile, qui ne peut être que la lumière des astres. En effet, bien que les astres changent de place, ils sont d'eux-mêmes autant d'actes pleins; et, par suite, la lumière qu'ils répandent ne souffre aucune défaillance : elle est éternelle et fixe comme le foyer qui la produit [5]. Ce n'est pas, toutefois, que la lumière se fasse à la manière dont l'a soutenu Em-

---

1. Arist., *De sens.*, 3, 439ᵃ, 21-25 : ὃ δὲ λέγομεν διαφανές, οὐκ ἔστιν ἴδιον ἀέρος ἢ ὕδατος οὐδ' ἄλλου τῶν οὕτω λεγομένων σωμάτων, ἀλλά τίς ἐστι κοινὴ φύσις καὶ δύναμις, ἣ χωριστὴ μὲν οὐκ ἔστιν, ἐν τούτοις δ' ἐστί, καὶ τοῖς ἄλλοις σώμασιν ἐνυπάρχει, τοῖς μὲν μᾶλλον τοῖς δ' ἧττον; *De an.*, B. 7, 418ᵇ, 4-9.

2. *Id.*, *De an.*, B, 7, 418ᵇ, 9-11; *Ibid.*, 419ᵃ, 11 : ἡ δ' ἐντελέχεια τοῦ διαφανοῦς φῶς ἐστιν; *Ibid.*, 418ᵇ, 18-20.

3. *Id.*, *De sens.*, 3, 439ᵇ, 19-33; 440ᵃ, 1-6; 440ᵇ, 18-21.

4. *Id.*, *De an.*, B, 7, 418ᵇ, 11-13. Le feu lui-même, en tant que lumineux, est du diaphane en acte. *De sens.*, 3, 439ᵃ, 18-21.

5. *Id.*, *De an.*, B, 7, 418ᵇ, 7-9 : οὐ γὰρ ᾗ ὕδωρ οὐδ' ᾗ ἀήρ, διαφανές, ἀλλ' ὅτι ἐστί φύσις ὑπάρχουσα ἡ αὐτὴ ἐν τούτοις ἀμφοτέροις καὶ ἐν τῷ ἀϊδίῳ τῷ ἄνω σώματι; Simpl. (*De an.*, 133, 27) : τὸ δὲ οὐράνιον εἰ καὶ ἅμα φωτιστικόν τέ ἐστι καὶ διαφανές, ἀλλ' ἕτερον αὐτῷ τὸ διαφανεῖ τε εἶναι καὶ φωτιστικῷ. Ce diaphane céleste est toujours en acte; et voilà le moteur immobile du diaphane en devenir.

pédocle. Elle ne se propage pas de proche en proche, et comme par ondes; elle ne chemine pas à travers l'air et l'eau, ses milieux naturels; elle envahit d'un coup, comme la pensée, tout l'espace qu'elle enveloppe [1]. C'est quelque chose d'incorporel [2].

Le son, tout au contraire, se transmet de point en point [3], à la manière dont fait un projectile. C'est un choc qui ébranle la couche d'air ambiante, laquelle ébranle à son tour la couche d'air continue [4]. Si l'impulsion reçue est trop faible, l'air se disperse et demeure silencieux; mais, si elle acquiert une certaine force, l'air résiste et il se produit un son [5]. Supposé que ce son vienne à rencontrer une surface creuse, il se fait un mouvement en retour, et l'on a ce que l'on appelle un écho [6]. Supposé que le mouvement imprimé par le choc initial s'engouffre dans une cavité qui est elle-même remplie d'air, cet air s'y répercute et la cavité retentit. C'est cette dernière hypothèse que réalise l'oreille. Elle contient de l'air qui reste enfermé dans ses circuits, et qui s'ébranle au contact des vibrations atmosphériques; de là les phénomènes d'audition [7]. Quoique le son se transmette à travers l'air, et même à travers l'eau, il n'est pas un mouvement; c'est une qualité, aussi bien que la lumière, mais une qualité qui voyage: l'air reçoit

---

1. Arist., *Le sens.*, 6, 446^b, 27-30; 447^a, 1-10; *De an.*, B, 7, 418^b, 20-26.
2. *Id.*, *De an.*, B, 7, 418^b, 13-17. Cette conception est bien hellénique. Quand on visite la Grèce, on a tout naturellement l'impression de l'immatérialité de la lumière.
3. *Id.*, *De sens.*, 6, 446^a, 24 et sqq.
4. *Id.*, *De an.*, B, 8, 419^b, 9-12, 18-20.
5. *Id.*, *Ibid.*, B, 8, 419^b, 19-25; 419^b, 34-35; 420^a, 1-2, 7-9.
6. *Id.*, *Ibid.*, B, 8, 419^b, 25-29.
7. *Id.*, *Ibid.*, B, 8, 420^a, 3-23.

l'acte du sonore, comme la cire l'empreinte du sceau, et ne fait que le transmettre de son point de départ jusqu'à l'organe auditif[1].

L'objet du toucher ne se réduit pas à l'unité d'une même opposition, comme celui de la vue qui est le blanc et le noir, ou celui de l'ouïe qui est l'aigu et le grave. Les qualités tactiles sont beaucoup plus variées : elles comprennent à la fois le chaud et le froid, le sec et l'humide, le dur et le mou, le raboteux et le poli, le lourd et le léger et d'autres différences de même genre[2]. Mais, parmi ces qualités, il en est de dérivées : elles se ramènent toutes aux quatre premières, qui sont elles-mêmes les éléments essentiels de tout corps; et l'on arrive ainsi, par deux oppositions, à l'unité d'un seul objet : le corps, en tant que corps, voilà le tangible[3].

« Le sapide est une sorte de tangible »[4]. Et ce tangible s'entend de deux manières : comme puissance ou comme acte. Dans le premier sens, c'est le sec; dans le second, c'est une qualité qui se dégage de l'humide. Le sec, par lui-même, est insipide; mais, lorsqu'il entre en contact avec la langue, il se fond sous l'influence de l'eau qui baigne cet organe, subit une sorte de digestion et se transforme en saveur[5]. Ainsi, le sapide n'existe pas dans les corps comme

---

1. Arist., *De an.*, B, 8, 420ᵃ, 3-4 : ψοφητικὸν μὲν οὖν τὸ κινητικὸν ἑνὸς ἀέρος συνεχείᾳ μέχρις ἀκοῆς· ἀκοὴ δὲ συμφυὴς ἀέρι· cf. *Ibid.*, Γ, 12, 435ᵃ, 4-10.

2. *Id.*, *Ibid.*, B, 11, 422ᵇ, 23-27; *De gen. et corr.*, B, 2, 329ᵇ, 18-20.

3. *Id.*, *De an.*, B, 11, 423ᵇ, 27-29; *De gen. et corr.*, B, 2, 329ᵇ, 20-35; 330ᵃ, 1-29; v. plus haut, pp. 25-26.

4. Arist., *De an.*, B, 10, 422ᵃ, 8 : Τὸ δὲ γευστόν ἐστιν ἁπτόν τι.

5. *Id.*, *Ibid.*, B, 10, 422ᵃ, 10-11 : Τὸ γευστόν, ἐν ὑγρῷ ὡς ὕλῃ· *Ibid.*, 17-19, 33-34. Les formules trop brèves de ces passages trouvent leur commentaire dans la page 441ᵇ, 15-23 du traité *De sensu*. Alex. (*De an.*, 53, 15-18) résume ainsi la pensée d'Aristote : τὸ μὲν γὰρ γεῶδες ξηρὸν μηδέπω χυμὸν ἔχον ἐν αὑτῷ, μιγνύμενον καὶ ἐναποπλυνόμενόν πως τῷ ὕδατι διά τινος πέψεως τοὺς χυμοὺς ποιεῖ.

en nous. Il n'est dans les choses qu'à l'état virtuel ; c'est le goût lui-même qui l'actualise : ce qui ressemble bien à une nouvelle entorse du principe d'assimilation. Chassée par la porte, la relativité se montre par la fenêtre.

Elle s'y montre bien plus encore, lorsqu'il s'agit de l'odorant. C'est aussi le sec qui devient l'odorant. Mais, pour devenir tel, il faut d'abord qu'il subisse la transformation dont on a parlé à propos du goût, c'est-à-dire qu'il se convertisse en sec savoureux. Puis, une fois ramené à cet état, il faut qu'il se métamorphose de nouveau dans l'air et l'eau dont se compose l'odorat ; c'est alors seulement qu'il est odorant[1]. L'odeur est donc en puissance dans le sec, en puissance dans la saveur : elle est deux fois en puissance avant de revêtir l'acte qui la caractérise ; de telle sorte qu'il devient assez difficile de savoir ce qui lui correspond dans la réalité. Aussi Aristote est-il très hésitant, lorsqu'il aborde la question des odeurs : « La nature de l'odeur, dit-il, n'est pas aussi obvie que celle de la couleur ou celle du son. La raison en est que l'odorat possède chez nous peu de perspicacité, moins que chez les autres animaux »[2].

La condition des changements qualitatifs qui s'opèrent dans le goût et l'odorat, est la chaleur animale, qui circule partout dans nos membres et sans laquelle il n'y a pas de nutrition. Mais cette chaleur est plus forte dans le second de ces deux sens que dans le pre-

---

1. Arist., *De sens.*, 5, 442ᵇ, 27-30 ; 443ᵃ, 1-8 : ... εἴη ἂν ἡ ἐν ὑγρῷ τοῦ ἐγχύμου ξηροῦ φύσις ὀσμή, καὶ τὸ ὀσφραντὸν τὸ τοιοῦτον ; Alex. (*De sens.*, 185, 2, éd. C. Thurot, Paris, 1875) : ὡς γὰρ τὸν χυμὸν ἐποίει ξηρὸν τὸ ἐν τῇ γῇ μιγνύμενόν πως ; καὶ ἐναποπλυνόμενον τῷ ὕδατι ὑπὸ θερμότητος συνεργούμενον, οὕτω φησὶ τὸ ὑγρὸν τὸ ἤδη χυμὸν ἔχον, τοῦτο δὲ πως τῷ ξηρῷ μεμιγμένον, ὃν τρόπον εἴρηκεν, ἐν ἀέρι καὶ ὕδατι ἀποπλυνθέν πως ποιεῖν τὴν ὀσμήν ; *Id.*, *De an.*, 53 ; 2 et sqq.
2. Arist., *De an.*, B, 9, 421ᵃ, 8-10.

mier[1] : c'est pourquoi l'on peut dire d'une certaine manière que ce sens est de feu et que ses exhalaisons fumeuses sont ignées[2]; car, si le feu ne le constitue pas, il y prédomine du moins comme un principe nécessaire à son fonctionnement. Il y a d'ailleurs une autre raison à ce fait, tant il est vrai que la causalité se couronne toujours de finalité! Chez les animaux qui respirent, la chaleur des odeurs sert à modérer la froideur naturelle du cerveau, comme cette froideur elle-même sert à modérer la chaleur du cœur. L'organisme est une machine savamment combinée dont les parties se réduisent les unes par les autres à l'eurythmie de leur tout[3].

Les cinq sens ne suffisent pas par eux-mêmes à fournir l'explication intégrale de la connaissance empirique

Chaque sens porte sur un sensible qui lui est propre et perçoit les différences qui s'y présentent. Par exemple, la vue juge du blanc et du noir; le goût, du doux et de

---

1. Arist., *De sens.*, 5, 444ᵃ, 24-25 : ἡ γὰρ τῆς ὀσμῆς δύναμις θερμὴ τὴν φύσιν ἐστίν; cf. *Ibid.*, 5, 443ᵇ, 12-16.

2. *Id., Ibid.*, 5, 2, 438ᵇ, 19-25 : ... πυρὸς δὲ τὴν ὄσφρησιν... ἡ δ' ὀσμὴ καπνώδης τίς ἐστιν ἀναθυμίασις, ἡ δ' ἀναθυμίασις ἢ καπνώδης ἐκ πυρός.

3. *Id., Ibid.*, 2, 438ᵇ, 25-27; *Ibid.*, 5, 444ᵃ, 8-33, 444ᵇ, 1-2; cf. *De somn.*, 3, 457ᵇ, 29 et sqq. — Ainsi se concilient les différents passages où Aristote parle de l'odorat. Il y a dans ce sens trois corps simples : l'eau et l'air qui le constituent, le feu qui, sans concourir à sa constitution, ne s'y trouve pas moins et en plus grande quantité que dans les autres sens. L'eau et l'air sont comme le bain où se dissout le sec savoureux, et le feu est l'agent sous l'influence duquel se fait cette dissolution. Par suite, Aristote peut enseigner, sans se contredire, tantôt que l'odorat se compose d'air et d'eau, et tantôt qu'il est igné (ἐκ πυρός). Ce langage correspond à deux aspects d'une même réalité. Il n'est donc pas besoin de supposer, avec M. Rodier (*ouvr. cit.*, t. II, 315), que, dans le passage *De sensu*, 2, 438ᵇ, 24-27, Aristote n'expose pas ses propres idées. Cette hypothèse est même impossible ; car, comme on le voit par les références indiquées ci-dessus, Aristote admet formellement que la chaleur est une partie, sinon essentielle, du moins intégrante de l'odorat.

l'amer : ainsi des autres sens[1]. Mais tout n'est pas là; il y a des sensibles communs : tels sont « le mouvement, le repos, le nombre, la figure et la grandeur »[2]. Or les sensibles communs ne méritent pas seulement leur nom, parce que chacun de nos sens les peut connaître tous, mais encore parce que nous les distinguons les uns des autres : nous en voyons aussi les différences. Les sensibles propres eux-mêmes ne demeurent pas clos et comme emprisonnés, chacun dans le sens dont il relève; nous discernons le blanc du doux et le doux du sonore, aussi bien que le blanc du noir, ou le mouvement du nombre[3]. Toutes les qualités sensibles, quelles qu'elles soient, propres ou communes, viennent se rassembler dans un principe qui les compare toutes[4], et qui, de ce chef, est indivis. Car, supposé qu'il contienne des parties, chacune d'elles percevrait ou le blanc ou le sonore à l'exclusion des autres qualités; et il ne se ferait pas plus de comparaison qu'il ne s'en fait entre les différents organes par ces organes eux-mêmes[5]. De plus, ce principe ne peut être qu'un sens, vu que les objets sur lesquels il porte sont des sensibles[6].

1. Arist., *De an.*, Γ, 2, 426ᵇ, 8-12.
2. *Id.*, *Ibid.*, B, 6, 418ᵃ, 17-19 : κοινὰ δὲ κίνησις, ἠρεμία, ἀριθμός, σχῆμα, μέγεθος; *De somn.*, 1, 458ᵇ, 4-6.
3. *Id.*, *De an.*, Γ, 2, 426ᵇ, 12-14.
4. *Id.*, *De somn.*, 2, 455ᵃ, 12-22. A la suite de ce texte, Aristote semble dire que le sens commun et le tact ne font qu'un : τοῦτο δ' ἅμα τῷ ἁπτικῷ μάλισθ' ὑπάρχει, etc... Mais, si le tact et le sens commun s'identifient par leur organe, il n'en est pas de même de leur fonction. Il a été démontré plus haut que le tact a pour objet le corps en tant que corps; le sens commun enveloppe dans son ressort toutes les qualités sensibles.
5. *Id.*, *De an.*, Γ, 2, 426ᵇ, 17-22.
6. *Id.*, *Ibid.*, Γ, 2, 426ᵇ, 14-16 : ἀνάγκη δὴ αἰσθήσει· αἰσθητὰ γάρ ἐστιν [τὸ λευκὸν καὶ τὸ γλυκύ].

Un autre fait à relever, c'est que la sensation se réfléchit sur elle-même. Chacun de nous sent qu'il voit, qu'il entend, goûte et touche : chacun de nous sent qu'il sent [1]. Comment expliquer ce phénomène? Si, à côté de chaque sens, l'on en suppose un autre qui saisisse ses affections, il faut en supposer encore un autre pour la même raison, et ainsi indéfiniment : ce qui est absurde [2]. On ne peut dire non plus que chaque sens perçoit par lui-même qu'il perçoit [3]. Car, dans ce cas, il y aurait autant de perceptions de la sensation qu'il y a de sens; et cette conclusion a son démenti dans la réalité : quoi que nous sentions, c'est le même qui a conscience de sentir. Il faut donc que nos cinq sens se prolongent de quelque manière en un fond unique qui tient à chacun d'eux et qui les déborde tous [4]. D'autre part, ce principe n'est pas non plus d'ordre intellectuel, vu qu'il ne peut connaître les sensations qu'à condition d'envelopper du même coup les qualités dont elles sont pleines [5]. Il est sensible et s'identifie avec celui dont on a parlé plus haut.

---

1. Arist., *De an.*, Γ, 2, 425ᵇ, 12-13 ; *Eth. Nic.*, I, 9, 1170, 28 et sqq.

2. *Id.*, *De an.*, Γ, 2, 425ᵇ, 14-17 : ὥστε ἢ δύο τοῦ αὐτοῦ ἔσονται ἢ αὐτὴ αὑτῆς. Ἔτι δ'εἰ καὶ ἑτέρα εἴη ἡ τῆς ὄψεως αἴσθησις, ἢ εἰς ἄπειρον εἶσιν ἢ αὐτή τις ἔσται αὑτῆς· ὥστ' ἐπὶ τῆς πρώτης τοῦτο ποιητέον. Alex., *Quæst.*, III, 7, 92, 14, éd. Bruns, Berlin, 1892 : εἰ [ἡ] ἄλλη μέν ἐστιν ἡ αἰσθανομένη, ἄλλη δὲ καθ' ἣν αἰσθανόμεθα ἑαυτῶν αἰσθανομένων, ἐπ' ἄπειρον προελεύσεται... ἀτοπώτατον δὲ τοῦτο. Καταλείπεται τὸ τῇ αὐτῇ τῶν τε αἰσθητῶν αἰσθάνεσθαι ἡμᾶς καὶ τῆς περὶ τὰ αἰσθητὰ ἑαυτῶν ἐνεργείας.

3. Arist., *De somn.*, 2, 455ᵃ, 17 : οὐ γὰρ δὴ τῇ γε ὄψει ὁρᾷ ὅτι ὁρᾷ.

4. *Id.*, *Ibid.*, 2, 455ᵃ, 15-17 : ἔστι δέ τις καὶ κοινὴ δύναμις ἀκολουθοῦσα πάσαις, ᾗ καὶ ὅτι ὁρᾷ καὶ ἀκούει καὶ αἰσθάνεται. — Rodier, *ouvr. cit.*, t. II, p. 364-366.

5. Arist., *De an.*, Γ, 2, 425ᵇ, 22-24 : ἔτι δὲ καὶ τὸ ὁρῶν ἐστιν ὡς κεχρωμάτισται· τὸ γὰρ αἰσθητήριον δεκτικὸν τοῦ αἰσθητοῦ ἄνευ τῆς ὕλης ἕκαστον.

Il y a un sens commun, et il n'y en a qu'un.

Où se localise ce sens unificateur? Ce n'est pas dans le cerveau, comme l'a soutenu Platon [1]. La sensation a pour condition l'influence du feu; or le cerveau est essentiellement froid, le plus froid de tous nos organes [2]. Il convient donc de situer le sens commun dans le cœur, qui est le foyer d'où la chaleur se répand avec le sang dans toutes les parties du corps [3]. Ainsi le cœur n'est pas seulement le centre de la nutrition, il est également celui de la sensation elle-même : on peut le considérer comme l'acropole où la nature a enfermé et conserve le feu sacré de la vie [4].

Bien qu'indivis, le sens commun n'est pas absolument indivisible. Il perçoit le blanc et le noir, le doux et l'amer : il perçoit les contraires; il les perçoit en même temps, puisqu'il les compare et juge de leurs différences. « Mais il est impossible qu'une même chose, en tant qu'indivisible et dans un temps indivisible, soit mue de mouvements contraires » : c'est en puissance seulement que de tels mouvements coexistent dans un sujet [5]. Il faut donc que le sens commun présente une certaine diversité d'aspect : il faut qu'il soit à la fois numériquement un et logiquement divisible. Il en est comme

---

1. V. *Tim.*, VII, xxix, 64-65; *Ibid.*, xxxiii, 76. Il est bon de remarquer, toutefois, que, pour Platon, la sensation auditive, par exemple, ne s'achève pas dans le cerveau, mais dans le foie : ... Τελευτῶσαν δὲ περὶ τὴν τοῦ ἥπατος ἕδραν, ἀκοήν.

2. Arist., *Part. an.*, B, 7, 652ᵃ, 27-36; 652ᵇ, 1-27; *Ibid.*, 656ᵃ, 15-29.

3. Id., *De juvent.*, 1, 467ᵇ, 28-30; *Ibid.*, 3, 469ᵃ, 4-27 : ... ἀλλὰ μὴν τό γε κύριον τῶν αἰσθήσεων ἐν ταύτῃ [τῇ καρδίᾳ] τοῖς ἐναίμοις πᾶσιν· ἐν τούτῳ γὰρ ἀναγκαῖον εἶναι τὸ πάντων τῶν αἰσθητηρίων κοινὸν αἰσθητήριον...

4. Id., *Part. an.*, Γ, 7, 670ᵃ, 23-27 : ... ὥσπερ ἀκρόπολις οὖσα τοῦ σώματος...

5. Id., *De an.*, Γ, 2, 426ᵇ, 23-31.

du point central d'une sphère, qui reste toujours le même et n'en est pas moins la limite commune à laquelle viennent aboutir tous les rayons [1].

Les sensibles meuvent nos sens; et l'acte qu'ils y produisent ne disparaît pas avec eux : il y persiste plus ou moins longtemps comme une esquisse intérieure du réel [2].

« Lorsqu'on passe de la lumière solaire à l'obscurité, l'on ne voit plus rien à cause de l'image sous-jacente que cette lumière a laissée dans les yeux. Si l'on considère pendant longtemps une couleur donnée, du blanc ou du vert, cette couleur revêt l'objet sur lequel on arrête ensuite son regard. Si, après avoir fixé le soleil ou quelque autre chose de couleur brillante, on vient à fermer les yeux, cette même couleur se projette d'abord en avant, dans la direction naturelle à la vue; puis elle devient écarlate, tourne ensuite à la pourpre, se transforme en noir et disparaît. Il en est de même des illusions que produisent les corps en mouvement, les fleuves par exemple, surtout lorsqu'ils ont un cours très rapide : ce qui est en repos paraît changer de place. Les bruits violents nous rendent sourds et les odeurs fortes affaiblissent l'odorat. Ainsi des autres sensibles » à l'égard de leurs sens respectifs. Or, manifestement, ces divers phénomènes ont une seule et même explication [3] : C'est que l'action de l'objet, se trouvant trop intense, envahit tout l'organe

---

1. Arist., *De an.*, I, 2, 427^a, 2-16; *De sens.*, 7, 448^b, 17-30; 449^a, 1-20.
2. *Id., De insomn.*, 2, 459^a, 21-28 : τὰ γὰρ αἰσθητὰ καθ' ἕκαστον αἰσθητήριον ἡμῖν ἐμποιοῦσιν αἴσθησιν, καὶ τὸ γινόμενον ὑπ' αὐτῶν πάθος οὐ μόνον ἐνυπάρχει ἐν τοῖς αἰσθητηρίοις ἐνεργουσῶν τῶν αἰσθήσεων, ἀλλὰ καὶ ἀπελθουσῶν; *Ibid.*, 459^b, 5-7; *Ibid.*, 460^a, 32; 460^b, 1-3; *De an.*, I, 2, 425^b, 23-25.
3. *Id., De insomn.*, 2, 459^b, 7-23.

affecté, s'y implante avec force et supprime ainsi la possibilité d'autres influences.

Il y a donc des reliquats de sensations [1], qui survivent à l'action des sensibles, et dont le nombre s'accroît tout naturellement au fur et à mesure que l'expérience élargit son domaine. Ces reliquats, voilà ce qui constitue le trésor de l'imagination ; la puissance où ils se conservent, voilà l'imagination elle-même [2].

Charriés par le sang de la périphérie au centre et du centre à la périphérie [3], ils sont souvent trop faibles pour apparaître et se déguisent dans les profondeurs de la vie « comme des grenouilles » dans la vase d'un lac [4]; mais il se produit des conditions qui leur permettent de gagner la surface. Le calme du sommeil leur donne la victoire sur les excitations du monde extérieur [5]; la passion et la maladie les mettent en émoi et leur communiquent une vitalité qui peut aller jusqu'à l'hallucination [6] : on les voit alors s'approcher, s'éloigner, se briser en s'entrechoquant et former ainsi mille êtres divers [7], à la manière dont « les nues représentent des hommes et des centaures » [8]. Ils répondent aussi à l'appel de la réflexion ; mais, dans ce dernier cas, leurs mobiles théo-

---

1. Arist., *De insomn.*, 3, 461ᵇ, 21-22 : Τούτων δ' ἕκαστόν ἐστι, ὥσπερ εἴρηται, ὑπόλειμμα τοῦ ἐν τῇ ἐνεργείᾳ αἰσθήματος.
2. *Id., De an.*, Γ, 3, 428ᵇ, 10-30 ; 429ᵃ, 1-2 : ... ἡ φαντασία ἂν εἴη κίνησις ὑπὸ τῆς αἰσθήσεως τῆς κατ' ἐνέργειαν γιγνομένη ; *De insomn.*, 1, 459ᵃ, 17-22.
3. *Id., De insomn.*, 3, 461ᵃ, 3-8.
4. *Id., Ibid.*, 3, 461ᵇ, 11-16.
5. *Id., Ibid.*, 3, 460ᵇ, 32, 461ᵃ, 1-8.
6. *Id., Ibid.*, 2, 460ᵇ, 3-16.
7. *Id., Ibid.*, 3, 461ᵃ, 8-11.
8. *Id., Ibid.*, 3, 461ᵇ, 17-21 : ... ἔχουσαι ὁμοιότητα ὥσπερ τὰ ἐν τοῖς νέφεσιν, ἃ παρεικάζουσιν ἀνθρώποις καὶ κενταύροις ταχέως μεταβάλλοντα.

ries prennent un autre aspect : elles diminuent ou augmentent, elles se coordonnent au gré d'une idée générale dont elles doivent devenir la vivante incarnation [1].

Ainsi, bien que dérivée de la sensibilité, l'imagination ne lui ressemble déjà plus. L'image a quelque chose d'infiniment plus souple et de beaucoup plus éthéré que la sensation. La sensation s'impose : c'est un fait que nous subissons et auquel nous ne pouvons rien changer. Nous imaginons, au contraire, ce que nous voulons, comme nous le voulons, et quand nous le voulons [2]. La sensation est essentiellement liée à son objet; l'image n'existe qu'autant qu'elle s'en délivre [3]; et par là même elle gagne en immatérialité, elle acquiert une sorte de transparence qui lui donne un caractère spécial. Ce n'est pas, toutefois, qu'elle aille jusqu'à se confondre avec l'idée, comme l'ont cru la plupart des anciens. L'image est une forme mêlée, l'idée est une forme pure; celle-là est un intelligible en puissance, celle-ci un intelligible en acte [4]. On peut donc regarder l'image comme une sorte d'échelon jeté entre la sensation et l'idée, et par lequel on s'élève de l'une à l'autre.

En outre, l'imagination, à la différence de la sensibilité, est essentiellement créatrice. Elle l'est spontanément, chez les animaux. Elle l'est de plus, chez l'homme, sous l'effort de la pensée [5]. C'est ce qui fait que l'artiste peut représenter les choses, non plus comme elles sont, mais

---

1. Arist., *Met.*, A, 1, 981ª, 5-12; *Eth. Nic.*, K, 10, 1180ᵇ, 20-23; *Polit.*, Γ, 11, 1281ᵇ, 10-15; *Phys.*, B, 8, 199ª, 15-17; *Poet.*, Σ, 9, 1451ª, 36-38, 1451ᵇ, 1-5.
2. Id., *De an.*, Γ, 3, 427ᵇ, 17-21.
3. Id., *Ibid.*, Γ, 3, 428ª, 6-8, 15-16.
4. V. plus loin, p. 208.
5. Id., *De an.*, Γ, 10, 433ᵇ, 29-30; *Ibid.*, 11, 434ª, 5-7.

comme elles devraient être : c'est ce qui permet d'idéaliser la nature. Les images, en effet, sont d'une malléabilité indéfinie : il en va comme des ondes qui se produisent dans l'eau sous le choc d'une pierre, et qui se diversifient de plus en plus au fur et à mesure qu'elles s'éloignent de leur centre. Non seulement les images peuvent prendre d'autres coordinations et d'autres proportions que celles de la réalité, mais encore elles se brisent ou se fondent de manière à produire des formes absolument nouvelles[1].

La mémoire s'étaie, comme l'imagination, sur la persistance des formes sensibles.

La chose ne souffre pas de doute, lorsqu'il s'agit de souvenirs qui portent sur des faits. Pour se rappeler tel événement ou la physionomie de telle personne, il faut bien que l'on en ait gardé dans les sens comme une peinture qui revit au moment où on se les rappelle[2] : autrement, il n'y aurait aucune raison pour rapporter le phénomène présent au passé ; il n'y en aurait même aucune pour qu'il se produisît. Et, si le souvenir des faits suppose la persistance des sensations, il en doit aller de même pour celui des idées. L'intelligible, en effet, n'a pas une existence « séparée », comme le voulait Platon ; l'intelligible est immanent aux objets et ne se manifeste à nous que dans le sensible. C'est dans un triangle donné que nous concevons le triangle[3], dans Callias que nous

1. Arist., *De insomn.*, 3, 461ᵃ, 8-11. — Consulter sur l'imagination d'après Aristote Freudenthal, *Ueber den begriff des Wortes φαντασία bei Aristoteles*, Goettingen, 1863.

2. Arist., *De mem.*, 1, 450ᵃ, 27-30 : Δῆλον γὰρ ὅτι δεῖ νοῆσαι τοιοῦτον τὸ γινόμενον διὰ τῆς αἰσθήσεως ἐν τῇ ψυχῇ καὶ τῷ μορίῳ τοῦ σώματος τῷ ἔχοντι αὐτήν, οἷον ζωγράφημά τι τὸ πάθος, οὗ φαμὲν τὴν ἕξιν μνήμην εἶναι.

3. *Id., Ibid.*, 1, 449ᵇ, 30-31, 450ᵃ, 1-5.

concevons l'homme[1]; nous discernons les idées dans les images[2] : de telle sorte que le souvenir intellectuel ne peut pas plus exister en dehors de toute sensation conservée que le mode en dehors de sa substance. Il naît de ce substrat d'ordre inférieur, il disparaît avec lui : il lui est essentiellement contemporain[3].

Mais le souvenir est quelque chose de plus que la simple réviviscence d'une image; il présente certains caractères spéciaux qui demandent une interprétation à part.

On ne se souvient pas de l'avenir : c'est l'objet de nos conjectures, de nos espérances et de nos craintes; on ne se souvient pas non plus du présent : c'est l'objet de la sensation. On ne se souvient que du passé[4]; et il y a là un assez grand mystère. Se souvenir, c'est percevoir; et comment percevoir ce qui n'est déjà plus? Sans doute, les êtres sensibles gravent en nous leurs images, à la manière des artistes « qui font des empreintes sur les bagues »[5]. Et ces images, une fois livrées au cours de la vie, peuvent reparaître dans la suite, lorsque la cause qui les a produites est déjà loin du moment actuel, ou même n'existe plus du tout. Mais là n'est pas le nœud de la question ; il s'agit de savoir comment l'image qui revit nous reporte vers le

---

1. Arist., *Anal. post.*, B, 19, 100ª, 17.
2. *Id.*, *De an.*, Γ, 7, 431ᵇ, 2 : τὰ μὲν οὖν εἴδη τὸ νοητικὸν ἐν τοῖς φαντάσμασι νοεῖ.
3. *Id.*, *De mem.*, 1, 450ª, 12-14 : ἡ δὲ μνήμη καὶ ἡ τῶν νοητῶν οὐκ ἄνευ φαντάσματός ἐστιν. ὥστε τοῦ νοουμένου (νοοῦντος νοῦ) κατὰ συμβεβηκὸς ἂν εἴη, καθ' αὑτὸ δὲ τοῦ πρώτου αἰσθητικοῦ; *Ibid.*, 23-25.
4. *Id.*, *Ibid.*, 1, 449ᵇ, 10-28 : ... Τοῦ δὲ νῦν ἐν τῷ νῦν οὐκ ἔστι μνήμη, καθάπερ εἴρηται καὶ πρότερον, ἀλλὰ τοῦ μὲν παρόντος αἴσθησις, τοῦ δὲ μέλλοντος ἐλπίς, τοῦ δὲ γενομένου μνήμη. Διὸ μετὰ χρόνου πᾶσα μνήμη; *Ibid.*, 450ª, 18-22; *Ibid.*, 2, 451ª, 29-31; *Ibid.*, 452ᵇ, 23-29.
5. *Id.*, *Ibid.*, 1, 450ª, 27-32, 450ᵇ, 1-11.

passé. Il faut que le souvenir ait pour objet cette image elle-même, ou la cause dont elle provient. Dans le premier cas, nous nous souvenons du présent : ce qui est une contradiction dans les termes. Et, dans le second cas, par quel artifice pouvons-nous, au moyen de ce que nous sentons, nous souvenir de ce que nous ne sentons pas, à savoir la chose qui n'est plus? Est-ce donc qu'il nous est donné de voir et d'entendre ce qui a cessé d'être? Aurions-nous l'intuition du passé, comme nous avons celle du présent[1]?

Mais peut-être n'est-il pas nécessaire de recourir à cette extrémité; on peut même dire que la chose est impossible, car ce qui n'est pas ne se perçoit pas.

Il est bien vrai que l'image enfermée dans le souvenir n'implique par elle-même aucune relation d'aucune sorte; elle est, nous la saisissons : et c'est tout. Mais il en va différemment, lorsqu'on l'envisage comme copie; alors elle fait tout naturellement penser à quelque autre chose, qui est son exemplaire. Or, c'est sous ce dernier aspect que se présente l'image qui fonde le souvenir. Elle ne renaît pas à la manière d'une légende qui sortirait tout inventée des puissances créatrices de l'âme. Elle a été sensation vive; elle est issue du commerce de nos organes avec un objet réel, existant dans telle portion de l'espace et de la durée. De là un rapport avec cet objet qui devient un de ses traits distinctifs, qui se conserve en elle comme elle se conserve elle-même, et que l'on peut d'ordinaire y percevoir à quelque degré : l'image réviviscente rappelle le passé ainsi qu'un portrait son original[2].

1. ARIST., *De mem.*, 1, 450^b, 11-20.
2. Id., Ibid., 1, 450^b, 20-32, 451^a, 1-8.

Le souvenir n'est pas toujours brut; il peut se doubler de réflexion. C'est ce qui se présente, lorsqu'on a conscience d'avoir éprouvé déjà le phénomène qui se renouvelle. C'est ce qui se présente également et plus encore, lorsqu'on passe par une série de tentatives pour trouver l'objet dont on veut se souvenir; car alors, non seulement on ramène sa pensée sur elle-même, mais encore on institue une sorte de chasse au passé qui suppose le raisonnement. Quand le souvenir s'imprègne ainsi de réflexion, il prend un autre nom : il s'appelle reconnaissance[1]. Et cette distinction jette de la lumière sur le domaine qu'il convient d'assigner à la mémoire dans le règne de la vie. Le souvenir se produit chez tous les animaux qui sont doués d'imagination, et rien que chez ceux-là : il est probable, par exemple, que les vers ne se souviennent pas; car il ne semble pas qu'ils aient de la fantaisie [2]. Quant à la reconnaissance, elle est le propre de l'homme, vu que l'homme seul possède ici-bas la pensée rationnelle[3].

Qu'ils soient des reconnaissances ou de simples souvenirs, les phénomènes de la mémoire ont leurs lois. Chacun d'eux suppose un antécédent qui l'amène[4] : et la relation qui le rattache à cet antécédent, présente deux

---

1. Arist., *De mem.*, 2, 453ᵃ, 9-12 : αἴτιον δ' ὅτι τὸ ἀναμιμνήσκεσθαί ἐστιν οἷον συλλογισμός τις. Ὅτι γὰρ πρότερον εἶδεν ἢ ἤκουσεν ἤ τι τοιοῦτον ἔπαθε, συλλογίζεται ὁ ἀναμιμνησκόμενος, καί ἐστιν οἷον ζήτησίς τις.

2. *Id., Ibid.*, 1, 450ᵃ, 10-18, 22-26; *De an.*, I, 3, 428ᵃ, 9-11; *De mem.*, 2, 453ᵃ, 6-10.

3. *Id., De mem.*, 2, 453ᵃ, 6-9 : ... τοῦ δ' ἀναμιμνήσκεσθαι οὐδὲν ὡς εἰπεῖν τῶν γνωριζομένων ζώων [μετέχει], πλὴν ἄνθρωπος; *Ibid.*, 12-14 : Τοῦτο δ' οἷς καὶ τὸ βουλευτικὸν ὑπάρχει, φύσει μόνοις συμβέβηκεν· καὶ γὰρ τὸ βουλεύεσθαι συλλογισμός τις ἐστιν.

4. *Id., Ibid.*, 2, 451ᵇ, 10-11 : συμβαίνουσι δ' αἱ ἀναμνήσεις, ἐπειδὴ πέφυκεν ἡ κίνησις ἥδε γενέσθαι μετὰ τήνδε.

caractères très distincts. Elle peut être nécessaire [1] : si l'on pense à la cause, on pense par là même à l'effet, et réciproquement ; lorsqu'on se souvient des prémisses d'un syllogisme, on se rappelle aussi sa conclusion [2]. La relation du souvenir à son antécédent peut également n'être que le résultat d'une habitude [3]. Le semblable tend à s'agglutiner avec le semblable, le contraire avec le contraire, le contigu avec le contigu [4]. Et plus on multiplie les expériences où ces couples sont donnés, plus leur union devient intime et solide : de telle sorte que, au bout d'un certain temps, nous passons infailliblement de l'un à l'autre des termes qui les composent : l'habitude, en se fortifiant, devient une seconde nature [5]. La répétition des actes n'est même pas toujours nécessaire à la formation de cette habitude : il y a des impressions qui sont assez vives pour la produire d'un coup [6].

Il ne faudrait pas s'imaginer non plus que ces deux lois principales de la mémoire, dont l'une est d'ordre logique et l'autre d'ordre psychophysique, s'exercent toujours séparément. Au contraire, elles s'unissent dans un très grand nombre de cas et mènent de concert au même résultat : nous ne nous souvenons pas seulement de nos

---

1. Arist., *De mem.*, 2, 451ᵇ, 11-13 : εἰ μὲν ἐξ ἀνάγκης, δῆλον ὡς ὅταν ἐκείνη κινηθῇ, τήνδε κινηθήσεται (τήνδε τὴν κίνησιν κινηθήσεται EM).
2. *Id.*, *Top.*, Θ, 14, 159ᵇ, 28-33.
3. *Id.*, *De mem.*, 2, 451ᵇ, 13-14 : εἰ δὲ μὴ ἐξ ἀνάγκης ἀλλ' ἔθει, ὡς ἐπὶ τὸ πολὺ κινηθήσεται.
4. *Id.*, *Ibid.*, 2, 451ᵇ, 16-20.
5. *Id.*, *Ibid.*, 2, 452ᵃ, 27-30 : ὥσπερ γὰρ φύσις ἤδη τὸ ἔθος. Διὸ ἃ πολλάκις ἐννοοῦμεν, ταχὺ ἀναμιμνησκόμεθα· ὥσπερ γὰρ φύσει τόδε μετὰ τόδε ἐστίν, οὕτω καὶ ἐνεργείᾳ· τὸ δὲ πολλάκις φύσιν ποιεῖ.
6. *Id.*, *Ibid.*, 2, 451ᵇ, 14-15 : συμβαίνει δ' ἐνίους ἅπαξ ἐθισθῆναι μᾶλλον ἢ ἄλλους πολλάκις κινουμένους. — Voir une idée analogue dans Leibniz (*N. Essais*, p. 296ᵇ ; 295ᵇ, 14-15 ; 295ᵃ, 7, éd. Erdmann, Berlin, 1840).

syllogismes parce que nous les avons compris, mais encore parce que nous les avons appris. L'habitude prête son concours à la dialectique[1]; et la réciproque est également vraie.

Aristote a donc découvert les lois dominantes qui président à l'association de nos états de conscience; et il s'en est fait une notion plus compréhensive que celle qui semble dominer de notre temps : il a vu, comme Leibniz, que, pour expliquer la mémoire, il fallait à l'agglutination des images joindre la connexion des idées.

Au sens commun se rattache une série d'autres phénomènes vitaux, qui se distinguent par leur importance ou leur singularité.

Le sommeil n'a pas son point de départ dans les organes périphériques : autrement, nous pourrions à la fois dormir des oreilles et veiller des yeux. Pour expliquer ce fait, il faut remonter jusqu'à l'organe central; le sommeil est un état du sens dont tous les autres dépendent[2] : c'est une sorte de paralysie plus ou moins prononcée du sens commun[3]. Et cette paralysie a deux causes principales. Elle peut provenir du manque de nourriture, état qui se traduit par la fatigue[4]. Elle peut provenir également du processus de la nutrition. Les aliments, une fois absorbés, ne tardent pas à se convertir en vapeurs qui montent vers

---

1. Arist., *De mem.*, 2, 452ª, 28-29 : διὸ ἃ πολλάκις ἐννοοῦμεν, ταχὺ ἀναμιμνησκόμεθα.

2. *Id.*, *De somn.*, 2, 455ª, 27-31, 455ᵇ, 1-2.

3. *Id.*, *Ibid.*, 1, 454ᵇ, 9-11, 24-27 : τῷ γὰρ αἴσθησιν ἔχειν ὥρισται τὸ ζῷον, τῆς δ' αἰσθήσεως τρόπον τινὰ τὴν μὲν ἀκινησίαν καὶ οἷον δεσμὸν τὸν ὕπνον εἶναι φαμεν, τὴν δὲ λύσιν καὶ τὴν ἄνεσιν ἐγρήγορσιν; *Ibid.*, 3, 456ᵇ, 9-10; cf. *Ibid.*, 1, 454ª, 32 et sqq.

4. *Id.*, *Ibid.*, 1, 454ª, 24-32, 454ᵇ, 1-9 : ... ἀδύνατον γὰρ ἀεὶ ἐνεργεῖν.

le cerveau et se refroidissent au contact de cet organe. Puis, ces vapeurs, en vertu même de leur refroidissement, redescendent vers le cœur et causent en sa région un abaissement anormal de température qui l'engourdit. Alors commence le sommeil [1], et il dure aussi longtemps que le travail de sélection opéré par la veine médiane entre le sang pur et le sang impur [2].

Lorsque l'engourdissement du cœur tient à un défaut d'assimilation nutritive, il ne reste plus assez de chaleur pour faire circuler les images : on tombe dans un état voisin de la défaillance [3], et il n'y a pas de rêves. Il n'y en a pas non plus, du moins il ne s'en dégage que difficilement dans les premières phases de la nutrition; car alors, c'est l'effet contraire qui se manifeste : il y a trop de chaleur [4]. « Si l'on remue l'eau avec violence, il ne s'y forme pas d'images, ou bien il ne s'en forme que de très altérées, qui n'ont plus de ressemblance avec les objets... Il en va de même pour le sommeil après l'absorption de la nourriture : les images et les reliquats de mouvements qui proviennent des sensations s'effacent sous l'action de mouvements plus forts, les fantômes visuels se troublent et deviennent monstrueux; il ne se produit pas de rêves consistants [5] ». Pour que les songes se développent, il faut qu'il n'y ait ni repos absolu ni agitation : ils supposent une activité calme, une température du cœur qui n'aille

---

1. Arist., *De somn.*, 3, 456ᵃ, 32-35, 456ᵇ, 1-9, 17-28; *Ibid.*, 3, 457ᵃ, 29 et sqq. (lire le reste du chapitre).
2. *Id., Ibid.*, 3, 458ᵃ, 21-24.
3. *Id., Ibid.*, 3, 456ᵇ, 10-19.
4. *Id., De insomn.*, 3, 461ᵃ, 13-14 : πολλὴ γὰρ ἡ κίνησις διὰ τὴν ἀπὸ τῆς τροφῆς θερμότητα.
5. *Id., Ibid.*, 14-22.

pas jusqu'à causer du désordre dans la circulation du sang. Cette condition une fois donnée et dans la mesure où elle l'est, les images que recèlent les sens retournent vers le centre et gagnent la surface [1]. Effacées par les excitations de la veille, comme la lumière des étoiles par le soleil, elles se montrent à nouveau ; et nous croyons alors entendre ce que nous n'entendons pas et voir ce qu'en fait nous ne voyons pas [2].

Le rêve se complique d'hallucinations ; et il n'est pas l'unique phénomène de cette nature : sous l'influence de la fièvre et de la passion, il nous arrive aussi en pleine veille de prendre l'imaginatif pour le réel, nous devenons également hallucinés [3]. C'est que les images ont une tendance native à s'objectiver : elles se rapportent d'elles-mêmes à la cause qui les a produites une première fois, que cette cause soit dans la suite présente ou absente. Lorsque nous avons la possession de nous-mêmes, nous nous rendons compte si nous sommes ou non en contact avec les objets ; mais, si les images acquièrent une vitalité assez grande pour absorber toute notre activité mentale, il ne reste plus aucune possibilité de contrôle, et nous regardons comme existant en soi ce qui n'existe qu'en nous et par nous [4].

Les prédictions qui se produisent en certains songes ne

---

1. Arist., *De insomn.*, 3, 460ᵇ, 28-32, 461ᵃ, 1-3.
2. Id., *Ibid.*, 3, 461ᵃ, 25 et sqq.; *Ibid.*, 1, 459ᵃ, 17-22.
3. Id., *Ibid.*, 2, 460ᵇ, 3-16.
4. Id., *Ibid.*, 2, 460ᵇ, 16-18 : αἴτιον δὲ τοῦ συμβαίνειν ταῦτα τὸ μὴ κατὰ τὴν αὐτὴν δύναμιν κρίνειν τό τε κύριον καὶ ᾧ τὰ φαντάσματα γίνεται ; *Ibid.*, 3, 461ᵇ, 29-31 ; 462ᵃ, 1-8 : ... φαίνεται μέν, λέγει δέ τι ἐν αὐτῷ ὅτι φαίνεται μὲν Κορίσκος, οὐκ ἔστι δὲ Κορίσκος (πολλάκις γὰρ καθεύδοντος λέγει τι ἐν τῇ ψυχῇ ὅτι ἐνύπνιον τὸ φαινόμενον)· ἐὰν δὲ λανθάνῃ ὅτι καθεύδει, οὐδὲν ἀντίφησι τῇ φαντασίᾳ.

sont pas d'origine surnaturelle. Sans doute, elles viennent de Dieu; mais au même titre que les autres modes de notre activité, au même titre que tous les autres phénomènes[1]. Si Dieu envoyait des songes pour annoncer l'avenir, il se choisirait d'autres confidents; il s'adresserait de préférence aux hommes sages et éclairés. Or il n'en est rien : ces phénomènes se produisent au hasard, chez les fous comme chez les sages, chez les mauvais aussi bien que chez les bons[2]. Il faut donc qu'ils aient leur explication dans la nature; et c'est encore la théorie du sens commun qui la fournit. Les images qui renaissent dans le sommeil se combinent de mille et mille façons diverses que la veille n'a point connues[3], principalement chez ceux dont la nature est mobile, inconsistante et comme « bavarde »[4]. Parmi ces combinaisons, il en est qui se trouvent par hasard de coïncider avec un événement futur; il se peut aussi que l'une d'entre elles présente à notre intelligence vacillante la solution d'un problème antérieurement posé, solution que nous transformons ensuite en action[5]. Et voilà les deux seules formes du songe prophétique qui soient possibles. Les autres prédictions ne répondent à rien : ce sont de pures fictions, des « fantômes » à la Démocrite[6].

---

1. Arist., *Eth. Eud.*, II, 14, 1248ª, 24-29 : ... κινεῖ γάρ πως πάντα τὸ ἐν ἡμῖν θεῖον... Jusque-là, le texte n'a rien que d'aristotélicien.

2. *Id.*, *De divin.*, 1, 462ᵇ, 22; *Ibid.*, 2, 464ª, 17-24.

3. *Id.*, *Ibid.*, 1, 463ª, 7-17.

4. *Id.*, *Ibid.*, 2, 463ᵇ, 12-22.

5. *Id.*, *Ibid.*, 1, 463ª, 23-31; *Ibid.*, 2, 463ᵇ, 12-22.

6. *Id.*, *Ibid.*, 2, 463ᵇ, 31; 464ª, 1-6. — Il paraît toutefois, qu'Aristote n'a pas toujours soutenu cette théorie naturaliste du songe prophétique. Dans le dialogue *Sur la Philosophie*, il enseigne que l'âme, pendant le sommeil, se recueille en elle-même, y découvre ce qu'elle a de divin et

La mort n'est plus seulement une certaine diminution du feu central ; elle en est l'extinction. Ce phénomène final se produit de deux façons contraires[1], par manque ou par excès de chaleur. Supposé qu'il y ait dans la région du cœur des matières qui arrêtent la cuisson des vapeurs nutritives, le feu central disparaît par voie de refroidissement, ainsi qu'un brasier sous l'action de l'eau. Supposé que, comme chez les vieillards, les poumons soient trop secs et trop rigides pour exercer sur le cœur leur action modératrice, le feu central disparaît par voie de consomption : le foyer de la vie se dévore lui-même ; et, à un moment donné, il n'y reste plus qu'une flamme tremblante, qui s'évanouit au moindre souffle[2].

Ainsi se déroule la théorie aristotélicienne de la sensation. Les « actes » des sensibles passent aux organes

---

devient par suite apte à prédire les événements futurs : Ἀριστοτέλης δὲ ἀπὸ δυοῖν ἀρχῶν ἔννοιαν θεῶν ἔλεγε γεγονέναι ἐν τοῖς ἀνθρώποις, ἀπό τε τῶν περὶ τὴν ψυχὴν συμβαινόντων καὶ ἀπὸ τῶν μετεώρων. Ἀλλ' ἀπὸ μὲν τῶν περὶ τὴν ψυχὴν συμβαινόντων διὰ τοὺς ἐν τοῖς ὕπνοις γινομένους ταύτης ἐνθουσιασμοὺς καὶ τὰς μαντείας. Ὅταν γάρ, φησίν, ἐν τῷ ὑπνοῦν καθ' ἑαυτὴν γένηται ἡ ψυχή, τότε τὴν ἰδίαν ἀπολαβοῦσα φύσιν προμαντεύεταί τε καὶ προαγορεύει τὰ μέλλοντα. Τοιαύτη δέ ἐστι καὶ ἐν τῷ κατὰ τὸν θάνατον χωρίζεσθαι τῶν σωμάτων (Frag. 12, tiré de Sext., *Math.*, IX, 20, éd. Fabr., Lipsiæ, 1718). Mais le dialogue « Sur la philosophie » est de la période où Aristote subissait encore, bien qu'incomplètement déjà, l'influence de Platon : il ne représente pas l'idée à laquelle il devait aboutir plus tard par l'évolution personnelle de son génie (v. Zeller, ouvr. cit., II, 2, p. 58, 2 ; p. 59, 1). — On trouve également, dans la *Morale Eudémienne* (II, 14, 1248^a, 30 et sqq.), un passage où la prédiction surnaturelle semble défendue. Mais ce traité n'est pas de la main d'Aristote ; et le texte dont il s'agit en fournit une preuve ; selon toute apparence, la *Morale Eudémienne* est d'Eudème lui-même, disciple platonisant d'Aristote.

1. Arist., *De vit.*, 4, 469^b, 3-20 ; *De respir.*, 17, 478^b, 31 et sqq. ; 479^a, 7 et sqq.

2. Id., *De vit.*, 5, 469^b, 21-33, 470^a, 1-5 ; *De resp.*, 17, 479^a, 7-23 ; *Meteor.*, Δ, 1, 379^a, 1-5 ; *De long. vit.*, 5, 466^a, 18-22 ; *De gen. an.*, E, 3, 783^b, 5-8.

périphériques et vont se réunir tous dans un organe central qui les perçoit tous ; ils se conservent en l'absence de la cause qui les a produits ; ils peuvent renaître en certaines conditions, et avec une tendance naturelle à s'objectiver de nouveau. De là l'explication de l'imagination, de la mémoire et de ses lois, du sommeil, du rêve et de l'hallucination. Or on peut trouver que cette manière de voir a vieilli par certains points. Mais il faut reconnaître aussi qu'elle renferme la plupart des idées de fond que défend ou dont s'inspire la psychologie contemporaine : la psychophysiologie a pour père le métaphysicien Aristote.

CHAPITRE IV

LA PENSÉE.

A la limite où finit l'imagination commence la vie intellectuelle; et là s'ouvre comme un monde nouveau.

I

D'après Platon, ce n'est pas du dehors que viennent les idées; elles se trouvent dans l'âme. Les idées font partie de l'intelligence; et les phénomènes sensibles ne sont que des occasions qui nous permettent de les apercevoir : penser, c'est toujours se découvrir soi-même.

Aristote s'élève contre cette opinion de son maître. Nous n'avons nulle conscience d'avoir des notions toutes faites qui préexistent à l'expérience sensible; nous ne connaissons d'aucune manière cette hiérarchie de formes éternelles que notre esprit posséderait en lui-même avant de subir le contact des objets extérieurs. Et cependant nous la connaîtrions, si elle existait en réalité; nous la connaîtrions d'autant mieux que les idées dont il s'agit sont la partie la plus pure et la plus nette du savoir humain [1]. La pensée et l'intelligible, étant identiques,

---

1. ARIST., *Anal. post.*, B, 19, 99ᵇ, 22-34 : Τῶν δ' ἀμέσων τὴν γνῶσιν... διαπορήσειεν ἄν τις... πότερον οὐκ ἐνοῦσαι αἱ ἕξεις ἐγγίνονται ἢ ἐνοῦσαι λελήθασιν. εἰ μὲν δὴ

s'enveloppent et se développent en même temps, ont toujours le même degré soit d'indétermination soit de détermination. Par suite, si aux intelligibles en puissance ne correspond qu'une pensée en puissance, aux intelligibles en acte doit correspondre une pensée qui est aussi en acte, qui se déploie avec son objet interne et s'achève avec lui dans la pleine lumière [1]. Impossible d'avoir une idée qui ne s'accompagne de quelque perception.

Le problème de la connaissance intellectuelle demande une solution qui découle plus rigoureusement des lois de notre activité mentale.

La pensée ne porte pas, comme les sens, sur les réalités concrètes elles-mêmes; elle ne saisit que leur « quiddité ». Nous sentons le chaud ou le froid; et nous comprenons ce que c'est. Nous imaginons telle grandeur donnée; et nous comprenons en quoi consiste la grandeur. Nous voyons Callias, et dans Callias nous concevons l'humanité. Ainsi des autres choses, qu'elles soient des substances ou des dérivés d'une substance. L'intelligence a pour objet les essences considérées en elles-mêmes, c'est-à-dire indépendamment de la matière qui les individualise et

---

ἔχομεν αὐτάς. ἄτοπον· συμβαίνει γὰρ ἀκριβεστέρας ἔχοντας γνώσεις ἀποδείξεως λανθάνειν...; *Ibid.*, 100ᵃ, 10-13; *Met.*, A, 9, 992ᵇ, 33 et sqq. : ἀλλὰ μὴν καὶ εἰ τυγχάνει σύμφυτος οὖσα, θαυμαστὸν πῶς λανθάνομεν ἔχοντες τὴν κρατίστην τῶν ἐπιστημῶν.

1. Arist., *De an.*, Γ, 4, 430ᵃ, 3-5 : ... ἡ γὰρ ἐπιστήμη ἡ θεωρητικὴ καὶ τὸ οὕτω ἐπιστητὸν τὸ αὐτό ἐστιν; *Ibid.*, 19-20 : τὸ δ' αὐτό ἐστιν ἡ κατ' ἐνέργειαν ἐπιστήμη τῷ πράγματι; et, si la pensée et l'intelligible ne font qu'un, il faut bien aussi que la puissance dont ils sont l'acte soit unique. *Ibid.*, Γ, 8, 431ᵇ, 22 et sqq.; *Met.*, Λ, 7, 1072ᵇ, 20-21 : νοητὸς γὰρ γίγνεται θιγγάνων καὶ νοῶν, ὥστε ταὐτὸν νοῦς καὶ νοητόν. Il s'agit ici du premier moteur; mais le principe qui l'explique est général : L'objet est pensé au moyen d'une forme intelligible qui est identique à l'acte par lequel on le pense; de plus, quand l'objet n'a pas de matière, il s'identifie lui-même avec la forme intelligible.

les confine dans telle portion de l'espace et du temps[1].

Ces essences, l'intelligence les peut connaître toutes[2]. Il n'existe rien, dans la nature, qui ne présente un certain groupe de caractères définis, qui n'ait sa détermination spécifique : il n'existe rien, dans la nature, qui ne possède sa forme et ne soit à ce titre susceptible d'être pensé. La matière elle-même n'est pas totalement réfractaire à l'effort que nous faisons pour la comprendre. Sans doute, nous ne la définissons pas, puisqu'elle est quelque chose d'essentiellement indéfini; mais nous n'en avons pas moins une certaine notion, que nos sens ne suffisent pas à nous donner[3]. L'intelligence est en relation de sympathie avec toute chose; quel que soit l'objet sur lequel se promène son regard, elle y a toujours ses entrées; son domaine est universel.

Affirmer que l'intelligence peut tout connaître, c'est dire qu'elle peut recevoir toutes les formes possibles; et, pour recevoir toutes les formes possibles, il faut qu'elle n'en ait aucune. Aussi longtemps que l'œil est actualisé par la blancheur, il ne voit plus que du blanc; de même, lorsque la langue est couverte d'humeurs fiévreuses, elle devient incapable de goûter la douceur des mets : la qualité sensible qui possède déjà ferme l'abord aux qualités sensibles qui tendent à posséder. Voilà ce qui se passerait pour l'intelligence, si elle avait une forme qui lui fût propre : elle n'en saisirait aucune autre, et l'universalité de sa fonction ne s'expliquerait plus. Il faut donc qu'elle ait en elle-même quelque chose d'abso-

---

1. Arist., *De an.*, Γ, 4, 429ᵇ, 10-22.
2. *Id., Ibid.*, Γ, 4, 429ᵃ, 15-20 : ... ἀνάγκη ἄρα, ἐπεὶ πάντα νοεῖ, ἀμιγῆ εἶναι...
3. *Id.; Mét.*, Z, 10, 1036ᵃ, 2-6.

lument indéterminé; au moins, par un de ses côtés, c'est une simple aptitude à devenir toutes choses [1] : il existe un intellect passif.

L'intelligence, envisagée comme purement réceptive, ne se réduit pas toute seule de la puissance à l'acte; il faut qu'il y ait en dehors d'elle des moteurs qui la meuvent, à la manière dont les sensibles meuvent les sens [2]. Et ces moteurs ne sont pas les objets eux-mêmes. Car les objets ne pourraient se mettre en contact avec l'intelligence qu'autant qu'elle aurait un organe; or elle n'en a pas. Si elle se trouvait emprisonnée dans un organe, elle ne dépasserait point la perception du concret; elle ne s'élèverait jamais jusqu'à la « quiddité » des choses [3]. Reste donc qu'elle soit déterminée par les images sensibles que laisse en nous l'action des corps et qui sont déjà dans l'âme [4].

Ces images elles-mêmes ne sont pas encore assez pures pour entrer dans l'intelligence. Elles ne contiennent plus, il est vrai, la matière des objets qui les ont produites; mais elles ont encore celle des organes qu'elles déterminent : ce ne sont que des formes en puissance [5]. Par

---

1. Arist., *De an.*, Γ, 4, 429ª, 15-27 : ... παρεμφαινόμενον γὰρ κωλύει τὸ ἀλλότριον καὶ ἀντιφράττει, ὥστε μηδ' αὐτοῦ εἶναι φύσιν μηδεμίαν, ἀλλ' ἢ ταύτην, ὅτι δυνατόν... — V. plus haut, p. 195; v. aussi S. Thomas d'Aquin, *Comment. De an.*, p. 157ª-157ᵇ.

2. Arist., *De an.*, Γ, 4, 429ª, 15-18 : ἀπαθὲς ἄρα δεῖ εἶναι, δεκτικὸν δὲ τοῦ εἴδους καὶ δυνάμει τοιοῦτον ἀλλὰ μὴ τοῦτο, καὶ ὁμοίως ἔχειν, ὥσπερ τὸ αἰσθητικὸν πρὸς τὰ αἰσθητά, οὕτω τὸν νοῦν πρὸς τὰ νοητά.

3. *Id., Ibid.*, Γ, 4, 429ª, 22-27; *Ibid.*, 5, 430ª, 14-15 : καὶ ἔστιν ὁ μὲν τοιοῦτος νοῦς [παθητικὸς] τῷ πάντα γίνεσθαι.

4. *Id., Ibid.*, Γ, 7, 431ª, 14-15 : τῇ δὲ διανοητικῇ ψυχῇ τὰ φαντάσματα οἷον αἰσθήματα ὑπάρχει.

5. *Id., Ibid.*, Γ, 4, 430ª, 6-7 : ἐν δὲ τοῖς ἔχουσιν ὕλην δυνάμει ἕκαστόν ἐστι τῶν νοητῶν.

suite, elles postulent un principe qui joue à leur égard le rôle que joue la lumière à l'égard du diaphane; il faut un « acte » qui les actualise [1] : il y a un intellect actif.

Opposées l'une à l'autre par leurs fonctions, ces deux « parties » de l'intelligence diffèrent aussi plus ou moins par leurs caractères : elles en ont de communs qui ne se ressemblent pas de tous points; et chacune d'elles en a qui lui sont propres.

L'intellect passif est pur de tout alliage matériel : c'est à cette condition seulement qu'il acquiert l'indépendance voulue pour revêtir les formes intelligibles; autrement, il n'aurait que la portée d'un organe, tout au plus celle de l'organe central [2]. Et cette pureté d'être, l'intellect actif la possède aussi, vu que « l'agent ne peut le céder en dignité au patient, ni le principe à la matière » [3].

---

1. Arist., *De an.*, Γ, 5, 430ª, 10-17 : ἐπεὶ δ'ὥσπερ ἐν ἁπάσῃ τῇ φύσει ἐστί τι τὸ μὲν ὕλη ἑκάστῳ γένει (τοῦτο δὲ ὃ πάντα δυνάμει ἐκεῖνα), ἕτερον δὲ τὸ αἴτιον καὶ ποιητικόν, τῷ ποιεῖν πάντα, οἷον ἡ τέχνη πρὸς τὴν ὕλην πέπονθεν, ἀνάγκη καὶ ἐν τῇ ψυχῇ ὑπάρχειν ταύτας τὰς διαφοράς. Καὶ ἔστιν ὁ μὲν τοιοῦτος νοῦς τῷ πάντα γίνεσθαι, ὁ δὲ τῷ πάντα ποιεῖν, ὡς ἕξις τις, οἷον τὸ φῶς· τρόπον γάρ τινα καὶ τὸ φῶς ποιεῖ τὰ δυνάμει ὄντα χρώματα ἐνεργείᾳ χρώματα. — V. S. Thom., *Comment. De an.*, p. 166ª-166ᵇ.

2. Arist., *De an*, Γ, 4, 429ª, 15-20 : ἀπαθὲς ἄρα δεῖ εἶναι, δεκτικὸν δὲ τοῦ εἴδους καὶ δυνάμει τοιοῦτον ἀλλὰ μὴ τοῦτο... Ἀνάγκη ἄρα, ἐπεὶ πάντα νοεῖ, ἀμιγῆ εἶναι, ὥσπερ φησὶν Ἀναξαγόρας, ἵνα κρατῇ, τοῦτο δ' ἐστὶν ἵνα γνωρίζῃ.

3. *Id., Ibid.*, Γ, 5, 430ª, 17-19 : Καὶ οὗτος ὁ νοῦς χωριστὸς καὶ ἀπαθὴς καὶ ἀμιγής, τῇ οὐσίᾳ ὢν ἐνεργείᾳ. Ἀεὶ γὰρ τιμιώτερον τὸ ποιοῦν τοῦ πάσχοντος καὶ ἡ ἀρχὴ τῆς ὕλης. V. S. Thom., *ouvr. cit.*, p. 166ᵇ. — Brentano (*Pych. d'Arist.*, p. 175, Mainz, 1867) et Baron de Hertling (*Mat. u. Form.*, p. 173, Bonn, 1871) traduisent le commencement de ce passage, comme s'il y avait καὶ οὗτος (δὲ) ὁ νοῦς, « et cet intellect lui aussi ». Zeller proteste contre cette interprétation (*ouvr. cit.*, II, 2, p. 571, 2). Quelle que soit la traduction que l'on admette, la pensée d'Aristote demeure claire. Dans le chapitre précédent, il s'agit purement du νοῦς παθητικός; et comme on vient de le voir, Aristote l'y donne pour impassible : ἀπαθὲς ἄρα δεῖ εἶναι, δεκτικὸν δὲ τοῦ εἴδους (v. Rodier, *ouvr. cit.*, t. II, p. 460-462).

Mais il ne la possède point de la même façon : elle est en lui beaucoup plus complète. Bien que l'intellect passif n'admette aucun mélange, il n'en plonge pas moins ses racines dans les organes. Suffisamment en relief pour avoir un mode d'opération spécial, il ne laisse pas de se rattacher à la sensibilité qui est son substrat ; il en émerge pour ainsi dire comme une fleur de sa tige. On sait, en effet, que l'intelligible en puissance réside dans l'imagination ; par suite, il faut aussi que la pensée en puissance s'y trouve de quelque manière : car ces deux choses n'en font qu'une [1]. Au contraire, l'intellect actif arrive « par la porte »[2] ; il se soude à l'âme sensible au lieu d'en sortir, et s'en distingue radicalement ; il est spirituel au sens absolu du mot.

L'intellect passif est « impassible », comme l'intellect actif. Mais ici encore il y a des différences à signaler. L'intellect actif ne naît pas, ne se produit pas non plus tout d'un coup, il « est essentiellement en acte » ; et, comme tel, il est impassible, parce qu'il ne peut rien devenir [3]. L'intellect passif est « impassible » par la manière dont il devient. Il en va du changement qu'il subit comme de la sensation : ce changement n'est pas privatif, il ne tend pas à la diminution de la puissance où il a lieu ; il en est l'achèvement. Et, par suite, on ne peut dire d'une manière rigoureuse qu'il soit une passion [4]. On

---

1. V. les textes cités plus haut, p. 208, n. 1.

2. Arist., *Gen. an.*, B, 3, 736ª, 27-37, 736ᵇ, 1-31 ; ... λείπεται δὲ τὸν νοῦν μόνον θύραθεν ἐπεισιέναι καὶ θεῖον εἶναι μόνον. Οὐθὲν γὰρ αὐτοῦ τῇ ἐνεργείᾳ κοινωνεῖ σωματικὴ ἐνέργεια. On ne peut appliquer ces paroles à l'intelligence entière : puisque le νοῦς παθητικὸς émerge, comme on l'a vu, de la vie sensible, il faut qu'elles concernent seulement l'intellect actif.

3. *Id.*, *De an.*, Γ, 5, 430ª, 18 : τῇ οὐσίᾳ ὢν ἐνεργείᾳ.

4. V. plus haut la théorie de la sensation (p. 174). Aristote la considère

ne peut même le dire d'aucune manière, si l'on regarde au fond des choses. Ce n'est pas l'aptitude à recevoir les formes qui pâtit; c'est le sujet qui la possède. Car, pour pâtir, il faut avoir déjà une certaine détermination; et cette aptitude n'en a aucune antérieurement à toute opération intellectuelle, elle n'est que pure puissance. Elle ne fait donc que s'actualiser [1]; elle ne fait que s'élever d'un degré en plus vers son idéale perfection.

L'intellect actif est éternel. Il existait avant de s'unir à l'âme, il existe encore après; bien plus, la mort qui détruit tous les organes, ne l'atteint d'aucune façon : une fois séparé, il est encore ce qu'il est par lui-même [2]. L'intellect passif, au contraire, est périssable de sa nature. Il disparaît avec les individus, et si profondément qu'il n'y demeure aucune trace de souvenir, aucune puissance immédiate d'obtenir des notions nouvelles [3] : il retourne au fleuve de Léthé. Les intelligibles, en effet, ne se séparent point des images, par le fait qu'ils sont connus [4]. Ils s'y trouvent d'abord en puissance; puis,

---

surtout comme une action. A plus forte raison en est-il ainsi de la pensée elle-même, ainsi que l'a compris Themistius (*Paraphr.*, II, 173, 6-13) : ... κυριώτερον γὰρ εἰπεῖν, ὅτι μάλιστα τελειοῖτο ἂν εἰς ἐνέργειαν ἐκ δυνάμεως προαγόμενος...

1. V. ALEX., *De an.*, 84, 21.

2. ARIST., *De an.*, Γ, 5, 430ᵃ, 22-23 : χωρισθεὶς δ' ἐστὶ μόνον τοῦθ' ὅπερ ἐστί, καὶ τοῦτο μόνον ἀθάνατον καὶ ἀΐδιον; *Ibid.*, A, 4, 408ᵇ, 18-29.

3. Id., *Ibid.*, Γ, 5, 430ᵃ, 24-25 : οὐ μνημονεύομεν δέ, ὅτι τοῦτο μὲν ἀπαθές, ὁ δὲ παθητικὸς νοῦς φθαρτός· καὶ ἄνευ τούτου οὐθὲν νοεῖ; car il faut que l'intellect actif dégage l'intelligible qui est en puissance dans l'image, pour que l'intellect passif soit à même de le recevoir.

4. Id., *Ibid.*, Γ, 7, 431ᵇ, 2 : τὰ μὲν οὖν εἴδη τὸ νοητικὸν ἐν τοῖς φαντάσμασι νοεῖ; *Ibid.*, Γ, 8, 432ᵃ, 3-10. Saint Thomas dit que l'intelligible se sépare de l'image pour entrer dans l'intellect passif (*ouvr. cit.*, p. 159ᵃ); il trouve ainsi le moyen de combattre Avicenne au gré duquel l'espèce intelligible a pour sujet l'image elle-même. Cette interprétation ne nous paraît pas historiquement exacte. Sur l'éternité du νοῦς, voir plus loin, p. 332, n. 2.

lorsqu'ils passent à l'état d'acte, ils en deviennent comme des déterminations supérieures : ils en deviennent les formes et leur demeurent immanents. C'est donc là que l'intellect passif reçoit et perçoit les idées qui l'actualisent lui-même ; si bien que, les images venant à s'évanouir, tout s'évanouit avec elles, et le trésor de la science acquise et la possibilité d'en acquérir un autre. Ce n'est pas, cependant, qu'il ne survive absolument rien de cette seconde espèce d'intellect. Sa ruine ne saurait être radicale, vu que rien ne se perd : rendu au commerce de la nature, il se dilue dans la puissance universelle d'où sort toute faculté de connaître et concourt, lorsque les conditions deviennent favorables, à la formation d'autres âmes humaines.

L'intellect actif est unique. Car les formes se multiplient par la matière [1]; et il n'en a pas : c'est un acte pur. Il en va différemment de l'intellect passif : il a son support dans l'âme sensible, il en découle sans se séparer d'elle ; et, par suite, il semble qu'il doit aussi trouver son principe d'individuation dans les organes.

Puisque l'intellect actif est « acte » de par son essence, il pense toujours [2]; et sa pensée ne souffre ni progrès ni déclin : elle reste éternellement invariable. De plus, ce qu'il pense, ce ne sont pas les intelligibles qu'il dégage des données expérimentales ; car alors il y aurait en lui du plus et du moins, il changerait. Ce n'est pas non plus un monde d'idées qui existeraient en elles-mêmes à l'état séparé, comme un autre univers; car les idées ainsi comprises ne sont que des abstractions réalisées. L'intellect actif est à lui-même son objet

---

1. Arist., *Met.*, Λ, 8, 1074^a, 33-34 : ἀλλ' ὅσα ἀριθμῷ πολλά, ὕλην ἔχει.
2. *Id.*, *De an.*, Γ, 5, 430^a, 22 : ἀλλ' οὐχ ὁτὲ μὲν νοεῖ ὁτὲ δ' οὐ νοεῖ.

unique : il se connaît, et ne connaît que lui. Mais que découvre-t-il en son intérieur? Ne trouve-t-il pas dans l'intuition de son être celle des principes directeurs de la pensée, tels que le principe de contradiction et celui de raison suffisante? A cette question Aristote ne donne pas de réponse formelle; et, si l'on cherche quel pouvait être son sentiment là-dessus, on incline à croire qu'il opinait pour la négative. Les principes directeurs de la pensée sont des jugements; les jugements supposent une analyse et une synthèse de l'être; ils impliquent un commencement de dialectique; et l'intellect actif ne fait pas de dialectique, car alors il deviendrait : il voit, c'est tout [1]. Quoi qu'il en soit, Aristote n'a pas recours au contenu de l'intellect actif pour expliquer l'origine et le développement du savoir humain; d'après lui, c'est par la sensation qu'il débute [2].

Pris en lui-même, l'intellect actif possède donc les caractères essentiels que l'on a découverts plus haut dans la pensée de la pensée : il ressemble à Dieu. Et, si l'on suivait jusqu'au bout certains principes de la philosophie aristotélicienne, il faudrait dire qu'il se confond avec lui. Car, puisqu'il est aussi la pensée de la pensée, il ne

---

1. Arist., *De an.*, A, 4, 408^b, 25-29 : τὸ δὲ διανοεῖσθαι καὶ φιλεῖν ἢ μισεῖν οὐκ ἔστιν ἐκείνου πάθη, ἀλλὰ τουδὶ τοῦ ἔχοντος ἐκεῖνο, ᾗ ἐκεῖνο ἔχει. Διὸ καὶ τούτου φθειρομένου οὔτε μνημονεύει οὔτε φιλεῖ· οὐ γὰρ ἐκείνου ἦν, ἀλλὰ τοῦ κοινοῦ, ὃ ἀπόλωλεν; *Ibid.*, Γ, 4, 429^a, 23 : λέγω δὲ νοῦν ᾧ διανοεῖται καὶ ὑπολαμβάνει ἡ ψυχή. Il s'agit dans ce chapitre du νοῦς παθητικός; et c'est à lui, non au νοῦς ποιητικός, qu'Aristote attribue la croyance et le raisonnement. D'ailleurs, si le νοῦς ποιητικός faisait de la dialectique, il changerait; et l'on sait qu'il est immuable.

2. *Id.*, *Anal. post.*, B, 19, 100^a, 10-11 : οὔτε δὴ ἐνυπάρχουσιν ἀφωρισμέναι αἱ ἕξεις, οὔτ' ἀπ' ἄλλων ἕξεων γίνονται γνωστικωτέρων, ἀλλ' ἀπ' αἰσθήσεως; *De an.*, Γ, 8, 432^a, 3-10; v. p. 207 et p. 234 de cet ouvrage.

pourrait se poser comme une individualité à part qu'au moyen d'une matière qui lui serait propre ; et l'hypothèse, c'est qu'il n'en a pas. On comprend donc qu'Alexandre d'Aphrodise ait identifié l'intellect actif avec le premier moteur : il s'est conformé à la logique du maître. Mais Aristote ne va pas si loin, il n'affirme nulle part que l'intellect actif soit Dieu. Et, s'il dit à diverses reprises que ce principe est « divin », ce qu'il y a « de plus divin en nous », l'on n'en peut rien conclure de si précis[1] : ces expressions signifient seulement dans sa langue que l'intellect actif est l'une des formes les plus approchantes de la pensée souveraine « à laquelle sont suspendus le ciel et la nature »[2]. Bien plus, Aristote déclare en plusieurs endroits que l'intellect actif est « une partie de l'âme »[3] : il le considère comme un élément constitutif de notre entendement ; et c'est là un rôle qu'il paraît difficile d'attribuer à la divinité elle-même. Il semble qu'il y ait une interprétation plus probable qui résulte de la hiérarchie des formes telle qu'Aristote l'a conçue. Poussée par le désir du meilleur, la nature fait effort pour se délivrer de la matière et s'achever elle-même ; elle s'achemine sans relâche vers « l'Acte pur » dont le spectacle la tourmente. Et l'un de ses succès les plus pleins, c'est l'intelligence de l'homme. Car, bien que cette intelligence soit encore conditionnée par des organes et conserve autour d'elle comme une pénombre de pensée en puissance, il n'en reste pas moins vrai que, par un de ses as-

---

1. Arist., *De an.*, A, 4, 408ᵇ, 29-30 : Ὁ δὲ νοῦς θειότερόν τι καὶ ἀπαθές ἐστιν, Gen. an., B, 3, 736ᵇ, 28 ; *Ibid.*, 737ᵃ, 10 ; *Eth. Nic.*, K, 7, 1177ᵃ, 13-17.

2. *Id., Met.*, Λ, 7, 1072ᵇ, 13-14.

3. *Id., De an.*, A, 1, 403ᵃ, 3-10 ; *Ibid.*, A, 5, 411ᵃ, 26-30, 411ᵇ, 1-10 ; *Ibid.*, B, 2, 413ᵇ, 24-29 ; *Ibid.*, Γ, 4, 429ᵃ, 10-13 ; *Ibid.*, Γ, 5, 432ᵃ, 22-23.

pects, elle s'est fixée pour jamais dans la claire vue d'un intelligible en acte qui est elle-même. Cet aspect supérieur de l'intelligence, voilà l'intellect actif.

L'intellect passif est cette partie moins noble de l'âme qui demeure sujette au devenir. A l'origine, cette autre partie ne pense rien, ni elle-même ni autre chose; elle est absolument vide d'empreinte, virginale comme une tablette qui n'a pas encore subi le contact du stylet[1]. Elle peut tout devenir, mais elle n'est rien en fait; elle est le « lieu des idées », mais par simple destination : elle ne les possède pas, elle n'a que la puissance de les acquérir[2]. Et, si tel est son état primitif, elle ne commence pas par se connaître elle-même. Car se connaître, c'est agir; or nulle puissance, nulle aptitude ne s'élève de soi-même à l'acte, « tout se meut par autre chose ». Il faut d'abord que l'intellect passif soit excité du dehors, qu'il reçoive une première espèce intelligible. Alors il la pense; en la pensant, il arrive à se penser lui-même; et la réflexion apparaît[3]. Par contre, la réflexion une fois apparue devient à son tour un principe

---

1. ARIST., De an., Γ, 4, 429ᵇ, 30 et sqq.
2. Id., Ibid., 1, Γ, 4, 429ᵃ, 27-29 : Καὶ εὖ δὴ οἱ λέγοντες τὴν ψυχὴν εἶναι τόπον εἰδῶν, πλὴν ὅτι οὔτε ὅλη ἀλλ' ἡ νοητική, οὔτε ἐντελεχείᾳ ἀλλὰ δυνάμει τὰ εἴδη; Ibid., Γ, 8, 432ᵃ, 2-3 : καὶ ὁ νοῦς εἶδος εἰδῶν καὶ ἡ αἴσθησις εἶδος αἰσθητῶν. — TRENDELENBURG (Arist., De an., libr. III, p. 405, Berlin, 1877) fait de l'intellect passif une sorte d'agrégat des facultés sensitives : « quæ a sensu inde ad imaginationem mentem antecesserunt, ad res percipiendas menti necessaria; sed ad intelligendas non sufficiunt. Omnes illas, quæ præcedunt, facultates in unum quasi nodum collectas, quatenus ad res cogitandas postulantur, νοῦν παθητικὸν dictas esse arbitramur ». Cette interprétation est inexacte, si nous la comprenons bien. Elle rapproche un peu trop l'intelligence passive de l'imagination. Il faut que cette intelligence s'en distingue essentiellement, puisqu'elle est apte à recevoir « la quiddité » des choses.
3. ARIST., De an., Γ, 4, 429ᵇ, 5-10; Ibid., B, 5, 417ᵇ, 17-28.

incessant d'action : elle nous porte à faire de nouvelles découvertes ; elle analyse et combine les intelligibles déjà connus. De là développement de la science humaine tout entière.

Cette théorie de l'intelligence donne lieu à plusieurs questions qu'Aristote n'a pas résolues, qu'il n'a peut-être pas même songé à résoudre.

Comment l'intellect actif se rattache-t-il à l'intellect passif et l'intellect passif à l'âme sensible? Comment s'explique la personnalité? En quoi consiste au juste le rôle de l'intellect actif?

On peut dire, en s'inspirant d'Aristote lui-même, que la sensibilité et les deux intellects forment une série ascendante de déterminations qui ont lieu dans une même étoffe mentale. Dès lors ces trois principes de connaissance ont un sujet unique. Dès lors aussi, l'on conçoit qu'ils puissent avoir un fond commun de conscience parallèlement gradué; car où se conserve la continuité de l'être, on ne voit pas pourquoi il y aurait rupture de perception. Cette réduction à l'unité n'empêche d'ailleurs ni l'indépendance ni l'immutabilité de l'intellect actif. A parler d'une façon rigoureuse, ce n'est pas l'intellect actif qui se sépare : qu'il réside ou non dans un individu, il reste également identique à lui-même; ce qui se sépare, c'est l'intellect passif. Et cette séparation n'est pas un brisement; on n'y peut voir qu'un retour profond à l'état virtuel, un effacement complet : ce qui n'atteint pas plus « l'intellect en acte » que l'oubli d'un passé ne trouble la vue du présent. Ainsi la première question se trouve poussée un peu plus loin, et le même principe nous permet aussi d'éclaircir la seconde. Des trois déterminations de l'être psychologique, la plus haute, par sa pureté même, dépasse la personnalité ; la plus inférieure n'y atteint pas, vu qu'elle est incapable de se connaître elle-même. Mais celle qui tient le milieu suffit à la constituer ; car elle se pense et l'on peut la regarder comme individualisée par les organes avec lesquels elle naît et disparaît. Reste la troisième question qu'il est plus difficile encore d'élucider, même imparfaitement. Comment l'image tombe-t-elle sous l'influence de l'intellect actif? Et quelle espèce de transformation cet intellect lui fait-il subir? Ce sont là deux choses qui demeurent profondément mystérieuses. On pourrait supposer, il est vrai, que l'image une fois présente excite la conscience rationnelle, qui, grâce à la structure de son intellect actif [1], n'en reçoit que l'élément intelligible. Mais ce n'est là qu'une hypothèse. Encore cette hypothèse ne rend-elle pas entièrement compte de la manière dont l'intellect actif opère son œuvre de sélection [2].

Pour savoir comment l'intelligence active s'unit à l'intelligence passive et cette dernière à la sensibilité elle-même, de telle façon qu'il n'y ait plus qu'un seul

---

1. Ἕξις τις, dit Aristote (De an., Γ, 5, 430ᵃ, 15).
2. Sans doute, Aristote admet la théorie de l'abstraction ; on peut s'en rendre compte par les passages suivants : *Phys.*, B, 2, 193ᵇ, 22-36, 194ᵃ, 1-12 ; *Psych.*, Γ, 4, 429ᵇ, 10-22 ; *Met.*, M, 3, 1077ᵇ, 17-36, 1078ᵃ, 1-31 (cf. Sylv. Maur., ouvr. cit., t. IV, p. 577ᵇ, 11). Mais il ne définit pas si le travail de l'abstraction relève de l'intellect actif ou de l'intellect passif. De plus, définirait-il ce point, que la question ne s'en trouverait pas totalement résolue. Abstraire, au sens strict du mot, c'est considérer une chose séparément d'une autre, *excluso alio*. L'abstraction n'est donc possible que si cette chose existe déjà et formellement. Tel n'est pas, au regard d'Aristote, le cas des intelligibles enveloppés dans les images : ils n'y sont qu'à l'état de puissance. Par suite, il faut qu'il y ait dans l'intelligence active comme une sorte de vertu transformatrice qui les en tire. Cette vertu transformatrice, voilà ce que les textes d'Aristote ne nous permettent pas de préciser ; et je crois bien que personne n'a réussi à l'expliquer complètement. Hic labor, hoc opus.

moi; pour connaître dans une certaine mesure par quel art nous dégageons l'idée des images, il faut descendre, le long de la route des siècles, jusqu'à saint Thomas d'Aquin. Sur tous ces problèmes à la fois si importants et si difficiles, l'Ange de l'École a vraiment jeté une lumière nouvelle. A ce point de vue, son traité *De l'unité de l'intelligence* peut être considéré comme une œuvre de génie.

II

Le jugement est la synthèse de deux représentations, dont l'une s'appelle sujet et l'autre prédicat. Cette synthèse se fait au moyen du verbe être, et de deux manières : explicitement, lorsqu'on dit, par exemple, que *Callias est beau;* implicitement lorsqu'on dit que *Socrate boit*. Car cette dernière formule revient à celle-ci : *Socrate est buvant*[1]. Le verbe être et les autres verbes qui le contiennent à l'état virtuel, impliquent essentiellement l'idée de temps : on énonce toujours qu'une chose est, a été ou sera; ou bien encore qu'elle se fait, s'est faite ou se fera. Et chacun de ces modes principaux représente un des moments du temps[2]. Par suite, tout jugement a quelque chose de chronologique. Et l'on trouvera sans doute qu'Aristote tombe ici dans quelque excès. Comme l'observe la *Logique* de Port-Royal, « le princi-

---

[1]. Arist., *De Interpr.*, 5, 17ᵃ, 8-12, 17-20; *Ibid.*, 10, 19ᵇ, 5-13; cf. *Rhet.*, I', 2, 1404ᵇ, 25-30.

[2]. *Id., Ibid.*, 3, 16ᵇ, 6-10; *Ibid.*, 5, 17ᵃ, 22-24; *Ibid.*, 10, 19ᵇ, 12-14 : Ἄνευ δὲ ῥήματος οὐδεμία κατάφασις οὐδὲ ἀπόφασις· τὸ γὰρ ἔστιν ἢ ἔσται ἢ ἦν ἢ γίνεται, ἢ ὅσα ἄλλα τοιαῦτα, ῥήματα ἐκ τῶν κειμένων ἐστί· προσσημαίνει γὰρ χρόνον; *Poet.*, Σ, 20, 1457ᵃ, 10-18.

pal usage » du verbe « est de signifier l'affirmation »[1]. Le temps s'y ajoute à titre d'accident ; et cet accident ne lui est pas essentiel : il ne le possède pas toujours. Quand nous disons au sens de Parménide ou de Platon : *L'être est;* ou que nous formulons cette proposition mathématique : *Les trois angles du triangle sont égaux à deux droits,* il ne reste rien dans ces énonciations qui soit sujet au devenir, et il en va de même pour toutes les vérités scientifiques : elles dépassent les limites du temps ; elles ont quelque chose d'éternel.

Les jugements se différencient d'abord par leur qualité. A ce point de vue, ils sont affirmatifs ou négatifs [2]; et, de ce chef, ils soutiennent des rapports d'opposition qu'il est capital de préciser [3]. Il y a des jugements qui s'opposent entre eux de façon à exclure tout intermédiaire et qu'on appelle *contradictoires* [4]. Telles sont les énonciations suivantes : *Tout homme est blanc, tout homme n'est pas blanc* [5]; *Socrate marche, Socrate ne marche pas* [6]. Il y a aussi des jugements qui s'opposent entre eux de façon à ne pas exclure tout intermédiaire et qu'on appelle *contraires* [7]. Ainsi ces deux jugements : *tout homme est juste, aucun homme n'est juste,* sont deux extrêmes entre lesquels on en peut glisser un troisième qui est celui-ci : *quelque homme n'est pas juste.* Ce sont donc des con-

1. II, 2, 104-106, éd. Aulard, Belin, Paris.
2. Arist., *De interpr.*, 5, 17ᵃ, 8-9 : ἔστι δὲ εἷς πρῶτος λόγος ἀποφαντικὸς κατάφασις, εἶτα ἀπόφασις; *Ibid.*, 6, 17ᵃ, 25-26.
3. *Id., Ibid.*, 6, 17ᵃ, 26-37.
4. *Id., Anal. post.,* A, 2, 72ᵃ, 12-18 : ἀντίφασις δὲ ἧς οὐκ ἔστι μεταξὺ καθ' αὐτήν.
5. *Id., De interpr.*, 7, 17ᵇ, 16-20.
6. *Id., Ibid.*, 7, 17ᵇ, 26-29.
7. *Id., Ibid.*, 7, 17ᵇ, 20-23; cf. *Anal. pr.*, B, 8, 59ᵇ, 6-11.

traires. Il en va de même à plus forte raison de ces deux autres jugements : *Socrate est blanc, Socrate est noir.* Dans ce cas, il y a place pour autant d'énonciations qu'il y a de couleurs intermédiaires. Qu'il s'agisse de jugements contradictoires ou contraires, il faut que, si l'un est vrai, l'autre soit faux [1] ; et cette règle est absolue en réalité, bien qu'elle ne le paraisse pas toujours. On trouve des cas où les contradictoires semblent ne pas s'exclure : par exemple, il n'y a pas d'illogisme à soutenir en même temps que « l'homme est beau et ne l'est pas » [2]. Mais ce n'est là que l'effet d'une équivoque. Dans les énonciations de ce genre, l'extension du sujet reste indéterminée ; on peut donc y considérer deux ou plusieurs catégories d'individus dont chacune a ses caractères spéciaux [3] : on peut en faire plusieurs sujets dont les prédicats respectifs cessent par là même de se contredire. A prendre les choses d'une manière précise, il n'existe pas de contradiction véritable [4].

Bien qu'Aristote se fasse une idée juste de la copule des jugements, il ne semble pas discerner avec une très grande précision le vrai rôle qui lui revient. D'après lui, la particule négative (οὐκ) ne tombe pas seulement sur le verbe « être » ; elle porte aussi, dans certains cas, soit sur le sujet lui-même, soit sur le prédicat. Accompagnés de cette particule, le sujet et le prédicat forment des touts inséparables, des « noms indéterminés » [5]. De là, dans

---

1. Arist., *De interpr.*, 7, 17ᵇ, 20-29 ; *Ibid.*, 9, 18ᵃ, 28-32.
2. *Id., Ibid.*, 7, 17ᵇ, 29-34.
3. *Id., Ibid.*, 7, 17ᵇ, 34-37 : ... τὸ δὲ οὔτε ταὐτόν σημαίνει οὐδ' ἅμα ἐξ ἀνάγκης.
4. *Id., Ibid.*, 7, 17ᵇ, 38 et sqq. : φανερὸν δὲ ὅτι καὶ μία ἀπόφασις μιᾶς καταφάσεώς ἐστιν.
5. *Id., Ibid.*, 2, 16ᵃ, 30-32 : τὸ δ' οὐκ ἄνθρωπος οὐκ ὄνομα, οὐ μὴν οὐδὲ κεῖται ὄνομα ὅ τι δεῖ καλεῖν αὐτό· οὔτε γὰρ λόγος οὔτε ἀπόφασίς ἐστιν. Ἀλλ' ἔστω ὄνομα ἀόριστον ; *Ibid.*, 3, 16ᵇ, 12-15 ; *Ibid.*, 10, 19ᵇ, 8-9.

la logique aristotélicienne, une espèce de jugements à part. Dire qu'un objet « n'est pas blanc » ne revient pas à dire qu'il « est non-blanc » [1] ; autre chose est d'affirmer que quelqu'un « ne connaît pas le bien », et autre chose d'affirmer qu'il « connaît le non-bien » [2]. Cette manière de voir n'est pas tout à fait exacte. En réalité, la particule négative ne regarde que la liaison du sujet et de l'attribut; elle n'affecte que le verbe « être ». On peut dire aussi que le plus grand nombre des jugements à sujet ou prédicat indéterminés ne sont au fond que des jugements négatifs ordinaires. Quelle différence y a-t-il, par exemple, entre ces deux énonciations : *ce marbre n'est pas blanc, ce marbre est non-blanc?* La pensée n'est-elle pas identique dans les deux cas ? Quant aux autres jugements de même nature, ils ne sont en définitive que des jugements complexes ; affirmer de quelqu'un *qu'il connaît le non-bien,* revient à dire *qu'il connaît ce qui n'est pas le bien.*

Les jugements se différencient également par la quantité. Vus de ce biais, ils se divisent en trois espèces : on appelle universels ceux dont le sujet se prend dans toute son extension; particuliers ceux dont le sujet n'a qu'une extension plus ou moins restreinte; indéfinis ceux dont le sujet garde une extension indéterminée. Par exemple, lorsque je dis que « l'homme est juste », que « la science enveloppe les contraires » ou que « le plaisir n'est pas un bien », je formule autant de jugements indéfinis; car je ne précise point si le prédicat de chacun de ces juge-

---

1. Arist., *Anal. pr.*, A, 46, 51ᵇ, 5-10. cf. *De interpr.*, 10, 10ᵇ, 14-30.
2. Id., *Anal. pr.*, A, 46, 51ᵇ, 10-24. —Voir aussi sur ce point : *Ibid.*, A, 3, 25ᵇ, 19-24.

ments convient à tout son sujet, à tel nombre de ses parties ou bien à l'une seulement d'entre elles[1]. Ces derniers jugements forment-ils une espèce à part? Ed. Zeller le nie; et la raison qu'il en donne, c'est qu'on les peut ramener à des énonciations universelles[2]. Mais peut-être sa logique n'est-elle pas assez subtile dans le cas présent : elle omet une nuance qui avait son importance chez les Hellènes. Lorsque nous disons « l'homme », par exemple, nous entendons tous les hommes; il n'en était pas ainsi des habitants de la Grèce. Rigoureusement, leur article n'avait qu'un sens qualitatif : il portait sur la nature des choses, non sur leur extension. Pour signifier l'universalité, ils employaient d'ordinaire le mot πᾶς, à moins qu'elle ne ressortît suffisamment du contexte ou du caractère de l'objet en question : c'est ce qu'Aristote insinue lui-même au chapitre 7e du livre *De l'interprétation*[3]. La finesse extraordinaire de la langue grecque fait comprendre la raison sur laquelle se fondent « les jugements indéfinis ».

On peut considérer, dans les jugements, la rigueur plus ou moins grande du rapport que soutiennent le sujet et le prédicat : ce que l'on appelle du nom de modalité. Envisagés sous cet aspect, les jugements se partagent derechef en trois classes : ils sont empiriques, lorsqu'ils reposent sur une liaison de fait; apodictiques, lorsqu'ils reposent sur une liaison nécessaire; problématiques, lors-

---

1. Arist., *Anal. pr.*, A, 1, 24ᵃ, 16-22; *Ibid.*, A, 2, 25ᵃ, 4-5; cf. *De interpr.*, 7, 17ᵃ, 38-40, 17ᵇ, 1-12 : Ici la division n'est pas tout à fait la même; elle comprend des jugements *universels*, des jugements *indéfinis* et des jugements *individuels*; ex. : *Socrate est blanc*.
2. *Ouvr. cit.*, II, 2, p. 222.
3. 17ᵇ, 8-12 : ... τὸ γὰρ πᾶς οὐ τὸ καθόλου σημαίνει ἀλλ' ὅτι καθόλου.

que la relation qui les fonde est une simple possibilité[1]. Pour bien saisir en quoi consiste cette dernière espèce de jugements, il est bon de préciser ce qu'Aristote entend par possible. Pour nous, le possible est ce qui n'implique pas de contradiction ; et ce qui n'implique pas de contradiction peut un jour ou l'autre se produire nécessairement, parce que la cause en est posée d'avance dans les lois de la nature. Autre est la conception d'Aristote. D'après son système, il y a des choses en puissance; ces choses sont aptes à recevoir les contraires : par elles-mêmes, elles peuvent indifféremment être et n'être pas[2]. Mais la plupart d'entre elles sont déterminées du dehors d'après des règles fixes, forment une série de moteurs et de mobiles, de causes et d'effets qui est infrangible, et rentrent ainsi dans la catégorie de la nécessité. Un certain nombre d'autres, au contraire, n'ont qu'une cause indéfinie et indéfinissable : tels sont les accidents proprement dits, de quelque nature qu'ils soient, phénomènes de hasard, faits spontanés, ou actes libres. Ces choses en puissance, qui n'ont pas de cause déterminée et qui par là même sont aptes à être et à ne pas être : voilà ce qu'il faut appeler du nom de possible[3]. Et de là dérive la théorie aristotélicienne des futurs. Les événements nécessaires sont prévisibles; les événements possibles ne le sont pas. « Y aura-t-il demain une bataille navale ou non? » Personne n'en sait rien. Tout ce que l'on peut dire, c'est que « cette bataille sera ou ne sera pas »[4]. Ainsi de

---

1. Arist., *Anal. pr.*, A, 2, 25ᵃ, 1-2 : ἐπεὶ δὲ πᾶσα πρότασίς ἐστιν ἢ τοῦ ὑπάρχειν ἢ τοῦ ἐξ ἀνάγκης ὑπάρχειν ἢ τοῦ ἐνδέχεσθαι ὑπάρχειν.
2. Voir plus haut, p. 81.
3. Arist., *De interpr.*, 9, 19ᵃ, 7-22.
4. Id., Ibid., 9, 19ᵃ, 23 et sqq.

tous les autres faits qui n'ont pas de cause prédéterminée et qui de ce chef ne sont que de simples possibles. La nécessité n'envahit pas tout; il y a dans la matière un principe d'imprécision qui lui résiste. Par suite, la prévision ne peut non plus tout enfermer[1].

Une proposition quelconque étant donnée, on peut essayer de la convertir, c'est-à-dire de changer le sujet en attribut et l'attribut en sujet, sans qu'elle cesse d'être vraie, si elle l'était auparavant.

Cette opération donne trois résultats principaux.

Les propositions universelles négatives et les propositions particulières affirmatives sont susceptibles d'une conversion parfaite.

Les propositions universelles affirmatives ne comportent qu'une conversion relative : il y faut une addition qui restreigne l'étendue de l'attribut devenu sujet.

Les propositions particulières négatives ne se convertissent d'aucune façon[2].

Avec le jugement apparaît la possibilité de l'erreur. On ne se trompe pas sur les espèces sensibles elles-mêmes[3]; on les ignore ou bien on les connaît, et c'est tout : il n'y a pas d'état intermédiaire. Les chances de méprise commencent avec les affirmations et les négations que l'on énonce à leur égard: elles commencent, par exemple, lorsqu'on dit que c'est Cléon qui est blanc[4],

1. Chrysippe s'élèvera plus tard contre cette conception et s'efforcera de montrer que tous les faits sont soumis à la nécessité causale (*De fat.*, 10, 131, éd. Nobbe, Lipsiæ, 1886).
2. Arist., *Anal. pr.*, A, 2, 25ᵃ, 1-13; *Ibid.*, 3. — Cf. *Ibid.*, A, 13, 32ᵃ, 27 et sqq.; *Ibid.*, A, 17, 36ᵇ, 35 et sqq.; voir aussi Sylv. Maur., ouvr. cit., t. I, p. 100ᵇ, 2.
3. V. plus haut, p. 179.
4. Arist., *De an.*, Γ, 6, 430ᵇ, 1-3 : τὸ γὰρ ψεῦδος ἐν συνθέσει ἀεί· καὶ γὰρ ἂν

qu'il est seul, qu'il marche, qu'il a telle taille et se trouve à telle distance[1]. On ne se trompe pas non plus sur les espèces intelligibles, et pour la même raison que tout à l'heure : ou bien on ne les perçoit pas, ou bien on les perçoit nécessairement telles qu'elles sont[2]. Il n'y a danger de mécompte qu'à partir de la limite où l'on passe de l'intuition au jugement[3]: essaie-t-on de savoir, par exemple, si tel concept n'enveloppe aucune contradiction, s'il a son fondement dans l'expérience, s'il convient à cet objet plutôt qu'à cet autre, au cercle plutôt qu'au triangle; alors on peut unir ou séparer mal à propos, on peut tomber sur une solution qui ne soit pas juste[4]. Qu'il s'agisse de la connaissance empirique ou de la connaissance intellectuelle, nos phénomènes, considérés à l'état brut, ne nous pipent pas. L'erreur ne se glisse que dans l'usage que nous en faisons : elle n'apparaît que dans la série des jugements auxquels ils donnent lieu; et cela, parce que le jugement est l'œuvre de notre esprit, non celle des choses. Il nous arrive, en jugeant, de lier ce que la nature délie, de délier au contraire ce qu'elle lie; et de là procède tout péché intellectuel[5].

τὸ λευκὸν μὴ λευκόν, τὸ μὴ λευκὸν συνέθηκεν. Ἐνδέχεται δὲ καὶ διαίρεσιν φάναι πάντα. Ἀλλ' οὖν ἔστι γε οὐ μόνον τὸ ψεῦδος ἢ ἀληθές, ὅτι λευκὸς Κλέων ἐστίν, ἀλλὰ καὶ ὅτι ἦν καὶ ἔσται.

1. Arist., *De an.*, I', 3, 428ᵇ, 22-25.
2. Id., *Met.*, Θ, 10, 1051ᵇ, 23-26 : ἀλλ' ἔστι τὸ μὲν ἀληθὲς τὸ δὲ ψεῦδος, τὸ μὲν θιγεῖν καὶ φάναι ἀληθές (οὐ γὰρ ταὐτὸ κατάφασις καὶ φάσις), τὸ δ' ἀγνοεῖν μὴ θιγγάνειν· ἀπατηθῆναι γὰρ περὶ τὸ τί ἐστιν οὐκ ἔστιν ἀλλ' ἢ κατὰ συμβεβηκός.
3. Id., *De an.*, I', 6, 430ª, 26-31.
4. Id., *Ibid.*, I', 6, 430ª, 31; *Met.*, Δ, 29, 1024ᵇ, 17-28.
5. Id., *Cat.*, 10, 13ᵇ, 10-12; *De interpr.*, 1, 16ª, 9-18; *Met.*, Γ, 7, 1012ª, 2-5; *Ibid.*, E, 4, 1027ᵇ, 25-34, 1028ª, 1-2; *Ibid.*, Θ, 10, 1051ª, 34-35, 1051ᵇ, 1-9; *De an.*, I', 8, 432ª, 11-12; *Ind. Arist.*, 185ᵇ, 45 et sqq.

Ce n'est pas à dire que tous nos jugements présentent des risques d'erreur. Notre esprit fait en réalité un certain nombre d'unions et de séparations de termes qui ne trompent jamais. L'on n'affirme pas pour tout de bon que l'un est le plusieurs, que l'être s'identifie avec le non-être, que la substance est l'accident, la qualité la quantité, ou le mouvement le repos; il n'arrive à personne de croire que la somme des angles d'un triangle est tantôt égale, tantôt inégale à deux droits, et que le nombre quatre ou tel autre nombre pair a ses heures d'être divisible par deux et ses heures de ne l'être plus [1]. On peut même dire que, lorsque les sens s'exercent dans leurs conditions normales, les espèces sensibles correspondent généralement à quelque objet réel qui leur ressemble plus ou moins [2]; ces conditions une fois données, l'illusion ne trouve place que dans le cas où l'objet lui-même n'agit pas avec assez d'intensité pour que l'on puisse distinguer clairement son empreinte d'une image réviviscente [3]. On peut dire également que, toutes les fois que l'intelligence s'exerce en face du réel, elle engendre une espèce qui a son fondement dans les choses. Car l'intelligence ne change point la forme en la percevant; elle ne fait que l'émanciper, elle ne fait que la mettre en évidence [4].

Si les concepts deviennent faux, c'est grâce aux métamorphoses qui se produisent dans l'imagination, avant qu'ils soient formés [5]; ou grâce au travail qu'y opère la

---

1. Arist., *Met.*, Θ, 10, 1051ᵇ, 15-35, 1052ᵃ, 1-9.
2. V. plus haut, p. 179 et sqq.
3. Arist., *De an.*, Γ, 3, 428ᵇ, 18-19; *Ibid.*, 428ᵃ, 12-15.
4. Id., *Ibid.*, Γ, 7, 431ᵇ, 2. V. S. Thom., *Comment. De an.*, p. 172ᵃ.
5. Arist., *De an.*, Γ, 3, 428ᵇ, 25-30; v. pl. haut (p. 195) les transformations que l'imagination fait subir aux espèces sensibles, une fois l'objet absent.

réflexion, lorsqu'ils le sont déjà : les concepts ne deviennent faux que par accident [1]. D'eux-mêmes, en tant qu'ils traduisent directement un état vif, ils sont toujours vrais. C'est ce qu'Aristote veut faire entendre, lorsqu'il dit que l'intelligence n'est pas tout entière sujette à l'erreur, qu'elle ne se trompe jamais sur l'essence même des choses [2].

Il existe donc, dans notre pensée, comme une zone où l'erreur ne pénètre pas; il y a tout un ensemble de jugements où nous sommes infaillibles. Et, si l'on en cherche la raison, on la trouve dans ce fait que de tels jugements ne contiennent aucun résidu d'obscurité : leur sujet et leur prédicat sont clairement et distinctement connus sous l'aspect par lequel ils s'unissent ou s'excluent.

Si l'erreur est incompatible avec la pleine évidence, reste qu'elle se produise dans nos jugements où la connaissance et l'ignorance se mêlent d'une certaine façon : pour que l'on puisse se tromper, il faut à la fois savoir et ne savoir pas la chose dont on juge [3]. Lorsqu'on possède la notion du carré et celle de la diagonale, on peut encore ignorer de quelle manière ces deux notions se rapportent l'une à l'autre; et, si l'on se prononce dans cet état, on court le risque d'affirmer que le carré et la diagonale ont une commune mesure [4]. On peut avoir appris que les mules sont infécondes et ne pas s'apercevoir que tel animal que l'on rencontre sur sa route est un individu de leur

---

1. Arist., *Met.*, Θ, 10, 1051^b, 25-26 : ἀπατηθῆναι γὰρ περὶ τὸ τί ἐστιν οὐκ ἔστιν ἀλλ' ἢ κατὰ συμβεβηκός; S. Thom., ouvr. cit., p. 172^a-172^b.
2. Arist., *De an.*, Γ, 6, 430^b, 26-31 ; *Anal. post.*, 19, 100^b, 5-17.
3. Id., *Anal. pr.*, B, 21, 66^b, 18-24.
4. Id., *Ibid.*, 21, 67^a, 12-26. Aristote donne ici un autre exemple, mais qui a la même signification.

espèce; et alors on dira peut-être : « cette mule est enceinte »[1]. Nous ne percevons pas tous les rapports que peuvent avoir deux idées par le fait qu'elles nous sont données l'une et l'autre; et de là vient la fausseté qui se glisse dans les jugements universels. De même, nous ne percevons pas tous les rapports que peuvent avoir une idée et une image par le fait que nous prenons conscience de l'une et de l'autre; et de là vient la fausseté qui se glisse dans les jugements particuliers. Un objet quelconque une fois présent à la pensée, nous n'en pénétrons pas du même coup tous les caractères, ni toutes les relations que ces caractères peuvent avoir entre eux et avec le reste des choses : au-dessous de la connaissance en acte, il y a la connaissance virtuelle; et là se trouve la cause matérielle de l'erreur[2].

Conduit à ce point, le problème n'est pas épuisé. Affirmer, n'est-ce pas voir? Et comment peut-on voir un rapport qui n'existe pas en réalité? Comment peut-on voir ce qui n'est pas? Cette question dont Platon a très bien senti le caractère pressant[3] et qu'il n'a résolue qu'en apparence, Aristote, nous semble-t-il, la pousse un peu plus loin. D'après lui, comparer deux termes pour en faire jaillir la convenance ou la disconvenance, c'est « chercher »; chercher, c'est « délibérer »[4]; et la délibération elle-même est un acte libre de la volonté. La vo-

---

[1]. Arist., *Anal. pr.*, B, 21, 67ª, 33-38.
[2]. *Id., Ibid.*, B, 21, 67ª, 39, 67ᵇ, 1-10.
[3]. *Theæt.*, XXXI, 258; *Soph.*, XXIV, 28.
[4]. *Id., De mem.*, 2, 453ª, 10-14; ὅτι γὰρ πρότερον εἶδεν ἢ ἤκουσεν ἤ τι τοιοῦτον ἔπαθε, συλλογίζεται ὁ ἀναμιμνησκόμενος, καὶ ἔστιν οἷον ζήτησίς τις. Τοῦτο δ' οἷς τὸ βουλευτικὸν ὑπάρχει, φύσει μόνοις συμβέβηκεν· καὶ γὰρ τὸ βουλεύεσθαι συλλογισμός τίς ἐστιν; *De an.*, Γ, 7, 431ᵇ, 6-10; *Ibid.*, Γ, 11, 434ª, 8-14.

lonté intervient donc dans nos jugements : c'est elle qui ouvre les pistes, c'est elle aussi qui se prononce sur le fait de la découverte. Or il se peut que, sous l'influence de la passion, elle formule son verdict avant que l'on ait réellement trouvé. Vient ensuite l'habitude qui soude d'une façon de plus en plus intime les deux termes une première fois associés; à la fin, la familiarité tient lieu d'évidence, et l'erreur se fixe. Aussi voit-on qu'Aristote insiste à diverses reprises sur la nécessité où se trouve le philosophe de réduire ses passions. « Avant tout, dit-il, il est bon de se défier du plaisir et de la douleur; ce n'est pas de sang-froid que nous en jugeons. Il faut nous mettre à l'égard [du plaisir] dans la disposition qu'éprouvaient les vieillards au sujet d'Hélène et redire leurs paroles en toutes circonstances »[1]. Celui-là seul est à même de découvrir la vérité morale qui sait « ajuster ses désirs à la raison »[2]. La maîtrise de soi, voilà notre vraie défense contre l'erreur.

D'où viennent nos vues imparfaites et nos passions? ces deux questions n'en font qu'une et trouvent leur solution dans la métaphysique. La matière et l'acte se développent en sens inverse et aux dépens l'une de l'autre. Moins il y a de matière, plus il y a d'acte, plus il y a de pensée; et par là même moins fortes sont les passions : de telle sorte que, si la matière venait à disparaître tout entière, il ne resterait dans le monde que la pensée de l'intelligible qui serait aussi la pensée d'elle-même. Mais ce fait ne saurait se produire. La matière résiste;

---

1. Arist., *Eth. Nic.*, B, 9, 1109^b, 7-12.
2. Id., *Ibid.*, Γ, 15, 1119^b, 15-16; *De an.*, Γ, 10, 433^a, 25-27; *Ibid.*, Γ, 11, 434^a, 12-14.

et cela, parce qu'il est meilleur qu'il en soit ainsi ; l'unité dans la diversité vaut mieux que l'unité toute seule. C'est la pensée reprise par Leibniz : l'imperfection fait partie du meilleur des univers [1].

III

La science se compose de jugements qui s'étendent à tous les cas existants ou possibles de la même espèce ; elle ne comprend que des jugements universels[2]. Par quel moyen nous élevons-nous à de telles énonciations?

Les sensations, prises séparément les unes des autres, ne peuvent conduire à ce degré de généralité. Chacune d'elles ne donne qu'un fait; et ce fait se trouve individualisé par la matière qu'il enveloppe, emprisonné dans telle portion de l'espace et du temps. C'est un homme en chair et en os, un triangle tracé sur le sable et qui a par là même une figure et des dimensions définies, une couleur donnée qui existe en un sujet également donné et ne peut exister qu'en lui. Chaque sensation, considérée à part, ne contient que de l'individuel[3]; et, avec de l'individuel, on n'arrive pas même à former les plus infimes des jugements particuliers, ceux qui ont pour sujet un être concret. Quand je dis, par exemple : « Callias est

---

1. Leibniz, *Théod.*, p. 601ᵇ, 335; *Ibid.*, 603ᵃ, 341; *Monad.*, 709ᵇ, 58.
2. Arist., *Anal. post.*, A, 4, 73; *Ibid.*, A, 31, 87ᵇ, 28-33.
3. *Id.*, *Ibid.*, A, 31, 87ᵇ, 28-39 : Οὐδὲ δι' αἰσθήσεως ἐστιν ἐπίστασθαι. Εἰ γὰρ καὶ ἔστιν ἡ αἴσθησις τοῦ τοιοῦδε καὶ μὴ τοῦδέ τινος, ἀλλ' αἰσθάνεσθαί γε ἀναγκαῖον τόδε τι καὶ ποῦ καὶ νῦν. Τὸ δὲ καθόλου καὶ ἐπὶ πᾶσιν ἀδύνατον αἰσθάνεσθαι· οὐ γὰρ τόδε οὐδὲ νῦν· οὐ γὰρ ἂν ἦν καθόλου· τὸ γὰρ ἀεὶ καὶ πανταχοῦ καθόλου φαμὲν εἶναι... αἰσθάνεσθαι μὲν γὰρ ἀνάγκη καθ' ἕκαστον, ἡ δ' ἐπιστήμη τῷ τὸ καθόλου γνωρίζειν ἐστίν.

beau », je me sers déjà d'un qualificatif qui dépasse tout phénomène sensible. Car, dans mon affirmation, je ne l'envisage pas en tant qu'il existe, mais en tant qu'il enveloppe telle « quiddité ».

Si l'on agglomère un certain nombre de sensations qui se trouvent d'avoir un caractère commun, il s'en dégage dans l'imagination un symbole unique [1]. Mais ce symbole, bien qu'en route vers l'universel, ne l'atteint pas encore et ne peut nullement l'atteindre, si loin que l'on pousse l'expérience; il n'a qu'une généralité relative et n'en peut avoir d'autre. Il convient, il est vrai, à tous les cas observés; mais il ne convient qu'à eux. Pour que ce symbole pût s'élever à la dignité d'un universel, il faudrait avoir constaté la totalité des phénomènes existants et possibles où il reparaît; et ce recensement intégral dépasse la portée de la connaissance humaine : il n'y a pas d'énumération complète [2]. Encore faut-il dire

---

1. Arist., *Anal. post.*, B, 19, 100ª, 3-9 : ἐκ μὲν οὖν αἰσθήσεως γίνεται μνήμη, ὥσπερ λέγομεν, ἐκ δὲ μνήμης πολλάκις τοῦ αὐτοῦ γινομένης ἐμπειρία· αἱ γὰρ πολλαὶ μνῆμαι τῷ ἀριθμῷ ἐμπειρία μία ἐστίν, ἐκ δ' ἐμπειρίας ἢ ἐκ παντὸς ἠρεμήσαντος τοῦ καθόλου ἐν τῇ ψυχῇ, τοῦ ἑνὸς παρὰ τὰ πολλά, ὃ ἂν ἐν ἅπασιν ἓν ἐνῇ ἐκείνοις τὸ αὐτό, τέχνης ἀρχὴ καὶ ἐπιστήμης, ἐὰν μὲν περὶ γένεσιν, τέχνης, ἐὰν δὲ περὶ τὸ ὄν, ἐπιστήμης; *Met.*, A, 1, 980ᵇ, 28-29, 981ª, 1-17.

2. *Id., Anal. post.*, A, 5, 74ª, 25-30 : Διὰ τοῦτο οὐδ' ἄν τις δείξῃ καθ' ἕκαστόν τὸ τρίγωνον ἀποδείξει ἢ μιᾷ ἢ ἑτέρᾳ ὅτι δύο ὀρθὰς ἔχει ἕκαστον, τὸ ἰσόπλευρον χωρὶς καὶ τὸ σκαληνὲς καὶ τὸ ἰσοσκελές, οὔπω οἶδε τὸ τρίγωνον ὅτι δύο ὀρθαῖς, εἰ μὴ τὸν σοφιστικὸν τρόπον, οὐδὲ καθόλου τρίγωνον, οὐδ' εἰ μηδέν ἐστι παρὰ ταῦτα τρίγωνον ἕτερον. Le fameux passage des *Premières Analytiques* (B, 23, 68ᵇ, 15-29), où il s'agit des animaux sans fiel, ne contredit pas notre interprétation. Dans cet alinéa curieux, Aristote ne se propose pas de donner une théorie de l'induction; son but est de faire voir à quelle condition ce procédé peut être rangé parmi les syllogismes; et cette condition, c'est que l'énumération des cas soit complète (27-29; cf. 24, 69ª, 16-19). Mais il n'ajoute point qu'elle puisse l'être. V. J. Lachelier, *Du fondement de l'induction*, p. 4-7; Alcan, Paris, 1893.

que, si cette condition venait à se réaliser, elle ne suffirait pas. La science n'admet point les vérités de fait; elle n'admet que les vérités de droit. Elle n'exige pas seulement que les propositions qui servent à la constituer ne soient jamais fausses; elle veut aussi qu'elles ne puissent pas l'être : il faut qu'il y ait entre le sujet et le prédicat de ces propositions une liaison infrangible, un rapport nécessaire. Or la sensation, de quelque manière qu'on la prenne, ne va pas jusque-là. Elle fournit des agglutinations d'images, non des connexions essentielles d'idées : son domaine est celui de l'opinion [1].

Faut-il donc se rabattre sur l'innéisme? Y a-t-il en nous, antérieurement à l'expérience, tout un système d'idées et de principes qui s'éveillent au contact de la sensation et nous jettent d'emblée en face de l'universel? Platon, en définitive, aurait-il la raison de son côté? Mais on a déjà vu que l'hypothèse de Platon n'est pas plus défendable du point de vue psychologique que du point de vue métaphysique ; s'il existait des idées innées, nous en aurions quelque conscience; et tel n'est pas le fait [2]. Ce qui reste de la science apriorique, c'est l'éternelle pensée de l'intellect actif; or cette pensée ne fournit rien de son contenu : son unique fonction est d'élever à l'acte les intelligibles que les images enferment virtuellement. Tout a son origine dans l'expérience : les idées les plus élevées comme les plus humbles, les principes généraux comme les principes spéciaux, tout dérive de la sensation.

---

1. Arist., *Anal. post.*, A, 4, 73ᵃ, 24 : ἐξ ἀναγκαίων ἄρα συλλογισμός ἐστιν ἡ ἀπόδειξις; *Ibid.*, A, 4, 73ᵇ, 25-28; *Ibid.*, 33, 88ᵇ, 30-37, 89ᵃ, 1-10; *Met.*, A, 1, 981ᵃ, 28-30; *Ibid.*, K, 7, 1063ᵇ, 36 et sqq.

2. V. plus haut, pp. 207-208.

Sur ce point, Aristote n'a jamais varié, au moins dans son âge mûr : les *Premières* et les *Secondes Analytiques* [1], les *Topiques* [2], la *Morale à Nicomaque* [3], la *Rhétorique* [4] sont autant de traités où il y revient et le formule avec une égale force. On n'en peut douter, il n'existe, d'après lui, que deux méthodes scientifiques : l'une par laquelle on passe de l'universel à ses éléments logiques, l'autre par laquelle on s'élève du particulier à l'universel lui-même ; et le particulier, c'est le sensible.

Si l'universel ne provient ni de la sensibilité toute seule ni de l'intelligence toute seule, il faut sans doute qu'il s'explique par un certain concours de l'une et de l'autre ; et telle est l'opinion à laquelle s'arrête Aristote. L'intelligence, en vertu d'une énergie intuitive qui lui est propre, « discerne l'homme dans Callias », la blancheur dans les objets blancs, le mouvement dans les corps qui se meuvent. Brusquement ou peu à peu, suivant les cas, l'intelligence dégage des phénomènes ce qu'ils contiennent d'essentiel ; et l'essentiel une fois séparé de son tout physique, elle en tire des propositions universelles [5]. L'universel est une élaboration du sensible par l'esprit : ce qu'Aristote appelle du nom d'induction (ἐπαγωγή).

Puisque telle est la nature de l'induction, elle suppose

---

1. *Anal. pr.*, B, 23, 68ᵇ, 13-14 : ἅπαντα γὰρ πιστεύομεν ἢ διὰ συλλογισμοῦ ἢ ἐξ ἐπαγωγῆς; *Anal. post.*, A, 13, 81ᵃ, 38-40, 81ᵇ, 1-9.

2. A, 12, 105ᵃ, 10-16 ; Θ, 1, 152ᵃ, 4-7.

3. A, 7, 1098ᵇ, 3-4 ; Z, 3, 1139ᵇ, 26-31 : ἐκ προγινωσκομένων δὲ πᾶσα διδασκαλία, ὥσπερ καὶ ἐν τοῖς ἀναλυτικοῖς λέγομεν· ἡ μὲν γὰρ δι' ἐπαγωγῆς, ἡ δὲ συλλογισμῷ· ἡ μὲν δὴ ἐπαγωγὴ ἀρχή ἐστι καὶ τοῦ καθόλου, ὁ δὲ συλλογισμὸς ἐκ τῶν καθόλου.; Z, 12, 1143ᵇ, 4-5 : ἐκ τῶν καθ' ἕκαστα γὰρ τὸ καθόλου.

4. A, 2, 1356ᵃ, 35 et sqq.

5. Arist., *Anal. post.*, B, 19, 100ᵃ, 14-17, 100ᵇ, 1-5 ; *Ibid.*, A, 5, 74ᵃ, 30 et sqq.

des données expérimentales ; et ces données sont de deux sortes.

D'abord, il en existe qui sont déjà plus ou moins élaborées : telles sont les croyances populaires et les opinions des philosophes [1].

Chaque nation a des adages qui lui sont propres. Ces adages représentent un nombre incalculable d'expériences, faites et refaites par un nombre incalculable d'individus ; et, par suite, ils ne sauraient être entièrement illusoires ; ils forment une matière d'investigation que le savant a le devoir de ne pas dédaigner [2]. Tous les hommes ont reçu de la nature les aptitudes voulues pour arriver d'eux-mêmes à la vérité [3]. Ils y arrivent plus sûrement, lorsque, vivant dans le même milieu social, ils ont la facilité de contrôler leurs opinions les unes par les autres ; et plus sûrement encore, lorsque ce contrôle se prolonge à travers une longue série de siècles [4] : ces conditions données, il se produit dans leur conscience comme un système de jugements synthétiques, qui, pour

---

1. Arist., *Top.*, A, 1, 100ᵃ, 29-30, 100ᵇ, 18-23 : Διαλεκτικὸς δὲ συλλογισμὸς ὁ ἐξ ἐνδόξων συλλογιζόμενος... ἔνδοξα δὲ τὰ δοκοῦντα πᾶσιν ἢ τοῖς πλείστοις ἢ τοῖς σοφοῖς, καὶ τούτοις ἢ πᾶσιν ἢ τοῖς πλείστοις ἢ τοῖς μάλιστα γνωρίμοις καὶ ἐνδόξοις ; *Ibid.*, A, 10, 104ᵃ, 8-11 ; *Ibid.*, 14, 105ᵃ, 34-37.

2. *Id.*, *Polit.*, B, 5, 1264ᵃ, 1-5 : Δεῖ δὲ μηδὲ τοῦτο αὐτὸ ἀγνοεῖν, ὅτι χρὴ προσέχειν τῷ πολλῷ χρόνῳ καὶ τοῖς πολλοῖς ἔτεσιν, ἐν οἷς οὐκ ἂν ἔλαθεν εἰ ταῦτα καλῶς εἶχεν· πάντα γὰρ σχεδὸν εὕρηται μέν, ἀλλὰ τὰ μὲν οὐ συνῆκται, τοῖς δ' οὐ χρῶνται γινώσκοντες.

3. *Id.*, *Rhet.*, A, 1, 1355ᵃ, 15-17 : ἅμα δὲ καὶ ἄνθρωποι πρὸς τὸ ἀληθὲς πεφύκασιν ἱκανῶς· καὶ τὰ πλείω τυγχάνουσι τῆς ἀληθείας ; cf. *Eth. Eud.*, A, 6, 1216ᵇ, 26-35 : ... ἔχει γὰρ ἕκαστος οἰκεῖόν τι πρὸς τὴν ἀλήθειαν, ἐξ ὧν ἀναγκαῖον δεικνύναι πως περὶ αὐτῶν [τῶν εἰωθότων λόγων]...

4. *Id.*, *Eth. Nic.*, Z, 12, 1143ᵇ, 11-14 : ὥστε δεῖ προσέχειν τῶν ἐμπείρων καὶ πρεσβυτέρων ἢ φρονίμων ταῖς ἀναποδείκτοις φάσεσι καὶ δόξαις οὐχ ἧττον τῶν ἀποδείξεων· διὰ γὰρ τὸ ἔχειν ἐκ τῆς ἐμπειρίας ὄμμα ὁρῶσιν ὀρθῶς.

être plus ou moins imprécis, ne laissent pas de correspondre à la réalité des choses [1].

Il existe des traditions qui s'étendent à tout le genre humain et que rien n'a jamais pu détruire ; tels sont la croyance aux dieux [2], la croyance à l'éternité du « ciel » [3], le sentiment de la valeur morale du plaisir [4]. A travers la suite infinie des âges écoulés, la terre a subi des révolutions sans nombre où les arts et les sciences ont mille fois disparu ; c'est du moins ce qui semble probable. Ces traditions fondamentales ne se sont jamais englouties avec le reste : l'homme les a toujours sauvées de la ruine universelle, comme la partie la plus chère de son patrimoine [5]. C'est donc qu'elles tiennent au fond même de sa nature ; et, si leur racine est si profonde, il y a des raisons de croire qu'elles enveloppent sous leurs formes mythiques comme une âme de vérité [6].

Les philosophes se sont mis l'esprit à la torture pour découvrir l'énigme du monde ; et le résultat de leur tra-

---

1. Arist., *Eth. Eud.*, A, 6, 1216ᵇ, 32-35 : ἐκ γὰρ τῶν ἀληθῶς μὲν λεγομένων οὐ σαφῶς δὲ προϊοῦσιν ἔσται καὶ τὸ σαφῶς, μεταλαμβάνουσιν ἀεὶ τὰ γνωριμώτερα τῶν εἰωθότων λέγεσθαι συγκεχυμένως.

2. *Id.*, *Met.*, Λ, 8, 1074ᵃ, 38, 1074ᵇ, 1-3 ; *De cœl.*, A, 3, 270ᵇ, 5-9.

3. *Id.*, *De cœl.*, B, 1, 284ᵃ, 2-6.

4. *Id.*, *Eth. Nic.*, H, 14, 1153ᵇ, 25-28.

5. *Id.*, *Met.*, Λ, 8, 1074ᵇ, 8-14 : ὧν εἴ τις χωρίσας αὐτὸ λάβοι μόνον τὸ πρῶτον, ὅτι θεοὺς ᾤοντο τὰς πρώτας οὐσίας εἶναι, θείως ἂν εἰρῆσθαι νομίσειεν, καὶ κατὰ τὸ εἰκός· πολλάκις εὑρημένης εἰς τὸ δυνατὸν ἑκάστης καὶ τέχνης καὶ φιλοσοφίας καὶ πάλιν φθειρομένων καὶ ταύτας τὰς δόξας ἐκείνων οἷον λείψανα περισεσῶσθαι μέχρι τοῦ νῦν. ἡ μὲν οὖν πάτριος δόξα καὶ ἡ παρὰ τῶν πρώτων ἐπὶ τοσοῦτον ἡμῖν φανερὰ μόνον ; *De cœl.*, A, 3, 270ᵇ, 19-20 : οὐ γὰρ ἅπαξ οὐδὲ δὶς ἀλλ' ἀπειράκις δεῖ νομίζειν τὰς αὐτὰς ἀφικνεῖσθαι δόξας εἰς ἡμᾶς ; et cela, comme l'indique le texte précédent, à cause du nombre infini des métamorphoses géologiques ; cette vue est curieuse.

6. *Id.*, *Eth. Nic.*, H, 14, 1153ᵇ, 27-28 : φήμη δ' οὔ τί γε πάμπαν ἀπόλλυται, ἥν τινα λαοὶ πολλοί... ; *Ibid.*, K, 2, 1172ᵇ, 36 et sqq. : ὃ γὰρ πᾶσι δοκεῖ, τοῦτ' εἶναί φαμεν...

vail n'est pas vain non plus. Ce serait se priver d'un grand secours que de renoncer à l'examen de leurs spéculations. Il s'en dégage un certain nombre d'idées qu'ils ont tous ou presque tous regardées comme vraies et qui par là même ne peuvent être fausses de tous points[1]. Ils ont poussé l'analyse beaucoup plus avant que le vulgaire; et notre tâche s'en trouve diminuée d'autant : ils nous permettent de nous implanter plus vite au centre des questions[2]. Les difficultés elles-mêmes auxquelles ils ont abouti, sont loin d'être un obstacle au progrès du savoir. Bien formuler une difficulté, c'est mieux poser un problème; et mieux poser un problème, c'est en préparer la solution véritable[3].

Outre le contenu de la tradition et les résultats de la réflexion philosophique, l'induction a pour matière les faits eux-mêmes[4]; et c'est là principalement ce qui la rend féconde et précise. Il faut s'informer des observations d'autrui en mesurant leur valeur; et, surtout, il faut observer soi-même en allant de l'ensemble de chaque chose à ses éléments constitutifs : « la soif » de pénétrer jusqu'aux détails les plus intimes de la nature, c'est le propre du philosophe. Et de cette soif intellectuelle, tempérée par une forte raison, Aristote a donné le plus bel exemple.

Sans doute, il est encore de son temps par certaines

---

1. V. ci-dessus, p. 236, n. 1.
2. C'est l'idée qui domine tout le premier livre de la *Métaphysique* à partir du chapitre troisième : Aristote y monte sur les épaules des anciens afin de voir plus loin et plus haut.
3. Arist., *Met.*, B, 1, 995ᵃ, 28-30 : ἡ γὰρ ὕστερον εὐπορία λύσις τῶν πρότερον ἀπορουμένων ἐστί, λύειν δ' οὐκ ἔστιν ἀγνοοῦντας τὸν δεσμόν.
4. V. plus haut, p. 235.

opinions. Il croit, par exemple, que les individus du sexe masculin ont plus de dents que ceux du sexe féminin [1], que les lignes de la main annoncent la longueur ou la brièveté de la vie [2] et que la partie inférieure de la boîte crânienne est vide [3]. Mais elle est courte, la liste de pareilles défaillances. Son esprit critique est toujours en éveil; et, généralement, il est assez aiguisé pour voir où commence la légende. Ce sont « des inattentifs », d'après lui, les philosophes qui admettent, comme Anaxagore, que la belette enfante par la bouche [4]; ils ont une expérience trop limitée, les naturalistes qui pensent que tous les poissons sont du sexe féminin, à l'exception de ceux qui ont la peau cartilagineuse [5]; c'est une naïveté de dire que l'hyène a deux sexes dont elle se sert à tour de rôle pour porter et pour saillir [6]. Et l'on constate à chaque instants, dans les *Naturels*, des redressements de ce genre [7].

De plus, lorsqu'on lit ses ouvrages, on y trouve une érudition d'une étendue surprenante. Outre « la constitution d'Athènes », il a écrit un traité « sur les lois des barbares » dans lequel il s'occupe des Romains et des Étrusques. Ses « institutions politiques » contiennent à elles seules la monographie de 158 États; et, dans ce travail, il ne s'arrête pas à la forme des gouvernements; il

---

1. Arist., *Hist. an.*, B, 3, 501ᵇ, 19-21.
2. Id., *Ibid.*, A, 15, 493ᵇ, 32 et sqq.
3. Id., *Ibid.*, A, 8, 491ª, 34. — V. sur cette question Rud. Eucken, *Meth. d. Arist. forsch.*, 155, Berlin, 1872.
4. Arist., *Gen. an.*, Γ, 6, 756ᵇ, 13-16.
5. Id., *Ibid.*, Γ, 5, 755ᵇ, 7-8, 756ª, 2-5.
6. Id., *Ibid.*, Γ, 6, 757ª, 2-7.
7. Id., *De divin.*, 1, 462ᵇ, 14-24; *Ibid.*, 2, 464ª, 17-24. — V. Lewes, *The hist. of phil.*, I, p. 291, London, 1880.

décrit les mœurs, les usages, la fondation des villes et les adages locaux [1]. Ses traités de biologie abondent en faits de toute nature dont quelques-uns, et des plus significatifs, supposent visiblement une enquête personnelle. Il a observé que la taupe a des yeux sous-cutanés [2], que certains poissons bâtissent des nids [3], qu'il y a des requins dont les fœtus sont entourés d'un placenta, comme ceux des quadrupèdes [4]; et que, chez les animaux sanguins, l'œuf montre dès le troisième jour deux points minuscules qui sont la première apparition du cœur et du foie [5]. Au livre second de « la génération des animaux », il analyse le développement embryonnaire des différents organes avec la précision d'un expérimentateur [6]; il en est de même de sa description des céphalopodes [7].

Aristote se révèle à nous avec toutes les qualités d'un grand observateur : la perspicacité, la patience et la passion de ne rien omettre. Il a entrepris « la chasse de Pan », longtemps avant que Bacon soit venu la recommander ; à mon humble sens, il n'est pas seulement le type du philosophe ; il est aussi le modèle du savant.

La matière de l'induction une fois acquise, il faut la ciseler en vue d'obtenir des propositions scientifiquement universelles.

Le moyen d'y réussir consiste à dégager la donnée en

---

1. V. sur ce point la discussion critique de Zeller (ouvr. cit., II, 2, p. 105, 2).
2. Arist., De an., Γ, 1, 425ᵃ, 10-11 ; Hist. an., A, 9, 491ᵇ, 27-34.
3. Id., Hist. an., Θ, 29, 607ᵇ, 18-21.
4. Id., Ibid., Z, 10, 565ᵇ, 1-6.
5. Id., Part. an., Γ, 4, 665ᵃ, 33-35, 665ᵇ, 1-2.
6. Id., Gen. an., B, 6, 741ᵇ, 25 et sqq., 742ᵃ, 1-16. — V. sur ce sujet Lewes, ouvr. cit., I, p. 293; Arist., § 205, § 206, § 208, aus dem englischen übersetzt von Jul. V. Carus, Leipzig, 1865,
7. Arist., Part. an., Δ, 7, 683ᵇ ; Lewes, Arist., § 340.

question de tout ce qu'elle contient d'accidentel ou d'erroné ; et ce moyen est multiple.

Lorsqu'il s'agit de propositions traditionnelles ou philosophiques, on prend d'abord une à une toutes celles qui portent sur un même objet, afin de les soumettre séparément au contrôle de l'analyse rationnelle. En premier lieu, l'on cherche, à propos de chacune d'elles, s'il faut l'entendre au sens naturel ou bien au sens figuré[1]. Cette opération faite, on s'applique à préciser de combien de manières elle peut se dire[2]; et, pour le trouver, les procédés sont divers. On la considère en elle-même, afin de démêler les différents aspects que présentent son sujet et son prédicat[3]. S'il s'agit, par exemple, de cette pensée partout admise : « le plaisir est chose bonne », on se demande s'il n'y a pas plusieurs sortes de plaisirs ; on se demande ensuite s'il n'y a pas aussi plusieurs sortes de biens. Et l'on trouve en fait que l'un et l'autre de ces deux termes prennent des acceptions très diverses. Les plaisirs n'ont pas tous la même qualité, ni la même valeur morale[4]. Le mot de « bien » reçoit toute une série de significations, suivant qu'on l'affirme du plaisir, d'une médecine, d'un aliment ou de la vertu[5] : il devient tour à tour fin, moyen, cause et qualité. Après l'examen direct de la proposition donnée, on passe à une sorte d'examen indirect qui se fait par voie d'opposition ; on prend la contradictoire, puis la contraire, s'il y en a une ; et l'on recommence à leur égard le

---

1. Arist., *Top.*, A, 15, 107ᵃ, 36-39, 107ᵇ, 1-5, 19-26; *Ibid.*, 107ᵃ, 18-20.
2. *Id., Ibid.*, 13, 105ᵃ, 23-24; *Ibid.*, 15, 106ᵃ, 9-10; *Ibid.*, A, 18, 108ᵃ, 18-26.
3. *Id., Ibid.*, 14, 105ᵇ, 31-37.
4. *Id., Eth. Nic.*, K, 5, 1175ᵃ, 25-36, 1175ᵇ, 1-16.
5. *Id., Top.*, A, 15, 106ᵃ, 1-8 ; cf. *Ibid.*, 107ᵃ, 3-12.

même travail que tout à l'heure. Si elles se trouvent d'avoir plusieurs sens, il faut aussi que la proposition dont elles sont les négatives en ait plusieurs et autant [1].

De cette double étude résulte une sorte de sélection logique : parmi les propositions examinées, les unes tombent comme d'un crible, d'autres demeurent tout entières, d'autres ne demeurent que partiellement [2]. Démocrite enseigne qu'il n'existe que des atomes ; et c'est une erreur ; son hypothèse n'explique pas les phénomènes psychologiques. Anaxagore est venu dire tout le premier que l'intelligence est à l'origine des choses ; et il y a là une idée géniale qui est entrée dans la pensée humaine comme un principe de vie. D'aucuns croient à l'existence de l'infini, et cette croyance n'est vraie que d'un côté : si l'infini existe en puissance, il n'existe jamais en acte.

A l'analyse il est bon d'ajouter la synthèse. Les résultats de l'analyse une fois obtenus, on les rassemble pour en saisir les rapports ; et de là sortent d'autres propositions plus compréhensives, et plus aptes de ce chef à dissiper les antinomies accumulées par la réflexion [3]. Soient, par exemple, ces deux propositions fondamentales :

---

1. ARIST., *Top.*, A, 15, 106ᵇ, 13-20 ; *Ibid.*, 106ᵃ, 10-22 ; Aristote parle également de l'examen de la *privation*. Si *sentir*, par exemple, s'affirme différemment du corps et de l'âme, il faut aussi que *ne pas sentir* s'affirme différemment de l'un et de l'autre (*Ibid.*, 15, 106ᵇ, 21-28). Mais la privation, considérée sous forme de proposition, n'est qu'une sorte de contradictoire ; les deux choses n'en font qu'une.

2. *Id.*, *De an.*, A, 2, 403ᵇ, 20-24 : ἐπισκοποῦντας δὲ περὶ ψυχῆς ἀναγκαῖον ἅμα διαπορούντας περὶ ὧν εὐπορεῖν δεῖ, προελθόντας τὰς τῶν προτέρων δόξας συμπαραλαμβάνειν ὅσοι τι περὶ αὐτῆς ἀπεφήναντο, ὅπως τὰ μὲν καλῶς εἰρημένα λάβωμεν, εἰ δέ τι μὴ καλῶς, τοῦτ' εὐλαβηθῶμεν.

3. *Id.*, *Top.*, A, 17, 108ᵃ, 14-17 : σκεπτέον δὲ καὶ τὰ ἐν τῷ αὐτῷ γένει ὄντα, εἴ τι ἅπασιν ὑπάρχει ταὐτόν, οἷον ἀνθρώπῳ καὶ ἵππῳ καὶ κυνί· ᾗ γὰρ ὑπάρχει τι αὐτοῖς ταὐτόν, ταύτῃ ὅμοιά ἐστιν.

le mouvement existe, l'immuable doit être ; en observant leurs relations mutuelles, on se met sur la voie qui mène à leur conciliation.

Autre est la manière dont il faut procéder à l'égard des faits. Par là même qu'ils sont donnés, on en possède déjà une sorte de conception synthétique [1]. Vient ensuite la comparaison qui élague peu à peu leurs caractères accidentels [2]. S'agit-il d'un homme, par exemple, on le compare à d'autres hommes qui diffèrent par la taille, le teint, l'âge, le tempérament. Au fur et à mesure que la comparaison s'étend, la partie commune décroît. A la fin, l'on obtient un reliquat qui ne change plus, si nombreuses et si divergentes que soient les individualités avec lesquelles on le confronte ; ce reliquat contient les caractères essentiels de la nature humaine, et devient le principe d'un certain nombre d'énonciations scientifiques.

L'induction est donc féconde : immédiatement ou par la simple analyse, sans jamais exiger de « moyen terme », elle peut donner tout un ensemble de propositions universelles. Parmi ces propositions, il y en a qui restent encore plus ou moins spéciales par leur objet ; telles sont celles qui s'étendent aux hommes ou aux animaux, non au delà ; aux modes de la quantité ou de la qualité, non au delà [3]. Il en est, au contraire, qui dominent toutes ou presque toutes les catégories de l'être ; et celles-là sont

---

1. Arist., *Anal. post.*, A, 1, 71ᵃ, 1-9 : ... οἱ δὲ δεικνύντες τὸ καθόλου διὰ τοῦ δῆλον εἶναι τὸ καθ' ἕκαστον; *Ibid.*, 11-24 ; *Ibid.*, B, 19, 100ᵃ, 14-17, 100ᵇ, 1-5 : ... Δῆλον δὴ ὅτι ἡμῖν τὰ πρῶτα ἐπαγωγῇ γνωρίζειν ἀναγκαῖον ; v. plus haut ce que l'on a dit de l'erreur, p. 228.

2. *Id., Top.*, A, 18, 108ᵃ, 38-39, 108ᵇ, 1-6.

3. *Id., Ibid.*, A, 14, 105ᵇ, 19-29 ; cf. *Eth. Nic.*, A, 7, 1098ᵇ, 3-4.

les plus obvies. Ce n'est pas au terme du développement scientifique qu'elles apparaissent, c'est à son début; car elles sont données dans tout acte de connaissance. Impossible de percevoir un être quelconque sans y concevoir l'être; et, l'être une fois trouvé, le principe de contradiction est l'affaire d'une simple remarque de l'esprit. Impossible d'observer des choses qui deviennent sans avoir l'idée du devenir; et l'idée du devenir mène tout droit au principe de causalité : ce qui se forme ne se forme pas de soi-même, il y faut l'intervention d'une énergie. Dès que l'on fait quelque attention à l'ordre de la nature, il vous vient à la pensée qu'il peut y avoir des fins en dehors de nous, comme en nous; et de là une première ébauche du principe de finalité dont le développement s'opère ensuite avec la science elle-même et s'achève dans la découverte de la pensée première. Ce que l'intelligence saisit d'emblée dans les phénomènes, ce n'est ni la diversité des éléments ni leur savante structure; elle ne pénètre jusque-là qu'au terme de longs et multiples efforts, qui sont d'ailleurs souvent infructueux : l'œuvre du savant n'est pas facile [1]. Nous apercevons d'abord dans les choses ce qu'elles ont de plus général; et ce qu'elles ont de plus général, c'est de présenter un certain arrangement, c'est de devenir, c'est d'être surtout [2].

1. Arist., *Anal. post.*, A, 9, 76ᵃ, 26-30 : χαλεπὸν δ' ἐστὶ τὸ γνῶναι εἰ οἶδεν ἢ μή. χαλεπὸν γὰρ τὸ γνῶναι εἰ ἐκ τῶν ἑκάστου ἀρχῶν ἴσμεν ἢ μή· ὅπερ ἐστὶ τὸ εἰδέναι... Le dogmatisme d'Aristote a ses limites.

2. *Id.*, *Phys.*, A, 1, 184ᵃ, 18-21 : οὐ γὰρ ταὐτὰ ἡμῖν τε γνώριμα καὶ ἁπλῶς. Διόπερ ἀνάγκη τὸν τρόπον τοῦτον προάγειν ἐκ τῶν ἀσαφεστέρων μὲν τῇ φύσει ἡμῖν δὲ σαφεστέρων ἐπὶ τὰ σαφέστερα τῇ φύσει καὶ γνωριμώτερα. Ἔστι δ' ἡμῖν πρῶτον δῆλα καὶ σαφῆ τὰ συγκεχυμένα μᾶλλον· ὕστερον δ' ἐκ τούτων γίγνεται γνώριμα τὰ στοιχεῖα καὶ αἱ ἀρχαὶ διαιροῦσι ταῦτα. Διὸ ἐκ τῶν καθόλου ἐπὶ τὰ καθ' ἕκαστα δεῖ προϊέναι. Il ne s'agit pas ici de touts sensibles, mais de touts *intelligibles*.

L'induction d'Aristote est donc assez différente de l'induction socratique et platonicienne. Elle se fonde encore partiellement sur « les discours des hommes »; mais, en même temps, elle accorde à l'observation directe une importance infiniment plus grande. De plus, Socrate et son disciple espéraient obtenir par voie inductive la définition de chaque chose; Aristote assigne à cette méthode un rôle plus modeste : elle sert principalement, d'après lui, à découvrir les prémisses dont le syllogisme a besoin comme base d'élan [1].

IV

L'induction n'épuise pas la réalité. Outre les propositions universelles qu'elle fournit par simple intuition ou

---

C'est ce qu'indique assez clairement la suite du texte : πέπονθε δὲ ταὐτὸ τοῦτο τρόπον τινὰ καὶ τὰ ὀνόματα πρὸς τὸν λόγον· ὅλον γάρ τι καὶ ἀδιορίστως σημαίνει, οἷον ὁ κύκλος. Aristote a soin de définir ce qu'il entend par *tout* (ὅλον) : c'est une essence, une quiddité (ὁ κύκλος). Il précise encore sa pensée en ajoutant : ὁ δὲ ὁρισμὸς αὐτοῦ διαιρεῖ εἰς τὰ καθ' ἕκαστα; il n'y a qu'un intelligible qui puisse fournir les éléments de la définition. Enfin, l'exemple auquel il a recours à la ligne suivante ne laisse plus aucun doute sur le sens de la donnée synthétique (συγκεχυμένα) dont il parle : Καὶ τὰ παιδία τὸ μὲν πρῶτον προσαγορεύει πάντας τοὺς ἄνδρας πατέρας καὶ μητέρας τὰς γυναῖκας, ὕστερον δὲ διορίζει τούτων ἑκάτερον.

D'ailleurs, le passage des *Topiques* (Z, 4, 141ᵇ, 3-14), qui exprime la même idée que celui de la *Physique*, est d'une telle clarté qu'il se passe de commentaire. Il est vrai que, dans les *Secondes Analytiques* (A, 2, 71ᵇ, 33-34, 72ᵃ, 1-5), Aristote dit que les universels sont ce qu'il y a de plus éloigné : ἔστι δὲ πορρωτάτω μὲν τὰ καθόλου μάλιστα, ἐγγυτάτω δὲ τὰ καθ' ἕκαστα; et l'on trouve la même manière de dire dans la *Métaphysique* (A, 2, 982ᵃ, 23-25). Mais, évidemment, il n'est question, en ces deux endroits, que de la manière dont s'échelonnent les résultats de l'analyse rationnelle. Nous préférons donc l'interprétation de saint Thomas (*S. Th.*, 1ᵃ, q. 85, 3) à celle de Zeller (II, 2, 197, 21).

1. ARIST., *Anal. post.*, A, 2, 72ᵃ, 7-8 : ἀρχὴ δ' ἐστὶν ἀποδείξεως πρότασις ἄμεσος, ἄμεσος δὲ ἧς μὴ ἔστιν ἄλλη προτέρα.

par voie d'analyse, il y a des propositions de même nature qui ne s'obtiennent qu'à l'aide « d'un moyen terme »; et la méthode par laquelle on les obtient s'appelle démonstration syllogistique.

Toute démonstration est un syllogisme, mais tout syllogisme n'est pas une démonstration[1]. Il faut donc étudier séparément ces deux opérations de l'esprit et montrer ensuite comment elles s'appellent l'une l'autre.

Faire un syllogisme, c'est juger du rapport de deux représentations à l'aide d'une troisième[2]. La proposition qui exprime ce rapport s'appelle *conclusion*[3]. Le sujet et l'attribut de la conclusion s'appellent *extrêmes*[4]. Des deux extrêmes, le premier, qui a généralement moins d'extension, porte le nom de *petit terme;* et le second celui de *grand terme*, pour une raison contraire[5]. On dit de la représentation qui sert à faire voir le rapport des deux autres, que c'est le *terme moyen*[6].

Ainsi, tout syllogisme a trois termes et n'en a jamais davantage[7]. Par contre, tout syllogisme contient deux prémisses et n'en peut contenir que deux[8] : l'une qui

---

1. Arist., *Anal. pr.*, A, 4, 25ᵇ, 30-31 : ἡ μὲν γὰρ ἀπόδειξις συλλογισμός τις, ὁ συλλογισμὸς δὲ οὐ πᾶς ἀπόδειξις.
2. Id., *Ibid.*, A, 1, 24ᵇ, 18-22 ; *Top.*, A, 1, 100ᵃ, 25-27 ; *Anal. pr.*, A, 23, 41ᵃ, 2-4.
3. Συμπέρασμα (*Anal. pr.*, B, 1, 53ᵃ, 6, 17, 25).
4. ἄκρα (*Anal. pr.*, A, 4, 25ᵇ, 36-37).
5. ἔλαττον, μεῖζον (*Anal. pr.*, A, 4, 26ᵃ, 21-23). Aristote se sert aussi des mots πρῶτον, ἔσχατον (*Anal. pr.*, 4, 25ᵇ, 32-35).
6. Μέσον (*Anal. pr.*, A, 4, 25ᵇ, 35-36). — Les termes eux-mêmes s'appellent ὅροι (*Anal. pr.*, A, 4, 26ᵃ, 21).
7. Id., *Ibid.*, A, 25, 41ᵇ, 36-37 : Δῆλον δὲ καὶ ὅτι πᾶσα ἀπόδειξις ἔσται διὰ τριῶν ὅρων καὶ οὐ πλειόνων...
8. Id., *Ibid.*, A, 25, 42ᵃ, 32-33 : Τούτου δ' ὄντος φανεροῦ, δῆλον ὡς καὶ ἐκ δύο προτάσεων καὶ οὐ πλειόνων. — Les prémisses sont aussi désignées dans Aris-

énonce la relation du moyen terme au grand, l'autre qui énonce la relation du même terme au petit. Et de ces deux propositions, la première s'appelle *majeure*, la seconde *mineure*.

Si l'on examine la place que peut avoir le moyen terme dans les prémisses du syllogisme, il se présente quatre cas.

Dans le premier, le moyen terme est sujet de la majeure et attribut de la mineure[1]. Ex. : *Toute vertu est bonne; Or la justice est une vertu; Donc la justice est bonne.*

Dans le second, le moyen terme est à la fois attribut de la majeure et de la mineure[2]. Ex. : *Tout animal est une substance; Or le nombre n'est pas une substance; Donc il n'est pas un animal.*

Dans le troisième, le moyen terme est à la fois sujet de la majeure et de la mineure[3]. Ex. : *La vertu s'acquiert; Or la vertu est bonne; Donc il y a quelque partie du bien qui s'acquiert.*

Dans le quatrième, le moyen terme est attribut de la majeure et sujet de la mineure. Ex. : *Nul malheureux n'est content; Certaines personnes contentes sont pauvres; Donc certains pauvres ne sont pas malheureux.*

Ces quatre cas forment ce qui s'appelle les figures du syllogisme[4]. Mais Aristote ne tient pas compte de la dernière[5]. Et il a raison, quoi qu'en ait dit Galien; car, si elle

---

tote par le mot ὑπόθεσις (*Met.*, Δ, 1, 1013ᵃ, 15-16), par les mots τεθέντα, κείμενα (*Top.*, A, 1, 100ᵃ, 25-27; cf. *Ind. Arist.*, 712ᵃ, 1-33).

1. Arist., *Anal. pr.*, A, 4, 25ᵇ, 32 et sqq.
2. Id., *Ibid.*, A, 5, 26ᵇ, 34 et sqq.
3. Id., *Ibid.*, A, 6, 28ᵃ, 10 et sqq.
4. Σχήματα.
5. *Anal. pr.*, A, 23, 41ᵃ, 13-20; *Ibid.*, 23, 41ᵇ, 1-5.

existe en théorie, elle n'est point une façon de raisonner très naturelle : l'esprit ne s'y porte jamais.

Il n'y a donc, d'après Aristote, que trois figures syllogistiques.

Comment le syllogisme conditionnel peut-il entrer dans cette classification ternaire? Aristote l'explique à diverses reprises[1]. Toute proposition hypothétique se dédouble en deux autres propositions simples, dont l'une est vraie par hypothèse et l'autre comme conséquence de la première. Soit, par exemple, ce syllogisme conditionnel : *Si Dieu est immuable, il est acte pur; Or il est immuable; Donc il est acte pur.* On peut le remplacer par cet enthymème : *Dieu est (immuable par supposition); Donc il est acte pur.*

Cet enthymème se développe comme il suit en faisant apparaître la majeure qu'il contient à l'état latent : *Ce qui est immuable est acte pur; Or Dieu est immuable; Donc...* Et l'on a un syllogisme de la première figure.

A son tour, le syllogisme disjonctif se peut convertir en syllogisme conditionnel et de ce chef rentre indirectement dans la règle. Soit le syllogisme suivant : *L'infini existe en puissance ou en acte; Or il n'existe pas en acte; Donc il existe en puissance.*

Il revient à cet autre syllogisme : *Si l'infini n'existe pas en acte, il faut qu'il existe en puissance; Or il n'existe pas en acte; Donc...*

Chacune des figures du syllogisme se divise en un cer-

---

1. ARIST., *Anal. pr.*, A, 23, 40ᵇ, 23-29; *Ibid.*, 41ᵃ, 21-40, 41ᵇ, 1-5; *Ibid.*, 29, 45ᵇ, 12-35; *Ibid.*, B, 11, 61ᵃ, 17-33; *Ibid.*, 14, 62ᵇ, 25-32. — V. SYLV. MAUR., t. I, p. 160ᵃ, 2, p. 161ᵇ, 5, p. 194ᵃ, 23; cf. PRANTL, *Gesch. d. log.*, I, 570, Leipzig, 1855-1870.

tain nombre de modes, qui se fondent sur la qualité et la quantité des prémisses, et qu'Aristote a démêlés avec une sagacité merveilleuse [1]. Par contre, les deux dernières figures, qui ne sont que des syllogismes imparfaits [2], se réduisent à la première; et le procédé de cette réduction consiste à convertir les prémisses [3].

De la comparaison des prémisses à la conclusion se dégagent trois règles principales. Premièrement, il faut que tout syllogisme renferme une proposition universelle et une proposition affirmative [4]. En second lieu, pour que la conclusion soit universelle, il faut que les deux prémisses le soient aussi [5]. En troisième lieu, des deux prémisses, il doit y en avoir une qui ressemble qualitativement à la conclusion [6].

Au syllogisme s'oppose une série de paralogismes, ou faux raisonnements. On suppose prouvé ce qui est en question; et l'on fait une pétition de principe [7]. On met la conclusion dans les prémisses pour l'en tirer ensuite; et l'on tourne dans un cercle [8]. On passe à côté de ce qu'il faut démontrer contre l'adversaire : ce qui s'appelle ignorance de la preuve [9]. Ou bien encore on fait des dénombrements imparfaits [10]; on emploie d'une ma-

---

1. Arist., *Anal. pr.*, A, 4, 5, 6.
2. *Id., Ibid.*, 7, 29ᵃ, 30-39, 29ᵇ, 1-25; *Ibid.*, 22, 40ᵇ, 15-16; *Ibid.*, 23, 40ᵇ, 17-29, 41ᵇ, 3-5.
3. *Id., Ibid.*, A, 7, 29ᵃ, 30-39.
4. *Id., Ibid.*, A, 24, 41ᵇ, 6-22.
5. *Id., Ibid.*, A, 24, 41ᵇ, 22-27.
6. *Id., Ibid.*, A, 24, 41ᵇ, 27-31.
7. *Id., Top.*, Θ, 13, 158ᵇ, 35-38, 159ᵃ, 1-13; *Anal. pr.*, B, 16, 64ᵇ, 29-40, 65ᵃ, 1-9; *Soph. el.*, 5, 163ᵃ, 36-39.
8. *Id., Anal. pr.*, B, 5, 57ᵇ, 18-40, 58ᵃ, 1-35.
9. *Id., Soph. el.*, 5, 163ᵇ, 21-36.
10. *Id., Ibid.*, 5, 163ᵃ, 21-35.

nière absolue ce qui n'est vrai qu'à certains égards [1]; on juge d'une chose par ses traits accidentels [2]; on prend pour la cause ce qui n'est point cause [3]; on laisse aux termes une ambiguïté sous laquelle se glissent deux ou plusieurs notions [4]. Autant de formes de déviation syllogistique qui se ramènent en définitive à un seul et même type, lequel est l'ignorance de la preuve.

La « démonstration » [5] se greffe sur le syllogisme, mais ne se confond pas avec lui. Son rôle est d'élever peu à peu l'édifice de la science; elle en est comme l'ouvrière. A ce titre, elle présente des caractères qui lui sont propres : c'est une espèce de syllogisme que l'on peut appeler scientifique [6].

La science a pour objet la vérité; le syllogisme est susceptible de conclusions fausses. Il se peut, par exemple, qu'en se fondant sur des principes erronés, un géomètre maladroit aboutisse à cette conséquence : la diagonale est commensurable » [7].

La science ne demande pas seulement que les conclusions soient vraies; elle exige aussi que les prémisses le soient de leur côté [8]; car elle vit de « raisons » [9], et l'er-

1. Arist., *Soph. el.*, 5, 168ᵇ, 37-38, 163ᵃ, 1-20.
2. *Id., Ibid.*, 5, 162ᵇ, 28-36.
3. *Id., Ibid.*, 5, 163ᵇ, 1-20.
4. *Id., Ibid.*, 4, 161ᵇ, 162ᵇ.
5. Ἀπόδειξις.
6. *Id., Anal. post.*, A, 2, 71ᵇ, 17-18 : φαμὲν δὲ καὶ δι' ἀποδείξεως εἰδέναι, ἀπόδειξιν δὲ λέγω συλλογισμὸν ἐπιστημονικόν.
7. *Id., Ibid.*, A, 2, 71ᵇ, 23-26.
8. *Id., Ibid.*, A, 2, 71ᵇ, 20-22 : ... ἀνάγκη καὶ τὴν ἀποδεικτικὴν ἐπιστήμην ἐξ ἀληθῶν τ' εἶναι...
9. *Id., Ibid.*, A, 2, 71ᵇ, 9-12 : ἐπίστασθαι δὲ οἰόμεθ' ἕκαστον ἁπλῶς, ἀλλὰ μὴ

reur n'en saurait fournir. Le syllogisme peut arriver à la vérité, tout en partant de prémisses fausses, comme on le voit par cet exemple : *Toute pierre est un animal; Or l'homme est une pierre; Donc l'homme est un animal*[1].

La science se compose de conclusions universelles. Il faut que ce qu'elle affirme de Phédon soit également vrai de Socrate, de Callias et de tous les autres hommes passés, présents ou à venir; il faut que ce qu'elle affirme de tel triangle convienne à tous les triangles existants ou possibles : non seulement ses formules n'admettent pas d'exception, mais elles n'en sauraient admettre [2]; le fond en est invariable, éternel [3]. Par suite, le rapport qui en rattache le sujet et l'attribut doit être nécessaire; et il ne peut l'être que si ce sujet et cet attribut ont avec leur « moyen terme » un rapport semblable : il ne peut être nécessaire que si les prémisses qui le fondent le sont elles-mêmes[4]. La démonstration se développe d'un bout à l'autre en articulations infrangibles. Or ces articulations ne se produisent pas entre l'essence et ses accidents, vu que les accidents peuvent également être et n'être pas; elles ne se manifestent que dans l'essence et ses dérivés essentiels [5].

τὸν σοφιστικὸν τρόπον τὸν κατὰ συμβεβηκός, ὅταν τὴν τ' αἰτίαν οἰώμεθα γινώσκειν δι' ἣν τὸ πρᾶγμά ἐστιν.

1. Arist., *Anal. pr.*, B, 2, 53ᵇ, 26-35; *Ibid.*, 15, 64ᵇ, 7-9.
2. *Id.*, *Anal. post.*, A, 4, 73ᵃ, 28-40; 73ᵇ, 1-5, 25-32.
3. *Id., Ibid.*, A, 8, 75ᵇ, 21-26.
4. *Id., Ibid.*, A, 4, 73ᵃ, 24 : ἐξ ἀναγκαίων ἄρα συλλογισμός ἐστιν ἡ ἀπόδειξις; *Ibid.*, 73ᵇ, 25-32; *Ibid.*, 6, 74ᵇ, 5-11, 15 : ἐξ ἀναγκαίων ἄρα δεῖ εἶναι τὸν συλλογισμὸν [ἀποδεικτικόν]; *Ibid.*, A, 33, 88ᵇ, 30-32: τὸ δ' ἐπιστητὸν καὶ ἐπιστήμη διαφέρει τοῦ δοξαστοῦ καὶ δόξης, ὅτι ἡ μὲν ἐπιστήμη καθόλου καὶ δι' ἀναγκαίων, τὸ δ' ἀναγκαῖον οὐκ ἐνδέχεται ἄλλως ἔχειν.
5. *Id., Ibid.*, A, 2, 71ᵇ, 9-13; *Ibid.*, 71ᵇ, 28-29 : τὸ γὰρ ἐπίστασθαι ὧν ἀπόδειξίς ἐστι μὴ κατὰ συμβεβηκός, τὸ ἔχειν ἀπόδειξίν ἐστιν; *Ibid.*, 4, 73ᵇ, 1-5.

Le syllogisme, au contraire, peut porter sur de simples accidents. Alors, les termes qui le composent ont un point d'attache tout empirique; et sa conclusion est de même ordre : c'est ce qui arrive, par exemple, lorsqu'on dit d'une femme qu'elle doit être enceinte, parce qu'elle a le teint jaune [1]; ou bien lorsqu'on affirme que tel remède guérira Socrate de la fièvre, puisqu'il a toujours guéri de cette maladie [2]. Dans tous les cas de ce genre, et ils sont nombreux, on raisonne d'après les règles de la vraisemblance, celles de l'opinion ou de l'art ; il n'y a rien de nécessaire entre les termes des syllogismes qu'on formule [3].

Pour être une démonstration, il faut donc que le syllogisme ait une conclusion vraie, des prémisses vraies et nécessairement enchaînées.

Mais, à tout prendre, cette dernière condition est moins rigoureuse, au regard d'Aristote, qu'elle n'en a l'air : c'est plutôt la limite vers laquelle tend la science, que le terme où elle s'élève. D'après la théorie aristotélicienne, la nécessité n'enveloppe pas tout; elle n'enveloppe pas même tous les phénomènes physiques. Il y a place pour « l'accident » dans la nature; et ce que gagne l'accident n'a plus de cause définie, est perdu de ce chef pour la nécessité [4]. Par suite, il existe des lois qui ne sont ni nécessaires ni même tout à fait constan-

---

25-32; *Ibid.*, 6, 74^b, 11-27; *Ibid.*, 6, 75^a, 18-25; *Ibid.*, 30, 87^b, 10 : Τοῦ δ' ἀπὸ τύχης οὐκ ἔστιν ἐπιστήμη δι' ἀποδείξεως; *Ibid.*, 7, 75^b, 39-42, 76^b, 1-2; *Met.*, K, 8, 1065^a, 4-8; sch., 207^a, 3-16.

1. Arist., *Anal. pr.*, B, 27, 70^a, 20-26.
2. *Id.*, *Met.*, A, 1, 981^a, 7-12.
3. *Id.*, *Anal. pr.*, 27, 70^a, 3-38, 70^b, 1-6; *Anal. post.*, A, 33, 88^b-89.
4. V. plus haut, p. 83 et p. 225.

tes; il existe des lois qui ne s'appliquent que « dans la plupart des cas »[1]. Et pourtant, ces lois sont aussi du ressort de la démonstration : de telle sorte qu'il devient assez difficile de déterminer le point où commence le domaine du syllogisme scientifique. « L'accident » est chose gênante.

Ce qu'il convient de remarquer avant tout, dans ces pages sur la « démonstration », c'est la théorie du syllogisme. Elle est entièrement d'Aristote. Sans doute, d'autres lui avaient ouvert la voie et il n'hésite pas à l'avouer. Tisias, Thrasymaque, Théodore, Gorgias, Protagoras et Polus[2] s'étaient occupés de l'art de raisonner; mais leurs règles tout empiriques ressemblaient encore aux « membres épars » dont parle Empédocle[3]. Aristote est le premier qui les ait réduites en système; et il l'a fait avec une telle puissance d'esprit, que les logiciens ultérieurs ont trouvé le problème à peu près épuisé.

V

L'induction et la démonstration ont un seul et même but, qui est d'obtenir des définitions[4].

Qu'est-ce donc que la définition? renferme-t-elle plusieurs espèces? Et comment résulte-t-elle des deux mé-

---

1. Arist., *Anal. post.*, A, 30, 87ᵇ, 19-27.
2. Id., *Met.*, A, 1, 981ᵃ, 3-5.
3. Id., *Soph. el.*, 33, 183ᵇ, 29-39, 184ᵃ, 1 et sqq.
4. Id., *Anal. post.*, A, 2, 71ᵇ, 9-13; *Ibid.*, B, 1, 89ᵇ, 23-35; *De an.*, B, 2, 413ᵃ, 13-16 : οὐ γὰρ μόνον τὸ ὅτι δεῖ τὸν ὁριστικὸν λόγον δηλοῦν, ὥσπερ οἱ πλεῖστοι τῶν ὅρων λέγουσιν, ἀλλὰ τὴν αἰτίαν ἐνυπάρχειν καὶ ἐμφαίνεσθαι. C'est là le terme de la recherche; et l'on y va par voie inductive et déductive.

thodes que l'on vient de décrire, les seules qui soient à notre portée [1].

Tout peut être objet de définition. L'on ne se demande pas seulement ce que c'est que la substance ; mais encore ce qu'est la qualité et telle qualité, ce qu'est la quantité et telle quantité, ce qu'est la relation et telle relation. On cherche également à déterminer la quiddité des accidents eux-mêmes, par exemple, celle de la blancheur ou celle du repos.

Mais la définition des dérivés de la substance ne peut être elle-même que dérivée ; au contraire, celle de la substance est première d'origine et d'excellence, puisque son objet est le principe auquel tout le reste emprunte sa réalité [2].

C'est donc de la définition de la substance qu'il faut s'occuper principalement ; et la question est complexe. Il convient, pour la résoudre, de faire une analyse qui mette à nu les divers éléments de l'être ; on verra mieux de la sorte l'endroit où porte la définition et par là même ce qu'elle est.

Soit un homme, Callias, par exemple. On remarque en lui certaines modalités qui pourraient ne pas être sans que leur sujet fût supprimé par là même : il est assis, il pourrait être debout ; il est blanc, il pourrait avoir une autre couleur : ces modalités toutes contingentes s'appellent *accidents* [3].

Supposé qu'au lieu de considérer Callias en lui-même, on le compare à d'autres hommes. On obtient alors un

---

[1]. Arist., *Anal. pr.*, B, 23, 68ᵇ, 13-14 ; *Anal. post.*, A, 13, 81ᵃ, 39-40 ; v. plus haut, pp. 234-235.

[2]. Id., *Met.*, Z, 4, 1030ᵃ, 16-35, 1030ᵇ, 1-13.

[3]. Id., *Top.*, A, 5, 102ᵇ, 4-26.

résidu qui devient de moins en moins riche, au fur et à mesure que l'opération s'étend; et qui finit par ne plus rien perdre de son contenu, quel que soit le nombre des individus confrontés : ce résidu fixe est un agglomérat logique que l'on peut regarder comme le *tout essentiel* de l'homme [1].

Supposé qu'au lieu de comparer Callias à d'autres hommes, on le compare aux animaux. Il se dégage de ce tout deux caractères fonciers : l'un par lequel l'homme et l'animal se ressemblent et qui est la sensibilité; l'autre par lequel l'homme et l'animal se distinguent, à savoir l'intelligence. Le premier de ces caractères est ce qu'on appelle un *genre* [2]; le second, ce que l'on appelle une *différence* [3]; l'union des deux forme une *espèce* [4].

Le genre est donc ce qui convient à plusieurs choses distinctes par leur essence; l'espèce, l'une quelconque de ces choses; la différence, ce que chaque espèce contient de plus que le genre [5]. Par où l'on voit qu'un même objet peut être à la fois genre et espèce, suivant le point de vue sous lequel on le considère : l'animal, par exemple, est genre à l'égard de l'homme, espèce à l'égard de l'être vivant.

Toutefois, la règle n'est pas absolue. Il y a des genres

---

1. Arist., *Anal. post.*, B, 13, 97ᵇ, 7-25. En ce passage, Aristote dit simplement que l'essence ressort de cette comparaison : οὗτος γὰρ ἔσται τοῦ πράγματος ὁρισμός. Mais, à parler rigoureusement, cette essence n'est pas encore explicitement connue, ni peut-être purifiée de tous ses dérivés.

2. Id., *Top.*, A, 5, 102ᵃ, 31-39, 102ᵇ, 1-3.

3. Id., *Ibid.*, Z, 3, 140ᵃ, 27-29 : Δεῖ γὰρ τὸ μὲν γένος ἀπὸ τῶν ἄλλων χωρίζειν, τὴν δὲ διαφορὰν ἀπό τινος τῶν ἐν τῷ αὐτῷ γένει.

4. Id., *Ibid.*, Z, 6, 143ᵇ, 8-9 : πᾶσα γὰρ εἰδοποιὸς διαφορὰ μετὰ τοῦ γένους εἶδος ποιεῖ.

5. Id., *Ibid.*, A, 7, 103ᵃ, 6-14.

suprêmes et qui par là même ne deviennent jamais espèces : ce sont les catégories. Par contre, il y a des espèces qui n'ont sous elles que des individus et qui par suite ne deviennent jamais genres : tel est le cercle, tel est l'homme lui-même. Ainsi, la hiérarchie des genres et des espèces ne se prolonge pas indéfiniment; elle est close par les deux bouts [1].

Il faut pousser plus loin ce travail de dissection. Une espèce donnée peut présenter certains caractères, qui, sans faire partie de sa différence, en dérivent nécessairement, et qui ont de ce chef la même extension. Telle est l'aptitude à apprendre la grammaire : elle dépend de la différence de l'homme, qui est la raison; et, par suite, elle se trouve dans tous les hommes et rien qu'en eux. Ces caractères dérivés qui s'étendent à toute une espèce et non au delà, s'appellent du nom de *propres* [2].

De plus, les substances, telles qu'elles se réalisent autour de nous, ne sont pas des formes pures ; elles gardent un fond plus ou moins considérable de puissance : elles enveloppent un principe qui est individuel et qui les individualise elles-mêmes. Ce principe, comme on le sait déjà, s'appelle la *matière*.

Tels sont les aspects divers sous lesquels se présente la réalité, lorsqu'on essaie d'y faire le départ de l'essentiel et de l'accidentel.

Or la définition d'une substance ne se fait pas à l'aide de ses accidents. Elle doit être universelle [3] : il faut qu'elle

---

1. Arist., *Anal. post.*, A, 22, 83ᵃ, 39, 83ᵇ, 1-31.
2. Id., *Top.*, A, 5, 102ᵃ, 18-30; *Ibid.*, E, 128ᵇ, 16-21, 34 et suqq.
3. Id., *Mét.*, Z, 10, 1035ᵇ, 31-34; *Ibid.*, Z, 11, 1036ᵃ, 28-29 : τοῦ γὰρ καθόλου καὶ τοῦ εἴδους ὁ ὁρισμός; *Anal. post.*, B, 3, 90ᵇ, 3-4.

convienne à tous les cas où cette substance se trouve. Et les accidents n'ont jamais une semblable extension, vu que par nature ils peuvent être et ne pas être [1] : tous les hommes ne sont pas blancs, comme Callias ; tous les hommes ne sont pas toujours en mouvement. La définition d'une substance ne se fait pas davantage à l'aide de ses propres. Car, bien que les propres existent partout où se trouve leur sujet, ils n'en sont pas moins des dérivés ; et la définition remonte autant que possible jusqu'aux principes mêmes de l'être [2] : elle ne se borne pas à donner des « signes » de son objet, son ambition est de l'atteindre en son fond et de l'épuiser. On ne peut pas dire non plus que la définition d'une substance enveloppe sa matière [3]. Ou bien l'on envisage la matière en elle-même, indépendamment de toute forme : et, alors, elle est quelque chose d'essentiellement indéterminé, que l'on peut encore penser d'une certaine façon, mais qui ne se laisse nullement définir [4]. Ou bien l'on envisage la matière comme revêtue d'une forme ; et alors, elle devient non seulement individuelle, mais aussi principe d'individuation : elle ne garde plus rien qui se puisse universaliser et se dérobe derechef à tout essai de définition [5]. La matière, de quelque manière qu'on la prenne, est trop ou trop peu dé-

---

1. Arist., *Top.*, Z, 6, 144ᵃ, 24-27 : οὐδεμία γὰρ διαφορὰ τῶν κατὰ συμβεβηκὸς ὑπαρχόντων ἐστί, καθάπερ οὐδὲ τὸ γένος· οὐ γὰρ ἐνδέχεται τὴν διαφορὰν ὑπάρχειν τινὶ καὶ μὴ ὑπάρχειν.

2. *Id.*, *Ibid.*, E, 3, 131ᵇ, 37-38, 132ᵃ, 1-9. Le propre est donc un accident de la première espèce (v. plus haut, p. 81).

3. *Id.*, *Met.*, Z, 10, 1035ᵇ, 31-34, 1036ᵃ, 1-6 : ... ἀλλὰ τοῦ λόγου μέρη τὰ τοῦ εἴδους μόνον ἐστίν, ὁ δὲ λόγος ἐστὶ τοῦ καθόλου... ; *Ibid.*, 11, 1036ᵇ, 28-20.

4. *Id.*, *Ibid.*, Z, 10, 1036ᵃ, 8-9 : ἡ δ' ὕλη ἄγνωστος καθ' αὑτήν ; *Ibid.*, Z, 11, 1037ᵇ, 27-36 ; v. plus haut, pp. 20-28.

5. Voir plus haut, pp. 38-39.

terminée pour être définie ; elle ne peut l'être qu'indirectement, κατὰ συμβεβηκός [1].

Et ce point soulève de grandes difficultés, dont Aristote semble bien avoir eu le sentiment. On en peut juger par le chapitre 11 du VIe livre de la *Métaphysique :* l'effort qui s'y révèle et les hésitations qu'il contient sont suffisamment significatifs. Si la matière n'est pas objet de définition, l'on n'en peut affirmer qu'une seule chose, c'est qu'elle n'est pas déterminée ; et cependant Aristote, comme on l'a vu dans la première partie de cet ouvrage, distingue toute une hiérarchie de matières qui se rapportent les unes aux autres comme le genre à ses espèces. Si la définition exclut la matière, comment peut-on définir les êtres qui en ont? Lorsque je dis de l'âme que c'est « l'acte d'un corps qui a la vie en puissance », le terme de « corps » n'est pas moins nécessaire que les trois autres à faire entendre ce que je veux dire ; et pourtant ce qu'il désigne est de la matière. Ainsi de toutes les substances qui ne sont pas des actes purs : de telle sorte qu'il ne reste de strictement définissable que Dieu et « l'intelligence active ».

Quoi qu'il en soit de ces objections, Aristote passe outre et poursuit l'exposé de sa théorie.

Si la définition ne porte ni sur les accidents, ni sur les propres, ni sur la matière elle-même, on voit facilement

---

[1]. Arist., *Met.*, Z, 11, 1037ᵃ, 21-30 ; *Ibid.*, Z, 10, 1035ᵃ, 1-9 ; *De an.*, A, 1, 403ᵇ, 1-7 ; *Ibid.*, B, 1, 412ᵇ, 10-11 : οὐσία γὰρ ἡ κατὰ τὸν λόγον. Τοῦτο δὲ τὸ τί ἦν εἶναι τῷ τοιῳδὶ σώματι ; *De cæl.*, A, 9, 277ᵇ, 30-33, 278ᵃ, 1-4. La pensée qui se dégage de ces textes est celle-ci : La définition ne comprend que la forme ; mais, par la forme, elle atteint le tout (συνόλη οὐσία), et dans le tout la matière qu'il contient. La définition de l'âme, par exemple, est aussi celle de l'homme (συνόλου) ; et, comme telle, elle désigne la matière sans la contenir : elle la signifie indirectement.

à quoi se réduit son objet : elle ne renferme que la forme ; et, dans la forme, le genre et la différence [1]. Mais ce résultat demande un peu plus de précision.

Une chose peut dépendre à la fois de plusieurs genres superposés en forme de pyramide, et dont l'extension va croissant à mesure que leur compréhension diminue : par exemple, au-dessus de l'homme il y a l'animal, au-dessus de l'animal le vivant, au-dessus du vivant l'être brut. La définition se fait par le genre prochain [2]. De plus, la différence spécifique peut être simple, comme dans cette définition : « l'homme est un animal raisonnable » ; elle peut être complexe, comme dans cette autre définition : « La triade est le premier nombre impair ». Et, dans ce dernier cas, chacun des termes dont elle se compose dépasse l'objet à définir ; leur ensemble seul lui est égal en extension et le fixe dans son espèce [3].

Il y a plusieurs sortes de définitions.

On distingue d'abord des *définitions de mots* [4]. Et celles-là n'ont pas besoin d'une si grande rigueur ; il suffit qu'on y fasse bien entendre la question que l'on va traiter.

On distingue ensuite des *définitions de choses*, c'est-à-dire des définitions dont le but est de révéler l'essence

---

1. Arist., *Top.*, A, 8, 103ᵇ, 15-16 : ..., ὁ ὁρισμὸς ἐκ γένους καὶ διαφορῶν ἐστίν ; *Ibid.*, Z, 4, 141ᵇ, 25-29.

2. *Id.*, *Mét.*, Z, 12, 1037ᵇ, 29-30 : οὐθὲν γάρ ἕτερόν ἐστιν ἐν τῷ ὁρισμῷ πλὴν τό τε πρῶτον λεγόμενον γένος καὶ αἱ διαφοραί.

3. *Id.*, *Anal. post.*, B, 13, 96ᵃ, 24-39, 96ᵇ, 1 : ... τὰ δὴ τοιαῦτα ληπτέον μέχρι τούτου, ἕως τοσαῦτα ληφθῇ πρῶτον, ὧν ἕκαστον μὲν ἐπὶ πλεῖον ὑπάρξει, ἅπαντα δὲ μὴ ἐπὶ πλεῖον· ταύτην γὰρ ἀνάγκη οὐσίαν εἶναι τοῦ πράγματος... ; *Mét.*, Z, 12, 1038ᵃ, 8-9, 15-16, 28-30.

4. *Id.*, *Top.*, Z, 2, 139ᵇ, 19-23.

de l'objet proposé[1]; et celles-là ne peuvent se faire que par le genre prochain et la différence.

Parmi les définitions de choses, il en est de purement *formelles*, comme celle où je dis du tonnerre : « c'est un bruit des nues »[2], et celle où je dis du triangle : « c'est l'intersection de trois lignes »; il en est aussi de *causales*, telles que la définition suivante : « La quadrature est la découverte d'une moyenne proportionnelle »[3], ou cette autre encore : « l'éclipse de lune est une défaillance de lumière qui vient de l'interposition de la terre »[4]. Ce dernier genre de définition est toujours requis, quand il ne s'agit pas de « principes », mais de choses dérivées : il ne suffit plus alors « que la définition indique le fait, il faut aussi que la cause y soit donnée et mise en lumière »[5]; car la science ne s'arrête, dans sa marche, que lorsqu'elle a trouvé le pourquoi.

Si l'on demande maintenant de quelle manière l'induction et la démonstration servent à la définition, la réponse devient plus facile.

Il y a d'abord des définitions relativement simples ou concepts que l'esprit dégage par intuition des données de l'expérience. Telles sont les idées d'être, de devenir, de commencement et de fin, d'unité et de pluralité, de petitesse et de grandeur, de figure, de volume, de distance. Et l'on pourrait allonger cette liste : Nombreuses sont les

---

1. Arist., *Top.*, Z, 2, 139ᵇ, 23-25; même distinction à propos des paralogismes (*Soph. el.*, c. 4 et 5).
2. Id., *Anal. post.*, B, 8, 93ᵃ, 22-23.
3. Id., *De an.*, B, 2, 413ᵃ, 19-20 : ὁ δὲ λέγων ὅτι ἐστὶν ὁ τετραγωνισμὸς μέσης εὕρεσις, τοῦ πράγματος λέγει τὸ αἴτιον.
4. Id., *Anal. post.*, B, 2, 90ᵃ, 15-16; *Ibid.*, 8, 27 et sqq.
5. Id., *De an.*, B, 2, 413ᵃ, 13-16.

notions qui jaillissent immédiatement du contact de notre pensée avec les choses et que nous ne faisons ensuite que raffiner plus ou moins habilement[1].

Il existe aussi des définitions que nous construisons par voie d'analyse. Toute analyse, il est vrai, ne mène pas à pareil but; et c'est ce que Platon n'a pas remarqué. Si l'on se borne, sans autre préoccupation, à démêler les éléments d'une chose, on pourra les découvrir tous[2]; et cependant l'on n'aura pas encore le reliquat précis qui constitue la définition : il s'y adjoindra des caractères qu'elle exclut, par exemple, des accidents, des propres ou des genres éloignés[3]. Mais il y a une autre espèce d'analyse qui se fait par comparaison; et celle-là ne présente pas le même inconvénient : elle suffit, dans certains cas, non seulement à découvrir, mais encore à isoler les éléments de la définition. En l'appliquant, on obtient d'abord ce résidu qui est le groupe des caractères communs à tous les individus d'une même classe; puis, de ce résidu se dégagent le genre et la différence, en vertu du même procédé : c'est ce que l'on a pu remarquer plus haut à propos de l'homme et de la triade[4].

L'intuition rationnelle et l'analyse comparative sont donc des instruments de définition. Or, qu'est-ce que l'intuition rationnelle? Qu'est-ce que l'analyse comparative? Deux modes de l'induction elle-même. Aristote, ici, continue Platon en le précisant, bien qu'il semble le contredire.

---

1. Arist., *Anal. post.*, B, 2, 90^a, 25-30; *Ibid.*, 8, 93^a, 15-20; *Ibid.*, 3, 90^b, 12-16, 24-27; *Ibid.*, B, 9, 93^b, 21-25; *Ibid.*, 10, 91^a, 9-10; v. plus haut, p. 243.
2. *Id.*, *Anal. post.*, B, 5, 91^b, 28-32.
3. *Id.*, *Ibid.*, B, 5, 91^b, 24-27; *Ibid.*, 91^b, 28-39, 92^a, 1-5.
4. *Id.*, *Ibid.*, B, 4, 91^a, 14-16, 33-39, 91^b, 1-11.

Quant à la démonstration, elle ne fournit pas de définitions par elle-même ou n'en fournit que d'imparfaite. Supposé que l'on fasse le syllogisme suivant, tiré de la psychologie platonicienne :

Tout principe de vie se meut lui-même ; Or l'âme est un principe de vie ; Donc elle se meut elle-même ;

on n'obtient pas une définition [1]. Car on apprend bien par là que la puissance de se mouvoir soi-même convient à l'âme ; mais l'on ne sait pas si cette puissance ne convient qu'à elle : ce qu'il faudrait pourtant connaître.

Supposé maintenant que l'on donne au même syllogisme cette autre forme, qui est la plus favorable :

L'essence de tout principe de vie est de se mouvoir soi-même ; Or l'âme est un principe de vie ; Donc l'essence de l'âme est de se mouvoir soi-même ;

on n'obtient alors qu'une définition imparfaite. Car, dans ce second cas, la puissance de se mouvoir soi-même n'est pas « un principe », c'est un dérivé de l'essence de l'âme : c'est un propre. Or la définition ne porte pas sur les propres, à parler rigoureusement ; mais sur leur cause.

---

1. Il y a trois sortes de définitions : ἔστιν ἄρα ὁρισμὸς εἷς μὲν λόγος τοῦ τί ἐστιν ἀναπόδεικτος, εἷς δὲ συλλογισμὸς τοῦ τί ἐστι, πτώσει διαφέρων τῆς ἀποδείξεως, τρίτος δὲ τῆς τοῦ τί ἐστιν ἀποδείξεως συμπέρασμα (*Anal. post.*, B, 10, 94ᵃ, 11-14 ; v. aussi *Ibid.*, A, 8, 75ᵇ, 30-32 ; sur le sens de πτώσει, θέσει, consulter *Ind. Arist.*, 827ᵇ, 25-29). La conclusion peut donc être une définition ; mais cette définition est toujours imparfaite : νῦν δ' ὥσπερ συμπεράσματ' οἱ λόγοι τῶν ὅρων εἰσίν. Et, si elle n'est qu'imparfaite, c'est qu'elle ne remonte pas jusqu'à la cause, ou du moins ne nous apprend pas qu'elle y remonte : οὐ γὰρ μόνον τὸ ὅτι δεῖ τὸν ὁριστικὸν λόγον δηλοῦν, ὥσπερ οἱ πλεῖστοι τῶν ὅρων λέγουσιν, ἀλλὰ καὶ τὴν αἰτίαν ἐνυπάρχειν καὶ ἐμφαίνεσθαι. Par suite, lorsque Aristote dit, non seulement dans l'objection que contient le chapitre 4ᵉ du livre II des *Secondes Analytiques*, mais encore dans la réponse à cette objection (*Ibid.*, 8, 93ᵇ, 15-20, 9, 21-28), que la démonstration ne donne pas de définitions, c'est seulement de définitions parfaites qu'il s'agit.

Par contre, la démonstration joue un rôle important dans la manière dont se forment les définitions, dès qu'elles présentent une certaine aspérité. L'induction alors ne suffit pas à les construire; il faut recourir au syllogisme [1]. C'est ce que fait Aristote lui-même dans sa définition de l'âme : il y emploie tour à tour l'intuition rationnelle, l'analyse et le raisonnement, suivant la nature de la difficulté qu'il rencontre sur sa route.

La définition une fois donnée, on lui fait subir une série de contrôles, qui sont comme une sorte d'expérimentation rationnelle. On se demande à nouveau si le genre découvert en est bien un genre et le genre prochain [2]. On se demande également si la différence elle-même ne serait pas un genre, un propre, ou bien un accident [3]. Et à ce propos, Aristote expose tout un ensemble de règles qui témoignent d'une étonnante sagacité : il a vu, dans leurs plus infimes détails, tous les cas d'inexactitude que peut présenter la définition.

VI

La science, considérée dans son ensemble, est un système de définitions parfaites. Son but est de faire connaître les choses par leurs raisons d'être; et ces raisons d'être, ce sont les définitions parfaites qui les fournissent.

Par là même, la science l'emporte en dignité sur

---

1. Arist., *Anal. post.*, B, 8, 93ᵇ, 15-18; *Ibid.*, B, 9, 93ᵇ, 25-28 : Τῶν δ' ἐχόντων μέσον, καὶ ὧν ἐστί τι ἕτερον αἴτιον τῆς οὐσίας, ἔστι δι' ἀποδείξεως.
2. *Id.*, *Top.*, B, 2, 109ᵃ, 34-38; *Ibid.*, Δ, 1, 120ᵇ, 15 et sqq., 36 et sqq.; 121ᵃ, 27-39, 121ᵇ, 1-14; *Ibid.*, 5, 126ᵃ, 3 et sqq. : nous n'indiquons que les passages où sont formulées les règles principales.
3. *Id.*, *Top.*, Z, c. 3, 4, 5, 6.

toutes les autres synthèses mentales : elle est comme le terme suprême vers lequel elles s'échelonnent sans jamais l'atteindre.

L'expérience réalise déjà une certaine réduction du multiple à l'un : c'est une image composite qui se forme dans la mémoire et représente les traits communs à plusieurs cas analogues [1]; et, de ce chef, elle dépasse la sensation, elle s'élève au-dessus du particulier. Mais sa généralité est essentiellement relative : elle a pour limite les phénomènes observés. Au contraire, la généralité de la science est absolue : elle s'étend à tous les faits de même espèce existants ou possibles.

L'opinion dépasse l'expérience en extension : les énonciations qu'elle comprend sont universelles aussi bien que celles de la science. Mais elle ne suffit pas à montrer le lien logique qui en rive le sujet et l'attribut; et, par suite, il se peut toujours qu'une fois ou l'autre l'on y découvre une erreur, au lieu de la vérité [2]. La science, au contraire, n'admet aucune proposition qui ne se fonde sur une exigence essentielle et clairement connue [3]; et, comme une telle exigence ne saurait manquer, elle est sûre de ne jamais avoir de démenti : ses arrêts sont infaillibles [4].

Les propositions apodictiques elles-mêmes sont à certains égards au-dessous de la science. Elles lui ressemblent, il est vrai, par l'universalité et la nécessité qui les caractérisent; mais il reste juste de dire qu'elles ne sont

---

1. Arist., *Anal. post.*, II, 19, 100ª, 4-8; *Met.*, A, 1, 980ᵇ, 27-29, 981ª, 1-2; v. plus haut, p. 233.
2. *Id., Anal. post.*, A, 33, 88ᵇ-89.
3. *Id., Met.*, A, 1, 981ª, 28-31, 981ᵇ, 1-9; *Ibid.*, K, 7, 1063ᵇ, 36 et sqq.; v. plus haut, p. 234.
4. *Id., De an.*, Γ, 3, 428ª, 16-18; *Anal. post.*, B, 19, 100ᵇ, 5-17.

que des « instruments » dont on se sert pour l'édifier, ou des parties plus ou moins importantes du tout qu'elle forme.

Toute science débute par l'intuition rationnelle du sensible, se développe par l'analyse inductive et la démonstration et s'achève dans une autre sorte d'intuition supérieure où tous ses éléments, et rien que ceux-là, sont ramassés en ordre : c'est un cercle qui commence dans la pensée, se déploie par l'intelligence discursive pour aboutir à la pensée [1].

A l'origine de chaque science se situent un certain nombre de données premières, de principes au delà desquels on ne remonte pas, parce qu'ils sont évidents de leur nature et donnent plus de certitude que le discours [2]. Tels sont les principes de contradiction et de raison suffisante qui dominent toutes nos recherches; tel est en mathématique l'axiome d'après lequel, lorsqu'on retranche d'une équation deux quantités égales, les restes sont égaux; tel est aussi le nombre en arithmétique, l'étendue en géométrie, le mouvement en physique [3]. Ces données premières une fois présentes, l'intelligence discursive se met en travail : elle analyse, compare, syllogise. De là

---

1. Arist., *Eth. Nic.*, Z, 12, 1143ª, 35-36, 1143ᵇ, 1-5; dans ce texte (ligne 5), comme à la page 100ª, 17 des *Sec. Analytiques*, le mot αἴσθησις signifie intuition rationnelle. Cf. *Ibid.*, Z, 6, 1140ᵇ, 31 et sqq.; *Anal. post.*, B, 19, 100ᵇ, 5-17.

2. Id., *Anal. post.*, A, 2, 72ª, 36-37. — Cette manière de voir rappelle les paroles de Pascal que l'on peut lire dans *L'esprit géométrique*, p. 165 éd. Hachette, Paris : « Toutes ces vérités ne se peuvent démontrer... Mais comme la cause qui les rend incapables de démonstration n'est pas leur obscurité, mais au contraire leur extrême évidence, ce manque de preuve n'est pas un défaut, mais plutôt une perfection ».

3. Arist., *Anal. post.*, A, 10, 76ª, 37-42, 76ᵇ, 1-22.

tout un ensemble de propositions qu'elle émonde et coordonne jusqu'à ce qu'il n'y demeure plus que la pure essence de l'objet en question, sa définition parfaite. Alors la science est achevée; et l'intuition reparaît du même coup explicite et pleine, délivrée du fond de puissance qu'elle enveloppait d'abord, entièrement réduite à l'état d'acte.

Les sciences se classent d'après les spécifications de notre activité. Un être doué d'intelligence peut avoir trois modes de développement : savoir, agir et faire. De là trois sortes de sciences : la spéculation, la pratique, la poétique ou l'art [1].

La poétique est la science des règles qui président aux créations humaines [2], à la production d'un poème, par exemple, à la composition d'un discours, ou bien à la démonstration d'une thèse. Elle se divise en trois parties, qui sont : la poétique proprement dite ou théorie de la poésie, la rhétorique [3] et la dialectique [4].

La pratique est la science des règles qui président à la conduite humaine [5]. Elle renferme également trois parties : la morale, l'économie et la politique [6]; la première concerne le gouvernement de l'individu, la seconde celui

---

1. Arist., *Top.*, Z, 6, 145ª, 15-16 : θεωρητικὴ γὰρ καὶ πρακτικὴ καὶ ποιητικὴ λέγεται [ἐπιστήμη]; *Ibid.*, Θ, 1, 153ª, 10-11; *Met.*, E, 1, 1025ᵇ, 25; cf. *Eth. Nic.*, Z, 8, 1141ᵇ, 15-21.

2. *Id., Eth. Nic.*, Z, 4, 1140ª, 10-13 : ἔστι δὲ τέχνη πᾶσα περὶ γένεσιν, καὶ τὸ τεχνάζειν, καὶ τὸ θεωρεῖν ὅπως ἂν γένηταί τι τῶν ἐνδεχομένων καὶ εἶναι καὶ μὴ εἶναι; *Eth. mag.*, A, 35, 1197ª, 11-13 : περὶ δὲ τὴν ποίησιν καὶ τὰ ποιητὰ ἡ τέχνη· ἐν γὰρ τοῖς ποιητοῖς μᾶλλον ἢ ἐν τοῖς πρακτοῖς ἐστι τὸ τεχνάζειν.

3. *Id., Rhet.*, A, 2, 1355ᵇ, 26-28.

4. *Id., Ibid.*, A, 1, 1354ª, 1-11.

5. *Id., Eth. Nic.*, Z, 5, 1140ᵇ, 4-6; *Ibid.*, 8, 1141ᵇ, 8-9, 21.

6. *Id., Ibid.*, Z, 8, 1141ᵇ, 23-33.

de la famille et la troisième celui de la cité. Considérées du côté de leur objet, ces sciences ne se disposent pas sur le même plan; elles diffèrent en excellence et se subordonnent les unes aux autres. L'individu vaut moins que la famille et la famille moins que l'État où se trouve la garantie suprême de tout ordre. La politique prime donc d'une certaine manière et l'économie et la morale[1] : former l'homme et le père de famille revient à former le citoyen. Ainsi s'expliquent ces paroles d'Aristote : « Selon moi, le vrai nom de toute la science pratique n'est pas le nom de morale, mais celui de politique »[2]. Ce point de vue était aussi celui de Platon ; c'est le point de vue dominant, presque exclusif, de toute l'antiquité grecque.

Différentes par leur objet[3], la poétique et la pratique diffèrent aussi par leur fin. La fin de la poétique est dans un objet placé en dehors de l'agent; celle de la pratique est intérieure à la volonté de l'agent lui-même[4]. Au contraire, ces deux sciences se ressemblent par le principe de mouvement qu'elles supposent : pour l'une comme pour l'autre, il se trouve dans le sujet qui les applique[5].

Mais la poétique et la pratique sont loin d'avoir une rigueur parfaite ; c'est à peine si elles méritent le nom de science. Elles portent l'une et l'autre sur des actions

---

1. Arist., *Eth. Nic.*, 9, 1142ª, 9-10 : καίτοι ἴσως οὐκ ἔστι τὸ αὑτοῦ εὖ ἄνευ οἰκονομίας οὐδ' ἄνευ πολιτείας; *Polit.*, A, 2, 1253ª, 19 : πρότερον δὴ τῇ φύσει πόλις ἢ οἰκία ἢ ἕκαστος ἡμῶν ἐστίν.

2. *Eth. mag.*, A, 1, 1181ᵇ, 27-28. — On ne donne qu'à titre de commentaires les références tirées soit de la *Grande morale* soit de la *Morale d'Eudème*.

3. Id., *Eth. Nic.*, Z, 4, 1140ª, 3-17, 1140ᵇ, 3-4.

4. Id., Ibid., Z, 5, 1140ᵇ, 6-7 : τῆς μὲν γὰρ ποιήσεως ἕτερον τὸ τέλος, τῆς δὲ πράξεως οὐκ ἂν εἴη· ἔστι γὰρ αὐτὴ ἡ εὐπραξία τέλος.

5. Id., *Met.*, E, 1, 1025ᵇ, 18-24; cf. *Eth. Nic.*, Z, 4, 1140ª, 13-14; *Met.*, K, 7, 1064ª, 10-16.

qui procèdent du désir ou de la liberté[1]; et la multiplicité de tels phénomènes ne se laisse pas réduire à des formules absolues. L'accident s'y mêle à tout propos, et produit une infinité de coïncidences et de combinaisons que nul ne saurait prévoir. Les lois de la poétique et celles de la pratique ne conviennent qu'à la majorité des cas; encore ne s'y appliquent-elles le plus souvent que d'une manière approximative[2]. Si elles suffisent, c'est parce que l'habitude fait de l'art et de la vertu comme une seconde nature où l'instinct vient au secours de la science[3].

A la différence de la poétique et de la pratique qui sont des moyens, la spéculation trouve en elle-même sa propre fin : on s'y adonne pour savoir, non pour agir. De plus, elle ne concerne pas, comme les deux sciences précédentes, ce qui peut être et ne pas être ou être autrement qu'il n'est, elle a pour objet le nécessaire[4]. Par contre, l'on y découvre la même division que tout à l'heure; elle se partage aussi en trois branches principales : physique, mathématique et philosophie première[5].

La physique est la science de la nature, c'est-à-dire de ce « genre de l'être qui porte en soi le principe de son

---

1. Arist., *Eth. Nic.*, Z, 4, 1140ᵃ, 1-2 : τοῦ δ' ἐνδεχομένου ἄλλως ἔχειν ἐστί τι καὶ ποιητὸν καὶ πρακτόν; *Ibid.*, 1140ᵃ, 10-13; *Ibid.*, b, 1140ᵃ, 31-35, 1140ᵇ, 1-4.
2. *Id., Ibid.*, A, 1, 1094ᵇ, 11-25; *Ibid.*, B, 2, 1103ᵇ, 34, 1104ᵃ, 1-11; *Eth. mag.*, A, 34, 1194ᵇ, 30-39, 1195ᵃ, 1-4; *Eth. Nic.*, E, 14, 1137ᵇ, 11-32.
3. *Id., Eth. Nic.*, A, 1, 1094ᵇ, 27 et sqq. : ἕκαστος δὲ κρίνει καλῶς ἃ γινώσκει, καὶ τούτων ἐστὶν ἀγαθὸς κριτής. Καθ' ἕκαστον ἄρα ὁ πεπαιδευμένος, ἁπλῶς δ' ὁ περὶ πᾶν πεπαιδευμένος...; *Ibid.*, Z, 9, 1142ᵃ, 10-16.
4. *Id., Met.*, A el., 1, 993ᵇ, 20-31; *Eth. Nic.*, Z, 3, 1139ᵇ, 19-35; 4, 1140ᵃ, 1-2.
5. *Id., Met.*, E, 1, 1025ᵇ, 18-34, 1026ᵃ, 1-19 : ...ὥστε τρεῖς ἂν εἶεν φιλοσοφίαι θεωρητικαί, μαθηματική, φυσική, θεολογική; *Ibid.*, 29-31 : εἰ δ' ἐστί τις οὐσία ἀκίνητος, αὕτη προτέρα καὶ φιλοσοφία πρώτη.

mouvement ¹. Les mathématiques sont la science de la quantité, logiquement isolée du mouvement qui l'accompagne et de la matière qui lui sert de support ². Et, comme la quantité est discontinue ou continue, nombre ou figure, elles comprennent elles-mêmes deux parties qui sont l'arithmétique et la géométrie ³. La philosophie première est la science du principe suprême du monde, de la cause immobile du mouvement, c'est-à-dire de Dieu : ce qui permet de l'appeler aussi du nom de théologie ⁴. Si l'on se place au point de vue de l'exactitude, les mathématiques et la philosophie première l'emportent sur la physique. Elles se composent uniquement l'une et l'autre de propositions nécessaires : elles n'ont rien qui échappe à la démonstration ⁵. La physique, au contraire, garde encore un reste de contingence. La nature, dont elle traite, contient un fond plus ou moins considérable de puissance, un principe matériel : l'accident y prend place ⁶; et l'accident est imprévisible. Mais si l'on se met au point de vue de l'excellence, les rôles changent. Les mathématiques, qui portent sur de simples abstractions, occupent alors le rang le moins élevé ⁷; ensuite vient la physique où l'on traite des substances qui se meuvent; au sommet, se situe la phi-

---

1. Arist., *Met.*, E, 1, 1025ᵇ, 18-21; *Ibid.*, K, 7, 1064ᵃ, 15-16, 30-32.

2. *Id., Ibid.*, E, 1, 1026ᵃ, 7-15; *Ibid.*, K, 7, 1064ᵃ, 30-33; *Ibid.*, K, 3, 1061ᵃ, 28-36, 1061ᵇ, 1-4, 19-25; *Phys.*, B, 2, 193ᵇ, 22-36, 194ᵃ, 1-12; *Met.*, A, 8, 1073ᵇ, 5-8.

3. Comme on peut le voir par les textes précédents, Aristote ne fait pas toujours nettement cette distinction.

4. *Id., Met.*, E, 1, 1026ᵃ, 15-16, 20-31; *Ibid.*, K, 7, 1064ᵃ, 33-37, 1064ᵇ, 1-3.

5. *Id., Ibid.*, A, 2, 982ᵃ, 25-32, 982ᵇ, 1-4; *Anal. post.*, A, 27, 87ᵃ, 31-37.

6. *Id., Met.*, E, 1, 1025, 25-34, 1026ᵃ, 1-6; v. plus haut *De l'accident* (p. 81).

7. *Id., Anal. post.*, A, 13, 79ᵃ, 7-8 : τὰ γὰρ μαθήματα περὶ εἴδη ἐστίν· οὐ γὰρ καθ' ὑποκειμένου τινός; *Phys.*, B, 2, 193ᵇ, 31-35; *Met.*, K, 3, 1061ᵃ, 28 et sqq.

losophie première dont l'objet est la substance qui, sans se mouvoir elle-même, meut tout le reste[1].

Ainsi les sciences se subdivisent d'après leurs fins pour se subdiviser encore d'après leurs objets; et il y a peut-être une certaine incohérence dans cette façon de procéder. Mais là n'est pas l'unique imperfection que présente la classification aristotélicienne. La poétique est une espèce qui a pour genre la pratique[2]. Savoir pour savoir et savoir pour agir ; tels sont les deux modes dominants de la science. La division devient binaire de trinaire qu'elle était. La dialectique, de son côté, ne se rattache à la poétique que par homonymie : induire et démontrer, ce n'est point « créer »; c'est seulement découvrir. En outre, et de l'aveu d'Aristote lui-même, la dialectique est un tout dont la rhétorique n'est qu'une partie[3]. Et l'on en peut dire autant de la politique à l'égard de l'économie et de la morale ; c'est encore « le maître » qui le concède[4]. Mais ces défectuosités n'ont rien de surprenant, puisqu'il s'agit de classification : c'est la pierre d'achoppement du philosophe.

Les sciences ne se ramènent à l'unité ni par leurs fins ni par leurs objets : leurs fins, qui sont la contemplation et l'action, demeurent irréductibles l'une à l'autre; et leurs objets ne peuvent dépasser les catégories, qui, pour être multiples, n'en sont pas moins les genres suprêmes de l'être. Pourtant, les sciences ne restent pas isolées chacune dans sa sphère; elles se relient et se compénètrent

---

1. Arist., *Met.*, A, 2, 982ᵇ, 4 et sqq. ; *Ibid.*, K, 17, 1064ᵇ, 3-4.
2. *Id.*, *Eth. Nic.*, Z, 2, 1.39ᵃ, 35-36, 1139ᵇ, 1-3 ; v. Sylv. Maur., t. II, p. 153ᵃ,3.
3. *Id.*, *Rhet.*, A, 2, 1356ᵃ, 30-31 : ἔστι γὰρ μόριόν τι τῆς διαλεκτικῆς καὶ ὁμοίωμα.
4. V. plus haut, p. 267.

de différentes façons. Elles ont des principes communs, tels que le principe de contradiction et celui de raison suffisante. Elles ont une méthode commune, qui est la dialectique : tout ce qui peut être su, s'induit ou se démontre[1]. Elles trouvent aussi leur dernier fondement dans une seule et même science, la plus élevée de toutes, qui est la théologie. La théologie, en effet, traite de l'être absolu, elle a pour objet la cause d'où dépend la nature entière[2]; et, par suite, elle est le terme où s'achève chacune des formes du savoir : c'est « une tige puissante qui produit et supporte toutes les branches de la connaissance, qui les alimente de sa substance, et qui porte encore au-dessus d'elles la majesté de sa cime »[3].

De la logique aristotélicienne se dégagent quelques conclusions dominantes qu'il est bon de signaler.

Lorsque la pensée pénètre dans les données empiriques, elle n'y apporte pas de formes *a priori*; elle ne fait qu'en découvrir « la quiddité » : tout ce qu'elle y voit s'y trouve, bien que d'une autre manière dont elle a d'ailleurs le sentiment. Et là se révèle le point de soudure de la logique et de l'expérience : l'intelligence et la sensibilité portent sur un seul et même objet où chacune d'elles perçoit ce qui lui revient.

Par suite, lorsque la pensée analyse et syllogise pour dégager la forme d'un fait donné, elle n'y introduit pas des liaisons de son cru; son rôle unique est d'en démêler les caractères, d'en épuiser le contenu logique. On commence par les phénomènes; mais les phénomènes n'ont pas en eux-mêmes leur raison explica-

---

1. Arist., *Anal. post.*, A, 11, 77ᵃ, 26-29; *Rhet.*, A, 1, 1354ᵃ, 1-6.
2. Id., *Met.*, A, 7, 1072ᵇ, 13-14.
3. F. Ravaisson, *ouvr. cit.*, t. I, p. 265.

tive. Ils présentent des exigences essentielles en vertu desquelles il faut qu'il y ait autre chose : on dépasse les apparences par l'analyse des apparences. Et là se trouve le point de départ de la métaphysique.

Le fond du sensible est le logique; le logique, de son côté, a sa manière de nous conduire au réel : or c'est cela que nous vivons. « Si Kant, dit M. Boutroux, a découvert une conception nouvelle des choses dont l'examen s'impose désormais à quiconque veut philosopher, on ne saurait dire qu'il ait complètement réussi à faire prévaloir cette conception. S'il a pour lui le temoignage de la conscience morale, qu'il se propose d'ailleurs surtout de satisfaire, il ne peut obtenir l'adhésion franche et complète de l'intelligence. Celle-ci persiste à dire avec Aristote : « Tout a sa raison, et le premier principe doit « être la raison suprême des choses »[1]. Ces paroles sont la formule d'une préférence qui nous paraît fondée.

Il convient aussi d'observer qu'Aristote ne supprime pas l'analyse; il lui laisse, au contraire, un rôle important. A partir de l'intuition rationnelle des données sensibles, elle intervient partout, et dans l'induction dont elle est l'unique ressort, et dans la démonstration elle-même; comment juger autrement que par l'analyse de la convenance ou de la disconvenance du moyen terme avec les extrêmes? Cependant, Aristote n'admet pas que l'analyse soit tout, comme le veut Descartes : il fait du syllogisme un instrument d'invention. Et peut-être, sur ce point, le père de la philosophie moderne a-t-il vu plus juste que le Stagirite; il semble bien que le syllogisme ne vienne qu'après la découverte.

1. *La Grande Encycl., Arist.*, p. 952.

CHAPITRE V

LE DÉSIR.

Tout désir renferme trois éléments principaux : un but [1] qui a toujours un certain degré de bonté [2]; une tendance de l'âme vers ce but [3]; et quelque lueur de conscience [4]. Chacun de ces éléments comprend plusieurs espèces; et de là plusieurs espèces de désirs.

Il y a des désirs qui procèdent de l'appétit sensible [5]. Et ceux-là sont de deux sortes : les uns naissent d'un besoin, comme celui de boire ou de manger [6]; les autres viennent d'un certain luxe de la vie, tels que le plaisir

---

1. ARIST., *De an.*, Γ, 10, 433ᵃ, 15 : Καὶ ἡ ὄρεξις ἕνεκά του πᾶσα.

2. *Id., Ibid.*, 433ᵃ, 27-29 : Διὸ ἀεὶ κινεῖ μὲν τὸ ὀρεκτόν, ἀλλὰ τοῦτ' ἐστὶν ἢ τὸ ἀγαθὸν ἢ τὸ φαινόμενον ἀγαθόν; *Ibid.*, 7, 431ᵃ, 9-12 ; *Ibid.*, 431ᵇ, 8-10; *Met.*, Λ, 7, 1072ᵃ, 27-28 : ἐπιθυμητὸν μὲν γὰρ τὸ φαινόμενον καλόν, βουλητὸν δὲ πρῶτον τὸ ὂν καλόν; *De mot. an.*, 6, 700ᵇ, 25-29 (authenticité contestable).

3. *Id., De an.*, Γ, 7, 431ᵃ, 9-10 : ὅταν δὲ ἡδὺ ἢ λυπηρόν, οἷον καταφᾶσα ἢ ἀποφᾶσα, διώκει ἢ φεύγει; *Ibid.*, 15-16; *Ibid.*, 431ᵇ, 8-9; *Eth. Nic.*, Ζ, 2, 1139ᵃ, 21-22.

4. *Id., De an.*, Γ, 10, 433ᵇ, 28-29 : Ὀρεκτικὸν δὲ οὐκ ἄνευ φαντασίας.

5. *Id., De an.*, Β, 3, 414ᵇ; 1-5 : εἰ δὲ τὸ αἰσθητικόν, καὶ τὸ ὀρεκτικόν· Ὄρεξις μὲν γὰρ ἐπιθυμία καὶ θυμὸς καὶ βούλησις, τὰ δὲ ζῷα πάντ' ἔχουσι μίαν γε τῶν αἰσθήσεων, τὴν ἁφήν· ᾧ δ' αἴσθησις ὑπάρχει, τούτῳ ἡδονή τε καὶ λύπη καὶ τὸ ἡδύ τε καὶ λυπηρόν, οἷς δὲ ταῦτα, καὶ ἡ ἐπιθυμία; *Ibid.*, Β, 2, 413ᵇ, 21-24; *Ibid.*, Γ, 11, 433ᵇ, 31, 434ᵃ, 1-3; *De somn.*, 1, 454ᵇ, 29-31; *Part. an.*, Β, 17, 661ᵃ, 6-8.

6. *Id., Rhet.*, Α, 11, 1370ᵃ, 16-25; *Eth. Nic.*, Κ, 2, 1173ᵇ, 13-16; *Eth. mag.*, Β, 7, 1205ᵇ, 22 : αἱ ἐξ ἐνδείας ἀναπληρώσεις.

de voir de belles couleurs, d'entendre de la musique o u de sentir des parfums [1]. Et cette différence d'origine en amène une autre. Les premiers, à leur début, n'ont pas encore une fin bien précise : ils la déterminent en tâtonnant et commencent ainsi par s'en créer à eux-mêmes la représentation. Les seconds, au contraire, ont toujours une fin nettement connue dont la représentation devient leur cause médiate ; ils supposent un état vif ou bien un souvenir dont le charme les fait éclore.

Il y a des désirs qui procèdent du courage [2]. Au-dessus de l'appétit sensible, réside en notre âme un principe d'émotions généreuses, telles que le sentiment de la justice, la magnanimité, l'amour de la patrie, l'amitié et la sympathie de l'homme pour l'homme [3]. De là résulte tout un ensemble de désirs du même ordre, et qui ont à ce titre quelque chose de raisonnable [4]. Ils sont encore capables de manque et d'excès, ils ignorent l'à-propos et la juste mesure ; mais ils militent naturellement pour le bien : ils sont amis de l'intelligence. « Certains serviteurs se précipitent par zèle avant d'avoir entendu complètement l'ordre qu'on leur donne et se trompent ensuite en l'exécutant. Les chiens ne considèrent pas s'il s'agit d'un ami ; ils aboient dès que l'on frappe. Ainsi du courage : la chaleur et la

---

1. Arist., *Eth. Nic.*, K, 2, 1173ᵇ, 13-25 ; *Eth. mag.*, B, 7, 1205ᵇ, 10-28 ; *De an.*, Γ, 12, 434ᵇ, 21-24 ; *Ibid.*, 13, 435ᵇ, 19-25 ; *De sens.*, 5, 443ᵇ, 26 et sqq.
2. *Id.*, *De an.*, B, 3, 414ᵇ, 2 : ὄρεξις μὲν γὰρ ἐπιθυμία καὶ θυμός... ; *Ibid.*, Γ, 9, 432ᵇ, 29 et sqq. ; *Ibid.*, 433ᵃ, 7-8 ; *De mot. an.*, 6, 700ᵇ, 22 ; *Eth. mag.*, A, 12, 1187ᵇ, 36-37 ; *Polit.*, H, 15, 1334ᵇ, 17-25 ; *Eth. Nic.*, A, 13, 1102ᵃ, 26-34, 1102ᵇ, 1-31.
3. *Id.*, *Eth. Nic.*, H, 7, 1149ᵃ, 29-34 ; *Polit.*, H, 7, 1327ᵇ, 36-41, 1328ᵃ, 1-3.
4. *Id.*, *Eth. Nic.*, A, 13, 1102ᵇ, 13-14 : ἔοικε δὲ καὶ ἄλλη τις φύσις τῆς ψυχῆς ἄλογος εἶναι, μετέχουσα μέντοι πῃ λόγου ; *Ibid.*, 29 et sqq. Le contexte dit assez clairement que les termes ἄλλη τις φύσις désignent le θυμός.

promptitude de la nature font qu'il entend le commandement de la raison sans le comprendre; et il court à la vengeance »[1].

Tous ces désirs, qu'ils relèvent de l'appétit sensible ou du courage, échappent aux atteintes de la force, puisqu'ils ont leur cause dans le sujet qu'ils modifient [2]. Tous ces désirs également dépassent le domaine de l'ignorance, vu que le sujet qui les éprouve en connaît l'existence et la fin. Ils s'élèvent donc au-dessus de la zone inférieure de l'involontaire ; ils sont spontanés [3]. Mais aussi ne sont-ils que cela. Leurs antécédents une fois donnés, le déroulement en est fatal, à moins qu'un pouvoir supérieur ne vienne y mettre obstacle ; d'eux-mêmes, ils se développent avec la nécessité d'un syllogisme. Chez l'animal, l'appétit tient lieu de majeure; la sensation ou l'imagination, de mineure; et l'action elle-même, de conclusion. « Il faut boire, dit l'appétit; voici la boisson, ajoute le sens;

---

1. Arist., *Eth. Nic.*, II, 7, 1149ª, 25-32.
2. *Id., Ibid.*, Γ, 1, 1110ª, 1 : Βίαιον δὲ οὗ ἡ ἀρχὴ ἔξωθεν; *Ibid.*, 1110ᵇ, 15-17; *Ibid.*, 1110ᵇ, 9-11 : εἰ δέ τις τὰ ἡδέα καὶ τὰ καλὰ φαίη βίαια εἶναι (ἀναγκάζειν γὰρ ἔξω ὄντα), πάντα ἂν εἴη οὕτω βίαια· Τούτων γὰρ χάριν πάντες πάντα πράττουσιν; *Ibid.*, 3, 1111ª, 24-25; *Eth. mag.*, A, 14, 1188ª, 1-5, 1188ᵇ, 1-14; *Eth. Eud.*, B, 7, 8, 9, 1223ª-1225ᵇ.
3. *Id., Eth. Nic.*, Γ, 1, 1109ᵇ, 35 : Δοκεῖ δὲ ἀκούσια εἶναι τὰ βίᾳ ἢ δι' ἄγνοιαν γινόμενα; *Ibid.*, 3, 1111ª, 22-24 : ὄντος δ' ἀκουσίου τοῦ βίᾳ καὶ δι' ἄγνοιαν, τὸ ἑκούσιον δόξειεν ἂν εἶναι οὗ ἡ ἀρχὴ ἐν αὐτῷ εἰδότι τὰ καθ' ἕκαστα ἐν οἷς ἡ πρᾶξις; *Eth. mag.*, A, 14, 1188ᵇ, 11-14. Ce concept de spontanéité n'est cependant pas toujours très fixe; et, parfois, il est bien près de se confondre avec celui de liberté. On lit par exemple à la page 1135ª (*Eth. Nic.*, 23-28) : λέγω δ' ἑκούσιον μέν, ὥσπερ καὶ πρότερον εἴρηται, ὃ ἄν τις τῶν ἐφ' αὑτῷ ὄντων εἰδὼς καὶ μὴ ἀγνοῶν πράττῃ μήτε ὃν μήτε ᾧ μήτε οὗ ἕνεκα, οἷον τίνα τύπτει καὶ τίνι καὶ τίνος ἕνεκα, κἀκείνων ἕκαστον μὴ κατὰ συμβεβηκὸς μηδὲ βίᾳ, ὥσπερ εἴ τις λαβὼν τὴν χεῖρα αὐτοῦ τύπτοι ἕτερον, οὐχ ἑκών· οὐ γὰρ ἐπ' αὐτῷ. On ne réussit pas à voir en quoi ce texte ne serait pas la définition de l'acte libre lui-même.

et aussitôt l'animal boit ». Ainsi de l'homme lui-même, toutes les fois qu'il n'a pas recours à la dialectique pour régler les impulsions qui lui viennent de l'affectivité [1].

Il faut monter encore, pour arriver au degré suprême de la hiérarchie des désirs. Au sommet des puissances irrationnelles de l'âme s'épanouit la raison [2] qui se divise elle-même en deux parties logiquement distinctes : l'intelligence spéculative, qui a pour objet l'être envisagé comme vrai; et l'intelligence pratique, qui a pour objet l'être envisagé comme bon [3]. Or de ce dernier principe émanent deux nouvelles espèces de désirs, qui l'emportent sur tous les autres en excellence : le vouloir [4] et le choix [5].

Ces deux désirs se ressemblent par plus d'un point. Leur fin commune est le bien, non plus son apparence [6]. Ils ne

---

1. *De mot. an.*, 7, 701ᵃ, 28-36.
2. Arist., *Eth. Nic.*, A, 13, 1102ᵃ, 26-28 : λέγεται δὲ περὶ αὐτῆς [ψυχῆς] ἐν τοῖς ἐξωτερικοῖς λόγοις ἀρκούντως ἔνια, καὶ χρηστέον αὐτοῖς· οἷον τὸ μὲν ἄλογον αὐτῆς εἶναι, τὸ δὲ λόγον ἔχον; *Ibid.*, Z, 2, 1139ᵃ, 3-5; *Eth. mag.*, A, 1, 1182ᵃ, 23-27; *Ibid.*, 5, 1185ᵇ, 3-5; *Eth. Eud.*, B, 1, 1219ᵇ, 27-32; *Ibid.*, 4, 1221ᵇ, 27-31. Aristote admet ici la division du *Philèbe*, et parce que la question n'a pas besoin d'une précision plus grande (v. plus haut, p. 152).
3. *Id.*, *Eth. Nic.*, Z, 2, 1139ᵃ, 5-12 : νῦν δὲ περὶ τοῦ λόγον ἔχοντος τὸν αὐτὸν τρόπον διαιρετέον· καὶ ὑποκείσθω δύο τὰ λόγον ἔχοντα, ἓν μὲν ᾧ θεωροῦμεν τὰ τοιαῦτα τῶν ὄντων ὅσων αἱ ἀρχαὶ μὴ ἐνδέχονται ἄλλως ἔχειν, ἓν δὲ ᾧ τὰ ἐνδεχόμενα·... λεγέσθω δὲ τούτων τὸ μὲν ἐπιστημονικόν τὸ δὲ λογιστικόν· τὸ γὰρ βουλεύεσθαι καὶ λογίζεσθαι ταὐτόν..., 26-31; *Polit.*, H, 14, 1333ᵃ, 23-25 : Βέλτιον δὲ τὸ λόγον ἔχον· διῄρηταί τε διχῇ, καθ' ὅνπερ εἰώθαμεν τρόπον διαιρεῖν· Ὁ μὲν γὰρ πρακτικός ἐστι λόγος, ὁ δὲ θεωρητικός; *De an.*, Γ, 10, 433ᵃ, 14-15 : διαφέρει δὲ [ὁ πρακτικὸς νοῦς] τοῦ θεωρητικοῦ τῷ τέλει; *Ibid.*, Γ, 7, 431ᵇ, 6-12; *Ibid.*, Γ, 9, 432ᵇ, 26-29.
4. *Id.*, *De an.*, B, 3, 414ᵇ, 2 : Ὄρεξις μὲν γὰρ ἐπιθυμία καὶ θυμὸς καὶ βούλησις; *Rhet.*, A, 10, 1369ᵃ, 2-7.
5. *Id.*, *Eth. Nic.*, Z, 2, 1139ᵃ, 23 : ἡ δὲ προαίρεσις ὄρεξις βουλευτική; *De mot. an.*, 6, 700ᵇ, 23 : ἡ δὲ προαίρεσις κοινὸν διανοίας καὶ ὀρέξεως; *Eth. Nic.*, Γ, 5, 1113ᵃ, 10-11.
6. *Id.*, *De an.*, B, 3, 414ᵇ, 5-6 : Τοῦ γὰρ ἡδέος ὄρεξις αὕτη [ἐπιθυμία]; *Rhet.*,

relèvent l'un et l'autre que de la raison, et forment comme deux aspects de la tendance qui lui est propre. Par suite, le plaisir et la douleur, la joie et la tristesse peuvent encore les accompagner ou les suivre; mais ces phénomènes émotifs n'en sont jamais la cause [1]; considérés en eux-mêmes, le vouloir et le choix sont deux modes de l'amour de l'ordre pour l'ordre.

A d'autres égards, ces deux phénomènes présentent des différences profondes. Le vouloir porte sur des fins [2]; et, à ce titre, il est toujours nécessaire de quelque façon. Il l'est conditionnellement, lorsqu'il s'agit de fins que nous nous sommes déjà posées; car alors il ne nous reste plus qu'à délibérer sur le moyen de les atteindre [3]. Il l'est absolument, lorsqu'il s'agit de la fin par excellence qui est le bien en soi, ou l'ordre naturel des choses. Car cette fin-là, nous ne nous la posons pas; elle s'impose à nous par le fait que nous sommes des êtres raisonnables. La raison, en effet, n'implique pas seulement la connaissance mais encore l'amour de l'ordre; et cet amour fait partie de son essence : par elle-même, elle ne saurait s'en écarter. Non point que la raison ne puisse se tromper; mais, quand

---

A. 10, 1369ᵃ, 2-3 : ἔστι δ' ἡ μὲν βούλησις ἀγαθοῦ ὄρεξις; *Eth. Nic.*, Γ, 6, 1113ᵃ, 23-24 : ἆρα φατέον ἁπλῶς μὲν κατ' ἀλήθειαν βουλητὸν εἶναι τἀγαθόν, ἑκάστῳ δὲ τὸ φαινόμενον; *De an.*, Γ, 11, 434ᵃ, 7-9 : ἡ δὲ βουλευτικὴ ἐν τοῖς λογιστικοῖς· πότερον γὰρ πράξει τόδε ἢ τόδε, λογισμοῦ ἤδη ἐστὶν ἔργον· καὶ ἀνάγκη ἑνὶ μετρεῖν· τὸ μεῖζον γὰρ διώκει (v. G. RODIER, *Ouvr. cit.*, t. II, p. 553).

1. ARIST., *Rhet.*, B, 4, 1381ᵃ, 6-8; *Eth. Eud.*, B, 10, 1225ᵇ, 30-31; *Top.*, Z, 8, 146ᵇ, 1-2 [?].

2. *Id.*, *Eth. Nic.*, Γ, 4, 1111ᵇ, 26-29 : ἡ μὲν βούλησις τοῦ τέλους ἐστὶ μᾶλλον, ἡ δὲ προαίρεσις τῶν πρὸς τὸ τέλος, οἷον ὑγιαίνειν βουλόμεθα, προαιρούμεθα δὲ δι' ὧν ὑγιανοῦμεν, καὶ εὐδαιμονεῖν βουλόμεθα μὲν καὶ φαμέν, προαιρούμεθα δὲ λέγειν οὐχ ἁρμόζει; *Ibid.*, 6, 1113ᵃ, 15.

3. *Id., Ibid.*, Γ, 5, 1112ᵇ, 11-16 : ... Ἀλλὰ θέμενοι τέλος τι, πῶς καὶ διὰ τίνων ἔσται σκοποῦσι.

elle se trompe, ce que l'on veut n'est jamais tel bien, c'est toujours ce que l'on croit être le bien [1].

Le choix, au contraire, porte sur les moyens [2]; et il dépend de nous : il est libre [3]. Lorsqu'une fin nous est donnée, nous cherchons les différentes voies qui peuvent nous y conduire; nous pesons les avantages et les inconvénients que présente chacune d'elles. Et, l'instruction une fois close, nous sortons par nous-mêmes de notre indétermination : nous tirons de notre énergie une décision qui ne vient que de nous et qui, comme telle, échappe à toute nécessité. L'autonomie de nos résolutions est un fait d'expérience intime [4]. De plus, ce fait a son rayonnement dans les lois sociales et la manière dont nous apprécions la conduite de nos semblables. On ne blâme pas quelqu'un d'être né cul-de-jatte; on s'avise encore moins de l'en punir ou de l'en déclarer responsable : on s'apitoie sur son sort. Le blâme et la punition ne tombent juste que lorsqu'on les inflige à des personnes qui ont pu ne

---

1. Arist., *Eth. Nic.*, 6, 1113ᵃ, 23-24; *De an.*, Γ, 10, 433ᵃ, 24-27 : ὅταν δὲ κατὰ τὸν λογισμὸν κινῆται, καὶ κατὰ βούλησιν κινεῖται· ἡ δ' ὄρεξις κινεῖ παρὰ τὸν λογισμόν· ἡ γὰρ ἐπιθυμία ὄρεξίς τις ἐστιν. νοῦς μὲν οὖν πᾶς ὀρθός· ὄρεξις δὲ καὶ φαντασία καὶ ὀρθὴ καὶ οὐκ ὀρθή; *Eth. Nic.*, E, 11, 1136ᵇ, 7-8 : οὔτε γὰρ βούλεται οὐθεὶς ὃ μὴ οἴεται εἶναι σπουδαῖον; *Rhet.*, Α, 10, 1369ᵃ, 3-4 : οὐδεὶς γὰρ βούλεται ἀλλ' ἢ ὅταν οἰηθῇ εἶναι ἀγαθόν.

2. Id., *Eth. Nic.*, Γ, 4, 1111ᵇ, 26-29; *Ibid.*, 5, 1112ᵇ, 11-21, 32-34; *Eth. Eud.*, Β, 10, 1226ᵇ, 9-13; *Ibid.*, 1227ᵃ, 5-9; *Ibid.*, 11, 1227ᵇ, 25-30.

3. Id., *Eth. Nic.*, Γ, 5, 1112ᵃ, 30-31 : βουλευόμεθα δὲ περὶ τῶν ἐφ' ἡμῖν πρακτῶν; *Ibid.*, 1112ᵇ, 26-28 : ἐὰν δὲ δυνατὸν φαίνηται, ἐγχειροῦσι πράττειν. Δυνατὰ δὲ ἃ δι' ἡμῶν πως ἐστίν... ἡ γὰρ ἀρχὴ ἐν ἡμῖν; *Ibid.*, 4, 1111ᵇ, 4-31. En ce dernier passage, Aristote distingue le choix de l'appétit sensible (ἐπιθυμία), du courage (θυμός), du vouloir (βούλησις); puis il conclut : ὅλως γὰρ ἔοικεν ἡ προαίρεσις περὶ τὰ ἐφ' ἡμῖν εἶναι; *Eth. Eud.*, Β, 10, 1226ᵇ, 16-17 : δῆλον ὅτι ἡ προαίρεσις μέν ἐστιν ὄρεξις τῶν ἐφ' αὑτῷ βουλευτική.

4. Id., *Eth. Nic.*, Γ, 7, 1113ᵇ, 21-23; *Eth. mag.*, Α, 10, 1187ᵃ, 29-39, 1187ᵇ, 1-20; *Eth. Eud.*, Β, 6, 1222ᵇ-1223ᵃ.

pas faire le mal qu'elles ont fait ; et la responsabilité suppose toujours la liberté. Ainsi de la louange et des récompenses elles-mêmes : on ne loue pas, on ne récompense pas non plus un homme pour son génie, mais pour le bon usage qu'il en fait[1].

L'homme est donc le principe de ses choix, et, par ses choix, le principe de ses actions[2]. C'est là ce qui le distingue de tous les autres êtres ; c'est son privilège[3]. Or ce privilège, qui lui donne la possession de soi-même, requiert deux conditions essentielles. On ne délibère pas sur les choses nécessaires, et par suite on ne les choisit pas non plus ; on se borne à les accepter : on ne choisit que ce qui peut être et ne pas être[4]. De même, on n'aurait pas la faculté de choisir, si l'on était contraint au dedans de soi-même par les motifs de ses actions ou la nature de son activité : pour prendre une décision, il faut aussi que

---

1. Arist., *Eth. Nic.*, Γ, 7, 1113ᵇ, 21-32; *Eth. mag.*, A, 9, 1187ᵃ, 13-29; *Eth. Eud.*, B, 6, 1223ᵃ, 9-16. Dans ces différents passages, on trouve derechef et à plusieurs reprises une confusion regrettable du spontané et du libre ; toutefois, l'idée dominante d'Aristote ne souffre pas de doute : pour lui, tout ce qui est libre est spontané ; tout ce qui est spontané n'est pas libre. Et ce que le libre ajoute au spontané, c'est la réflexion : ἡ γὰρ προαίρεσις μετὰ λόγου καὶ διανοίας.

2. *Id.*, *Eth. Nic.*, Z, 2, 1139ᵃ, 31-33 : πράξεως μὲν οὖν ἀρχὴ προαίρεσις, ὅθεν ἡ κίνησις ἀλλ' οὐχ οὗ ἕνεκα, προαιρέσεως δὲ ὄρεξις καὶ λόγος ὁ ἕνεκά τινος ; *Ibid.*, 1139ᵇ, 4-5 : διὸ ἢ ὀρεκτικὸς νοῦς ἡ προαίρεσις ἢ ὄρεξις διανοητική, καὶ ἡ τοιαύτη ἀρχὴ ἄνθρωπος ; *Ibid.*, Γ, 7, 1113ᵇ, 14-21 : l'homme est le père de ses actions, comme il l'est de ses enfants, γεννητὴν τῶν πράξεων ὥσπερ καὶ τέκνων.

3. *Id.*, *Eth. Eud.*, B, 6, 1222ᵇ, 18-20 : πρὸς δὲ τούτοις ὅ γ' ἄνθρωπος ; καὶ πράξεών τινῶν ἐστιν ἀρχὴ μόνον τῶν ζῴων · τῶν γὰρ ἄλλων οὐδὲν εἴπομεν ἂν πράττειν.

4. *Id.*, *De an.*, Γ, 10, 433ᵃ, 29-30 : οὐ πᾶν δέ, τὸ πρακτὸν ἀγαθόν. Πρακτὸν δ' ἐστὶ τὸ ἐνδεχόμενον καὶ ἄλλως ἔχειν ; *Eth. Nic.*, Γ, 5, 1112ᵃ, 21-34, 1112ᵇ, 1-9 ; *Ibid.*, Z, 4, 1140ᵃ, 1-2 ; *Ibid.*, 5, 1140ᵃ, 31-35, 1140ᵇ, 1-6 ; *Eth. Eud.*, B, 10, 1226ᵃ, 20-33.

l'on puisse ne pas la prendre[1]. Le choix suppose la contingence au dehors de nous et en nous, dans l'objet sur lequel il porte et dans le sujet qui l'élève de la puissance à l'acte.

Le vouloir et le choix ne relèvent pas de facultés différentes ; ce sont deux modes d'un seul et même principe[2] que l'on peut appeler du nom d'appétit rationnel ou de volonté. Mais ni l'un ni l'autre de ces deux termes ne se trouvent dans les œuvres d'Aristote ; ils sont venus plus tard, et le premier est de saint Thomas d'Aquin[3].

Poussée à ce point d'acuité, la théorie de la volonté humaine constitue un progrès considérable sur les systèmes anté-aristotéliciens : elle renferme une analyse de l'acte libre qui va jusqu'au fond du problème et qui demeurera toujours. Mais il semble bien qu'elle n'échappe pas encore complètement au déterminisme. D'après Aristote, on veut nécessairement le bien rationnel. On veut donc aussi de la même manière toutes les actions qui concourent à le réaliser en nous et autour de nous. Et dès lors, il n'est plus possible de prendre parti pour le mal ; il n'est pas même possible de prendre parti pour le moins bon ; car le moins bon est mauvais par rapport au meilleur : on retombe dans le fatalisme moral dont Socrate et Platon n'avaient point su se délivrer complètement.

Saint Thomas a remarqué ce vice caché de la doctrine du « maître » et s'est efforcé d'en prévenir les suites. D'après lui, nous ne connaissons que d'une manière im-

---

1. Arist., *Eth. Nic.*, 7, 1113^b, 6-14.
2. *Id., Ibid.*, Z, 2, 1139^b, 4-5 : διὸ ἢ ὀρεκτικὸς νοῦς ἢ προαίρεσις ἢ ὄρεξις διανοητική; *De an.*, Γ, 10, 433^a, 24-25.
3. *S. Th.*, 1ª 2ᵃᵉ, q. 1, 2 ; *S. c. g.*, I, 246.

parfaite les liaisons de nos actes avec leur fin suprême : il y reste toujours quelque ombre d'incertitude qui vient de la faiblesse de notre entendement. C'est là ce qui nous sauve de la nécessité : La liberté habite, comme l'erreur, entre le plein savoir et l'absolue ignorance [1]. Et cette modification elle-même est une idée d'Aristote intégrée par l'Ange de l'École dans sa philosophie de la volonté : Aristote aussi a fait observer que rien n'est fort comme la science et que, si l'on cède au plaisir, c'est parce qu'on n'a pas la connaissance adéquate des choses [2].

De la liberté découle la responsabilité; et grand est son domaine.

Nous ne répondons pas seulement de nos actions libres; nous répondons aussi de celles qui ne le sont pas, toutes les fois que nous en avons librement posé la cause. On peut imputer à l'ivrogne les conséquences fâcheuses qui résultent de son ivresse; car, s'il « ne sait point ce qu'il fait », il n'agit cependant pas « par ignorance », vu qu'il s'est mis librement dans l'état où il se trouve [3]. Ainsi des autres passions, du libertinage, de la « fantaisie [4] » et des maladies corporelles qui viennent de notre négligence ou de notre mauvaise conduite [5]. En vertu du

---

1. S. Th., 1ª, q. 82, 2; 1ª, q. 83, 1. Il n'y a là d'ailleurs qu'un aspect de la théorie de saint Thomas : ce n'est pas seulement par l'imperfection de la science morale, mais aussi par la valeur relative des biens créés qu'il explique le choix.

2. Arist., Eth. Nic., 5, 1147ᵇ, 14-17. V. Socrate, conclus., pp. 265-266 (Collection des Grands Philosophes).

3. Id., Eth. Nic., Γ, 7, 1113ᵇ, 30-32 : καὶ γὰρ ἐπ' αὐτῷ τῷ ἀγνοεῖν κολάζουσιν, ἐὰν αἴτιος εἶναι δόκῃ τῆς ἀγνοίας, οἷον τοῖς μεθύουσι διπλᾶ τὰ ἐπιτίμια· ἡ γὰρ ἀρχὴ ἐν αὐτῷ· κύριος γὰρ τοῦ μὴ μεθυσθῆναι, τοῦτο δ' αἴτιον τῆς ἀγνοίας; Ibid., 2, 1110ᵇ, 24-30; Ibid., E, 10, 1136ª, 5-9.

4. Id., Ibid., Γ, 7, 1114ª, 31-32, 1114ᵇ, 1-3.

5. Id., Ibid., 1114ª, 21-29; Eth. mag., A, 9, 1187ª, 24-29.

même principe, nous répondons aussi de notre méchanceté[1]. C'est par une série plus ou moins longue de défaites morales que nous y arrivons. Nous ne prenons pas la peine de nous instruire; et de là une ignorance croissante de ce que nous avons l'obligation de savoir. Nous cédons au charme du plaisir; et de nos actions perverses naissent des habitudes qui nous rendent le bien de moins en moins facile[2]. A la fin, nous nous trouvons enchaînés : pratiquement, il ne reste plus ni dans notre intelligence ni dans notre franc arbitre l'énergie voulue pour réagir contre les tendances acquises. De l'abus de la liberté procède en nous la nécessité[3]. Et cette nécessité nous est imputable, au moins dans une certaine mesure. Car tout homme a quelque sentiment de la génération des habitudes par l'action et prévoit d'une certaine manière le terme où elles aboutissent : celui qui fait le mal veut être mauvais[4].

Bien qu'exposée à défaillir, la liberté n'en est pas moins un principe d'ascension morale. Elle va d'elle-même au meilleur : c'est là son but naturel; et, si rien n'entravait son élan natif, elle l'atteindrait toujours avec la sûreté de la flèche lancée par la main d'Apollon. Il suffit

---

1. Arist., *Eth. Nic.*, Γ, 7, 1113ᵇ, 6-21 : ἐφ' ἡμῖν δὲ καὶ ἡ ἀρετή, ὁμοίως δὲ καὶ ἡ κακία...; *Eth. mag.*, A, 11, 1187ᵇ, 17-20.
2. *Id.*, *Eth. Nic.*, Γ, 7, 1114ᵃ, 1-7; *Ibid.*, B, 1, 1103ᵇ, 6-25; *Ibid.*, 2, 1104ᵃ, 27-35, 1104ᵇ, 1-3; *Eth. mag.*, A, 6, 1186ᵃ, 1-8; *Ibid.*, 35, 1197ᵇ, 37-39, 1198ᵃ, 1-22; *Eth. Eud.*, B, 2, 1220ᵇ, 1-6.
3. *Id.*, *Eth. Nic.*, Γ, 2, 1110ᵇ, 28-30 : ἀγνοεῖ μὲν οὖν πᾶς ὁ μοχθηρὸς ἃ δεῖ πράττειν καὶ ὧν ἀφεκτέον, καὶ διὰ τὴν τοιαύτην ἁμαρτίαν ἄδικοι καὶ ὅλως κακοὶ γίνονται; *Ibid.*, 7, 1114ᵃ, 12-21 : ... οὕτω δὲ καὶ τῷ ἀδίκῳ καὶ τῷ ἀκολάστῳ ἐξ ἀρχῆς μὲν ἐξῆν τοιούτοις μὴ γενέσθαι, διὸ ἑκόντες εἰσίν· γενομένοις δ' οὐκέτι ἔξεστι μὴ εἶναι; *Ibid.*, E, 13, 1137ᵃ, 4-9 : ... ἀλλὰ τὸ ὡδὶ ἔχοντας ταῦτα ποιεῖν οὔτε ῥᾴδιον οὔτ' ἐπ' αὐτοῖς.
4. *Id.*, *Ibid.*, Γ, 7, 1114ᵃ, 9-12.

donc de la délivrer pour la faire s'épanouir en sainteté ; et cette délivrance est possible dans une certaine mesure.

Il faut accorder d'abord qu'il y a du vrai dans la pensée de Socrate. C'est une exagération, sans doute, que d'identifier la science et la vertu[1]. L'expérience nous apprend que le savoir peut être vaincu par la passion[2]. Et le fait s'explique ; la raison a sa logique, et le désir la sienne. La raison dit en face d'un plaisir mauvais : « C'est défendu ; donc il y faut renoncer ». En face du même plaisir, le désir répond : « C'est agréable ; donc il en faut jouir ». De là une sorte de lutte intérieure où le charme du bien apparent peut l'emporter en intensité sur l'influence du bien réel[3]. D'autant que, dans les cas de cette nature, il arrive assez souvent que le désir s'exalte en face de son objet et produit une sorte d'ivresse où nous perdons la claire vue des choses. Alors les raisonnements que nous faisons encore, n'ont pas plus d'action sur nous que si nous étions dans le sommeil ; nous cessons d'en être touchés, parce que nous avons cessé de les comprendre : ce sont des formules que nous prononçons à la manière dont les « acteurs » redisent leur rôle[4]. Mais, si l'observation corrige l'adage socratique, elle ne le détruit pas :

---

1. Arist., *Eth. Nic.*, II, 3, 1145ᵇ, 21-29 ; *Ibid.*, Z, 13, 1144ᵇ, 28-30 : Σωκράτης μὲν οὖν λόγους τὰς ἀρετὰς ᾤετο εἶναι (ἐπιστήμας γὰρ εἶναι πάσας), ἡμεῖς δὲ μετὰ λόγου ; *Eth. mag.*, A, 1, 1182ᵃ, 15-23 ; *Ibid.*, 1183ᵇ, 8-18 ; *Ibid.*, 9, 1187ᵃ, 5-13 ; *Eth. Eud.*, A, 5, 1216ᵇ, 2-25.

2. *Id.*, *Eth. mag.*, B, 6, 1200ᵇ, 25-32 : ... ἀκρατεῖς γάρ εἰσιν ἄνθρωποι, καὶ αὐτοὶ εἰδότες ὅτι φαῦλα ὅμως ταῦτα πράττουσιν.

3. *Id.*, *Eth. Nic.*, II, 5, 1147ᵃ, 21-35, 1147ᵇ, 1-5.

4. *Id.*, *Ibid.*, 1147ᵃ, 10-24 ; 1147ᵇ, 6-14 ; cf. *Eth. mag.*, B, 6, 1201ᵇ, 24-39, 1202ᵃ, 1-8. Nous relevons seulement le point central de la réponse aristotélicienne à l'objection socratique. Mais il serait bon de lire les chapitres 3, 4 et 5 du livre II de l'*Ethique à Nicomaque* et tout le chapitre 6ᵉ du livre B de la *Grande morale*.

il demeure établi que « rien n'est efficace comme la sagesse ». Il y a dans la science du bien une vertu surélevante qui grandit à mesure qu'elle se développe : de telle sorte que, si nous pouvions en acquérir la plénitude, nous serions par là même fixés dans l'ordre. Et là se trouve un premier moyen de délivrance[1].

Il y en a un autre qui est l'action ; et c'est par celui-là qu'il faut débuter. L'action est créatrice : elle se traduit par un surplus d'énergie; il en résulte avec le temps une disposition qui tend à s'exercer dans la même direction qu'elle. On devient cithariste en jouant de la cithare, architecte en construisant des maisons, médecin en faisant de la médecine; on devient vertueux par la pratique de la vertu. Il en coûte à l'origine ; mais la tâche s'adoucit dans la mesure où l'on y avance, et l'on finit par faire avec amour ce que l'on a commencé avec effort[2]. La lutte contre soi-même suscite d'ailleurs une résistance moins vive, lorsqu'on a soin de régler son imagination[3] et d'écarter de ses oreilles et de ses yeux ce qui est indigne d'un homme libre. C'est pourquoi « le législateur doit bannir de sa cité les propos indécents, comme tout autre vice ; car l'habitude de dire des choses honteuses et celle d'en faire se touchent de près. Il doit veiller surtout à ce que les jeunes gens ne disent ni n'entendent rien de semblable ». « Il est évident » par là même que nous défendons aussi de contempler des peintures et des spectacles déshonnêtes. « Que les chefs d'État soient donc attentifs à ce qu'aucune statue ou peinture n'imite de telles actions »...;

1. Arist., *Eth. Nic.*, II, 5, 1147^b, 14-17.
2. Id., *Ibid.*, B, 1, 1103^{a-b}; *Ibid.*, 2, 1104^a, 27-35, 1104^b, 1-3; *Eth. Eud.*, B, 2, 1220^a, 39, 1220^b, 1-6; *Eth. mag.*, A, 35, 1197^b, 37 et sqq.
3 Id., *Eth. Nic.*, Γ, 7, 1114^a, 31 et sqq.

« et que l'on fasse une loi pour interdire aux jeunes gens d'assister à la représentation des drames satyriques et des comédies, avant d'avoir atteint l'âge auquel ils peuvent prendre place dans les repas communs ; car alors l'éducation les aura prémunis contre l'ivresse et la dépression morale que produisent ces divertissements »[1].

Il n'en est pas des autres arts, comme de la comédie. Par leur aspect le plus élevé, la plupart d'entre eux peuvent, ainsi que la science et l'action, devenir des coefficients de la vertu. La vue d'un Jupiter olympien suffit à faire passer dans l'âme quelque chose de l'éternelle sérénité qui rayonne sur son front. Les chants sacrés produisent un enthousiasme religieux où les passions s'apaisent dans une sorte de vision divine[2]. Du mode dorien se dégage une impression ennoblissante qui nous rend plus virils[3]. La tragédie nous apprend dans quelle mesure il faut s'abandonner soit à la crainte soit à la pitié : elle tend à réduire ces deux passions au juste milieu qui constitue la vertu elle-même[4]. Ainsi de tous les arts qui poussent à l'idéal ce que nous avons en nous de meilleur et par là même de plus humain : ce sont des principes de purification morale[5].

---

1. Arist., *Polit.*, II, 17, 1336^b, 1-23.
2. Id., *Ibid.*, Θ, 7, 1342^a, 1-11.
3. Id., *Ibid.*, Θ, 5, 1340^b, 3-6 ; voir d'ailleurs tout le chapitre 5e.
4. Id., *Poet.*, 6, 1449^b, 24-28 ; v. sur ce point une très judicieuse discussion dans Ad. Hatzfeld et Méd. Dufour, *La poétique d'Arist.*, XXXI-XLIII, Lille, 1899. L'interprétation de M. Weil (*Ueber die Wirkung der Tragoedie nach Arist.*, p. 131 et sqq., Bâle, 1847) et celle de M. Bernays (*Grundzüge der verlorenen abhandlung des Arist. über die Wirkung der Tragoedie*, I, p. 135 et sqq., Breslau, 1858) y sont combattues avec bonheur : la signification naturelle du texte y retrouve sa clarté.
5. Παθημάτων κάθαρσις.

Le désir, qu'il soit brut ou réfléchi, tend à se traduire en mouvement. Il s'accompagne toujours de plaisir ou de douleur; de leur côté, le plaisir et la douleur produisent toujours l'un de la chaleur qui dilate les organes, l'autre de la froideur qui les contracte : de là dérive l'infinie variété des phénomènes qui vont du dedans au dehors pour réagir à leur tour sur le dedans. Supposez une machine dont les montants et les roues soient si finement ajustés que la plus légère impulsion suffise à la mettre en branle; supposez de plus que, au lieu d'être rigides, les pièces de cette machine aient une telle plasticité qu'elles puissent au moindre choc modifier de mille manières leur figure et leur volume. Et vous aurez une idée de la façon dont commencent, se propagent et se multiplient les ondulations motrices qui ont le désir pour principe[1]. Dès que le froid ou le chaud produisent quelque altération dans la région du cœur, il en résulte toute une série de changements physiques. Ainsi s'expliquent les « rougeurs, les pâleurs, les frissons, les tremblements et les phénomènes opposés à ceux-là »[2]. Ainsi s'expliquent les actions libres elles-mêmes : ce n'est pas directement que la volonté meut le corps; elle le meut par l'intermédiaire d'une émotion.

1. Arist., *De an.*, I, 10, 433^b, 13-27; *De mot. an.*, 7, 701^b, 36-37, 701^b, 1-29; *Ibid.*, 8, 701^b, 33-37, 702^a, 1-19. — Lire, pour l'ensemble de la théorie, les chap. 9, 10, 11, du IIIe livre du Περὶ ψυχῆς.
2. *Id.*, *De mot. an.*, 7, 701^b, 29-32.

LIVRE IV

LES ACTIONS HUMAINES

CHAPITRE PREMIER

L'INDIVIDU[1].

« La philosophie des actions humaines »[2] se divise en trois parties : l'éthique, qui a pour objet la conduite de l'individu ; l'économie, qui concerne l'organisation de la famille ; la politique, où l'on traite de la cité. Ces trois sciences s'appellent l'une l'autre de manière à former un tout complet. C'est de la première d'entre elles que l'on va parler dans ce chapitre.

I

Nous voulons être heureux[3] ; nous voulons tout pour

---

1. Nous fondons cet exposé sur l'*Ethique à Nicomaque*. Quant aux deux autres *Ethiques*, qui ne sont certainement pas d'Aristote lui-même, nous ne les citerons qu'autant qu'elles peuvent servir de commentaires ou présentent certaines divergences dignes de remarque.
2. Arist., *Eth. Nic.*, K, 10, 1181ᵇ, 15 : ἡ περὶ τὰ ἀνθρώπινα φιλοσοφία.
3. *Id., Ibid.*, H, 14, 1153ᵇ, 25-31 ; *Polit.*, II, 13, 1331ᵇ, 39-40 : ὅτι μὲν οὖν τοῦ τ' εὖ ζῆν καὶ τῆς εὐδαιμονίας ἐφίενται πάντες, φανερόν.

cela, et parce que cela nous suffit[1]. Le bonheur est la fin suprême de nos actions, celle à laquelle tout le reste se rapporte et qui par là même ne se rapporte à rien autre : c'est le souverain bien[2]. Sur ce point capital, les philosophes sont unanimes, ou à peu près : tant est puissant le relief que lui donnent à la fois le vœu de la nature et les lumières de la raison. Mais l'accord cesse, dès qu'il est question de savoir en quoi consiste le bonheur[3].

Quoi qu'en ait dit Platon, le bonheur ne peut être qu'une sorte de plaisir[4]. Et le plaisir vient toujours d'un développement harmonieux d'énergie. Il parachève l'acte ; c'est un surcroît de vie, qui s'y ajoute comme cette fleur de beauté dont s'enveloppe le fruit mûr. De plus, le plaisir augmente et se purifie à mesure que l'énergie dont il émane gagne en noblesse[5]. Par suite, ce qui procure à chaque être sa jouissance la plus douce, c'est l'exercice de l'activité qui le spécifie ; car c'est toujours celle-là

---

1. Arist., *Eth. Nic.*, A, 5, 1097^b, 7-16 : ... τὸ δ' αὔταρκες τίθεμεν ὃ μονούμενον αἱρετὸν ποιεῖ τὸν βίον καὶ μηδενὸς ἐνδεᾶ· τοιοῦτον δὲ τὴν εὐδαιμονίαν οἰόμεθα εἶναι.

2. *Id., Ibid.*, A, 5, 1097^a, 15-34, 1097^b, 1-6 : ... τὸ δ' ἄριστον τέλειόν τι φαίνεται... τελειότερον δὲ λέγομεν τὸ καθ' αὑτὸ διωκτὸν τοῦ δι' ἕτερον καὶ διὰ τοῦθ' αἱρετῶν, καὶ ἁπλῶς δὴ τέλειον τὸ καθ' αὑτὸ αἱρετὸν καὶ μηδέποτε δι' ἄλλο. τοιοῦτον δ' ἡ εὐδαιμονία μάλιστ' εἶναι δοκεῖ...; *Ibid.*, K, 1, 1172^a, 21-26; *Ibid.*, 6, 1176^b, 2-6; *Polit.*, II, 13, 1332^a, 3-7.

3. *Id., Eth. Nic.*, A, 2, 1095^a, 17-22 : ὀνόματι μὲν οὖν σχεδὸν ὑπὸ τῶν πλείστων ὁμολογεῖται· τὴν γὰρ εὐδαιμονίαν καὶ οἱ πολλοὶ καὶ οἱ χαρίεντες λέγουσιν, τὸ δ' εὖ ζῆν καὶ τὸ εὖ πράττειν ταὐτὸν ὑπολαμβάνουσι τῷ εὐδαιμονεῖν. Περὶ δὲ τῆς εὐδαιμονίας τί ἐστιν, ἀμφισβητοῦσι καὶ οὐχ ὁμοίως οἱ πολλοὶ τοῖς σοφοῖς ἀποδιδόασιν.

4. *Id., Ibid.*, II, 14, 1153^b, 7-17.

5. *Id., Ibid.*, K, 4, 1174^b, 18-33 : ... τελειοῖ δὲ τὴν ἐνέργειαν ἡ ἡδονὴ οὐχ ὡς ἡ ἕξις ἐνυπάρχουσα ἀλλ' ὡς ἐπιγιγνόμενόν τι τέλος, οἷον τοῖς ἀκμαίοις ἡ ὥρα; *Ibid.*, 7, 1177^a, 23-24 : ἡδίστη δὲ τῶν κατ' ἀρετὴν ἐνεργειῶν ἡ κατὰ τὴν σοφίαν ὁμολογουμένως ἐστίν.

qui est dominatrice et qui de ce chef est la plus noble [1].

Or ce qui fait la marque spécifique de l'homme, ce n'est pas la puissance végétative, ni la puissance nutritive, ni même la sensibilité : tout cela, il le possède en commun avec un nombre plus ou moins grand d'autres êtres. Ce qui fait la marque spécifique de l'homme, c'est la pensée et la raison qui s'ensuit : c'est l'activité intellectuelle. Là se trouve donc aussi la source principale de ses joies; de là surtout provient son bonheur [2]. Pour être heureux, il faut que l'homme vive par l'intelligence et selon l'intelligence ; il faut qu'il ait à la fois la vertu contemplative qui fait le philosophe, et cette autre vertu d'un ordre inférieur, qui soumet ses actions à la loi de l'esprit et que l'on appelle pratique [3].

De plus, le bonheur suppose un certain cortège de biens physiques. Le sage n'est complètement heureux, que lorsqu'il ajoute à la vertu la santé, la beauté, la richesse, une couronne d'amis, l'estime de ses semblables et quelques-uns de ces honneurs politiques qui sont comme la splendeur de la vie [4]. Il le devient d'autant

---

1. Arist., *Eth. Nic.*, K, 7, 1178ᵃ, 5-6 : τὸ γὰρ οἰκεῖον ἑκάστῳ τῇ φύσει κράτιστόν καὶ ἥδιστόν ἐστιν ἑκάστῳ.

2. *Id., Ibid.*, A, 6, 1097ᵇ, 24-31, 1098ᵃ, 1-17 : ... εἰ δ' οὕτω, τὸ ἀνθρώπινον ἀγαθὸν ψυχῆς ἐνέργεια γίνεται κατ' ἀρετήν, εἰ δὲ πλείους αἱ ἀρεταί, κατὰ τὴν ἀρίστην καὶ τελειοτάτην; *Ibid.*, I, 9, 1169ᵇ, 30 et sqq.; *Ibid.*, K, 6, 1176ᵇ, 26-35, 1177ᵃ, 1-11; *Ibid.*, 7, 1178ᵃ, 6-8 : καὶ τῷ ἀνθρώπῳ δὴ ὁ κατὰ τὸν νοῦν βίος, εἴπερ τοῦτο μάλιστα ἄνθρωπος. Οὗτος ἄρα καὶ εὐδαιμονέστατος; *Eth. mag.*, A, 4, 1184ᵇ, 22-31; *Eth. Eud.*, B, 1, 1219ᵇ, 27 et sqq.

3. *Id., Eth. Nic.*, K, 7, 1177ᵃ, 12-18; *Ibid.*, K, 8, 1178ᵃ, 9-14.

4. *Id., Ibid.*, A, 9, 1099ᵃ, 29-33 : ταύτας δέ, ἢ μίαν τούτων τὴν ἀρίστην, φαμὲν εἶναι τὴν εὐδαιμονίαν· φαίνεται δ' ὅμως καὶ τῶν ἐκτὸς ἀγαθῶν προσδεομένη, καθάπερ εἴπομεν· ἀδύνατον γὰρ ἢ οὐ ῥᾴδιον τὰ καλὰ πράττειν ἀχορήγητον ὄντα; *Ibid.*, 1099ᵇ, 1-11, 25-28; *Ibid.*, K, 9, 1178ᵇ, 33 et sqq.; *Polit.*, H, 13, 1331ᵇ, 41 : δεῖται γὰρ καὶ χορηγίας τινὸς τὸ ζῆν καλῶς.

moins, au fur et à mesure que l'un de ces avantages lui fait défaut. Et, s'il lui arrive de subir des infortunes extrêmes, on peut encore dire de lui qu'il est beau. On le peut même avec d'autant plus de raison; car la sérénité invincible avec laquelle il supporte son malheur, donne à sa vertu comme un nouvel éclat : il manifeste alors tout ce que son âme recélait d'amour du bien et de maîtrise de soi. Mais ce serait une exagération de soutenir qu'il vit dans la félicité [1]. Il n'est pas heureux, le patient auquel on inflige le supplice de la roue, quel que soit d'ailleurs son degré d'énergie morale [2]; il n'est pas heureux non plus, celui dont la destinée ressemble à celle du vieux Priam, n'y serait-il tombé, comme lui, qu'après une longue suite de prospérités. L'excès de la misère détruit l'œuvre du bonheur [3].

Le bonheur est donc chose très complexe : il exige le concours d'une foule d'éléments divers. Il a besoin, pour s'épanouir, du développement intégral de la nature humaine; et ce développement lui-même ne peut se produire qu'à la faveur d'un ensemble de circonstances où le hasard est de moitié.

Ce concert du dedans et du dehors doit en outre avoir une certaine persistance. Une hirondelle ne fait pas le printemps, un jour ne fait pas l'année; un plaisir isolé ne constitue pas le bonheur [4]. Comme le bonheur est le sou-

1. Arist., *Polit.*, II, 13, 1332ᵃ, 19-21 : Χρήσαιτο δ' ἂν ὁ σπουδαῖος ἀνὴρ καὶ πενίᾳ καὶ νόσῳ καὶ ταῖς ἄλλαις τύχαις ταῖς φαύλαις καλῶς· ἀλλὰ τὸ μακάριον ἐν τοῖς ἐναντίοις ἐστίν; *Eth. Nic.*, A, 9, 1099ᵇ, 2-6; *Ibid.*, 11, 1100ᵇ, 19-31.
2. *Id.*, *Eth. Nic.*, H, 14, 1153ᵇ, 19-21.
3. *Id.*, *Ibid.*, A, 10, 1100ᵃ, 5-9; *Ibid.*, 11, 1101ᵃ, 6-13.
4. *Id.*, *Ibid.*, A, 6, 1098ᵃ, 18-20; *Ibid.*, 10, 1100ᵃ, 4-9 : δεῖ γὰρ [εὐδαιμονίᾳ], ὥσπερ εἴπομεν, καὶ ἀρετῆς τελείας καὶ βίου τελείου...; *Ibid.*, K, 7, 1177ᵇ, 24-25.

verain bien, le terme au delà duquel on n'a plus rien à désirer, il ne peut avoir de manque ; il n'en peut pas plus avoir du côté du temps que du côté de l'activité dont il émane [1]. Parfait et complet par lui-même, il faut aussi qu'il se développe dans une carrière qui soit parfaite et complète, ἐν βίῳ τελείῳ.

Enfin, le bonheur ne naît que de l'énergie en exercice. Ce n'est pas une puissance, ce n'est pas une qualité non plus : c'est un acte, ou mieux l'achèvement d'un acte, comme les autres plaisirs dont il n'est d'ailleurs que le plus élevé, le plus pur et le plus stable [2]. Celui qui dort, comme un Endymion, n'est pas heureux ; il ne l'est pas plus qu'une plante. Et si les dieux réalisent pleinement la béatitude, c'est que, loin d'être plongés dans un sommeil stupide, ils déploient sans cesse une très calme mais très puissante activité [3].

Tels sont les éléments que requiert le bonheur. Mais il ne suffit pas de les énumérer ; on y pressent une sorte de hiérarchie et d'unité profonde qu'il importe de mettre en lumière.

La contemplation procure à l'homme la meilleure partie de ses jouissances [4]. Par là, sa félicité revêt une excellence qui dépasse sa nature ; elle a quelque chose de

---

1. Arist., *Eth. Nic.*, A, 11, 1101ª, 14-19 : ... τὴν εὐδαιμονίαν δὲ τέλος καὶ τέλειον τίθεμεν πάντη πάντως; *Ibid.*, II, 14, 1153ᵇ, 15-17; *Ibid.*, K, 7, 1177ᵇ, 24-26 : ... οὐδὲν γὰρ ἀτελές ἐστι τῶν τῆς εὐδαιμονίας; *Ibid.*, K, 6, 1176ᵇ, 5-6.

2. *Id., Ibid.*, A, 6, 1097ᵇ, 24-25 : τάχα δὴ γένοιτ' ἂν τοῦτ' [εὐδαιμονία], εἰ ληφθείη τὸ ἔργον τοῦ ἀνθρώπου; *Ibid.*, 1097ᵇ, 33-34, 1098ª, 1-4 : ... λείπεται δὴ πρακτική τις τοῦ λόγον ἔχοντος [ζωή]; *Ibid.*, K, 6, 1176ª, 33-35, 1176ᵇ, 1-9; *Eth. Eud.*, A, 5, 1216ª, 2-14; *Ibid.*, A, 7, 1217ª, 30-40; *Polit.*, II, 13, 1332ª, 7-18; *Eth. Nic.*, I, 7, 1168ª, 13-15; *Met.*, Θ, 8, 1050ª, 34-36, 1050ᵇ, 1-2; *Ibid.*, Λ, 7, 1072ᵇ, 14-30.

3. *Id., Eth. Nic.*, K, 8, 1178ᵇ, 7-32.

4. *Id., Ibid.*, K, 7, 1177ª, 12-18.

celle des dieux. Elle lui serait égale, si nous pouvions nous délivrer totalement de la matière, nous arracher à la loi du devenir et nous fixer pour toujours dans la pensée des vérités éternelles [1]. C'est de la vie contemplative que viennent nos joies les plus douces, et parce qu'elle est notre énergie la plus haute, celle qui se rapproche le plus de « l'Acte pur » C'est de la vie contemplative que viennent nos joies les plus longues ; car il est moins pénible de méditer que d'agir : il ne s'y produit presque pas de fatigue [2]. Et ces joies pleines et durables, nous pouvons les renouveler comme nous le voulons, quand nous le voulons. S'agit-il de pratiquer la libéralité, la justice, ou même la tempérance, il y faut une certaine fortune. L'action a besoin du concours des biens extérieurs ; elle en a d'autant plus besoin qu'elle acquiert plus de grandeur et de beauté. Le sage qui contemple se suffit : ses jouissances ne dépendent que de lui-même ; il les a comme sous la main [3].

Après la contemplation, ce qui concourt le plus au bonheur, c'est la vertu pratique [4]. Elle est belle de sa nature ; et, à ce titre, il s'y ajoute je ne sais quelle volupté virile qui ne vient que d'elle, volupté d'autant plus profonde que l'on a une raison plus haute et le cœur mieux fait [5]. En outre, la vertu est comme la voie par où

---

1. Arist., *Eth. Nic.*, K, 7, 1177^b, 26-31 ; *Ibid.*, 8, 1178^b, 7-27 ; *Ibid.*, 9, 1179^a, 22-32 ; *Met.*, Λ, 4, 1072^b, 14-30.
2. *Id.*, *Ibid.*, K, 7, 1177^a, 18-27 ; *Ibid.*, 1177^b, 22.
3. *Id.*, *Ibid.*, K, 7, 1177^a, 27 et sqq. ; *Ibid.*, 8, 1178^a, 29-35, 1178^b, 1-7.
4. *Id.*, *Ibid.*, K, 8, 1178^a, 9-23 : Δευτέρως δ' ὁ [βίος] κατὰ τὴν ἄλλην ἀρετήν... Les vertus pratiques relèvent du composé (συνθέτου) ; elles sont donc purement humaines (ἀνθρωπικαί).
5. *Id.*, *Ibid.*, A, 9, 1099^a, 7-28.

l'on s'élève jusqu'à la vie contemplative. Si nous faisons effort pour ajuster nos actions à la mesure de l'ordre moral, ce n'est pas seulement en vue du charme incomparable qui se dégage de ce noble labeur. Le vrai prix de la lutte est plus élevé; il a quelque chose de « divin et de bienheureux ». Nous prenons de la peine pour avoir du loisir; et le but du loisir, c'est l'exercice de la pensée pour la pensée [1].

Dans la vertu pratique elle-même, il y a matière à distinction. Nos désirs ne contiennent pas leur règle en eux; ils sont par nature aveugles et indéfinis [2]. Il leur faut un principe supérieur qui les pense sous la forme de l'universalité, les syllogise en quelque sorte et les coordonne en vue de la plus grande jouissance possible; et cette force architectonique de la vie, c'est la prudence. Cette vertu a donc la primauté. Les autres, comme le courage, la tempérance et la justice, n'existent qu'autant qu'elles portent son empreinte et réalisent ses ordres : elles reçoivent de sa plénitude tout ce qu'elles ont de valeur morale, et, par là même, tout ce qu'elles apportent à l'édifice de la félicité [3].

Au-dessous de la vertu, et sous un autre titre, se ran-

---

1. Arist., *Eth. Nic.*, K, 7, 1177ᵇ, 1-24 : ... Δοκεῖ τε ἡ εὐδαιμονία ἐν τῇ σχολῇ εἶναι· ἀσχολούμεθα γὰρ ἵνα σχολάζωμεν, καὶ πολεμοῦμεν ἵν' εἰρήνην ἄγωμεν; *Ibid.*, A, 10, 1099ᵇ, 16-18. D'après la *Morale Eud.*, la contemplation et la vertu morale ont un autre genre de relation : tout consiste à contempler Dieu et à le servir, τὸν θεὸν θεραπεύειν καὶ θεωρεῖν (II, 15, 1249ᵇ, 13-21). C'est là une variante d'inspiration platonicienne qui ne s'accorde pas avec la pensée d'Aristote.

2. *Id.*, *Eth. Nic.*, Γ, 15, 1119ᵇ, 8-19 : ἄπληστος γὰρ ἡ τοῦ ἡδέος ὄρεξις καὶ πανταχόθεν τῷ ἀνοήτῳ; *Polit.*; A, 9, 1258ᵃ, 1-2; *Ibid.*, B, 7, 1267ᵇ, 3-5 : ἄπειρος γὰρ ἡ τῆς ἐπιθυμίας φύσις...; cf. A, 13, 1102ᵃ, 26-34, 1102ᵇ, 1-34.

3. *Id.*, *Eth. Nic.*, Z, 13, 1144ᵇ, 4-30, 1145ᵃ, 1-2; *Ibid.*, K, 8, 1178ᵃ, 16-19; *Eth. mag.*, A, 35, 1198ᵃ, 34 et sqq.

gent les biens corporels et extérieurs. Tandis que la vertu est le principe du bonheur, ils n'en sont que les conditions plus ou moins extrinsèques [1]; encore n'y servent-ils que dans la mesure où l'usage en est bien ordonné [2]. Il faut de la santé pour agir et même pour contempler; on n'arrive au plein épanouissement de son énergie personnelle que si l'on possède une certaine fortune et des amis. Mais, ces avantages une fois donnés, rien n'est encore fait, tout peut tourner à notre plus grand malheur. C'est du dedans que vient le bonheur; il habite le temple de l'âme, suivant le mot de Démocrite. C'est du fond de notre activité intellectuelle qu'il jaillit; et les biens physiques n'y coopèrent qu'autant que cette activité elle-même règle le temps et la limite de leur emploi [3].

Ainsi tout se coordonne et se simplifie en même temps, tout se ramène en définitive aux gradations diverses d'une seule énergie, la plus noble et la plus puissante, celle qui fait la caractéristique de l'homme. Qu'est-ce que la vertu contemplative? L'intelligence, en tant qu'elle s'applique aux principes de l'être [4]. Qu'est-ce que la prudence? L'intelligence, en tant qu'elle se tourne aux principes de l'action [5]. Que sont les autres vertus morales? une traduc-

---

1 Arist., *Eth. Nic.*, A, 9, 1099ª, 32-33 : ἀδύνατον γὰρ ἢ οὐ ῥᾴδιον τὰ καλὰ πράττειν ἀχορήγητον ὄντα; *Ibid.*, 10, 1099ᵇ, 26-28; *Ibid.*, 11, 1100ᵇ, 7-11; *Ibid.*, H, 14, 1153ᵇ, 16-19 : οὐδεμία γὰρ ἐνέργεια τέλειος ἐμποδιζομένη, ἡ δ' εὐδαιμονία τῶν τελείων· διὸ προσδεῖται ὁ εὐδαίμων τῶν ἐν σώματι ἀγαθῶν καὶ τῶν ἐκτὸς καὶ τῆς τύχης, ὅπως μὴ ἐμποδίζηται ταῦτα; *Ibid.*, K, 8, 1178ª, 29 et sqq.; *Ibid.*, 9, 1178ᵇ, 33-35.

2. *Id., Ibid.*, H, 14, 1153ᵇ, 21-25.

3. *Id., Ibid.*, 14, 1153ᵇ, 24-25 :... πρὸς γὰρ τὴν εὐδαιμονίαν ὁ ὅρος αὐτῆς [εὐτυχίας]...

4. *Id., Ibid.*, Z, 7, 1141ª, 17-20.

5. *Id., Ibid.*, Z, 13, 1144ᵇ, 17-28; en ce passage, la droite raison ou raison pratique et la prudence (φρόνησις) sont identifiées. — Cf. *Eth. Nic.*,

tion de l'intelligence dans la vie pratique. La possession des biens physiques eux-mêmes n'est belle et bonne qu'autant que l'intelligence y fait descendre sa loi. Rien ne produit le bonheur que la pensée, ce que la pensée informe et dans la mesure où elle l'informe : ce qui est encore la pensée. Le bonheur est le sentiment de la pleine évolution de l'activité rationnelle [1]. L'idée est grande et profonde. Aussi Aristote, lorsqu'il l'expose, se sent-il comme emporté par une sorte d'enthousiasme. « Il faut, dit-il, tendre autant que possible à l'immortalité, il faut tout oser en vue de vivre selon ce qu'il y a de meilleur en nous. Si l'homme est petit par son volume, il l'emporte de beaucoup sur tout le reste par sa puissance et sa dignité »[2]. Et pour lui, comme pour Pascal, ce double privilège tient en un mot : la pensée.

On arrive à une précision nouvelle, lorsque des éléments que suppose le bonheur on passe au sentiment qui le constitue.

Le bonheur, pour Aristote, n'est pas une somme de plaisirs, comme pour Épicure ou Bentham. À ses yeux, les plaisirs ne diffèrent pas seulement par la quantité; ils diffèrent aussi par la qualité. Et, pour l'établir, il a recours à trois raisons principales. Lorsque l'on considère des plaisirs qui résultent d'énergies distinctes, on s'aperçoit que les uns tendent à détruire les autres. Celui qui aime la flûte n'a plus d'oreilles pour écouter des syllogismes; le charme qu'il trouve à son art l'absorbe. Il en va de même pour l'intempérant à l'égard de la vertu.

Γ, 15, 1119ᵇ, 11-18 ; Λ, 13, 1102ᵇ, 26 et sqq. ; Z, 1, 1138ᵇ, 18-34 ; Η, 13, 1153ᵃ, 29-35.

1. Arist., *Eth. Nic.*, K, 6, 1177ᵃ, 1-2 : Δοκεῖ δ' ὁ εὐδαίμων βίος κατ' ἀρετὴν εἶναι.
2. *Id., Ibid.*, K, 7, 1177ᵇ, 31 et sqq.

Il y a lutte, dans ces cas; il y a opposition, et par là même dissemblance [1]. Au contraire, si l'on prend un plaisir à part, on observe qu'il accroît et du dedans l'énergie dont il émane; c'est donc qu'il fait une même chose avec elle : il faut compter autant d'espèces de plaisirs qu'il y a d'espèces d'activités [2]. On a vu d'ailleurs un peu plus haut que tous les plaisirs sont des achèvements d'actes; et, dès lors, n'est-il pas de rigueur métaphysique qu'ils diffèrent entre eux comme ces actes eux-mêmes, c'est-à-dire qualitativement [3]?

On ne peut soutenir non plus que le bonheur soit une hiérarchie de plaisirs. Au gré d'Aristote, cette seconde définition n'est pas moins inexacte que la première. Si le bonheur ne se compose point de parties homogènes, il ne se compose pas davantage de parties spécifiquement distinctes et superposées : il est supérieur au nombre, comme Dieu [4]. Les biens du corps et ceux du dehors une fois donnés, il se produit chez le juste un harmonieux développement de sa nature. A ce développement, qui est tout entier raison ou l'œuvre de la raison, s'ajoute un plaisir également suprasensible, une joie exquise, profonde et durable, qui est aussi d'ordre purement rationnel. Et cela, voilà le bonheur. Le reste y aide; ce n'est pas lui : ce n'en est que la matière ou la condition. Aussi l'animal et l'enfant ne sauraient-ils être heureux, puisque l'un n'a pas la raison et que l'autre l'a seulement en puissance : ils peuvent

---

1. Arist., *Eth. Nic.*, K, 5, 1175ᵇ, 1-17.
2. Id., *Ibid.*, 1175ᵃ, 30-36.
3. Id., *Ibid.*, 1175ᵃ, 22-30; 1175ᵇ, 24-27.
4. Id., *Ibid.*, A, 5, 1097ᵇ, 16-17 : ἔτι δὲ πάντων αἱρετωτάτην μὴ συναριθμουμένην.

éprouver des plaisirs; ils sont incapables de bonheur [1].

Si le bonheur est raison et par la même vertu, il implique aussi le désintéressement. Qu'est-ce, en effet, pour le sage, que chercher son propre bonheur? C'est faire effort pour discipliner d'aveugles tendances, c'est faire effort pour pratiquer la tempérance, le courage, la justice et la philanthropie : c'est travailler au règne de l'ordre en soi, et par suite autour de soi [2]. A la différence du méchant qui se ramasse tout entier sur lui-même, le sage donne de sa plénitude et se répand sous forme de bonté. Il s'aime dans la mesure où il aime la raison qui est le fond de son être; et, de la sorte, il vit pour le bien des autres dans la mesure où il vit pour son propre bien : par le νοῦς, qui est la faculté de l'universel, se concilient en lui l'égoïsme et l'altruisme [3].

Le bonheur a donc une excellence que rien n'égale ici-bas : il comprend tout et domine tout ce qu'il comprend. Il est infiniment au-dessus des richesses et des plaisirs corporels; il est au-dessus de la vertu morale elle-même : car, bien que la vertu morale ait une valeur interne et si grande qu'il faut savoir au besoin la préférer à la vie, elle ne trouve pas moins en lui sa fin suprême. Aussi n'est-ce pas assez de le louer, comme on fait les belles et bonnes actions [4]; l'hommage qui lui convient, c'est celui qu'on rend aux immortels, c'est l'honneur, τιμή. On vénère les dieux, on les félicite, on les proclame bienheureux, dans la persuasion que de simples éloges

---

1. Arist., *Eth. Nic.*, A, 10, 1099ᵇ, 32-33, 1100ᵃ, 1-5; *Ibid.*, K, 2, 1173ᵃ, 1-4; *Ibid.*, 6, 1176ᵇ, 24 et sqq.
2. *Id., Ibid.*, I, 8, 1168ᵇ, 25-35; 1169ᵃ, 1-6.
3. *Id., Ibid.*, I, 4, 1166ᵃ, 12-17; *Ibid.*, I, 8, 1169ᵃ, 11-32.
4. *Id., Ibid.*, A, 12, 1101ᵇ, 10-23.

sont indignes de leur auguste et essentielle perfection. On en fait autant pour ceux des hommes qui sont les plus divins : l'éclat de leur supériorité suscite à leur égard une sorte d'admiration religieuse. C'est là le tribut qui revient au bonheur : il faut l'estimer et le célébrer comme une chose surhumaine [1].

Mais si le bonheur est d'une nature si élevée, si par ailleurs il enveloppe dans son unité fondamentale tant d'éléments et de conditions diverses, qui donc est à même de l'atteindre? Ce sont de rares exceptions, dans l'océan des indigences humaines, ceux qui peuvent posséder et jusqu'à la fin de leur existence la longue théorie des biens qu'il exige : le don de philosopher sans fatigue, la vertu morale si difficile à conquérir, la santé, la beauté du corps, des richesses, une famille heureuse et des amis. Et alors la félicité, pour être trop parfaite, ne devient-elle pas une chimère? Ce qu'il y a de vrai dans cette difficulté, c'est que la plupart des hommes ne réalisent le bonheur que d'une manière plus ou moins incomplète et ne peuvent le réaliser autrement. Le bonheur est une limite de notre activité vers laquelle nous tendons sans cesse, dont nous approchons à des degrés divers, mais que nous ne touchons presque jamais. Et ce succès généralement relatif doit nous suffire : il est assez beau pour devenir le but de tous nos efforts. Hommes, nous pouvons nous contenter d'un bonheur humain [2]. C'est à cela d'ailleurs que la nature nous pousse avec une force invincible; même dans la misère la plus profonde,

---

1. Arist., *Eth. Nic.*, A, 12, 1101^b, 23-35, 1102^a, 1-4.
2. *Id., Ibid.*, A, 11, 1101^a, 19-21 : εἰ δ' οὕτω, μακαρίους ἐροῦμεν τῶν ζώντων οἷς ὑπάρχει καὶ ὑπάρξει τὰ λεχθέντα, μακαρίους δ' ἀνθρώπους.

il y a une joie de vivre qui fait que l'on préfère malgré tout la vie au néant [1].

La conclusion qui se dégage de cet exposé, c'est que l'éthique d'Aristote est un eudémonisme rationnel. Aristote reprend, en morale, la pensée de Socrate approfondie par Platon ; et cette pensée, il l'approfondit à son tour. Rien de continu comme la métaphysique des Grecs, à partir au moins d'Anaxagore, l'inventeur du νοῦς. Rien de continu aussi comme l'évolution de leurs idées morales, à partir du sage qui fit descendre la philosophie du ciel sur la terre. Mais développer, ce n'est pas seulement redire. Aristote introduit dans la théorie de son maître des nouveautés notables. Il rejette cette unité subsistante où Platon mettait le principe du bien. A ses yeux, les catégories du bien sont les catégories de l'être ; et les catégories de l'être ne se ramènent pas à un genre supérieur où elles s'unifient, elles sont elles-mêmes les genres suprêmes [2]. L'unité platonicienne n'est qu'une fiction. Supposé d'ailleurs que cette unité soit réelle, à quoi peut-elle nous servir, vu qu'elle n'est pas à notre portée et que nous n'avons le moyen ni de la réaliser en nous ni de la conquérir [3] ? Aristote intériorise le bien moral. Il veut qu'il nous soit immanent, il veut qu'il soit nôtre : c'est de nos propres énergies qu'il entend le faire jaillir. En outre, il a poussé beaucoup plus loin que Platon l'analyse du bonheur : il a vu le premier, et à

---

1. Arist., *Polit.*, I', 6, 1278ᵇ, 27-30 : ... ὡς ἐνούσης τινὸς εὐημερίας ἐν αὐτῷ [τῷ ζῆν] καὶ γλυκύτητος φυσικῆς.
2. Id., *Eth. Nic.*, A, 4, 1096ᵃ, 23-29.
3. Id., *Ibid.*, 1096ᵇ, 32-35.

l'aide d'observations psychologiques dont l'honneur lui revient, que c'est le sentiment intellectuel du déploiement de la vie intellectuelle à travers l'être humain tout entier. Sa doctrine du plaisir est encore plus profondément originale. Il ne le considère ni comme un mouvement, ni comme une génération [1]; à ses yeux, c'est le complément d'un acte. Le plaisir est donc bon : il l'est dans la mesure de l'acte qui s'achève en lui, lequel l'est à son tour dans la mesure où il s'imprègne de raison [2]; le bonheur lui-même, qui dépasse tout le reste en perfection, n'est qu'une espèce de plaisir. Avec Aristote, le plaisir reprend son droit de cité dans le monde moral.

II

Puisque la vertu est le principe du bonheur, il convient d'en faire une étude à part.

Considérée d'une manière générale, la vertu est le point de maturité du sujet où elle réside, ce qui le rend pleinement bon et apte par là même à bien faire son œuvre, à remplir sa fin. La vertu de l'œil est ce qui l'achève (ἀποτελεῖ) et lui donne par cet achèvement la capacité de voir comme il faut; celle du cheval consiste à bien courir, à bien porter son cavalier, à bien soutenir le choc des enne-

---

1. Arist., *Eth. Nic.*, K, 2, 1173^a, 29-34, 1173^b, 1-20.
2. *Id., Ibid.*, K, 5, 1175^b, 24-27. Voir sur ce sujet : Abbé Lafontaine, *Le plaisir d'après Platon et Aristote*, 1re part., c. II, et 2e part., Alcan, Paris, 1902. Cet ouvrage est à la fois pénétrant et compréhensif. De plus, c'est, je crois, la seule étude spéciale qui existe en France sur cette matière. On a en Allemagne un travail analogue par Kranichfeld (W. R.) : *Platonis et Aristotelis de ἡδονή sententiæ, quomodo tum consentiant, tum dissentiant* (Berlin, 1859, 8°, 52 pp.).

mis : ce qui suppose que le cheval a ce qu'il doit avoir, qu'il est bon.

Par suite, la vertu de l'homme est ce qui constitue la plénitude de son développement, ce qui l'accomplit en accomplissant sa fonction spéciale[1] : c'est cette prédominance de la pensée qui le met à même de bien contempler et de bien agir[2].

Mais, de ces deux genres de vie dont l'un prépare l'autre, le second est d'une singulière complexité et demande à ce titre un examen plus approfondi : besoin s'impose de préciser la notion de la vertu pratique ou morale.

La vertu morale n'est pas une passion (πάθος). On nous loue d'en avoir, on nous blâme de n'en avoir pas : on la regarde comme un effet de notre vouloir. C'est de plus un état durable. La passion, au contraire, est toujours un mouvement plus ou moins passager qui dépend de la nature, non de nous[3].

La vertu morale n'est pas non plus une simple puissance (δύναμις). Elle s'acquiert; toute puissance est innée[4]. Elle n'a qu'un objet qui est le bien, il serait contradictoire qu'elle aboutît au mal; toute puissance porte à la fois

---

1. Arist., *Eth. Nic.*, B, 5, 1106ª, 14-24 : ..., εἰ δὴ τοῦτ' ἐπὶ πάντων οὕτως ἔχει, καὶ ἡ τοῦ ἀνθρώπου ἀρετὴ εἴη ἂν ἕξις ἀφ' ἧς ἀγαθὸς ἄνθρωπος γίνεται καὶ ἀφ' ἧς εὖ τὸ ἑαυτοῦ ἔργον ἀποδώσει; *Ibid.*, B, 6, 1107ª, 6-8 : ..., κατὰ δὲ τὸ ἄριστον καὶ τὸ εὖ ἀκρότης [ἐστὶν ἡ ἀρετή]; *Met.*, Δ, 16, 1021ᵇ, 20-23 : Καὶ ἡ ἀρετὴ τελείωσίς τις· ἕκαστον γὰρ τότε τέλειον καὶ οὐσία πᾶσα τότε τελεία, ὅταν κατὰ τὸ εἶδος τῆς οἰκείας ἀρετῆς μηθὲν ἐλλείπῃ μόριον τοῦ κατὰ φύσιν μεγέθους.

2. *Id.*, *Eth. Nic.*, B, 1, 1103ª, 14-15; *Eth. Eud.*, B, 1, 1220ª, 4-11 : ἀρετῆς δ' εἴδη δύο, ἡ μὲν ἠθικὴ ἡ δὲ διανοητική· ἐπαινοῦμεν γὰρ οὐ μόνον τοὺς δικαίους, ἀλλὰ καὶ τοὺς συνετοὺς καὶ τοὺς σοφούς... Observons en passant que l'auteur de l'*Eth. Eud.* attribue à la vertu contemplative un caractère moral qu'Aristote ne lui accorde pas : le maître se sert à son sujet du mot Τιμή.

3. *Id.*, *Eth. Nic.*, B, 4, 1105ᵇ, 28-33, 1106ª, 1-7.

4. *Id.*, *Ibid.*, B, 4, 1106ª, 9-10.

sur deux contraires, comme la science [1]. En outre, la puissance, par le fait qu'elle nous est donnée, ne mérite pas plus d'éloge ou de blâme que la passion [2]; et, par suite, elle ne doit pas plus que la passion s'identifier avec la vertu morale.

Si la vertu morale n'est ni passion ni puissance, il faut de rigueur qu'elle soit une qualité [3]; et voilà son genre. Reste à chercher ce qui la spécifie [4].

Comme on vient de le voir, la vertu morale est une chose qui dépend de nous [5]; on l'acquiert par de libres efforts, « ainsi que les autres arts ». On devient citharisté en jouant de la cithare, architecte en bâtissant des maisons; on devient vertueux en faisant des actions belles et bonnes. La vertu morale naît, se développe et s'achève par la pratique; elle a son principe dans notre franc arbitre [6].

De plus, elle n'est pas indéterminée, comme le désir [7]; elle appartient à la catégorie du fini, pour employer la langue des Pythagoriciens [8]. Elle a son but qui est de concourir au bonheur; et, par suite, elle a sa limite en deçà et au delà de laquelle elle cesse d'exister : l'un de ses

---

1. ARIST., *Eth. Nic.*, E, 1, 1129ª, 11-26 : οὐδὲ γὰρ τὸν αὐτὸν ἔχει τρόπον ἐπί τε τῶν ἐπιστημῶν καὶ δυνάμεων καὶ ἐπὶ τῶν ἕξεων. Δύναμις μὲν γὰρ καὶ ἐπιστήμη δοκεῖ τῶν ἐναντίων ἡ αὐτὴ εἶναι, ἕξις δ' ἡ ἐναντία τῶν ἐναντίων οὔ, οἷον ἀπὸ τῆς ὑγιείας οὐ πράττεται τὰ ἐναντία, ἀλλὰ τὰ ὑγιεινὰ μόνον.

2. *Id., Ibid.*, B, 4, 1106ª, 7-10.

3. *Id., Ibid.*, B, 4, 1106ª, 11-13.

4. *Id., Ibid.*, 14-15.

5. V. aussi p. 281.

6. ARIST., *Eth. Nic.*, B, 1, 1103ª, 19-34 :«... τὰς δ' ἀρετὰς λαμβάνομεν ἐνεργήσαντες πρότερον, ὥσπερ καὶ ἐπὶ τῶν ἄλλων τεχνῶν...; *Ibid.*, 1103ᵇ, 1-25; v. plus haut, p. 284.

7. *Id., Ibid.*, Δ, 15, 1119ᵇ, 8-9; v. plus haut, p. 293.

8. *Id., Ibid.*, B, 5, 1106ᵇ, 29-30 : τὸ γὰρ κακὸν τοῦ ἀπείρου, ὡς οἱ Πυθαγόρειοι εἴκαζον, τὸ δ' ἀγαθὸν τοῦ πεπερασμένου.

caractères dominants est de nous mettre à même de faire ce qu'il faut, comme il le faut, dans la mesure où il le faut et quand il le faut. Or cet à-propos, ces proportions bien prises, cette eurythmie intégrale, c'est de l'intelligence qu'elle les tient[1] : elle a sa loi et comme sa forme dans la raison, οὕτω δὲ τάττει καὶ ὁ λόγος[2].

Au principe rationnel de notre âme s'ajoute un principe plus ou moins irrationnel. Au-dessous du vouloir libre, il y a le cœur, qui est comme le centre des sentiments généreux, qui participe encore de l'intelligence, mais qui n'en est plus suffisamment imprégné pour que ses impulsions la traduisent avec exactitude. Au-dessous du cœur, il y a le désir, qui est indifférent et même hostile aux vues de la raison, aussi longtemps qu'une longue et forte discipline n'y a point fait pénétrer l'ordre comme du dehors[3]. Ces tendances naturelles dans lesquelles la pensée n'est pas ou n'est pas assez forte pour y dominer : voilà ce qui constitue la matière de la vertu morale.

Et de cette analyse se dégage une première définition. La vertu morale est une conquête de la liberté qui consiste dans un assouplissement durable de nos appétits irrationnels au dictamen de la raison : c'est la libre fixation de nos instincts dans la majesté de l'ordre.

Mais en quoi consiste l'ordre? Quel est ce rythme que la raison impose à notre activité pratique pour la rendre

---

1. Arist., *Eth. Nic.*, Z, 1, 1138^b, 18-25; K, 1, 1172^a, 21-23; Z, 13, 1144^b, 4-30 : ... σημεῖον δέ· καὶ γὰρ νῦν πάντες, ὅταν ὁρίζωνται τὴν ἀρετήν, προστιθέασι τὴν ἕξιν, εἰπόντες καὶ πρὸς ἅ ἐστι, τὴν κατὰ τὸν ὀρθὸν λόγον...; *Ibid.*, H, 14, 1154^a, 17-21; *Ibid.*, Γ, 15, 1119^b, 11-18.
2. *Id., Ibid.*, Γ, 15, 1119^b, 17-18.
3. *Id., Ibid.*, A, 13, 1102^a, 26-31, 1102^b, 13 et sqq.; v. aussi plus haut, p. 273 et sq.; *Eth. Eud.*, B, 1, 1220^a, 10-11; αἱ δ' ἠθικαὶ τοῦ ἀλόγου μέν, ἀκολουθητικοῦ δὲ κατὰ φύσιν τῷ λόγον ἔχοντι.

morale? Celui-là même qui est de nature à nous assurer la plus grande jouissance possible. Car c'est là le but en vue duquel nous réglons toutes nos actions : chacune d'elles vaut, à nos yeux, dans la mesure où elle y concourt[1]. Nous aspirons perpétuellement au maximum du plaisir; et, si nous voulons le bonheur, c'est parce qu'il est cela. Or, pour obtenir de nos actions la plus grande jouissance possible, il faut les disposer comme on fait les pièces d'une œuvre d'art : il faut n'y laisser ni excès, ni défaut, les réduire aux proportions d'un moyen terme[2]. Tout ce qui est divisible peut avoir du plus et du moins, et par là même du trop et du trop peu[3]. Tel est le caractère de nos passions et de nos actions; car elles impliquent toujours une certaine quantité intensive : « tel est, par exemple, le caractère que présentent la crainte, la hardiesse, le désir, la colère, la pitié et généralement tout plaisir et toute douleur »[4]. Ce trop et ce trop peu, cette surabondance et ce manque sont deux extrêmes qu'exclut également le bien agir : les bonnes actions et par suite

---

1. Arist., *Eth. Nic.*, B, 2, 1104ᵇ, 8-11 : περὶ ἡδονὰς γὰρ καὶ λύπας ἐστὶν ἡ ἠθικὴ ἀρετή· διὰ μὲν γὰρ τὴν ἡδονὴν τὰ φαῦλα πράττομεν, διὰ δὲ τὴν λύπην τῶν καλῶν ἀπεχόμεθα; *Ibid.*, 1104ᵇ, 13-16; *Ibid.*, 1104ᵇ, 25-35; 1105ᵃ, 1-6 : ... κανονίζομεν δὲ καὶ τὰς πράξεις, οἱ μὲν μᾶλλον οἱ δ' ἧττον, ἡδονῇ καὶ λύπῃ. Διὰ τοῦτ' οὖν ἀναγκαῖον εἶναι περὶ ταῦτα τὴν πᾶσαν πραγματείαν; *Ibid.*, K, 1, 1172ᵃ, 21-26 : Δοκεῖ δὲ καὶ πρὸς τὴν τοῦ ἔθους ἀρετὴν μέγιστον εἶναι τὸ χαίρειν οἷς δεῖ καὶ μισεῖν ἃ δεῖ,...; *Ibid.*, H, 14, 1154ᵃ, 1-2 : φανερὸν δὲ καὶ ὅτι, εἰ μὴ ἡδονὴ ἀγαθὸν καὶ ἡ ἐνέργεια, οὐκ ἔσται ζῆν ἡδέως τὸν εὐδαίμονα; *Ibid.*, K, 2, 1172ᵇ, 35 et sqq.; *Ibid.*, H, 14, 1153ᵇ, 25-26.

2. Id., *Eth. Nic.*, B, 5, 1106ᵇ, 8-16 : εἰ δὴ πᾶσα ἐπιστήμη οὕτω τὸ ἔργον εὖ ἐπιτελεῖ, πρὸς τὸ μέσον βλέπουσα καὶ εἰς τοῦτο ἄγουσα τὰ ἔργα (... ὡς τῆς μὲν ὑπερβολῆς καὶ τῆς ἐλλείψεως φθειρούσης τὸ εὖ, τῆς δὲ μεσότητος σῳζούσης)... ἡ δ' ἀρετὴ πάσης τέχνης ἀκριβεστέρα καὶ ἀμείνων ἐστίν, ὥσπερ καὶ ἡ φύσις, τοῦ μέσου ἂν εἴη στοχαστική.

3. Id., *Ibid.*, B, 5, 1106ᵃ, 26-29.

4. Id., *Ibid.*, B, 5, 1106ᵇ, 16-21.

la vertu qui en est le principe se tiennent dans le milieu qu'ils enveloppent, μεσότης τις ἄρα ἐστὶν ἡ ἀρετή[1].

Ce milieu lui-même est un genre qui comprend deux espèces. Il peut dépendre uniquement de la nature des choses, être absolu, identique pour tous; il peut être relatif à l'agent et variable avec les individus. Et selon qu'il est l'un ou l'autre, il se traduit par une proportion arithmétique ou par une proportion géométrique[2]. Soient le nombre 2 et le nombre 10 ; 6 est leur milieu absolu; car il se trouve par lui-même à égale distance de ces deux extrêmes, à une distance de trois unités. S'il s'agit au contraire d'une chaussure, son « milieu » s'évalue d'après le pied pour lequel on la doit faire : il change suivant qu'il s'agit d'un homme ou d'un enfant, d'un géant ou d'un pygmée. De même, s'il faut un bœuf pour assouvir Milon, un sobre repas suffit à celui qui veut remporter la victoire aux jeux gymniques[3]. De ces deux espèces de milieux, celui qui constitue la vertu morale, c'est le second : ce milieu se proportionne à l'énergie dont nous sommes capables, μέσον δὲ οὐ τὸ τοῦ πράγματος ἀλλὰ τὸ πρὸς ἡμᾶς[4].

La vertu morale enveloppe, suivant Aristote, une sorte d'équation personnelle. Elle est variable dans une certaine mesure; et, si elle conserve à travers l'espace et le temps son identité fondamentale, c'est seulement que tous les hommes se ressemblent par les traits essentiels de

---

1. Arist., *Eth. Nic.*, B, 5, 1106ᵇ, 21-35; *Eth. mag.*, A, 5, 1185ᵇ, 13-32.
2. Nous reviendrons un peu plus tard sur cette distinction qu'affecte Aristote.
3. Arist., *Eth. Nic.*, B, 5, 1106ᵃ, 26-36, 1106ᵇ, 1-7; S. Thom., *In X libr Eth. Nic.*, lec. VI, p. 301ᵃ-304ᵇ.
4. Arist., *Eth. Nic.*, B, 5, 1106ᵇ, 5-7.

leur nature ; ce qui paraît s'éloigner outre mesure de l'idée kantienne. On peut également se demander si « le milieu relatif » convient à toutes les vertus, par exemple à la justice commutative ; car, ainsi qu'on le verra plus loin, la justice commutative ne tient pas compte des personnes ; elle s'exprime sous forme de proportion arithmétique : elle est absolue. Il y a même lieu de douter que ce milieu relatif, qui procure à l'individu la plus grande jouissance possible, suffise à constituer une vertu quelconque. Il n'y suffit que s'il procure en même temps la plus grande jouissance de tous ; il n'y suffit qu'autant qu'il existe une harmonie de fond entre le bonheur particulier et le bonheur général. Or, cette condition que les Grecs ont presque toujours regardée comme un fait, n'est que partiellement donnée. La vertu, pour être digne de son nom, demande plus qu'une douce et pleine activité ; il y faut de l'effort : elle exige des sacrifices qui impliquent la douleur, qui peuvent aller jusqu'à la mort. Et Aristote lui-même en convient. Le sage, dit-il, « brille dans l'infortune..., non qu'il soit insensible, mais parce qu'il est grand et généreux »[1] ; il veut aussi que les citoyens sachent affronter une belle mort par amour pour leur pays.

Quoi qu'il en soit de la valeur de ces observations, voici la preuve sur laquelle se fonde la théorie du « milieu ». tout défaut d'action ou d'action pleine entraîne une privation de plaisir et concourt plus ou moins à la diminution de nos énergies. Tout excès d'action produit un excès de plaisir qui affaiblit les lumières de la raison et tend à dégénérer en douleur[2]. Il en va tout différemment de l'action

---

1. Arist., *Eth. Nic.*, A, 11, 1100ᵇ, 30-33.
2. *Id., Ibid.*, Γ, 15, 1119ᵇ, 8-12 : ... Καὶ τὸν λογισμὸν ἐκ φρούουσι [τοῦ ἡδέος

qui se déploie entre ces deux extrêmes. Elle se traduit par un charme qui est le plus doux possible; elle conserve, elle accroît la source dont elle émane, au lieu de la détruire ; on y garde la maîtrise de soi, et par là même le pouvoir de calculer l'avenir, de déterminer quand et comment il convient d'agir dans la suite[1] : c'est elle qui nous garantit ce maximum de jouissance rationalisée qui est la fin immanente de la vertu morale.

Voilà donc ce qu'il faut entendre par la mesure que l'intelligence introduit dans notre conduite. Et dès lors, on peut donner de la vertu morale une autre définition, plus précise que la précédente : c'est la libre fixation de nos tendances naturelles dans un milieu qui nous est relatif et que détermine la raison[2]. Le courage est un milieu entre l'effroi et la témérité[3]; l'intempérance un milieu entre la licence et l'insensibilité tactile[4]; la libéralité un

---

ὄρεξις καὶ ἡδονή]; *Ibid.*, 13, 1118ᵇ, 29-33, 1119ᵃ, 1-5 ; il est vrai que les plaisirs, même quand ils sont intenses, fortifient l'énergie dont ils sont l'achèvement; mais il y a un degré au delà duquel ils produisent l'effet opposé : Καὶ τὴν λύπην δὲ ποιεῖ αὐτῷ [τῷ ἀκολάστῳ] ἡ ἡδονή.

1. Arist., *Eth. Nic.*, B, 2, 1104ᵃ, 11-19 : πρῶτον οὖν τοῦτο θεωρητέον, ὅτι τὰ τοιαῦτα πέφυκεν ὑπὸ ἐνδείας καὶ ὑπερβολῆς φθείρεσθαι (δεῖ γὰρ ὑπὲρ τῶν ἀφανῶν τοῖς φανεροῖς μαρτυρίοις χρῆσθαι) ὥσπερ ἐπὶ τῆς ἰσχύος καὶ τῆς ὑγιείας ὁρῶμεν· τά τε γὰρ ὑπερβάλλοντα γυμνάσια καὶ τὰ ἐλλείποντα φθείρει τὴν ἰσχύν. Ὁμοίως δὲ καὶ τὰ ποτὰ καὶ τὰ σιτία πλείω καὶ ἐλάττω γινόμενα φθείρει τὴν ὑγίειαν, τὰ δὲ σύμμετρα καὶ ποιεῖ καὶ αὔξει καὶ σώζει. Οὕτως οὖν καὶ ἐπὶ σωφροσύνης καὶ ἀνδρείας ἔχει καὶ τῶν ἄλλων ἀρετῶν; *Ibid.*, 1104ᵃ, 20-35; *Ibid.*, B, 5, 1106ᵇ, 8-12; *Ibid.*, Γ, 14, 1119ᵃ, 11-20; 1119ᵇ, 13-18; *Eth. Eud.*, B, 3, 1220ᵇ, 21-35.

2. *Id., Eth. Nic.*, B, 6, 1106ᵇ, 36 : ἔστιν ἄρα ἡ ἀρετὴ ἕξις προαιρετική, ἐν μεσότητι οὖσα τῇ πρὸς ἡμᾶς, ὡρισμένῃ λόγῳ. Aristote ajoute : Καὶ ὡς ἂν ὁ φρόνιμος ὁρίσειεν; mais ce dernier caractère ne tient pas à l'essence de la vertu, et il soulève une question importante qui viendra un peu plus loin.

3. *Id., Ibid.*; B, 7, 1107ᵃ, 33 et sqq.; *Ibid.*, B, 2, 1104ᵃ, 20-22; *Ibid.*, Γ, 9, 1115ᵃ-1115ᵇ.

4. *Id., Ibid.*, B, 7, 1107ᵇ, 4-8; *Ibid.*, B, 2, 1104ᵃ, 22-27; *Ibid.*, Γ, 13-15, 1117ᵇ-1119ᵇ.

milieu entre la prodigalité et l'avarice[1]; entre la présomption et la pusillanimité se situe la grandeur d'âme[2]. Ainsi des autres vertus : elles sont toutes des appétits irrationnels, d'où la liberté, sous l'influence de la raison, a chassé et le trop et le trop peu.

Puisque la vertu morale enveloppe la liberté, les actions vertueuses supposent un choix ; il s'y mêle toujours une intention. Et cette intention est essentiellement désintéressée : ce n'est ni en vue du plaisir, ni en vue de l'intérêt que l'on doit se conformer à la vertu ; ce n'est pas même pour la part de bonheur qui en résulte et qui est sa fin naturelle ; il y faut aussi quelque chose de plus interne et de plus noble que la simple légalité. Aristote, sur ce dernier point, est du même sentiment que Kant. La vertu veut être aimée et d'un amour qui ne souffre pas de préférence : on doit la pratiquer pour elle-même[3]. Et la raison qu'Aristote se plaît à fournir pour fonder cette suprématie de la vertu morale, c'est sa beauté[4]. Il faut avoir du courage, non parce qu'on ne peut faire autrement, mais parce que cela est beau[5];

1. Arist., *Eth. Nic.*, B, 7, 1107ᵇ, 8-16 ; *Ibid.*, Δ, 1-3, 1119ᵇ-1122ᵃ.
2. *Id., Ibid.*, B, 7, 1107ᵇ, 21 et sqq. ; *Ibid.*, Δ, 7-9, 1123ᵃ-1125ᵃ.
3. *Id., Ibid.*, 3, 1105ᵃ, 28-33, 1105ᵇ, 1-18 : τὰ δὲ κατὰ τὰς ἀρετὰς γινόμενα οὐκ ἐὰν αὐτά πως ἔχῃ, δικαίως ἢ σωφρόνως πράττεται, ἀλλὰ καὶ ἐὰν ὁ πράττων πως ἔχων πράττῃ, πρῶτον μὲν ἐὰν εἰδώς, ἔπειτ' ἐὰν προαιρούμενος, καὶ προαιρούμενος δι' αὐτά...; *Ibid.*, Z, 13, 1144ᵃ, 13-20 : ὥσπερ γὰρ καὶ τὰ δίκαια λέγομεν πράττοντάς τινας οὔπω δικαίους εἶναι, οἷον τοὺς τὰ ὑπὸ τῶν νόμων τεταγμένα ποιοῦντας ἢ ἄκοντας ἢ δι' ἄγνοιαν ἢ δι' ἕτερόν τι καὶ μὴ δι' αὐτά (καίτοι πράττουσί γε ἃ δεῖ καὶ ὅσα χρὴ τὸν σπουδαῖον), οὕτως, ὡς ἔοικεν, ἔστι τὸ πῶς ἔχοντα πράττειν ἕκαστα ὥστ' εἶναι ἀγαθόν, λέγω δ' οἷον διὰ προαίρεσιν καὶ αὐτῶν ἕνεκα τῶν πραττομένων; *Ibid.*, Γ, 11, 1116ᵇ, 33-36, 1117ᵃ, 1-5 ; *Eth. Nic.*, I, 4, 1166ᵃ, 13-17 ; *Eth. mag.*, A, 20, 1190ᵇ, 35-37, 1191ᵃ, 1-4.
4. *Id., Eth. Nic.*, Δ, 2, 1120ᵃ, 23-24 : αἱ δὲ κατ' ἀρετὴν πράξεις καλαὶ καὶ τοῦ καλοῦ ἕνεκα.
5. *Id., Ibid.*, Γ, 10, 1115ᵇ, 10-13, 21-24 ; *Ibid.*, Γ, 11, 1117ᵃ, 8-9.

là se trouve le motif pour lequel le bon citoyen supporte les dernières souffrances et affronte la mort plutôt que trahir sa patrie[1]. Il faut être tempérant parce qu'il est beau de rester maître de soi-même et qu'il est laid de s'abandonner, comme un esclave, à la fougue des plaisirs[2]. Il y a une façon de donner où l'on n'agit pas en vue du beau : et ce n'est pas de la libéralité. Il y a une manière de faire de grandes dépenses, qu'inspire une certaine petitesse d'esprit : et ce n'est pas de la magnificence[3]. Celui-là seul est juste, dont la conduite a pour fin la beauté de la justice; on pratique l'amitié dans la mesure où le culte du beau devient le motif pour lequel on se donne[4]. Rien n'est bon que par l'intention de réaliser le beau.

Mais l'on se tromperait, si l'on venait à croire qu'Aristote s'est contenté d'une telle explication; elle est, d'après sa doctrine, une preuve de surface, une conséquence plutôt qu'un principe. Dans le fond de sa pensée, si la beauté de la vertu morale a un prix souverain, c'est à cause du rapport spécial qu'elle soutient avec notre fin suprême envisagée du point de vue de la raison. La raison universalise tout ce qu'elle touche : elle veut que, si le bonheur est le bien souverain de tel individu, il soit également celui des autres; et, comme l'ensemble vaut plus que chacune de ses unités, c'est le bonheur général qu'elle élève au premier rang. Dès lors, la vertu morale n'est plus seulement orientée vers la plus grande jouissance possible des particuliers; elle n'existe qu'autant qu'elle devient

---

1. Arist., *Eth. Nic.*, Γ, 11, 1116ᵃ, 10-15; *Ibid.*, 12, 1117ᵇ, 7-16.
2. *Id.*, *Ibid.*, Γ, 13, 1118ᵇ, 1-21; *Ibid.*, 1119ᵃ, 11-18; *Ibid.*, 15, 1119ᵇ, 1-18; *Eth. mag.*, A, 22, 1191ᵇ, 10-16.
3. *Id.*, *Ibid.*, Δ, 2, 1120ᵃ, 23-30; *Ibid.*, Δ, 4, 1122ᵇ, 6-10.
4. *Id.*, *Ibid.*, Ι, 8, 1168ᵃ, 33-35.

une coordination de nos actes en vue de la félicité sociale; elle n'existe qu'autant qu'elle rompt les barrières de l'égoïsme, revêt un caractère d'universalité, et par là même de désintéressement. Ce caractère de désintéressement, voilà le trait qui donne à la vertu morale sa valeur incomparable; et c'est aussi la note spécifique de sa beauté[1]. La théorie aristotélicienne de l'intention morale a comme trois moments assez distincts : il faut pratiquer la vertu pour elle-même; il faut la pratiquer ainsi, parce qu'elle est belle; sa beauté n'est autre chose que la splendeur de l'énergie rationnelle que nous déployons à la réalisation, non de notre bien, mais du bien. C'est la pensée de Socrate avec un degré en plus de précision.

L'éthique d'Aristote est une morale d'esthète. Mais, en même temps, elle est quelque chose de plus et de mieux. La beauté de la vertu pratique consiste en un certain ordre de nos actions libres. Et cet ordre, la raison ne se borne pas à le proposer; elle l'impose. Il y a des choses qu'il faut faire, d'autres qu'il faut éviter, d'autres qu'il faut subir[2]. Le tempérant désire ce qu'il faut; et l'intempérant ce qu'il ne faut pas[3]. L'homme de bien fait ce qu'il doit; chez le méchant, au contraire, domine le désaccord entre ce qu'il doit et ce qu'il fait[4]. Il y a des actions auxquelles il n'est pas possible de se laisser contraindre; il faut plutôt mourir, après les plus cruels tourments[5]. Et ce que désigne ici le mot δεῖ, ce n'est pas

1. V. plus haut, p. 292.
2. Arist., *Eth. Nic.*, Γ, 10, 1115ᵇ, 11-13 : φοβήσεται μὲν οὖν [ὁ ἀνδρεῖος] καὶ τὰ τοιαῦτα, ὡς δεῖ δὲ καὶ ὡς ὁ λόγος ὑπομένει, τοῦ καλοῦ ἕνεκα; *Ibid.*, 17-20; *Ibid.*, Η, 14, 1154ᵃ, 17-19; *Ibid.*, Δ, 2, 1120ᵃ, 24-26.
3. *Id., Ibid.*, Γ, 13, 1118ᵇ, 25-27; *Ibid.*, 14, 1119ᵃ, 11-20.
4. *Id., Ibid.*, I, 8, 1169ᵃ, 15-18.
5. *Id., Ibid.*, Γ, 1, 1110ᵃ, 19-27 : ... ἐπ' ἐνίοις δ' ἔπαινος μὲν οὐ γίνεται,

l'inévitable nécessité des choses, cette force fatale qu'Aristote appelle du nom d'ἀνάγκη. Il s'agit d'actions vertueuses ou méchantes, que l'on peut faire ou ne pas faire; il s'agit d'actions libres. Le mot δεῖ signifie donc cette sorte de contrainte morale, d'un genre à part, que nous exprimons par le terme de devoir ou celui d'obligation.

La raison qui ordonne l'homme, ordonne à l'homme [1]; elle n'est ni simplement régulatrice ni purement « optative »; elle commande [2]. Mais ce fait, sur lequel Kant devait si fortement insister, Aristote ne l'analyse pas; il en parle comme tout le monde et ne prend nul souci de préciser son origine ou de déterminer ses caractères. L'idée qui le domine, à laquelle il revient sans cesse, qui est comme le motif de son éthique, c'est bien celle d'ordre, de convenance, d'harmonie, de nombre, de beauté : si sa morale n'est pas purement esthétique, elle est surtout cela [3].

συγγνώμη δ' ὅταν διὰ τοιαῦτα πράξῃ τις ἃ μὴ δεῖ, ἃ τὴν ἀνθρωπίνην φύσιν ὑπερτείνει καὶ μηδεὶς ἂν ὑπομείναι. Ἔνια δ' ἴσως· οὐκ ἔστιν ἀναγκασθῆναι, ἀλλὰ μᾶλλον ἀποθανετέον παθόντι τὰ δεινότατα.

1. Arist., *Eth. Nic.*, Z, 11, 1143ª, 6-10 : Διὸ περὶ τὰ αὐτὰ μὲν τῇ φρονήσει ἐστίν, οὐκ ἔστι δὲ ταὐτόν σύνεσις καὶ φρόνησις· ἡ μὲν γὰρ φρόνησις ἐπιτακτική ἐστιν· τί γὰρ δεῖ πράττειν ἢ μή, τὸ τέλος αὐτῆς ἐστίν· ἡ δὲ σύνεσις κριτικὴ μόνον; *Ibid.*, Z, 13, 1145ª, 2-11.

2. Nous avons le regret de ne pouvoir nous rendre, sur ce point, à l'interprétation de M. Brochard (*Revue philosophique*, LI, p. 3) ni même à celle de son pénétrant contradicteur, le R. P. Sertillanges (*Ibid.*, p. 280). Il ne nous semble pas totalement vrai « que les philosophes anciens ne se soient jamais élevés jusqu'à l'idée de devoir, d'obligation, ni par conséquent de conscience impérative, de responsabilité morale et de péché ». Ce que l'on peut dire, à notre sens, c'est que ces notions ont pris un relief plus puissant et une précision nouvelle, sous l'influence du christianisme. Nous avons exposé notre sentiment à cet égard dans le *Correspondant* (10 septembre 1893); nous l'avons défendu dans « *Socrate* »; et les textes d'Aristote nous permettent d'avancer dans le même sens. Le R. P. Sertillanges s'est d'ailleurs rapproché de notre sentiment dans un second article (*Rev. de phil.*, fév. 1903, p. 161).

3. V. sur ce point de la morale aristotélicienne des pages intéressantes

La notion de la vertu et celle de l'intention morale une fois déterminées, il se pose un problème capital et qui n'en est pas moins très difficile : comment discerner, au cours des événements, ce « milieu relatif à nous-mêmes » qui constitue la vertu pratique [1]?

« Il est aisé à chacun de s'indigner, de donner de l'argent, de faire des largesses; mais il n'en va plus de même, lorsqu'il s'agit de découvrir la destination, la mesure, le temps, la fin et le mode de ces actions. C'est pourquoi le bien est rare, digne d'éloge et beau »[2]. Dans les questions de mathématiques ou de métaphysique, on a des principes rigoureux d'où découlent des conséquences également rigoureuses : on y rencontre partout cette nécessité absolue qui fonde l'universalité; et l'on peut obtenir de la sorte comme un édifice de propositions où la contingence n'a pas de part, qui ne souffrent aucune exception d'aucune espèce. Les actions humaines ne se prêtent pas à cette exactitude. Elles sont d'une mobilité telle et d'une si grande complexité qu'elles forment un réseau presque inextricable à qui veut en pénétrer la nature et l'enchaînement; elles enveloppent aussi, comme les phénomènes physiques et plus encore qu'eux, un fond d'indétermination qui leur vient de la matière et qui en fait une source d'imprévus. L'accident s'y mêle à tout propos : il y entre du dedans, il s'y glisse du dehors; et nous demeurons dans l'incapacité de mesurer les conséquences qu'elles peuvent avoir, la quantité de bien ou de mal qui doit en sortir dans la suite du temps. Il faut

dans L. OLLÉ-LAPRUNE, *Essai sur la morale d'Aristote*, c. III, Belin, Paris, 1881.
1. ARIST., *Eth. Nic.*, B, 5, 1106^b, 28-33; *Ibid.*, B, 9, 1109^a, 14-26.
2. *Id., Ibid.*, 9, 1109^a, 26-30.

donc renoncer à la prétention d'emprisonner dans des formules leur infinie variété. Considérée du point de vue objectif, la vertu est un art et le plus difficile de tous : on ne peut en avoir qu'une science approximative, une connaissance où l'expérience se met de moitié et supplée à l'imprécision de la loi[1]. Mais où trouver cette science mixte, cette sorte de sens du bien moral? chez l'homme vertueux : c'est le sage qui en a le secret et comme le monopole.

L'universel, en morale, est l'idéal de l'homme. Cet idéal, chacun le porte en soi, partout le même, bien que sans cesse diversifié par toute espèce de circonstances. Et, comme c'est par la pratique qu'il se développe en vertu même de la loi générale qui préside à l'accroissement de nos énergies[2], c'est aussi par la pratique qu'il se révèle. Nous en prenons une conscience de plus en plus vive et de plus en plus juste, à mesure que nous le réalisons mieux et plus longtemps. Car, à mesure que nous le réalisons de la sorte, il nous devient de plus en plus familier, de plus en plus intime, jusqu'à ce qu'il s'identifie avec nous-mêmes; et c'est dans cette communion croissante qu'il se manifeste aux regards de l'âme, vu que chacun sait dans la proportion où il reçoit en son esprit la nature de l'objet[3]. La pratique parfaite de la vertu donne la connaissance parfaite de la vertu. Par

---

1. Arist., *Eth. Nic.*, A, 1, 1094ᵇ, 11-23; *Ibid.*, B, 2, 1101ᵃ, 1-10; cf. *Ibid.*, E, 10, 1134ᵇ, 30 et sqq.; *Eth. mag.*, A, 34, 1194ᵇ, 30 et sqq. Il y a dans la morale d'Aristote une part de relativisme assez curieuse; et l'auteur de la *Grande morale* le reproduit plus au long.

2. V. plus haut, p. 284.

3. Arist., *Eth. Nic.*, A, 1, 1094ᵇ, 23-28, 1095ᵃ, 1-2 : πεπαιδευμένου γάρ ἐστιν ἐπὶ τοσοῦτον τἀκριβὲς ἐπιζητεῖν καθ' ἕκαστον γένος, ἐφ' ὅσον ἡ τοῦ πράγματος φύσις ἐπιδέχεται...

suite, celui qui en juge bien, c'est le sage ; et dans la mesure où il est davantage lui-même [1].

C'est aussi le sage qui sent comme il faut, d'une manière conforme à la réalité, le plaisir exquis dont la vertu morale est le principe : ses joies, ainsi que ses jugements, traduisent la valeur des choses. A chaque énergie s'ajoute un plaisir qui lui est propre ; et, quand cette énergie se trouve en son état normal, ce plaisir lui-même n'a plus ni excès ni manque, il se règle sur la nature des objets. Si l'œil malade souffre de la lumière, l'œil sain en jouit et comme il convient, dans le degré qui convient. Ainsi de l'ouïe à l'égard du son et du goût à l'égard des mets ; ainsi de toutes nos autres puissances. C'est une loi d'harmonie qui se fonde sur l'idée du meilleur [2]. Et dès lors, les jouissances du juste ne sont pas seulement les plus douces, elles sont aussi les seules vraies, les seules qui se proportionnent à leurs causes.

Le sage est la mesure du bien, à deux titres très distincts : il l'est par sa raison ; il l'est également par sa sensibilité. Et ces deux principes ne s'exercent pas à part. Ils s'expriment, en chaque cas, par une seule et même perception qui tient de l'un et de l'autre : le sage sent le bien et le mal, comme le musicien sent les accords et les dissonances musicales ; c'est l'artiste de la vertu [3].

---

1. Arist., *Eth. Nic.*, I', 6, 1113ᵃ, 22-33 : ...ὁ σπουδαῖος γὰρ ἕκαστα κρίνει ὀρθῶς, καὶ ἐν ἑκάστοις τἀληθὲς αὐτῷ φαίνεται. Καθ' ἑκάστην γὰρ ἕξιν ἴδιά ἐστι καλὰ καὶ ἡδέα, καὶ διαφέρει πλεῖστον ἴσως ὁ σπουδαῖος τῷ τἀληθὲς ἐν ἑκάστοις ὁρᾶν, ὥσπερ κανὼν καὶ μέτρον αὐτῶν ὤν ; *Ibid.*, I, 4, 1166ᵃ, 12-13 : ἔοικε γάρ, καθάπερ εἴρηται, μέτρον ἑκάστῳ ἡ ἀρετὴ καὶ ὁ σπουδαῖος εἶναι.

2. Id., *Ibid.*, K, 5, 1175ᵇ, 26-36, 1176ᵃ, 1-19 ; *Ibid.*, II, 13, 1153ᵃ, 20-35.

3. Id., *Ibid.*, I, 9, 1170ᵃ, 8-11 : Ὁ γὰρ σπουδαῖος, ᾗ σπουδαῖος, ταῖς κατ' ἀρετὴν πράξεσι χαίρει, ταῖς δ' ἀπὸ κακίας δυσχεραίνει, καθάπερ ὁ μουσικὸς

Mais cette explication ne forme-t-elle pas un cercle? Plusieurs historiens l'ont soutenu; et tel est, si je ne me trompe, l'avis d'Ed. Zeller [1]. Ce sont les bonnes actions, disent-ils, qui développent l'idéal moral; et cependant les bonnes actions ne se peuvent produire que si cet idéal existe déjà; car il est à la fois leur règle et la fin qui les sollicite.

Cette antinomie disparaît, lorsqu'on passe des formules parfois indécises d'Aristote à l'idée qu'il poursuit.

Généralement, l'homme naît avec un fond de bonté qui le dispose à la vertu [2]; et voilà le germe qu'il s'agit de développer. Chez quelques individus privilégiés de la nature, il a de quoi s'épanouir par lui-même, en vertu de la loi directrice qu'il enveloppe et dont la conscience, d'abord crépusculaire, devient de plus en plus lumineuse. Mais la plupart du temps, soit à cause de sa faiblesse interne, soit à cause de la perversité du milieu, il ne peut évoluer que sous l'influence d'un concours extérieur; et alors, la question reçoit une solution un peu différente, mais qui relève du même principe. C'est à la société de venir en aide à l'individu, c'est à la société de faire avancer l'homme sur la voie du bien [3]. Or le moyen

---

τοῖς καλοῖς μέλεσιν ἥδεται, ἐπὶ δὲ τοῖς φαύλοις λυπεῖται. Comme on peut le voir par les références qui précèdent, Aristote compare également le sage à l'architecte, au sculpteur, au pilote, au médecin, dont les procédés sont faits de science et d'expérience : ce qui fortifie notre conclusion. — *Eth. Nic.*, B, 9, 1109ᵇ, 20-23 : ... ἐν τῇ αἰσθήσει ἡ κρίσις.

1. *Ouvr. cit.*, II, 2, p. 658.
2. Arist., *Ibid.*, Z, 13, 1144ᵃ, 28-31 : ... τοῦτο δ' εἰ μὴ τῷ ἀγαθῷ, οὐ φαίνεται; *Ibid.*, A, 10, 1099ᵇ, 16-20 : εἴη δ' ἂν καὶ πολύκοινον· δυνατὸν γὰρ ὑπάρξαι πᾶσι τοῖς μὴ πεπηρωμένοις πρὸς ἀρετὴν διά τινος μαθήσεως καὶ ἐπιμελείας. Il faut au développement de la vertu un principe de bonté; et, généralement, ce principe existe au degré suffisant pour qu'elle se développe.
3. *Id., Ibid.*, A, 1, 1094ᵃ, 18-28; *Ibid.*, 13, 1102ᵃ, 5-10.

principal qu'elle y doit employer, consiste encore dans l'exercice de la vertu soutenu à la fois par le charme croissant qui s'y attache [1] et par une juste et ferme contrainte [2]. Tout le reste dépend de cette sorte de gymnastique. Car, aussi longtemps que l'être humain n'est pas dressé au bien dans une certaine mesure, l'enseignement philosophique de la morale est vain. Le disciple ne peut entendre les raisons qu'on lui donne, et parce que son cœur n'est pas gagné. Pour comprendre le bien, il faut l'aimer; et, pour l'aimer, il faut le vivre [3]. Ici, nous sommes loin de Socrate et très près de Pascal. Aristote sent vivement la force de l'élément passionnel qu'implique la vertu : Pratiquement, il en est aussi pour « l'accoutumance ».

III

Il y a plusieurs vertus; et ces vertus vont s'identifier dans un seul principe qui est la volonté : elles sont autant de formes de sa suzeraineté à l'égard des ins-

---

1. Arist., *Eth. Nic.*, B, 2, 1104ᵇ, 3-13.
2. *Id., Ibid.*, K, 10, 1179ᵇ, 18-35, 1180ᵃ, 1-5 : ὁ δὲ λόγος καὶ ἡ διδαχὴ μή ποτ' οὐκ ἐν ἅπασιν ἰσχύῃ, ἀλλὰ δέῃ προδιειργάσθαι τοῖς ἔθεσι τὴν τοῦ ἀκροατοῦ ψυχὴν πρὸς τὸ καλῶς χαίρειν καὶ μισεῖν, ὥσπερ γῆν τὴν θρέψουσαν τὸ σπέρμα... Δεῖ δὴ τὸ ἦθος προϋπάρχειν πως οἰκεῖον τῆς ἀρετῆς, στέργον τὸ καλὸν καὶ δυσχεραῖνον τὸ αἰσχρόν. Ἐκ νέου δ' ἀγωγῆς ὀρθῆς τυχεῖν πρὸς ἀρετὴν χαλεπὸν μὴ ὑπὸ τοιούτοις τραφέντα νόμοις· τὸ γὰρ σωφρόνως καὶ καρτερικῶς ζῆν οὐχ ἡδὺ τοῖς πολλοῖς, ἄλλως τε καὶ νέοις. Διὸ νόμοις δεῖ τετάχθαι τὴν τροφὴν καὶ τὰ ἐπιτηδεύματα... οἱ γὰρ πολλοὶ ἀνάγκῃ μᾶλλον ἢ λόγῳ πειθαρχοῦσι καὶ ζημίαις ἢ τῷ καλῷ.
3. *Id., Ibid.*, A, 1, 1095ᵃ, 2-8 :... ἔτι δὲ τοῖς πάθεσιν ἀκολουθητικὸς ὢν [ὁ νέος] ματαίως ἀκούσεται καὶ ἀνωφελῶς, ἐπειδὴ τὸ τέλος ἐστὶν οὐ γνῶσις ἀλλὰ πρᾶξις. Διαφέρει δ' οὐδὲν νέος τὴν ἡλικίαν ἢ τὸ ἦθος νεαρός· οὐ γὰρ παρὰ τὸν χρόνον ἡ ἔλλειψις ἀλλὰ διὰ τὸ κατὰ πάθος ζῆν καὶ διώκειν ἕκαστα; *Ibid.*, Z, 13, 1144ᵃ, 28-34; *Ibid.*, K, 10, 1179ᵇ, 20-28 : οὐ γὰρ ἂν ἀκούσαι λόγου ἀποτρέποντος οὐδ' αὖ συνείη ὁ κατὰ πάθος ζῶν. V. plus haut, pp. 283-284.

tincts. Mais la volonté n'est pas la même chez tous les individus : elle existe à l'état complet chez l'homme qui n'a point dévié de son naturel [1], à l'état imparfait chez la femme, qui est un homme arrêté dans son développement par l'inflexibilité de la matière ; l'enfant ne la possède encore que d'une manière inachevée ; l'esclave n'en a qu'une sorte d'embryon, qui n'est point fait pour s'épanouir [2]. Et de là une première division des vertus qui s'opère d'après la différence des classes. L'homme a une vertu intégrale et parfaite : il est né pour le commandement ; et le commandement suppose la prudence qui résume tout le bien [3]. La vertu de la femme a pour trait dominant une douce réserve : « le silence est sa parure ». La vertu de l'enfant consiste dans l'obéissance, où se trouve le principe de son devenir. Et celle de l'esclave mérite à peine ce nom : il a, comme tel, ce qu'il lui faut, lorsqu'il sait éviter l'intempérance et la peur, qui le rendraient incapable d'exercer sa fonction d'instrument [4].

Les vertus se divisent aussi d'après les puissances dont elles sont l'achèvement [5]. La tempérance se rapporte à ces plaisirs du corps qui nous viennent du tact et relève par là même du désir ($ἐπιθυμία$) [6]. Le courage, qui a pour objet les dangers et la mort, se rattache au cœur ($θυμός$) [7]. C'est

---

1. Arist., *Polit.*, A, 12, 1259^b, 1-4.
2. Id., *Ibid.*, 13, 1259^b, 21-40, 1260^a, 9-14 : ἄλλον γὰρ τρόπον τὸ ἐλεύθερον τοῦ δούλου· ἄρχει καὶ τὸ ἄρρεν τοῦ θήλεος καὶ ἀνὴρ παιδός· καὶ πᾶσιν ἐνυπάρχει μὲν τὰ μόρια τῆς ψυχῆς, ἀλλ' ἐνυπάρχει διαφερόντως. Ὁ μὲν γὰρ δοῦλος ὅλως οὐκ ἔχει τὸ βουλευτικόν, τὸ δὲ θῆλυ ἔχει μέν, ἀλλ' ἄκυρον· ὁ δὲ παῖς ἔχει μέν, ἀλλ' ἀτελές ; *Ibid.*, b, 1254^b, 20-24.
3. Id., *Ibid.*, A, 13, 1260^a, 17-19.
4. Id., *Ibid.*, A, 13, 1260^a, 19-36.
5. Id., *Eth. Nic.*, A, 13, 1102^a, 23-34, 1102^b, 1-34, 1103^a, 1-10.
6. Id., *Ibid.*, Γ, 13, 1118^a, 23-33, 1118^b 1-4, 27-28 ; *Ibid.*, 14, 1119^a, 1-4.
7. Id., *Ibid.*, Γ, 11, 1117^a, 4-5 ; *Rhet.*, B, 12, 1389^a, 20-28.

du même principe que dépendent la libéralité, la grandeur d'âme, la douceur [1] et l'amitié [2]. Ainsi de la justice elle-même, bien qu'Aristote ne semble pas formel sur ce point : la justice, envisagée du point de vue subjectif, n'est qu'une purification de notre égoïsme ; et l'égoïsme, à son tour, est un manque de générosité que nous poussons assez loin pour attenter aux droits de nos semblables. La prudence, qui est le principe architectonique de la conduite humaine, a de ce chef une origine plus haute ; elle s'élève au-dessus de la sensibilité et se ramène à la raison : elle n'est que le perfectionnement de sa fonction pratique [3]. Quant à la pudeur et même à la force ou maîtrise de soi (ἐγκράτεια), elles ne sont pas des vertus. La pudeur n'est qu'une passion corporelle [4]. La force suppose la lutte ; elle peut encore subir des défaites : elle n'a ni la sérénité ni la fixité voulues pour faire partie de l'idéal du sage [5].

On obtient une troisième division des vertus, en les rapportant à leurs objets. Et, d'après Hacker, cette troisième division se dégagerait également des œuvres d'A-

---

1. Arist., *Eth. Nic.*, Δ, 11, 1126ᵃ, 10-21 : … κατέχουσι γὰρ τὸν θυμόν; *Rhet.*, B, 5, 1383ᵇ, 7 : θαρραλέον γὰρ ἡ ὀργή : La colère est quelque chose de courageux ; et la colère est un des extrêmes entre lesquels se situe la douceur ; cette vertu se rattache donc également au cœur.

2. *Id.*, *Polit.*, II, 7, 1327ᵇ, 40-41 : Ὁ θυμός ἐστιν ὁ ποιῶν τὸ φιλητικόν.

3. *Id.*, *Eth. Nic.*, A, 13, 1103ᵃ, 4-6 : … σοφίαν μὲν καὶ σύνεσιν καὶ φρόνησιν διανοητικάς; *Ibid.*, Z, 5, 1140ᵇ, 4-6; *Ibid.*, 8, 1141ᵇ, 8-9; *Ibid.*, 6, 1141ᵃ, 3-7; 12, 1143ᵃ, 32-36, 1143ᵇ, 1-5.

4. *Id.*, *Ibid.*, B, 7, 1108ᵃ, 31-32; *Ibid.*, Δ, 15, 1128ᵇ, 10-15; S. Thom., *ouvr. cit.*, leç. XVII, p. 428ᵃ-428ᵇ.

5. Arist., *Eth. Nic.*, H, 1, 1145ᵃ, 15-35; *Ibid.*, 9, 1150ᵇ-1151ᵃ; *Ibid.*, B, 3, 1105ᵃ, 28-33 … τὸ δὲ τρίτον καὶ ἐὰν βεβαίως καὶ ἀμετακινήτως ἔχων πράττῃ; cette stabilité est une condition de la vertu, comme la connaissance et le désintéressement de l'intention.

ristote [1]. A son gré, le Stagirite aurait classé les vertus en trois groupes. Le premier de ces groupes se rapporterait à la conservation du corps et comprendrait le courage et la tempérance. Le second aurait pour sphère la vie politique; il faudrait y rattacher la libéralité, la grandeur d'âme, la douceur et la justice. Au troisième reviendraient les vertus qui concourent à l'agrément de la vie. Mais le malheur veut que l'on ne trouve dans les traités d'Aristote aucune preuve décisive à l'appui de cette ingénieuse hypothèse : c'est ce qu'Ed. Zeller a démontré d'une manière concluante [2]. Lorsque Aristote parle de l'objet des vertus, il ne le définit pas toujours d'une manière précise [3] et ne semble avoir aucun souci de suivre ou même de chercher un principe de classification.

Parmi les qualités de l'âme qui sont des vertus ou supposent du moins la vertu, il en est deux, qui, au point de vue politique surtout, ont une importance spéciale : Je veux parler de la justice et de l'amitié [4].

La justice [5] a pour objet le droit; et le droit, de son côté, prend sa source dans l'idée de bonheur.

---

1. *Das eintheilungs und anordnungsprincip der moralischen tugendreihe in der Nic. Eth.*, Berlin, 1863, 4º.

2. *Ouvr. cit.*, II, 2, p. 634, n. 1.

3. Il dit, par exemple, à propos de la douceur : τὸ μὲν γὰρ πάθος ἐστὶν ὀργή, τὰ δ' ἐμποιοῦντα πολλὰ καὶ διαφέροντα (*Eth. Nic.*, Δ, 11, 1125ᵇ, 30-31).

4. Je regrette que les proportions de ce travail ne me permettent pas d'esquisser les pensées d'Aristote sur les autres vertus; elles sont d'une précision et d'une profondeur que l'on n'a plus retrouvées; et quelle somme d'expériences elles supposent (*Eth. Nic.*, Δ, Z, H)!

5. C'est au livre V (E) de la *Morale à Nicomaque* qu'Aristote traite formellement de la justice. Et, d'après Alex. Grant (*The Ethics of Aristotle*, vol. I, Essay I, London, 1884), ce livre ne serait pas d'Aristote. Mais cette opi-

Nous voulons être heureux : c'est là le bien suprême. Et ce bien suppose une certaine inviolabilité individuelle. Il n'est réalisable que si chacun se trouve à l'abri des dommages qu'il peut subir de la part des autres, soit dans sa personne, soit dans son honneur, soit dans ses biens. L'obtention du bonheur entraîne une série d'exigences d'après lesquelles doit se régler la conduite des citoyens entre eux : cette série d'exigences, voilà ce qui constitue le droit civil [1].

Ce droit n'est pas assez précis de sa nature pour correspondre à l'infinie et mobile variété des relations individuelles [2]; il n'a pas assez de force non plus, pour arrêter de lui-même le débordement des appétits [3] : il se heurte de deux façons aux indigences de la matière, et par ce qu'elle y laisse d'indéterminé, et par ce qu'elle insinue de passions au cœur des hommes. Le droit civil ne peut suffire à l'œuvre du bonheur que s'il trouve

---

nion ne paraît nullement fondée. Le livre V de la *Mor. Nic.* ne présente aucun des traits distinctifs de la *Morale Eudémienne* : c'est ce que l'on peut voir plus loin (pp. 321-324). C'est aussi ce que M. LAPIE, dans sa thèse latine *De justitia apud Aristotelem* (p. 3-5, Alcan, Paris, 1902), a très bien mis en lumière. Supposé d'ailleurs que le soupçon de M. GRANT fût fondé, notre exposition n'en demeurerait pas moins juste ; car elle ne s'appuie pas uniquement sur le livre V de l'*Eth. Nic.*, mais aussi sur plusieurs autres ouvrages d'Aristote.

1. ARIST., *Eth. Nic.*, E, 3, 1129^b, 17-19 : ὥστε ἕνα μὲν τρόπον δίκαια λέγομεν τὰ ποιητικὰ καὶ φυλακτικὰ τῆς εὐδαιμονίας καὶ τῶν μορίων αὐτῆς…; *Ibid.*, 4, 1130^b, 2-4 : ἀλλ' ἡ μὲν [δικαιοσύνη κατὰ μέρος] περὶ τιμὴν ἢ χρήματα ἢ σωτηρίαν, ἢ εἴ τινι ἔχοιμεν ἑνὶ ὀνόματι περιλαβεῖν ταῦτα πάντα…; *Ibid.*, 5, 1130^b, 30-33, 1131^a, 1-9 ; *Polit.*, A, 2, 1253^a, 9-15 :… ὁ δὲ λόγος ἐπὶ τῷ δηλοῦν ἐστὶ τὸ συμφέρον καὶ τὸ βλαβερόν, ὥστε καὶ τὸ δίκαιον καὶ τὸ ἄδικον ; *Eth. Nic.*, Θ, 11, 1160^a, 11-14.

2. *Id.*, *Polit.*, A, 2, 1253^a, 37-38 : ἡ γὰρ δίκη πολιτικῆς κοινωνίας τάξις ἐστίν· ἡ δὲ δίκη τοῦ δικαίου κρίσις ; *Eth. Nic.*, E, 10, 1134^a, 31-32.

3. *Id.*, *Polit.*, A, 2, 1253^a, 27-33.

un complément et un appui dans l'ordre social [1]; et, par suite, la société est aussi d'institution naturelle [2]. A son tour, la société suppose une sorte d'inviolabilité politique. Il y faut une autorité qui puisse commander à tous, une certaine départition des avantages et des charges qui en résultent [3]. Son existence entraîne une série d'exigences qui fixent la conduite réciproque des gouvernants et des gouvernés; et cela, c'est le droit politique.

Il y a, dans ces deux espèces de droit, une part qui vient de l'essence des choses, qui s'étend de ce chef à tous les pays et que l'on peut appeler naturelle [4]. On ne conçoit pas un mode de vie humaine où le meurtre, la calomnie, l'adultère et même la prostitution des esclaves soient érigés en principe [5]. La tyrannie seule refuse tout droit aux membres de la cité; et c'est la pire des déviations politiques [6].

A ce fond de relations naturelles peuvent s'ajouter des règlements qui s'obtiennent par voie de vote, qui varient avec les contrées, et dont l'ensemble forme le droit positif: tel est le décret d'après lequel il faut sacrifier une chèvre, au lieu de deux moutons [7], ou celui qui veut que la classe des laboureurs paye tel cens plutôt que tel autre.

1. Arist., *Eth. Nic.*, E, 2, 1129ᵇ, 14-19.
2. *Id., Polit.*, A, 2, 1253ᵃ, 29-30 : φύσει μὲν οὖν ἡ ὁρμὴ ἐν πᾶσιν ἐπὶ τὴν τοιαύτην κοινωνίαν.
3. *Id., Ibid.*, Γ, 1, 1274ᵇ, 38-41 : ἡ δὲ πολιτεία τῶν τὴν πόλιν οἰκούντων ἐστὶ τάξις τις; *Eth. Nic.*, E, 10, 1134ᵃ, 24-28 : ... Τοῦτο [πολιτικὸν δίκαιον] δέ ἐστιν ἐπὶ κοινωνῶν βίου πρὸς τὸ εἶναι αὐτάρκειαν, ἐλευθέρων καὶ ἴσων ἢ κατ' ἀναλογίαν ἢ κατ' ἀριθμόν.
4. *Id., Eth. Nic.*, E, 10, 1134ᵇ, 18-20.
5. *Id., Ibid.*, E, 5, 1131ᵃ, 1-9.
6. *Id., Polit.*, Δ, 2, 1289ᵃ, 38-41, 1289ᵇ, 1-3.
7. *Id., Eth. Nic.*, E, 10, 1134ᵇ, 20-24.

Mais ces conventions d'origine humaine n'ont qu'une force relative. Elles ne peuvent jamais l'emporter sur « la loi non écrite » : celle-là « n'est ni d'aujourd'hui ni d'hier », suivant le mot d'Antigone; elle est éternelle et par là même immuable comme les dieux. Rien ne prévaut contre le droit naturel [1]; et, quand le droit positif s'en écarte, il devient la règle d'après laquelle on doit redresser ses décisions caduques [2]. Il est bon toutefois, lorsqu'il s'agit de tels redressements, de ne pas exagérer la zone des exigences essentielles. Il y a jusque dans la nature de chaque chose une partie intégrante qui ne se produit que dans la majorité des cas, qui est plus ou moins variable. L'homme est généralement droitier; mais il se trouve aussi des gauchers, et nous pouvons nous-mêmes apprendre par l'exercice à nous servir de nos deux mains avec une égale adresse. Ainsi des relations morales qui dérivent de la nature humaine : elles ne sont pas totalement fixées dans l'immuable; quelques-unes d'entre elles conservent un fond de souplesse qui leur vient de la matière [3]. Les barbares, par exemple, peuvent être traités comme des esclaves; vu qu'ils ont perdu le sens de la liberté, à force de n'en pas faire usage.

Il n'y a de droit qu'entre les hommes libres; et la preuve foncière de ce fait, c'est qu'ils sont seuls à « pos-

---

1. Arist., *Rhet.*, A, 13, 1373ᵇ, 1-17; *Ibid.*, 15, 1375ᵃ, 22-35, 1375ᵇ, 1-2. Aristote cite à deux reprises les vers que Sophocle met sur les lèvres d'Antigone.
2. *Id., Eth. Nic.*, E, 14, 1137ᵇ, 11-34 : ποιεῖ δὲ τὴν ἀπορίαν ὅτι τὸ ἐπιεικὲς δίκαιον μέν ἐστιν, οὐ τὸ κατὰ νόμον δέ, ἀλλ' ἐπανόρθωμα νομίμου δικαίου... καὶ ἔστιν αὕτη ἡ φύσις ἡ τοῦ ἐπιεικοῦς, ἐπανόρθωμα νόμου; v. aussi les deux passages de la *Rhét.* ci-dessus mentionnés.
3. *Id., Eth. Nic.*, E, 10, 1134ᵇ, 24-35, 1135ᵃ, 1-5; *Eth. mag.*, A, 34, 1194ᵇ, 30-39, 1195ᵃ, 1-5; S. Thom., *ouvr. cit.*, liv. V, leç. XII, p. 463ᵃ-463ᵇ.

séder la raison » qui seule nous rend capables de félicité. Les esclaves n'ont pas cette puissance hégémonique ; ils ne font que « la sentir », ils ne font qu'exécuter ses ordres comme des machines animées [1] : ils peuvent avoir des plaisirs, ils ne sauraient aspirer au bonheur. Et, par suite, il n'existe à leur égard aucune de ces conséquences protectrices auxquelles donne lieu l'idée de ce bien des biens ; ils n'ont, comme tels, aucun droit précis, ni civil, ni politique.

Ainsi du droit ; et la justice consiste à le respecter pour lui-même. Mais ce n'est là qu'une approximation qu'il convient de préciser.

Il est injuste d'avoir plus que son droit ; il est également injuste d'avoir moins. Le juste se situe entre ces deux extrêmes [2] ; et par là même la justice aussi. Elle est « dans le milieu », comme les autres vertus [3] ; et ce milieu a sa marque spécifique. Il va du gain à la perte : c'est une égalité entre l'un et l'autre, une sorte de proportion mathématique [4].

Mais cette proportion n'est pas toujours la même ; elle peut revêtir deux formes. S'agit-il de rapports entre citoyens, par exemple, de ventes, d'achats, de prêts, ou bien encore d'actions violentes, comme le pillage et la mutilation, l'on ne considère alors que l'inégalité qui s'établit : celui qui vend un médimne de blé reçoit l'équivalent soit en nature soit en monnaie, celui que l'on a

---

1. Arist., *Polit.*, A, 5, 1254ᵇ, 20-24 : ἔστι γὰρ φύσει δοῦλος ὁ δυνάμενος ἄλλου εἶναι (διὸ καὶ ἄλλου ἐστίν) καὶ κοινωνῶν λόγου τοσοῦτον ὅσον αἰσθάνεσθαι ἀλλὰ μὴ ἔχειν· τὰ γὰρ ἄλλα ζῷα οὐ λόγου αἰσθανόμενα, ἀλλὰ παθήμασιν ὑπηρετεῖ.
2. Id., *Eth. Nic.*, E, 6, 1131ᵃ, 9-33, 1131ᵇ, 1-24.
3. Id., *Ibid.*, E, 9, 1133ᵇ, 29-33.
4. Id., *Ibid.*, E, 7, 1132ᵃ, 4-19.

frappé le montant du dommage subi; et l'on a une proportion arithmétique [1]. S'agit-il au contraire de rapports des citoyens au pouvoir, la qualité des personnes entre en ligne de compte. Chacun vaut dans la mesure des services qu'il rend à l'État; et l'on donne plus à celui qui vaut plus, moins à celui qui vaut moins. La part de A est à la part de B comme A lui-même est à B : ce qui donne une proportion géométrique [2].

A ces deux proportions correspondent deux sortes de justice : la première que l'on peut appeler « commutative » ou mieux « rectificatrice » [3] (διορθωτικόν); la seconde qui se nomme « distributive » (διανεμητικόν).

L'amitié, tout en différant de la justice, soutient avec elle d'intimes et nombreux rapports.

Elle est, au sens large du mot, une disposition de bienveillance entre personnes qui se savent animées de ce sentiment les unes à l'égard des autres [4].

Sous cet aspect général, elle se mêle à toutes les relations que la nature a formées entre les hommes. C'est elle qui, dans la famille, s'appelle tour à tour amour paternel, piété conjugale, tendresse filiale et affection fraternelle [5]; c'est elle qui, dans la société, porte le nom de sympathie (ὁμόνοια) [6]; c'est elle également que l'on ren-

---

1. ARIST., *Eth. Nic.*, E, 7, 1131ᵇ, 25-33, et le reste du chapitre.
2. *Id., Ibid.*, E, 6, 1131ᵃ, 24-33, 1131ᵇ, 1-9; *Ibid.*, 7, 1131ᵇ, 9-24. — Voir sur la distinction de la proportion géométrique : *Polit.*, E, 1, 1301ᵇ, 29-35; *Ibid.*, Γ, 12, 1282ᵇ, 14-27; *Eth., mcg.*, A, 34, 1193ᵇ, 36 et sqq., 1194ᵃ, 1-25; S. THOM., *ouvr. cit.*, Lec. IV-VII, p. 441-449.
3. Cette seconde expression, qui est de M. LAPIE (V. *ouvr. cit.*, p. 17-18), nous semble plus exacte.
4. ARIST., *Eth. Nic.*, Θ, 2, 1155ᵇ, 31-35, 1156ᵃ, 1-5; *Ibid.*, 3, 1156ᵃ, 8-9 : καθ' ἕκαστον εἶδος γάρ ἐστιν ἀντιφίλησις οὐ λανθάνουσα; *Ibid.*, I, 5, 1166ᵇ, 30-32.
5. *Id., Ibid.*, Θ, 14, 1162ᵃ, 4-33.
6. *Id., Ibid.*, 1, 1155ᵃ, 22-26; *Ibid.*, I, 6, 1167ᵃ, 22-35, 1167ᵇ, 1-4.

contre, sous le nom de philanthropie, dans les rapports qu'ont entre eux les différents peuples [1] : il n'y a pas de mode de la vie humaine proprement dite, où l'on ne constate son existence. Elle est partout où est le droit [2] et s'y ajoute comme une force nouvelle qui s'exerce en sa faveur : elle a je ne sais quoi d'exquis, de doux et de puissant qui tend à lui donner la victoire [3]. Plus elle prend de vitalité, plus le respect de la justice devient facile ; et, quand elle a conquis la prédominance, cette vertu s'y perd comme dans un principe supérieur qui la remplace en innovant quelque chose de plus noble et de plus beau [4]. C'est ce que l'on peut observer au foyer domestique. Les parents voient dans leurs enfants « d'autres eux-mêmes », et les enfants dans leurs parents le principe qui leur a donné le jour ; les frères se regardent comme issus de la même racine : tous ils sentent qu'il n'y a qu'un sang et une vie qui coulent dans leurs veines. Et cette identité de nature leur inspire une délicatesse de conduite où le devoir perd son austérité pour ne plus laisser de place qu'à l'amour [5].

Au sens restreint, l'amitié est un lien de libre affection entre deux ou plusieurs individus.

Considérée de cet autre point de vue, elle devient nécessaire à l'existence [6]. Elle l'est à l'adolescent pour le

---

1. Arist., *Eth. Nic.*, Θ, 1, 1155ª, 16-22.
2. *Id.*, *Ibid.*, Θ, 11, 1159ᵇ, 25-31. Lire en entier les chapitres 11, 12, 13, 14 de ce livre (p. 1159ᵇ-1162ª).
3. *Id.*, *Ibid.*, Θ, 11, 1160ª, 3-8.
4. *Id.*, *Ibid.*, Θ, 1, 1155ª, 22-28 : ... Καὶ φίλων μὲν ὄντων οὐδὲν δεῖ δικαιοσύνης, δίκαιοι δ' ὄντες προςδέονται φιλίας, καὶ τῶν δικαίων τὸ μάλιστα φιλικὸν εἶναι δοκεῖ.
5. *Id.*, *Ibid.*, Θ, 14, 1161ᵇ, 16-32.
6. *Id.*, *Ibid.*, Θ, 1, 1155ª, 4-5 : ἔτι δ' ἀναγκαιότατον εἰς τὸν βίον [ἡ φιλία].

préserver des écarts auxquels l'expose son impétueuse inexpérience ; elle l'est au vieillard dont elle berce et protège la faiblesse ; elle l'est à l'homme dans la fleur de l'âge qu'elle excite aux « bonnes et belles actions »[1]. Elle l'est dans la prospérité, et plus encore dans l'adversité. A quoi servent la fortune, les honneurs et la domination, lorsqu'on n'a personne que l'on puisse associer à ses joies et combler de bienfaits? Le bonheur ne cesse-t-il pas d'être lui-même, dès qu'il n'a plus le moyen de se répandre? Comment se sauver d'ailleurs sur ces cimes de la vie, quand on s'y trouve dans l'isolement? plus on y monte, plus le terrain vous glisse sous les pas; et, les heures d'infortune une fois venues, où trouver le courage de supporter l'épreuve, si l'on n'a pas des amis qui pleurent avec vous et vous tendent généreusement la main [2]?

Mais les avantages de l'amitié ne se produisent pas toujours dans la même mesure ; ils varient avec la forme qu'elle revêt.

Il y a trois sortes d'amitié : celle où l'on a le plaisir en vue, celle où l'on se propose la poursuite de son intérêt et celle dont la personne aimée est à la fois l'objet et la fin [3]. De ces trois sortes d'amitié, c'est la dernière qui est la plus excellente et la plus précieuse, la seule qui s'élève jusqu'à la beauté, la seule qui mérite son nom [4].

1. Arist., *Eth. Nic.*, Θ, 1, 1155ᵃ, 12-16.

2. *Id., Ibid.*, Θ, 1, 1155ᵃ, 5-12; *Ibid.*, I, 9, 1169ᵇ, 3-22 : ... πολιτικὸν γὰρ ὁ ἄνθρωπος καὶ συζῆν πεφυκός...; *Ibid.*, 11, 1171ᵃ, 21-35, 1171ᵇ, 1-6; cf. Θ, 1, 1155ᵃ, 16-22.

3. *Id., Ibid.*, Θ, 2, 1155ᵇ, 17-27; *Ibid.*, 3, 1156ᵃ, 6-14; *Ibid.*, 4, 1156ᵇ, 7-9.

4. *Id., Ibid.*, Θ, 4, 1156ᵇ, 7-8; *Ibid.*, 5, 1157ᵃ, 30-36; cf. *Ibid.*, Θ, 1, 1155ᵃ, 28-31.

On y aime ses amis pour eux-mêmes [1]. Et celui-là seul sait aimer de la sorte, qui n'est pas l'esclave du plaisir, qui ne se laisse dominer ni par l'appât du gain ni par l'éclat des honneurs, qui a le cœur généreux et magnifique ; celui-là seul sait aimer de la sorte dont la vie est conforme à l'ordre moral. L'amitié véritable n'existe qu'entre gens de bien, et en tant qu'ils le sont, dans la mesure où ils le sont : elle a pour fondement la vertu [2] ; et de là résulte sa supériorité. Le plaisir est mobile ; et l'intérêt aussi, bien que dans un degré moindre [3]. La vertu demeure, la stabilité est l'un de ses caractères essentiels [4]. La chasse au plaisir et à l'intérêt ne donne que des jouissances inférieures, mêlées de souffrance et parfois criminelles ; le charme de la vertu est la plus noble et la plus exquise des voluptés : et quand on la peut contempler dans un « autre soi-même » comme en sa propre pensée, cet agrément immortel devient double, parce qu'on le vit deux fois [5]. Le plaisir et l'intérêt n'inspirent que des sacrifices égoïstes et relatifs. Car celui qui obéit à de semblables mobiles ne se perd jamais de vue ; même quand il donne ou se donne, c'est encore son bien qu'il cherche. Le dévouement qui vient de la vertu n'a pas de retour sur lui-même ; il va tout droit à

---

1. Arist., *Eth. Nic.*, Θ, 2, 1155ᵇ, 31 : τῷ δὲ φίλῳ φασὶ δεῖν βούλεσθαι τἀγαθὰ ἐκείνου ἕνεκα ; *Ibid.*, 7, 1157ᵇ, 25-32 ; *Ibid.*, 9, 1159ᵃ, 7-10.

2. *Id., Ibid.*, I, 6, 1167ᵇ, 4-16 ; *Ibid.*, Θ, 4, 1156ᵇ, 7-11 ; *Ibid.*, 5, 1157ᵃ, 20-25 ; *Ibid.*, 9, 1159ᵃ, 25-35 ; *Ibid.*, 15, 1162ᵇ, 6-8.

3. *Id., Ibid.*, Θ, 3, 1156ᵃ-1156ᵇ ; *Ibid.*, 5, 1157ᵃ, 6-20.

4. *Id., Ibid.*, Θ, 4, 1156ᵇ, 7-12 ; *Ibid.*, 5, 1157ᵃ, 20-21 ; *Ibid.*, 8, 1158ᵇ, 6-11 ; *Ibid.*, 9, 1159ᵃ, 33-35, 1159ᵇ, 1-12.

5. *Id., Ibid.*, I, 9, 1170ᵃ, 25-33, 1170ᵇ, 1-19 : ce passage est la psychologie de cette parole de Mᵐᵉ de Sévigné : « J'ai mal à votre poitrine » ; *Ibid.*, Θ, 4, 1156ᵇ, 14-18 ; *Ibid.*, 5, 1156ᵇ, 33-35, 1157ᵃ, 1-6.

son objet et s'y fixe comme en son but. Par suite, il ne souffre ni calcul ni limite : il est absolu [1]. Le plaisir et l'intérêt tendent à dégrader les êtres qui en font la fin de leurs relations quotidiennes. La vertu ennoblit ceux qu'elle rassemble. Il s'éveille en leurs cœurs une généreuse émulation qui se traduit par une amélioration croissante ; le spectacle qu'ils se donnent les uns aux autres suffit d'ailleurs à produire cet effet ; leurs âmes s'y ajustent comme l'oreille du musicien aux sons que rend un bel instrument [2].

Grand serait donc le bonheur des hommes, si l'amitié que fonde la vertu venait à les unir tous les uns aux autres. Mais c'est un bien très rare, précisément parce qu'il est d'un grand prix [3]. Le vieillard ne la comprend plus : il est d'humeur chagrine et se ramasse sur lui-même. Le jeune homme en est encore incapable, vu l'ivresse du plaisir qui l'absorbe. L'heureux cherche des divertissements et celui qui est au pouvoir veut des bouffons et des flatteurs. L'amitié véritable est le privilège de quelques sages [4]. Encore leurs heureuses dispositions ne suffisent-elles ni à la faire éclore ni à la conserver. Elle ne se produit pas tout d'un coup ; elle se forme peu à peu, sous l'influence d'une longue et mutuelle épreuve [5]. Et,

---

1. Arist., *Eth. Nic.*, Θ, 10, 1159ᵇ, 6-12 ; *Ibid.*, 5, 1157ᵃ, 25-36 ; *Ibid.*, 11, 1159ᵃ, 29-32 ; *Ibid.*, I, 9, 1170ᵇ, 5-8 : ... ἕτερος γὰρ αὐτὸς ὁ φίλος ἐστίν... ; *Ibid.*, 4, 1166ᵃ, 12-33 ; *Ibid.*, 8, 1169ᵃ-1169ᵇ ; lire le chapitre entier : c'est l'un des plus beaux qu'Aristote ait écrits.

2. *Id.*, *Ibid.*, I, 9, 1169ᵇ, 28-35 ; 1170ᵃ, 1-13 ; *Ibid.*, Θ, 1, 1155ᵃ, 1159ᵇ, 14-16 ; *Ibid.*, I, 12, 1171ᵇ (v. tout le chapitre).

3. *Id.*, *Ibid.*, Θ, 4, 1156ᵇ, 24-25 : σπανίας δ' εἰκὸς τὰς τοιαύτας εἶναι· ὀλίγοι γὰρ οἱ τοιοῦτοι.

4. *Id.*, *Ibid.*, Θ, 7, 1158ᵃ, 1-34 ; *Ibid.*, Θ, 3, 1156ᵃ, 24-35.

5. *Id.*, *Ibid.*, Θ, 4, 1156ᵇ, 25-32 ; *Ibid.*, 7, 1158ᵃ, 14-15.

quand elle s'est formée, la séparation tend à l'affaiblir ; elle peut même la ruiner avec le temps[1]. Infimes sont d'ailleurs les groupes qu'elle constitue : forte, comme l'amour, elle a, comme lui, la dualité pour idéal[2].

Quelle que soit la nature de l'amitié, elle suppose toujours, aussi bien que la justice, une certaine égalité mathématique[3] ; et cette égalité revêt les deux formes que l'on connaît déjà. Elle se traduit par une proportion arithmétique, quand il s'agit de personnes qui ont à peu près le même degré de vertu, la même fortune et le même rang. Elle se traduit par une proportion géométrique, lorsqu'il existe ou qu'il se produit une différence appréciable sur l'un quelconque de ces points[4]. Dans ce cas, l'inférieur rétablit l'équilibre par l'intensité de son affection, l'estime et la gratitude[5] ; mais parfois l'intervalle est si grand que toute analogie devient impossible, et par là même toute amitié : ainsi des dieux à l'égard de l'homme, ainsi des rois à l'égard de leurs plus infimes sujets, des sages à l'égard du vulgaire[6] et du maître à l'endroit de l'esclave[7].

Toutefois, les extrêmes entre lesquels se meut l'amitié gardent quelque chose d'un peu flottant. « L'isarithmie »

---

1. Arist., *Eth. Nic.*, Θ, 6, 1157ᵇ, 5-13.
2. *Id., Ibid.*, 7, 1158ᵃ, 10-14 ; *Ibid.*, 1, 10, 1171ᵃ, 6-13.
3. *Id., Ibid.*, Θ, 7, 1157ᵇ, 33 et sqq. : ὁ γὰρ ἀγαθὸς φίλος γινόμενος ἀγαθὸν γίνεται ᾧ φίλος. Ἑκάτερος οὖν φιλεῖ τε τὸ αὑτῷ ἀγαθόν, καὶ τὸ ἴσον ἀνταποδίδωσι τῇ βουλήσει καὶ τῷ ἡδεῖ· λέγεται γὰρ φιλότης ἡ ἰσότης ; *Ibid.*, 8, 1158ᵇ, 1-4 ; *Ibid.*, 4, 1156ᵇ, 7-8.
4. *Id., Ibid.*, Θ, 8, 1158ᵇ, 5-28 ; *Ibid.*, 9, 1158ᵇ, 29-33 ; *Ibid.*, 15, 1162ᵃ, 34-36, 1162ᵇ, 1-4.
5. *Id., Ibid.*, Θ, 16, 1163ᵇ, 1-12 ; *Ibid.*, 1, 1, 1164ᵇ, 1-6.
6. *Id., Ibid.*, Θ, 9, 1158ᵇ, 33-36, 1159ᵃ, 1-3. Cependant Aristote reconnaît un peu plus loin qu'il peut y avoir une certaine amitié de l'homme pour les dieux (Θ, 14, 1162ᵃ, 4-6).
7. *Id., Ibid.*, Θ, 13, 1161ᵇ, 1-10.

en est moins précise que celle de la justice[1]; et la raison de cette variante, c'est que le cœur y joue le rôle principal : ὁ θυμός ἐστιν ὁ ποιῶν τὸ φιλητικόν.

IV

L'homme vit avec ses semblables. Mais il dépend de Dieu, comme de sa cause première; et il le sait. La question se pose donc de définir comment et dans quelle mesure la morale se prolonge et s'achève dans la religion.

Ici, Aristote n'a rien du bel enthousiasme qui inspire son maître. C'est d'ordinaire avec le sang-froid du savant, qu'il touche à ce problème; et la solution philosophique qu'il en donne est presque opposée de tous points aux croyances les plus profondes du genre humain.

Dieu, par le fait qu'il est acte pur, est une pensée close : il ignore la nature; il ignore l'homme lui-même, et au même titre que les autres êtres qui sont soumis à la loi du devenir[2]. Il est donc inutile d'élever la voix vers les sommets qu'il habite, de lui adresser des prières, de lui offrir des actions de grâce, de faire monter vers lui la fumée des victimes expiatoires : il ne voit pas, il n'entend pas; il sent encore moins dans son éternelle sérénité le murmure de joies et de tristesses qui s'élève de la terre vers le ciel. Il n'est même aucun élan d'amitié, si pur et si tendre qu'il soit, dont le charme aille jusqu'à son cœur; comme il ne connaît que lui, il n'aime que lui. D'ailleurs, entre la perfection de son essence et nous, aucune relation de ce genre

---

1. Arist., *Eth. Nic.*, Θ, 9, 1159ᵇ, 3-5.
2. V. plus haut, p. 274.

ne saurait s'établir¹ : « il est ridicule de dire que l'on aime Jupiter »². Il n'y a qu'un hommage qui convienne à Dieu, c'est celui que mérite tout degré supérieur de bonté et de beauté, c'est l'estime ou l'honneur³. Mais ce culte du respect lui convient par excellence, comme au seul parfait, au seul bienheureux. Et il faut le rendre magnifique⁴ ; il faut aussi le maintenir avec fermeté : celui qui le met en question mérite le fouet à l'égal de celui qui doute de la légitimité de l'amour filial⁵.

En vertu du même principe, il ne peut y avoir d'arbitre souverain devant lequel les hommes comparaissent après la mort pour recevoir la récompense ou le châtiment de leurs actions. Dieu ne juge pas ce qu'il ne sait pas; bien plus, la seule idée de jugement répugne à sa nature : s'il rendait une sentence quelconque, il changerait, et il est immuable par essence⁶. Il n'existe même aucune espèce d'immortalité personnelle, aucune survivance du moi ; les hommes n'ont pas bu à la coupe d'ambroisie dont parle Hésiode. La sensibilité disparaît avec l'organisme ; l'imagination et la mémoire avec la sensibilité dont elles ne sont que deux aspects. Par le fait, il n'y a plus d'intelligence passive ; il ne reste que le νοῦς ποιητικός, lequel, parce qu'il est le même en tous comme la vérité, n'est à

---

1. Arist., *Eth. Nic.*, Θ, 9, 1158ᵇ, 33-36; 1159ᵃ, 1-5.
2. *Eth. mag.*, B, 11, 1208ᵇ, 30-31. Aristote, comme on l'a vu plus haut, est moins absolu ; mais l'opinion de la *Grande Morale* est bien aussi sa pensée dominante à lui, celle du moins qui résulte de sa « philosophie première ». Au contraire, on lit, dans la *Morale Eudem.*, que l'amitié qui unit le père et le fils est aussi celle qui porte Dieu vers l'homme (1242ᵃ, 32-35) : c'est encore du Platonisme.
3. Arist., *Eth. Nic.*, A, 12, 1101ᵇ (lire le chapitre en entier).
4. *Id., Ibid.*, Δ, 5, 1122ᵇ, 19-26.
5. *Id., Top.*, A, 11, 105ᵃ, 3-7.
6. V. plus haut, pp. 114-115.

personne ni personne [1]. Ce n'est pas d'immortalité qu'il s'agit, c'est d'éternité. Et cette éternité, nous ne la passerons pas avec les dieux, suivant le rêve de Platon; elle doit tenir en cette vie, elle peut tenir en un instant : c'est la conscience présente de ce qui est éternel, la joie, par exemple, d'une grande et belle action [2].

1. V. plus haut, p. 214.
2. Arist., *Eth. Nic.*, K, 7, 1177^b, 30-34, 1178^a, 1-8; *Ibid.*, I, 8, 1169^a, 16-55; ce passage est important. — L'unique endroit où Aristote fasse allusion à la vie future est le chapitre 11e du premier livre de la *Morale à Nic.* Mais la partie de ce chapitre où il s'agit de cette question n'a pas de valeur doctrinale. Aristote se place dans l'hypothèse de la tradition grecque, d'après laquelle les morts restaient sensibles au bonheur et au malheur de leurs descendants (1100^a, 18). Cette supposition faite, il cherche à quelles conditions les morts peuvent être heureux; et il infère que, pour qu'ils le soient, il faut que les impressions venues de la terre demeurent très faibles : autrement, leur félicité en serait perpétuellement troublée (1101^a, 22-35, 1101^b, 1-9). Il se trouve aussi une partie du même chapitre où Aristote exprime sa pensée à lui ; il y est question de la nature du bonheur; et sa conclusion est que le bonheur ne dépasse pas les limites de la vie présente (1100^a, 32-35, 1100^b, 1-35, 1101^a, 1-21).

Ce n'est pas que les interprètes ne soient divisés sur ce sujet. D'après Themistius (*Paraphrases in Aristotelis librorum quæ supersunt*, L. Spengel, Lipsiæ, 1866), l'intellect actif et l'intellect passif sont deux aspects d'une même faculté (III, 5, p. 200, 1-25). L'un et l'autre sont impassibles, séparables, immortels (III, 4, p. 174, 12-19; *Ibid.*, p. 175, 4; — III, 5, p. 194, 16-21; p. 195, 6-17; p. 200, 10-25; p. 194, 1-2 : τὸν νοῦν δὲ ἅτε μὴ χρώμενον ὀργάνῳ σωματικῷ πρὸς τὴν ἐνέργειαν καὶ ἄμικτον τῷ σώματι παντάπασι καὶ ἀπαθῆ καὶ χωριστόν). De plus, le νοῦς ainsi conçu n'est pas Dieu; il fait partie de notre âme, et l'immortalité qui lui convient est personnelle (III, 5, p. 185, 4-5 : καὶ ἐγὼ μὲν ὁ συγκείμενος νοῦς ἐκ τοῦ δυνάμει καὶ τοῦ ἐνεργείᾳ). Lorsque Aristote dit que le νοῦς παθητικὸς est périssable, il parle d'un troisième νοῦς, qui est le siège des émotions généreuses, des désirs, de l'amour, de la haine, des souvenirs, et qui appartient au composé (III, p. 188, 1-11; p. 194, 10-26; p. 195, 26 et sqq. : φθαρτὸν δὲ λέγει τὸν κοινόν, καθ' ὃν ὁ ἄνθρωπος ὁ συγκείμενος ἐκ ψυχῆς καὶ σώματος, ἐν ᾧ θυμοὶ καὶ ἐπιθυμίαι ἃ καὶ Πλάτων φθαρτὰ ὑπολαμβάνει).

Alexandre d'Aphrodise a une manière différente d'entendre la même question (*De anima cum mantissa*). A son sens, le νοῦς ποιητικὸς vient du dehors (θύραθεν, ἔξωθεν); ce n'est pas une partie de notre âme (οὐκ ὢν μόριον

Mais alors que devient la tradition religieuse? N'est-elle qu'un agglomérat de vaines légendes? N'a-t-elle réellement aucune valeur philosophique? Telle n'est pas la pensée d'Aristote ; il se garde de prendre l'allure d'un sophiste.

Il y a des mythes religieux qui prêtent à la divinité notre forme corporelle, nos vices, nos passions et nos crimes. Et ceux-là, il faut les rejeter comme autant de blasphèmes ; Platon, en cette matière, n'a pas péché par excès d'austérité [1].

Quant aux autres mythes de même ordre, surtout ceux qui remontent à une haute antiquité et que l'on trouve presque partout, ils ont d'ordinaire un certain fond de justesse. Non qu'il faille, à la manière de Platon, les regarder comme des symboles humains de l'intraduisible au-delà. Rien, à l'exception de la matière, n'est totalement intraduisible ; il n'y a qu'une raison pour les hommes et pour les dieux. Mais on peut faire de ces mythes un examen critique, les préciser de plus en plus et dégager enfin la part de vérité qu'ils enveloppent. Il résulte, par exemple, des légendes accumulées au cours des âges sur le compte des dieux, « qu'ils existent réelle-

---

καὶ δύναμίς τις τῆς ἡμετέρας ψυχῆς); et il est seul immortel (108, 22-24, 30). Le νοῦς παθητικός n'est qu'une sorte de puissance inhérente à l'organisme, qui disparaît avec l'organisme lui-même (112, 18-32 ; 113, 1 et sqq.).

De cette divergence sont sortis deux courants d'interprétation. Quant à nous, Themistius nous semble platoniser Aristote plus que de raison ; ALEX. d'APHRODISE est plus près du « maître ».

1. ARIST., *Met.*, B, 4, 1000ᵃ, 9-19 : ... ἀλλὰ περὶ μὲν τῶν μυθικῶς σοφιζομένων οὐκ ἄξιον μετὰ σπουδῆς σκοπεῖν ; *Ibid.*, 2, 997ᵇ, 8-12 ; parfois cependant, Aristote condescend à voir jusque dans les légendes les plus indignes des dieux un élément de vérité (*Met.*, Λ, 8, 1074ᵇ, 5-10). — Cf. *Poet.*, Σ, 25, 1460ᵇ, 32-36, 1461ᵃ, 1 ; *Polit.*, A, 1252ᵇ, 24-27 : l'anthropomorphisme, voilà l'idée inspiratrice de ces mythes ; et c'est là une erreur de fond.

ment et que le divin enveloppe la nature entière; le reste n'est que de la fable [1] ».

Ce n'est pas à dire que l'on doive, comme Platon, travailler à la purification de la religion populaire : c'est là un rêve, et qui a son danger. Les hommes, en général, n'ont ni le temps ni la puissance d'esprit voulus pour s'élever à l'idée pure. C'est le mythe qui les charme, c'est le mythe qui les persuade ; et quand on essaie de le leur enlever, le fruit de vérité qu'il contient se volatilise du même coup. Il faut donc laisser au peuple ses fables favorites; elles lui sont nécessaires. La philosophie ne sera jamais que le bien de quelques sages. C'est ce que semblent avoir compris les premiers dompteurs d'hommes : ils ont inventé de divines légendes pour imposer à leurs semblables un commencement de discipline sociale [2]; et l'on n'a qu'à suivre leur prudent exemple. Il importe au premier chef d'élever des temples dans la cité idéale, d'y créer des collèges de prêtres aux frais de l'État [3] et d'y permettre à la foule le culte de ses dieux, même les plus étranges [4].

Tels sont les éléments de l'éthique aristotélicienne. L'impression dominante qui s'en dégage, c'est qu'elle est principalement expérimentale : elle se fonde presque tout entière sur une analyse de nos actions dont le but

---

1. Arist., *Met.*, Λ, 8, 1074ᵇ, 1-14; v. plus haut, pp. 236-237.
2. *Id., Ibid.*, 1074ᵇ, 3-5 : τὰ δὲ λοιπὰ μυθικῶς ἤδη προσῆκται πρὸς τὴν πειθὼ τῶν πολλῶν καὶ πρὸς τὴν εἰς τοὺς νόμους καὶ τὸ συμφέρον χρῆσιν.
3. *Id., Polit.*, II, 8, 1328ᵇ, 11-13, 20-23; *Ibid.*, 9, 1329ᵃ, 28-34; *Ibid.*, 12, 1331ᵃ, 24 et sqq.; *Ibid.*, 10, 1330ᵃ, 8-16.
4. *Id., Ibid.*, II, 17, 1336ᵇ, 14-19 : ... Πρὸς δὲ τούτοις ἀφίησιν ὁ νόμος τοὺς ἔχοντας ἡλικίαν πλέον προήκουσαν καὶ ὑπὲρ αὑτῶν καὶ τέκνων καὶ γυναικῶν τιμαλφεῖν τοὺς θεούς; *Ibid.*, 16, 1335ᵇ, 12-16.

est de les coordonner en vue du bonheur. Mais ce serait une exagération de croire qu'elle est indépendante de la métaphysique. Elle s'y ramène au contraire de plusieurs côtés à la fois : et par la notion du plaisir qui vient d'un acte, lequel à son tour vient d'une puissance; et par la notion de la vertu qui n'est que le perfectionnement de nos facultés; et par l'idée du bonheur qui a sa source dans l'achèvement de la « forme » humaine. On ne peut pas même dire que l'éthique d'Aristote soit indépendante de la religion. Dieu produit l'ordre des choses par l'attrait qu'il exerce sur la nature; et, à ce titre, il est encore le fondement de toute relation morale. Bien plus, Dieu se situe, au sommet de la hiérarchie des êtres, comme le terme d'une obligation : c'est un devoir essentiel de lui accorder l'hommage de la « τιμή ». Aristote a éthérisé la religion; il ne l'a point rayée du domaine de la morale.

CHAPITRE II

LA FAMILLE.

L'individu ne se suffit pas à lui-même. Comme il meurt, il faut qu'avant de mourir il se reproduise dans son semblable. Et cette œuvre de propagation de l'espèce suppose le rapprochement des sexes : elle s'accomplit par l'union de l'homme et de la femme. La famille est d'une nécessité primordiale : c'est la première en date et la plus naturelle des communautés[1].

Il importe donc de chercher quelle en doit être l'organisation, de déterminer successivement les relations mutuelles des membres qui la composent et les biens de nature diverse dont elle a besoin pour subsister.

Le père n'a pas de devoirs de justice à l'égard de ses enfants, aussi longtemps qu'ils sont mineurs. On peut alors les considérer comme une simple extension de sa personne, comme « des parties de son être »; et l'on ne saurait être ni juste ni injuste pour soi-même : toute question de droit suppose que l'on est deux[2]. Mais où la justice ne trouve pas de place, prédomine un principe supérieur, qui est l'amour; et ce principe, d'ordinaire,

---

1. Arist., *Eth. Nic.*, Θ, 14, 1162ª, 15-29 : ... ἄνθρωπος γὰρ τῇ φύσει συνδυαστικὸν μᾶλλον ἢ πολιτικόν, ὅσῳ πρότερον καὶ ἀναγκαιότερον οἰκία πόλεως, καὶ τεκνοποιία κοινότερον τοῖς ζῴοις...; *Polit.*, A, 2, 1252ª, 26-30.
2. *Id.*, *Eth. Nic.*, E, 10, 1134ᵇ, 8-13; *Eth. mag.*, A, 34, 1194ᵇ, 10-22.

suffit à tout. Par le fait que le père voit dans ses enfants comme des parcelles de sa propre vie, par le fait qu'ils sont d'autres « lui-même », il éprouve à leur égard une tendresse inaltérable et toujours en éveil ; il leur procure en chaque occasion ce que son expérience lui inspire de meilleur; il pourvoit avec un soin jaloux au développement normal de leur corps et de leur âme[1].

Et puisque telle est la nature de l'autorité paternelle, puisqu'elle a pour principe je ne sais quelle bonté inépuisable qui donne d'abord la vie et s'attache ensuite à la développer, on voit du même coup comment les enfants doivent se comporter à son endroit. Ce n'est pas assez pour eux de s'y soumettre; ce n'est pas assez non plus d'y répondre par un tribut d'affection, si généreux qu'il soit : l'affection ne suffit à payer l'affection que lorsqu'il s'agit de personnes égales. Il faut rendre aux parents le même genre d'hommage qu'aux dieux qui les ont associés à leur puissance créatrice : c'est par l'honneur surtout que l'on s'acquitte à leur égard dans la mesure du possible[2].

Entre le mari et la femme, l'amitié joue encore le rôle capital; et plus elle acquiert de force, plus elle s'élève vers sa forme supérieure qui est d'avoir la vertu pour règle, plus elle apporte au foyer d'ordre et d'intimes joies[3]. Mais, si grande que devienne sa douce influence,

---

1. Arist., *Eth. Nic.*, Θ, 14, 1161ᵇ, 27-29 : γονεῖς μὲν οὖν τέκνα φιλοῦσιν ὡς ἑαυτούς (τὰ γὰρ ἐξ αὐτῶν οἷον ἕτεροι αὐτοὶ τῷ κεχωρίσθαι); *Ibid.*, 12, 1160ᵇ, 24-27; *Ibid.*, 13, 1161ᵃ, 10-20 ; *Ibid.*, 14, 1162ᵃ, 4-7 ; *Polit.*, A, 12, 1259ᵃ, 37 et sqq.; 1259ᵇ, 10-17; cf. *Eth. Nic.*, Θ, 9, 1159ᵃ, 27-33 ; *Ibid.*, I, 7, 1167ᵇ-1168ᵃ.

2. *Id.*, *Eth. Nic.*, Θ, 13, 1161ᵃ, 20-22; *Ibid.*, 14, 1162ᵃ, 4-7 ; *Ibid.*, I, 1, 1164ᵇ, 3-6; *Ibid.*, 2, 1165ᵃ, 24-25.

3. *Id.*, *Ibid.*, Θ, 14, 1162ᵃ, 15-29; *Ibid.*, 11, 1160ᵃ, 7-8; *Ibid.*, 13, 1161ᵃ, 22-25.

elle ne fonde pas à elle seule toutes les relations conjugales; ici, la justice intervient[1]. La femme a une raison inachevée, mais réelle; elle est capable de bonheur; elle a des droits. Et ces droits sont assez nettement définis par la nature elle-même[2]. La femme n'est point faite, comme le voulait Platon, pour la politique et la guerre; ses fonctions sont d'ordre intérieur : ce qui lui revient, c'est le soin des enfants et celui du ménage[3]. De plus, elle jouit d'un certain pouvoir délibératif : elle a le droit d'être consultée sur les questions qui concernent la famille, comme le citoyen celui de voter en ce qui intéresse l'État. Mais ce n'est pas à elle de décider. Le commandement appartient au mari qui l'emporte en raison[4]. Ainsi le veut l'ordre des choses; et l'expérience montre qu'on ne s'en éloigne pas impunément. A Lacédémone, les femmes pouvaient hériter; elles perdirent leur patrie. Dans cette cité de soldats, elles n'eurent pas de peine à se faire des amants qui leur léguèrent des biens considérables. De là des conséquences fatales, qui s'affirmèrent de plus en plus avec le temps. Les femmes contractèrent elles-mêmes des habitudes croissantes de mollesse et de débauche; peu à peu la fortune du pays se groupa tout entière dans quelques mains. Et l'État des Spartiates, de moins en moins peuplé, finit par ne plus avoir qu'un nombre insuffisant de défenseurs. Lacédémone déclina pour n'avoir pas com-

---

1. Arist., *Eth. Nic.*, E, 10, 1134ᵇ, 15-17 : διὸ μᾶλλον πρὸς γυναῖκά ἐστι δίκαιον ἢ πρὸς τέκνα καὶ κτήματα· τοῦτο γάρ ἐστι τὸ οἰκονομικὸν δίκαιον; *Eth. mag.*, A, 34, 1194ᵇ, 22-28.
2. Id., *Eth. Nic.*, Θ, 12, 1160ᵇ, 32-35; *Ibid.*, 14, 1162ᵃ, 20-24.
3. Id., *Polit.*, B, 6, 1264ᵇ, 37-39; *Ibid.*, 5, 1264ᵃ, 40, 1264ᵇ, 1-6.
4. Id., *Ibid.*, A, 12, 1259ᵃ, 37-40, 1259ᵇ, 1-10; *Eth. Nic.*, Θ, 12, 1160ᵇ, 32-35; *Ibid.*, 13, 1161ᵃ, 22-25; *Polit.*, A, 2, 1252ᵃ, 26-34, 1252ᵇ, 1-9.

pris que l'homme est le chef naturel de la famille[1].

Dans les rapports fraternels, la justice et l'amitié semblent aller de pair. Les frères sont des êtres libres de même dignité ; ce sont des égaux, qui ont des droits égaux. Si l'on peut dire de l'autorité paternelle qu'elle est royale et du pouvoir marital qu'il est aristocratique, il est légitime aussi de comparer la vie fraternelle à la timocratie. Mais cette timocratie familiale ne ressemble pas de tous points aux autres régimes de même nature ; l'amitié y tient une place beaucoup plus grande que dans les cités qui ont choisi cette forme de gouvernement. Les frères sont des rejetons de la même souche ; ils ont à peu près le même âge : ce qui établit entre eux une harmonie profonde de sentiments et d'idées. Vivant dans le même foyer, ils ont appris dès la plus tendre enfance à se chérir les uns les autres. De là une tendresse mutuelle qui donne au respect de la justice une prédominance particulière[2].

Outre ses membres proprement dits, la famille antique comprenait des esclaves. Et Platon sent déjà ce qu'il y a d'anormal dans la condition faite à ces êtres humains ; il y voit une nécessité que l'on ne peut admettre qu'à contrecœur[3]. Aristote n'a point de tels scrupules. Plus positif que son maître, observateur autant que métaphysicien, le fils

---

1. Arist., *Polit.*, B, 9, 1269^b, 12-40, 1270^b, 1-34; cf. *Ibid.*, E, 7, 1306^b, 27-31. — Platon signale également la licence des Lacédémoniennes (*De leg.*, I, 637^c, éd. Steph.).

2. *Id., Eth. Nic.*, Θ, 14, 1161^b, 27-35, 1262^a, 9-15; *Ibid.*, 12, 1161^a, 3-6; *Ibid.*, 13, 1161^a, 25-30.

3. Plat., *De leg.*, VI, 776^b-778^b. Platon ne songe pas à légitimer l'esclavage. De plus, il remarque avec justesse que, si les esclaves sont des êtres diminués, la cause en est d'ordinaire, non dans la nature, mais dans les mauvais traitements qu'on leur inflige ; il a de la question une vue plus compréhensive et plus vraie.

du médecin d'Amyntas érige la coutume en principe et s'efforce de la légitimer.

La famille se compose de personnes libres. Or une personne libre ne s'abaisse pas au point de vaquer à toute espèce de besognes. Sa loi dominante est d'éviter ce qui peut diminuer la beauté du corps, la noblesse des sentiments et la vigueur de l'esprit. Elle ne porte pas de fardeaux, elle ne défonce pas la terre, elle ne fabrique ni ses vêtements ni ses chaussures, elle laisse à d'autres la pratique du commerce : tout travail manuel, tout trafic a pour elle quelque chose de déshonorant[1]. Elle apporte même une certaine sobriété à la culture des beaux-arts; il y faut des attitudes et des mouvements qui tendent à détruire l'eurythmie des formes physiques. Jupiter ne joue pas de la cithare; c'est assez pour lui d'écouter les citharistes[2]. Et l'on raconte que Minerve, après avoir inventé la flûte, la rejeta loin d'elle à cause de la difformité que produit dans les traits l'usage de cet instrument[2].

L'activité d'un homme libre ne descend pas au-dessous de ce luxe de la vie qui la rend « belle et bonne ». Et, par suite, il faut qu'il y ait au foyer domestique des êtres inférieurs à qui reviennent les nécessités de l'existence, des « outils vivants » dont la destinée soit de remplir les fonctions qui la rendent possible. L'esclavage est un besoin de la condition humaine[3]; et à ce besoin, la nature a pourvu comme à tout le reste. Il y a une classe de gens qui ne sont élevés que d'un degré au-dessus de la bête. Leur intelligence est si faible qu'ils ne savent point s'en servir par eux-

---

1. Arist., Polit., Θ, 2, 1337ᵇ, 4-15.
2. Id., Ibid., Θ, 5, 1339ᵇ, 7-10; Ibid., 6, 1340ᵇ, 35-39; Ibid., 1341ᵇ, 3-6.
3. Id., Ibid., A, 4, 1253ᵇ, 23-38, 1254ᵃ, 1-17.

mêmes : ils manquent à peu près totalement d'initiative. Lorsqu'on leur parle le langage de la raison, ils le sentent beaucoup plus qu'ils ne le comprennent; ils seraient incapables de le découvrir. Ces gens ne sont nés ni pour gouverner les autres ni pour se gouverner eux-mêmes. Leur vocation forcée et la plus conforme à leur intérêt, c'est d'obéir; et voilà les esclaves[1]. On les reconnaît d'ailleurs à certaines marques physiques : ils ont une vigueur tout animale, ils marchent courbés vers la terre et sont comme façonnés du dehors aux fonctions subalternes qui les attendent[2].

Du moment que l'esclavage suppose une telle infériorité de nature, on n'a point le droit d'y réduire tout le monde indistinctement. Les Grecs, par exemple, sont dignes de la liberté; ils demeurent tels, en quelque endroit qu'ils aillent fixer leurs pénates, quelles que soient les vicissitudes qu'ils viennent à subir : c'est un bien dont ils ne sauraient être privés sans injustice. Au contraire, les Barbares montrent assez par leurs mœurs qu'ils sont faits pour être asservis; les sociétés qu'ils forment ne comptent que des esclaves. Il est permis de les vendre, de les acheter, de conserver comme « une chose » les prisonniers de guerre qu'on leur fait. Les poètes ont raison de dire « qu'il convient aux Hellènes de commander aux barbares »[3].

Une autre conséquence du même principe, c'est qu'entre le maître et l'esclave il ne peut y avoir ni relation de justice, ni relation d'amitié. Vu que l'esclave « ne possède

---

1. Arist., *Polit.*, A, 5, 1254ª, 17-39, 1254ᵇ, 1-26; *Ibid.*, A, 2, 1252ª, 30-34, 1252ᵇ, 1-5; cf. *Ibid.*, Γ, 6, 1278ᵇ, 32-37.
2. *Id., Ibid.*, A, 5, 1254ᵇ, 27 et sqq.
3. *Id., Ibid.*, A, 2, 1252ᵇ, 5-9; *Ibid.*, A, 6, 1255ª, 28-40; *Ibid.*, H, 7; 1327ᵇ, 18-36; *Eth. Nic.*, Θ, 12, 1160ᵇ, 27-29.

pas la raison » ou ne la possède que dans une mesure insigniflante, il n'a pas de droits[1]; et de lui à son maître la différence est si profonde qu'entre l'un et l'autre il ne peut s'établir aucune espèce d'affection[2]. Ce n'est pas à dire qu'il ne faille user envers les esclaves que de la verge et du cachot; il est bon de les traiter le plus possible par la douceur et la persuasion[3]. En outre, tout esclave est un homme et peut être aimé comme tel[4]. Mais de semblables égards demandent de la prudence ; rien n'est difficile comme la conduite des esclaves : l'extrême sévérité les contraint à la révolte, et l'indulgence leur en inspire l'idée[5].

Les esclaves ne sont que des instruments de travail (ἔργανα). Il faut de plus à chaque famille une certaine somme de biens, soit pour se nourrir, soit pour se vêtir, soit pour se protéger contre les intempéries de l'air; et l'acquisition de ces biens est soumise à des lois dont l'ensemble relève de l'économie.

Les uns font paître des troupeaux qu'ils conduisent de pays en pays « comme un sol vivant »; les autres cultivent la terre; ceux-ci vivent de chasse, ceux-là de pêche. Et tous ces moyens sont légitimes[6]. Légitimes sont aussi les

---

[1] Arist., *Eth. Nic.*, E, 10, 1134ᵇ, 8-12.
[2] *Id.*, *Ibid.*, Θ, 13, 1161ᵇ, 1-5 : φιλία δ' οὐκ ἔστι πρὸς τὰ ἄψυχα οὐδὲ δίκαιον. Ἀλλ' οὐδὲ πρὸς ἵππον ἢ βοῦν, οὐδὲ πρὸς δοῦλον ᾗ δοῦλος. Οὐδὲν γὰρ κοινόν ἐστιν· ὁ γὰρ δοῦλος ἔμψυχον ὄργανον, τὸ δ' ὄργανον ἄψυχος δοῦλος.
[3] *Id.*, *Polit.*, A, 13, 1260ᵇ, 5-7.
[4] *Id.*, *Eth. Nic.*, Θ, 13, 1161ᵇ, 5-8 : ᾗ μὲν οὖν δοῦλος, οὐκ ἔστι φιλία πρὸς αὐτόν, ᾗ δ' ἄνθρωπος· δοκεῖ γὰρ εἶναί τι δίκαιον παντὶ ἀνθρώπῳ πρὸς πάντα τὸν δυνάμενον κοινωνῆσαι νόμου καὶ συνθήκης· καὶ φιλίας δή, καθ' ὅσον ἄνθρωπος; *Polit.*, A, 6, 1255ᵇ, 6-15.
[5] *Id.*, *Polit.*, A, 6, 1255ᵇ, 12-15; *Ibid.*, B, 9, 1269ᵃ, 34-40, 1269ᵇ, 1-12.
[6] *Id.*, *Ibid.*, A, 8, 1256ᵃ, 30-41, 1256ᵇ, 1-22.

conquêtes que l'on fait sur les Barbares; vu que leur destinée est de vivre sous le joug [1].

Les provisions une fois réunies, les uns se trouvent d'avoir tel bien en surabondance et manquent de tel autre, tandis que le cas contraire se produit chez les voisins; et de là des échanges en nature qui ont également leur raison d'être, qui sont encore conformes à l'ordre [2]. Mais la question revêt un autre caractère, lorsqu'il s'agit d'échange contre monnaie, c'est-à-dire de commerce. L'échange en nature trouve une limite dans les besoins de la famille en faveur de laquelle il s'opère [3]; l'échange contre monnaie [4] n'a pas de borne : infinie est la somme des ressources que l'on y peut acquérir [5]. Il allume donc la soif insatiable de l'or [6]; il ne tarde pas à produire des fortunes immenses : et de là résultent des inconvénients qui finissent par tout perdre. L'équilibre des classes, si nécessaire à la paix commune, est de plus en plus troublé [7]. Il s'introduit dans les âmes une fièvre de jouissance et une estime exclusive de la richesse, qui développent toutes les passions, où disparaissent peu à peu le sens et l'amour du bien [8].

Le commerce est mauvais par les suites qu'il amène. Et l'on en peut dire autant du prêt à intérêt qui l'accompagne toujours : il n'a pas de limite non plus et

---

1. Arist., *Polit.*, A, 8, 1256ᵇ, 23-39.
2. Id., *Ibid.*, 0, 1256ᵇ, 40-41, 1257ᵃ, 1-30.
3. Id., *Ibid.*, 1257ᵃ, 14-19, 28-30.
4. Id., *Ibid.*, 0, 1257ᵃ, 30-41, 1257ᵇ, 1-22; cf. *Eth. Nic.*, I, 1, 1163ᵇ-1164ᵇ.
5. Id., *Polit.*, A, 9, 1256ᵇ, 40-41, 1257ᵃ, 1-5; *Ibid.*, 1257ᵇ, 22-34.
6. Id., *Ibid.*, 0, 1257ᵇ, 40-41, 1258ᵃ, 1-18; cf. *Ibid.*, B, 7, 1267ᵇ, 3 et sqq.
7. Id., *Ibid.*, Δ, 11, 1295ᵇ, 3-28.
8. Id., *Ibid.*, B, 7, 1266ᵇ, 24-31; *Ibid.*, 0, 1269ᵇ, 19-27 et sqq. : Il s'agit des femmes de Sparte dont l'histoire est résumée plus haut.

par là même il tend aussi à déchaîner toutes les convoitises. En outre, ce dernier mode d'acquisition est injuste par nature : l'argent ne produit rien ; il est stérile. L'on exige un bénéfice illégitime, lorsqu'on demande à ses débiteurs quelque chose de plus que la somme prêtée[1].

Telle est l'idée qu'Aristote s'est faite de la famille. Et cette idée une fois connue, on est à même de mieux comprendre sa réfutation de la *République*.

D'après ce que l'on vient de voir, la famille tient à l'essence même de l'homme : elle est d'institution naturelle. Platon a méconnu ce fait fondamental ; et cette méprise initiale entraîne toute une série de conséquences funestes. Établissez la communauté des biens, et vous supprimez du coup le véritable stimulant du travail. D'ordinaire, on ne s'intéresse franchement qu'à soi-même et aux siens, on ne se dépense que pour ses propres affaires. S'agit-il du bien public, les autres sont assez nombreux pour y veiller, et l'on ne montre du zèle qu'à toucher son salaire : les fonctionnaires sont paresseux[2]. Établissez la communauté des femmes et des enfants, et vous tarissez la source principale de l'amitié ; vous détruisez par le fait la plus solide garantie de la concorde civile. C'est dans la famille surtout que l'amitié devient intense et pure, qu'elle s'unit à la vertu et milite en faveur de l'ordre. Ailleurs, elle n'a d'ordinaire qu'une influence médiocre ; c'est comme une goutte de liqueur dans un vase rempli d'eau. Ou bien la société se fragmente en foyers, ou bien il n'existe plus entre

---

[1]. Arist., *Polit.*, A, 10, 1258ᵃ, 38-40, 1259ᵇ, 1-3. — Platon prohibe également l'usure (*De leg.*, V, 742ᵇ).

[2]. Id., Ibid., B, 3, 1261ᵇ, 32-38 ; Ibid., 5, 1263ᵃ, 40-41, 1263ᵇ, 1-7 ; Ibid., 4, 1262ᵇ, 22-23.

les hommes aucune bienveillance efficace [1]. Que deviennent d'ailleurs, dans l'hypothèse de *Socrate*, les lois naturelles qui président à la vie de famille ? D'après sa doctrine, on ne connaît ni son père, ni sa mère, ni ses frères, ni ses sœurs. On aura donc fatalement des rapports illicites avec eux. On se trouvera sans le savoir de les injurier, de les frapper, d'entretenir avec les siens des amours incestueux : autant de violations de ces préceptes non écrits, qu'aucune convention humaine ne saurait abolir [2].

« La politique de *Socrate* est spécieuse et d'aspect philanthropique. L'auditeur l'accueille avec plaisir, dans la pensée qu'elle peut inspirer à l'homme un amour incroyable pour ses pareils » [3]. Mais, en réalité, c'est au résultat contraire qu'elle aboutit : elle détruit l'ordre social, précisément parce qu'elle nie celui de la famille. Et ce mal universel, elle le produit sans aucune compensation, au profit d'un postulat insoutenable. L'idée maîtresse dont s'inspire Platon, c'est celle de l'unité. Or cette idée le trompe en politique, non moins qu'en métaphysique. La société est essentiellement une pluralité; et cette pluralité ne se compose pas d'éléments identiques : il y faut des chefs, des juges, des soldats, des agriculteurs, des artisans. La société est essentiellement une pluralité hétérogène ; par là même son unité ne peut être que relative, analogue à celle d'une harmonie [4].

Ces considérations d'Aristote sur la famille révèlent avant tout un sens profond des conditions pratiques de

---

1. Arist., *Polit.*, B, 4, 1262^b, 7-24; *Ibid.*, 3, 1261^b, 32-39, 1262^b, 1-14
2. *Id., Ibid.*, 4, 1262^a, 24-40.
3. *Id., Ibid.*, B, 5, 1263^b, 15-18.
4. *Id., Ibid.*, 2, 1261^a, 14-39, 1261^b, 1-15; *Ibid.*, 5, 1263^b, 27-37

la vie ; il sait que les hommes en général ne veulent le bien que dans la mesure de leur bien [1] ; et il se prononce hardiment pour la propriété et le mariage traditionnel où se réalise le mieux cette alliance de l'égoïsme et du devoir. Ses erreurs elles-mêmes viennent d'une connaissance singulièrement pénétrante de la logique réelle. S'il soutient la thèse de l'esclavage, c'est qu'il sent avec force combien il y a de péril à lâcher dans la cité toute une masse d'individus dont l'ignorance, la convoitise et les prétentions croissantes ne peuvent que troubler les affaires publiques. Et ce péril existe encore, il est plus grand que jamais : il n'y a rien de menaçant comme les démocraties modernes. S'il condamne le commerce et le prêt à intérêt, c'est qu'en définitive il voit dans ces deux modes d'acquisition des principes de décadence morale : il a déjà observé que la plupart des hommes sont incapables de supporter la richesse.

1. Arist., *Polit.*, B, 3, 1261ᵇ, 33-35 : ἥκιστα γὰρ ἐπιμελείας τυγχάνει τὸ πλείστων κοινόν· τῶν γὰρ ἰδίων μάλιστα φροντίζουσιν, τῶν δὲ κοινῶν ἧττον, ἢ ὅσον ἑκάστῳ ἐπιβάλλει. Platon a beaucoup moins ce sentiment de la réalité vive, au moins dans la période moyenne ; il croit davantage au perfectionnement possible de notre nature. Encore sa *République* n'est-elle, pour lui, qu'une limite dont on peut s'approcher de plus en plus, mais que l'on n'atteint jamais (*Rep.*, V, 472ᵃ et sqq.).

CHAPITRE III

LA CITÉ [1].

La famille se développe en bourgades [2]; et les bourgades, à leur tour, se groupent sous forme de cité [3]. Pourquoi ce dernier mode d'association?

Le but de la cité n'est pas la conquête; sur ce point capital, les Crétois et les Lacédémoniens se sont trompés. Outre qu'il vaut mieux commander à des personnes libres qu'à des vaincus [4], il existe un droit des gens, au moins

1. Il est certain que nous n'avons pas le plan primitif de la *Politique* d'Aristote. Les livres VII et VIII font suite au livre III. Ainsi semble le vouloir l'ordre naturel des questions. De plus, le livre III se termine par cette phrase inachevée : ἀνάγκη δὴ τὸν μέλλοντα περὶ αὐτῆς [πολιτείας τῆς ἀρίστης] ποιήσασθαι τὴν προσήκουσαν σκέψιν... La même phrase est reprise en partie et achevée au commencement du livre VII : περὶ πολιτείας ἀρίστης τὸν μέλλοντα ποιήσασθαι τὴν προσήκουσαν ζήτησιν ἀνάγκη διορίσασθαι πρῶτον τίς αἱρετώτατος βίος. Certains passages du livre IV (1289ᵃ, 30; 1290ᵃ 1-2; 1293ᵇ, 1-3), où l'on parle de l'aristocratie comme d'un sujet déjà traité, supposent également l'antériorité des livres VII et VIII. On discute, en second lieu, la question de savoir s'il faut intervertir les livres V et VI. On remarque en troisième lieu, dans la *Politique* d'Aristote, des altérations et des lacunes assez nombreuses. — Il est inutile, croyons-nous, de nous étendre sur ces questions de critique philologique; elles sont traitées de main de maître et avec un luxe exceptionnel d'érudition par Édouard Zeller (ouvr. cit., II, 2, 672-678, n. 2).

2. Arist., *Polit.*, A, 2, 1252ᵇ, 15-16 : ἡ δ' ἐκ πλειόνων οἰκιῶν κοινωνία πρώτη χρήσεως ἕνεκεν μὴ ἐφημέρου κώμη.

3. *Id., Ibid.* : ἡ δ' ἐκ πλειόνων κωμῶν κοινωνία τέλειος πόλις.

4. *Id., Ibid.*, II, 14, 1333ᵇ, 27-29.

entre nations civilisées ; et ce droit veut que l'on ne chasse pas aux hommes comme aux bêtes [1]. De plus, la guerre n'est qu'un moyen, qui a sa fin dans la paix : on prend de la peine pour avoir du loisir, on se bat pour trouver l'indépendance et dans l'indépendance la beauté de la vie [2]. Les faits d'ailleurs parlent ici plus haut que le raisonnement. Une organisation toute militaire de l'État ne va pas sans dommage. Lorsqu'un chef d'armée est assez fort pour asservir les voisins, il peut aussi dominer ses concitoyens ; et de là un danger perpétuel de tyrannie auquel les Spartiates eux-mêmes n'ont pas toujours échappé : on en a comme preuve la conduite de Pausanias [3]. Chose plus grave encore, Lacédémone a trouvé dans son militarisme l'une des principales causes de sa perte. C'est une remarque que Platon a faite dans ses *Lois*, et l'on ne peut que lui donner raison. « La constitution » des Spartiates « est tout entière ordonnée vers une partie de la vertu, celle qui est relative aux combats... Aussi se conservaient-ils dans la guerre ; mais ils se perdaient dans la paix, pour ne pas savoir user de leurs loisirs et ne pratiquer aucun exercice supérieur à celui des armes. Là se trouve un vice qui n'est pas de mince importance. Ils pensent, il est vrai, que les conquêtes sont plutôt le résultat de la vertu que celui de la méchanceté ; et c'est juste. Mais ils supposent en même temps qu'elles l'emportent en valeur sur la vertu : en quoi ils se trompent » [4].

1. Arist., *Polit.*, II, 2, 1324^b, 36-41 ; *Ibid.*, 14, 1334^a, 2.
2. *Id.*, *Ibid.*, 14, 1333^a, 33-41, 1333^b, 1-3 ; *Ibid.*, 1333^b, 38-41, 1334^a, 1-2 ; *Ibid.*, 15, 1334^a, 11-16 ; *Ibid.*, 2, 1324^b, 1-36.
3. *Id.*, *Ibid.*, II, 14, 1333^b, 29-35.
4. *Id.*, *Ibid.*, II, 9, 1271^a, 41, 1271^b, 1-10 ; cf. *Ibid.*, II, 14, 1333^b, 14-26 ; Plat., *De leg.*, III, 688^a.

Le but de la cité ne consiste pas non plus dans les avantages qui résultent d'une alliance défensive ou d'un traité de commerce, si intimes et si durables que soient ces conventions ; car chacun des peuples qui les ont signées garde sa forme de gouvernement, ses magistrats et ses lois[1]. Supposé même qu'un certain nombre d'individus de professions diverses, architectes, laboureurs et cordonniers, viennent à conclure un pacte par lequel ils se promettent soit de respecter la justice dans leurs échanges quotidiens, soit de se défendre les uns les autres contre les agressions extérieures ; que l'on élève, si l'on veut, jusqu'à dix mille et plus la quantité des personnes groupées de cette sorte : on n'aura pas encore une cité[2].

On a vu plus haut que le bonheur est la fin suprême de la vie. Voilà aussi et par suite la fin de la cité[3] : c'est en elle et par elle que le bonheur devient pratiquement possible ; du moins, c'est en elle et par elle qu'il trouve son achèvement.

La voie qui mène au bonheur est la pratique de la justice[4] et de l'amitié. L'homme qui vit à l'écart de toute corporation sociale, ignore l'un et l'autre de ces deux sentiments : c'est le plus impie et le plus cruel des animaux, un monstre sans foi ni loi. La sauvagerie habite en son âme ; et rien n'est terrible comme la sauvagerie ar-

---

1. Arist., *Polit.*, Γ, 9, 1280ᵃ, 31-40, 1280ᵇ, 1-6.
2. *Id.*, *Ibid.*, Γ, 9, 1280ᵇ, 17-29.
3. *Id.*, *Ibid.*, Α, 1, 1252ᵃ, 1-7 ; *Ibid.*, Γ, 9, 1280ᵇ, 20-40, 1281ᵃ, 1-2 : ... πόλις δὲ ἡ γενῶν καὶ κωμῶν κοινωνία ζωῆς τελείας καὶ αὐτάρκους. Τοῦτο δ' ἐστίν, ὡς φαμέν, τὸ ζῆν εὐδαιμόνως καὶ καλῶς ; *Ibid.*, Δ, 11, 1295ᵃ, 35-40, 1295ᵇ, 1 ; *Ibid.*, II, 1, 1323ᵃ-1324ᵃ : ... ἑπόμενον δ' ἐστὶ καὶ τῶν αὐτῶν λόγων δεόμενον καὶ πόλιν εὐδαίμονα τὴν ἀρίστην εἶναι καὶ πράττουσαν καλῶς... *Ibid.*, II, 8, 1328ᵃ, 35-41 ; *Ibid.*, 13, 1331ᵇ, 39-41, 1332ᵃ, 1-35.
4. Ce terme se prend ici dans le sens large et signifie la vertu tout court.

mée [1]. Le premier apprentissage de la civilisation a lieu dans la famille : c'est là que le cœur humain commence à s'apprivoiser. Mais la famille, par elle-même, ne suffit ni à faire prévaloir l'ordre qui constitue son idéal, ni à se protéger contre les agressions du dehors, ni à satisfaire ce besoin naturel de sympathie sous l'influence duquel tout homme recherche le commerce de son semblable. C'est dans la cité seulement que les lois sont assez précises et assez fortes pour imposer le respect de la beauté morale, la pratique de cette vertu qui résume toutes les autres et que l'on appelle la justice [2]; c'est dans la cité seulement que l'amitié peut s'épanouir sous ses formes diverses [3].

Vers la cité tendent à la fois et la famille, et la fratrie, et la tribu. Toutes ces sociétés inférieures trouvent en elle le principe d'où résultent leur harmonie interne et leur accord mutuel; elle les englobe et les façonne : elle en est la forme. Et cette forme est assez puissante pour que la vie se suffise à elle-même [4]. De plus, puisque c'est par la cité que s'achève l'œuvre du bonheur, nous sommes nés pour l'une au même titre que pour l'autre;

---

1. Arist., *Polit.*, A, 2, 1253ᵃ, 3-9, 27-37.

2. Id., *Ibid.*, A, 2, 1252ᵇ, 27-34, 1253ᵃ, 1; *Ibid.*, 1253ᵃ, 10-18, 37-38 : ἡ δὲ δικαιοσύνη πολιτικόν· ἡ γὰρ δίκη πολιτικῆς κοινωνίας τάξις ἐστίν· ἡ δὲ δίκη τοῦ δικαίου κρίσις; cf. *Eth. Nic.*, A, 13, 1102ᵃ, 5-17; *Ibid.*, E, 3, 1129ᵇ, 11-34, 1130ᵃ, 1-11; *Ibid.*, 4, 1130ᵇ, 1-5; *Polit.*, Γ, 9, 1281ᵃ, 2-8; *Ibid.*, Δ, 11, 1295ᵃ, 35-40; *Ibid.*, H, 1, 1323ᵇ, 29-41; *Ibid.*, 2, 1324ᵃ, 23-25; *Ibid.*, 1324ᵇ, 41, 1325ᵃ, 1-10; *Ibid.*, 3, 1325ᵇ, 14-23.

3. Id., *Polit.*, Γ, 9, 1278ᵇ, 17-21; *Ibid.*, 9, 1280ᵇ, 36-40; *Ibid.*, Δ, 11, 1295ᵇ, 21-25 : ...ἡ γὰρ κοινωνία φιλικόν...; v. plus haut, p. 324-325.

4. Id., *Ibid.*, A, 1, 1252ᵃ, 5-7 : ἡ πασῶν κυριωτάτη καὶ πάσας περιέχουσα τὰς ἄλλας [ἡ πόλις]; *Ibid.*, 2, 1252ᵇ, 27-34, 1253ᵃ, 1; *Ibid.*, 1253ᵃ, 18-27; *Ibid.*, Γ, 9, 1280ᵇ, 29-35; *Eth. Nic.*, Θ, 11, 1160ᵃ, 11-30 : ...Πᾶσαι δὴ φαίνονται αἱ κοινωνίαι μόρια τῆς πολιτικῆς εἶναι.

« la nature a fait de l'homme un animal politique »[1]. On voit aussi par là quelle place il faut donner à la science de l'État. Elle est supérieure à l'éthique, supérieure à l'économie : c'est la partie la plus excellente de « la philosophie des actions humaines », celle qui la domine et la couronne[2].

Toute cité suppose un gouvernement[3], lequel peut revêtir un certain nombre de formes diverses.

Quelles sont ces formes? à quels types dominants faut-il les ramener? c'est une question qu'Aristote traite en plusieurs endroits; et sa pensée, pour aboutir, y décrit plus d'un méandre.

Au chapitre 7 du livre III de la *Politique*, il expose une classification des formes gouvernementales qui se fonde tout entière sur deux principes assez externes[4] : le nombre des gouvernants et la fin qu'ils se proposent. Il faut que le pouvoir soit exercé par un seul, par quelques-uns, ou par le peuple lui-même; et, dans chacun de ces cas, il faut qu'il le soit en vue du bien public ou en vue du bien privé. De là trois formes politiques qui ont pour but l'intérêt général, à savoir : la monarchie, l'aristocratie, la république; et trois autres formes

---

[1]. Arist., *Polit.*, A, 2, 1253ª, 1-3.

[2]. V. plus haut, p. 207.

[3]. Arist., *Polit.*, Γ, 1, 1274ᵇ, 38 : ἡ δὲ πολιτεία τῶν τὴν πόλιν οἰκούντων ἐστὶ τάξις τις; *Ibid.*, 1273ᵇ, 18-21.

[4]. C'est ce qu'a observé Montesquieu (*De l'esprit des lois*, p. 154, éd. Garnier, Paris) : « L'embarras d'Aristote paraît visiblement quand il traite de la monarchie. Il en établit cinq espèces : il ne les distingue pas par la forme de la constitution, mais par des choses d'accident, comme les vertus ou les vices du prince; ou par des choses étrangères, comme l'usurpation de la tyrannie ou la succession de la tyrannie. »

politiques où l'on se propose au contraire la poursuite de l'intérêt privé, à savoir : la tyrannie, l'oligarchie, la démocratie. Comme tout vaut et se définit par sa fin, il n'y a de ces six espèces de gouvernements que les trois premières qui soient légitimes; on ne peut voir dans les autres que des déviations plus ou moins graves.

La même théorie est reproduite au chapitre 2 du livre IV du même traité; on la retrouve également, bien qu'avec quelques nuances, au livre VIII, chapitre 12 de l'*Ethique à Nicomaque*[1] : ce qui prouve qu'elle n'était pas, pour Aristote, une manière de voir passagère. Il essaie même, en certains endroits, d'en donner une explication plus approfondie. Ce qui devient alors la note caractéristique de la monarchie, c'est une sorte de bonté paternelle mûrie par les ans[2]. Ce qui fait le trait essentiel de l'aristocratie, c'est la vertu longtemps cultivée par l'éducation dans une race d'élite[3]. Le petit et le grand nombre des gouvernants ne sont plus que des différences accidentelles de l'oligarchie et de la démocratie; ces deux formes politiques se distinguent avant tout par la richesse et la pauvreté[4].

---

1. 1160ᵃ, 33-35 : Τρίτη δ'ἡ ἀπὸ τιμημάτων, ἣν τιμοκρατικὴν λέγειν οἰκεῖον φαίνεται, πολιτείαν δ' αὐτὴν εἰώθασιν οἱ πλεῖστοι καλεῖν. La république, en ce passage, est une timocratie. Mais il n'y a là qu'une apparence de variante. Lorsque Aristote, au chapitre 9 du livre IV de la *Politique*, explique ce qu'il faut entendre par la république, il en fait une timocratie. On n'est donc pas fondé à conclure de cette différence de langage que ses idées se sont modifiées de la composition de l'*Ethique* à celle de la *Politique*.

2. Arist., *Polit.*, A, 12, 1259ᵇ, 10-17 : ἡ δὲ τῶν τέκνων ἀρχὴ βασιλική· τὸ γὰρ γεννῆσαν καὶ κατὰ φιλίαν ἄρχον καὶ κατὰ πρεσβείαν ἐστίν, ὅπερ ἐστὶ βασιλικῆς εἶδος ἀρχῆς...; *Eth. Nic.*, Θ, 12, 1160ᵇ, 22-27; *Ibid.*, 13, 1161ᵃ, 10-22.

3. *Id.*, *Polit.*, Δ, 7, 1293ᵇ, 1-6; *Ibid.*, Γ, 15, 1286ᵇ, 3-7; *Ibid.*, 17, 1288ᵃ, 9-12.

4. *Id., Ibid.*, Γ, 8, 1279ᵇ, 16-40 :... ᾧ δὲ διαφέρουσιν ἥ τε δημοκρατία καὶ ἡ

Ailleurs, Aristote raisonne d'une autre façon. Aux chapitres 3 et 4 du livre IV de la *Politique*, il se demande d'où peut provenir la diversité des gouvernements. Or, d'après son analyse, elle a pour cause la prédominance de telle classe sociale sur les autres. Et, parmi ces classes, il en est deux dont l'influence décide ordinairement de tout : celle des riches et celle des pauvres. Par suite, c'est à l'oligarchie ou bien à la démocratie que l'on aboutit fatalement dans les États qui se composent d'hommes libres ou seulement en train de le devenir : il n'y a pas d'autre issue possible au combat qui s'y soutient pour la conquête du pouvoir [1]. De là deux régimes naturels, qui sortent tout vivants de la spontanéité sociale. Mais ces deux régimes, Aristote préfère ne point les regarder comme primitifs; il aime mieux y voir des déviations pratiques de ce qu'il appelle « le régime idéal ou parfait » [2]. De plus, il faut tenir compte de la monarchie, cette forme politique des peuples qui n'ont pas encore pris conscience d'eux-mêmes. Et l'on obtient de la sorte une division quaternaire.

Au chapitre 7 du même livre, on trouve une troisième variante. Il ne s'agit plus, en ce passage, de classifications ternaires ou quaternaires. Aristote y énumère, avec Platon, quatre formes politiques : la monarchie,

---

ὀλιγαρχία ἀλλήλων, πενία καὶ πλοῦτός ἐστιν; *Ibid.*, 1280ᵃ, 1-6; *Ibid.*, Δ, 4, 1290ᵃ, 40 et sqq., 1290ᵇ, 17-20.

1. ARIST., *Polit.*, Δ, 3, 1289ᵇ, 5-13 :... διὸ ταῦτα μέρη μάλιστα εἶναι δοκεῖ πόλεως, οἱ εὔποροι καὶ οἱ ἄποροι. ἔτι δὲ διὰ τὸ ὡς ἐπὶ τὸ πολὺ τοὺς μὲν ὀλίγους εἶναι τοὺς δὲ πολλοὺς, ταῦτα ἐναντία μέρη φαίνεται τῶν τῆς πόλεως μορίων. ὥστε καὶ τὰς πολιτείας κατὰ τὰς ὑπεροχὰς τούτων καθιστᾶσι, καὶ δύο πολιτεῖαι δοκοῦσιν εἶναι, δημοκρατία καὶ ὀλιγαρχία; cf. *Ibid.*, 3, 1289ᵇ-1290ᵃ.

2. *Id., Ibid.*, Δ, 3, 1290ᵃ, 22-29.

l'oligarchie, la démocratie, l'aristocratie, formes auxquelles il ajoute la république (πολιτεία) [1].

On peut soutenir cependant que ces divergences ne vont pas jusqu'à la contradiction. La première et la seconde classifications partent de points de vue divers : l'une est finale, l'autre causale ; il est naturel qu'elles soient elles-mêmes diverses. La troisième est une division en vogue qu'Aristote accepte pour la commodité du sujet.

Le gouvernement le plus parfait est celui qui se rapporte le mieux au caractère du peuple pour lequel il est établi [2].

Par suite, le gouvernement le plus parfait, pour les nations qui ont pris l'habitude de l'esclavage, c'est la monarchie. Elles sont ou sont devenues incapables de commander ; le meilleur est donc qu'elles obéissent ; il ne peut rien leur arriver de plus heureux que de trouver un individu supérieur qui s'empare des affaires publiques et les dirige à sa guise [3].

De plus, si, dans une société de personnes libres, il venait à naître un homme assez élevé en sagesse pour être comme un dieu ou même comme un héros au regard des autres hommes, la seule solution légitime serait de le proclamer roi. On commettrait une injustice en le frappant d'ostracisme. Il y aurait du ridicule à ne lui céder qu'une partie du pouvoir, encore plus, à le main-

---

1. Arist., *Polit.*, Δ, 7, 1293ᵃ, 35-42 ; v. Plat., *Politicus*, 291ᵈ-292ᵇ. Toutefois, la classification que Platon indique en ce passage ne s'accorde pas complètement avec celle d'Aristote.
2. Arist., *Polit.*, Γ, 17, 1288ᵃ, 8-15. — Cf. Montesquieu, ouvr. cit., p. 8 ; cf. La Bruyère, *Les caractères*, t. I, p. 347, Paris, 1818.
3. Arist., *Polit.*, Γ, 17, 1288ᵃ, 8-9. Cf. plus haut, p. 341.

tenir dans un état d'absolue obéissance : l'autorité de Jupiter ne souffre pas de partage ; et « les lièvres ne font pas la loi aux lions, suivant le mot d'Antisthène ». Resterait donc à l'accepter comme maître ; et il le faudrait faire sans hésitation ni regret [1]. Il n'est pas de gouvernement ordinaire qui puisse, comme un être de cette excellence, comprendre et réaliser l'œuvre du bonheur : la souveraineté de son noble vouloir est ce qui convient le mieux à de simples hommes.

En dehors de ces deux cas, dont le second n'est guère qu'un rêve, il s'agit d'hommes libres et à peu près égaux. Et, dans un milieu de cette nature, la monarchie cesse d'être le meilleur des gouvernements [2].

L'homme est plein de passions : il y a un « fauve » en lui qui est le désir. Confiez-lui un pouvoir illimité, et il devient impossible qu'il n'en abuse pas de plus en plus ; l'ambition, la sensualité et la soif de l'or seront ses conseillères : si bien qu'il finira par précipiter son peuple dans un abîme de malheurs [3]. A qui d'ailleurs

---

1. Arist., *Polit.*, 13, 1284ᵃ, 3-17 ; *Ibid.*, 1284ᵇ, 25-34 : ... λείπεται τοίνυν, ὅπερ ἔοικε πεφυκέναι, πείθεσθαι τῷ τοιούτῳ πάντας ἀσμένως, ὥστε βασιλέα εἶναι τοὺς τοιούτους ἀϊδίους ἐν ταῖς πόλεσιν ; *Ibid.*, 17, 1288ᵃ, 15-29 ; *Ibid.*, II, 3, 1325ᵇ, 10-14 ; *Ibid.*, 14, 1332ᵇ, 16-29. — Platon fait la même hypothèse (*De leg.*, IX, 875ᵉ). Il ne s'agit donc pas d'Alexandre dans ces passages d'Aristote, comme l'ont prétendu quelques interprètes ; le disciple reproduit la pensée de son maître, et peut-être dans l'unique intention de mieux faire ressortir le principe fondamental d'où dérive tout pouvoir, et qui est l'intelligence mise au service de la vertu, en un mot la sagesse.

2. Au regard d'Aristote, il n'y a de vraie monarchie que celle qui est absolue ; la monarchie constitutionnelle est déjà une manière de république (*Polit.*, I, 16, 1287ᵃ, 1-10).

3. Arist., *Polit.*, I, 16, 1287ᵃ, 28-32 : ... ὁ δ' ἄνθρωπον κελεύων προστίθησι καὶ θηρίον· ἥ τε γὰρ ἐπιθυμία τοιοῦτον, καὶ ὁ θυμὸς ἄρχοντας διαστρέφει καὶ τοὺς ἀρίστους ἄνδρας ; *Ibid.*, 15, 1286ᵃ, 17-20. — Cf. Plat., *De leg.*, IX, 874ᵉ et sq. : il oppose à la monarchie la même raison.

léguera-t-il son autorité, en quittant la vie? il est naturel qu'il la confie à l'un de ses enfants : l'hérédité politique est la conséquence de la monarchie. Et là se révèle un nouveau danger. Comme on ne reçoit en partage ni l'intelligence, ni la vertu pour être le fils d'un roi, c'est entre les mains d'un homme quelconque, d'une médiocrité le plus souvent, qu'iront tomber les rênes du pouvoir [1]. Il faut donc qu'il y ait un principe de gouvernement à la fois plus fixe et plus juste que la volonté d'un seul; il faut qu'il y ait un ensemble de règles votées par une assemblée régulière et qui ne puissent être modifiées que par une assemblée de même nature : « la loi » s'impose comme un élément essentiel de la meilleure des formes politiques [2].

Il est vrai que tous les inconvénients ne se trouvent pas conjurés par là même. Il y a, dans chaque peuple, un quotient d'individus imbéciles et dépravés dont la présence tend à devenir funeste [3] : c'est ce que Solon et quelques autres législateurs avaient vivement senti [4]. Mais, outre que le nombre de ces unités sociales peut diminuer de plus en plus sous l'influence d'une éducation bien comprise, elles n'ont pas assez de force pour l'emporter d'ordinaire. Il en est de la part qu'elles prennent aux votes publics comme d'un peu de mauvaise nourriture, mêlé à une quantité considérable de mets

---

1. Arist., *Polit.*, Γ, 15, 1286ᵇ, 22-27.

2. *Id., Ibid.*, Γ, 16, 1287ᵃ, 18-20 : τὸν ἄρα νόμον ἄρχειν αἱρετώτερον (μᾶλλον) ἢ τῶν πολιτῶν ἕνα τινά; *Ibid.*, 11, 1282ᵇ, 1-3, 10-11.

3. *Id., Ibid.*, Γ, 11, 1281ᵇ, 15-34 : ... Καίτοι τί διαφέρουσιν ἔνιοι τῶν θηρίων ὡς ἔπος εἰπεῖν;...

4. *Id., Ibid...*; cf. Πολιτεία Ἀθηναίων, V-XIII, éd. Frid. Blass, Lipsiæ, 1898.

excellents : leur action est neutralisée. Ce qui domine, c'est le bon sens de l'ensemble ; et le bon sens de l'ensemble vaut plus que celui d'un seul : l'assemblée du peuple est comme un homme où se concentreraient tout l'esprit et toute la vertu des personnes qui la composent [1]. D'autre part, il est difficile que le monarque traite toutes les affaires par lui-même ; il faut qu'il se choisisse un nombre plus ou moins considérable de collaborateurs : il ne devient capable d'exercer son pouvoir qu'à condition de former autour de sa personne une sorte d'assemblée. Mais alors ne vaut-il pas mieux que cette assemblée soit nommée par les citoyens eux-mêmes ? Un groupe d'hommes indépendants n'offre-t-il pas plus de garanties qu'un troupeau de flatteurs [2] ? Corruption pour corruption, c'est celle de la loi qui a le moins de fréquence et le moins de gravité.

De plus, on ne conçoit pas une société d'hommes égaux, où le pouvoir dépend totalement d'une seule volonté ; c'est un régime contre nature. Tous les hommes égaux ont les mêmes droits, dans la mesure où ils sont tels ; et, par suite, ils doivent tous participer de quelque manière à la direction des affaires publiques [3]. La monarchie devient une injustice, dès qu'il ne s'agit plus de peuplades primitives ou de ce chef surhumain que l'on a mentionné plus haut.

Par le fait même, cette forme politique aboutit fatale-

---

1. Arist., *Polit.*, Γ, 11, 1281ᵃ, 40-42, 1281ᵇ, 1-15, 34-38 ; 1282ᵇ, 14 et sqq. ; la même pensée revient jusqu'à la fin du chapitre. — *Ibid.*, 15, 1286ᵃ, 20-40 ; 1286, 1-10 ; *Ibid.*, 16, 1287ᵇ, 25-35.

2. *Id., Ibid.*, 1287ᵇ, 8-11.

3. *Id., Ibid.*, Γ, 16, 1287ᵃ, 10-20 ; *Ibid.*, E, 8, 1308ᵃ, 10-13 ; *Ibid.*, H, 3, 1325ᵇ, 7-10 ; *Ibid.*, 14, 1332ᵇ, 16-29.

ment à des révolutions désastreuses. Celui qui a tous les droits, peut aussi mettre la force de son côté ; comme il le peut, il le fait d'ordinaire : et l'on arrive à la tyrannie [1]. Ceux qui n'ont point de droits, finissent par prendre conscience qu'ils devraient en avoir : c'est l'effet d'une évolution que rien ne saurait arrêter [2]. Ils deviennent alors les ennemis de l'État, s'entendent, conspirent jusqu'à ce qu'ils soient les maîtres [3] : et l'on glisse dans la démocratie. La monarchie, chez les peuples libres, est un mal ; et les extrêmes qu'elle enfante sont encore pires qu'elle.

Il faut que tous les citoyens participent au pouvoir : c'est le second principe de la meilleure des formes politiques ; mais dans quelle mesure doit se faire cette universelle participation ?

D'après les tenants de la démocratie, l'idéal à poursuivre est l'indépendance totale de chacun à l'égard de tous : c'est la liberté complète, celle où chaque individu vit comme il lui plaît. Cette liberté n'est possible que si l'on ne tient plus aucun compte des supériorités qui viennent de l'intelligence, de la vertu, de la naissance ou de la richesse ; pour l'obtenir, il faut considérer les citoyens comme des unités mathématiques et leur attribuer à tous des droits absolument égaux. Par suite, le cens est supprimé, on n'emploie plus le vote pour la nomination aux charges ; le cens suppose des inégalités et le vote en peut produire. Toutes les fonctions publiques sont ac-

1. ARIST., *Polit.*, Γ, 15, 1286ᵇ, 27-40 : Pour limiter la garde, il faut que la loi existe déjà ; l'hypothèse est qu'il n'y en a pas.
2. *Id., Ibid.*, 15, 1286ᵇ, 20-22 ; *Ibid.*, Δ, 6, 1292ᵇ, 41 et sqq. ; *Ibid.*, 15, 1299ᵇ, 38 et sqq. ; *Ibid.*, E, 9, 1309ᵇ, 38 et sqq.
3. *Id., Ibid.*, Γ, 11, 1281ᵇ, 25-34.

cessibles à tous; et c'est le sort qui décide de ceux qui les doivent remplir. Toutes les causes aussi sont jugées par tous, dans la mesure où les conditions pratiques de la vie le permettent. Il n'existe pas de magistratures perpétuelles; il n'en est pas non plus que l'on puisse exercer deux fois de suite, à l'exception de l'autorité militaire. Le droit se compose des décrets qu'arrête la foule; et ces décrets ne souffrent pas d'appel : ils ont une valeur absolue [1].

Cette théorie enveloppe une exagération dangereuse. C'est une grave imprudence que de confier au premier venu les fonctions les plus importantes de l'État; elles demandent une somme de droiture et d'expérience qui n'est pas ordinaire et que le sort ne saurait discerner. Le système de la fève n'est pas soutenable [2]; Socrate a eu raison en le poursuivant de son implacable ironie. D'ailleurs, l'heureux exercice des charges n'est qu'un aspect de la vie politique; il y faut considérer aussi l'équilibre des classes et les chances de corruption que présente le régime en vigueur. Or, à ces deux points de vue, la démocratie a des suites pernicieuses et qui ne peuvent que s'aggraver avec le temps. Du moment que les individus n'y comptent que comme des unités numériques, les pauvres qui sont les plus nombreux l'emportent fatalement : ils deviennent les maîtres de la cité; et les riches se trouvent livrés aux caprices d'une foule inepte autant

---

1. Arist., *Polit.*, Z, 2, 1317ᵃ-1318ᵇ.
2. *Id.*, *Ibid.*, Γ, 11, 1281ᵇ, 24-28 : τοιοῦτοι δ' εἰσὶν ὅσοι μήτε πλούσιοι μήτε ἀξίωμα ἔχουσιν ἀρετῆς μηδέν· τὸ μὲν γὰρ μετέχειν αὐτοὺς τῶν ἀρχῶν τῶν μεγίστων οὐκ ἀσφαλὲς (διά τε γὰρ ἀδικίαν καὶ ἀφροσύνην τὰ μὲν ἀδικεῖν ἂν τὰ δ' ἁμαρτάνειν αὐτούς)...

qu'avide [1]. Précisément parce que cette foule est telle de sa nature, elle ne tarde pas à tomber sous la domination des démagogues ; et dès lors, tout va se précipitant vers la ruine finale. La loi ne compte plus ; les décrets la remplacent. Les chefs que le peuple se donne ne songent qu'à le flatter pour conserver leur influence : ils cultivent avec art sa jalousie farouche et sa rapacité ; et l'on assiste à un défilé croissant de délations, de procès, d'exils, de confiscations. La démocratie pure devient en peu de temps une tyrannie collective qui n'est guère moins terrible que l'autre [2].

Le vice radical de la démocratie est de se fonder sur une idée incomplète de la justice. On n'y tient compte que de la quantité [3]; besoin s'impose de considérer aussi la qualité. Les nobles veulent être tout ; ainsi des riches, ainsi de ceux-là mêmes qui se disent vertueux et que l'on appelle « les bons » [4]. Et ce sont là autant de prétentions exagérées ; le désir, comme on l'a vu, ne connaît pas de limites. Mais on commettrait l'excès contraire, en excluant de la cité des supériorités sociales qui sont nécessaires au bonheur public. La vraie solution, c'est de donner plus à celui qui vaut plus, et moins à celui qui

---

1. Arist., *Polit.*, Z, 2, 1317ᵇ, 7-10 : φασὶ γὰρ δεῖν ἴσον ἔχειν ἕκαστον τῶν πολιτῶν· ὥστε ἐν ταῖς δημοκρατίαις συμβαίνει κυριωτέρους εἶναι τοὺς ἀπόρους τῶν εὐπόρων· πλείους γάρ εἰσι, κύριον δὲ τὸ τῶν πλειόνων δόξαν; *Ibid.*, Δ, 6, 1292ᵇ, 41, 1293ᵃ, 1-10.

2. Id., *Ibid.*, Δ, 4, 1292ᵃ, 2-32 ; *Polit.*, E, 9, 1310ᵃ, 25-36 ; Πολιτ. Ἀθηναίων, XXVIII. Cf. Plat., *De leg.*, III, 698ᵃ et sqq.

3. Arist., *Polit.*, Z, 2, 1317ᵇ, 3-4 : Καὶ γὰρ τὸ δίκαιον τὸ δημοτικὸν τὸ ἴσον ἔχειν ἐστὶ κατ' ἀριθμὸν ἀλλὰ μὴ κατ' ἀξίαν.

4. Id., *Polit.*, E, 1, 1301ᵃ, 28-40, 1301ᵇ, 1-6 : Aristote a l'air ici de ménager la classe des vertueux ; c'est qu'il s'agit, dans sa pensée, de ceux qui le sont vraiment et excellemment. Voir, dans *la Cité antique* de Fustel de Coulanges, le rôle politique des « bons » (pp. 329-331, Hachette, Paris, 1880).

vaut moins : ainsi le veut l'intérêt général. La participation de tous au pouvoir doit être proportionnelle ; la justice arithmétique se corrige en s'alliant à la justice géométrique [1].

Cette première restriction ne suffit pas ; il faut encore épurer la cité des éléments qui ne font point partie de son essence. Tous ceux qui l'habitent n'en sont pas. Elle contient des membres proprement dits ou citoyens, et des « instruments animés » qui ne sont pour elle que des conditions d'existence. Or cette dernière catégorie, ce clan des « nécessaires » qui pourtant ne comptent point, ne comprend pas seulement la tourbe des esclaves ; elle s'étend aux mercenaires (θῆτες), aux artisans (βάναυσοι), aux agriculteurs eux-mêmes (γεωργοί), lesquels n'ont point par ailleurs la propriété du sol qui boit leur sueur. La cité a pour fin naturelle le bonheur ; le bonheur suppose la vertu ; et celui qui vit de son travail n'a point les loisirs voulus pour l'acquérir. Bien plus, sa besogne l'avilit et le rend à la longue incapable de s'élever si haut. Un citoyen ne doit avoir que des occupations libérales [2].

Ainsi la meilleure des formes politiques est une aristocratie des plus impitoyablement fermées aux prétentions du grand nombre : tout y travaille, sans dédommagement, au profit d'une élite affinée, qui comprend des degrés divers, mais qui se réserve tous les droits politiques et tous les biens, parce qu'elle est seule capable de collaborer efficacement à l'œuvre du bonheur et d'en jouir.

1. Arist., Polit., Γ, 12, 1282ᵇ, 14-27; Ibid., E, 1, 1301ᵇ, 29-40, 1302ᵃ, 1-8; Ibid., Ζ, 3, 1318ᵃ, 27-40, 1318ᵇ, 1-5; cf. Plat., De leg., VI, 757ᵃ.
2. Arist., Polit., Γ, 5, 1277ᵇ, 33-39, 1278ᵃ, 1-21; cf. Ibid., II, 8, 1328ᵃ, 21-37; Ibid., D, 1328ᵇ, 33-41 ; 1329ᵃ, 17-26 : ...τὸ γὰρ βάναυσον οὐ μετέχει τῆς πόλεως, οὐδ' ἄλλο οὐθὲν γένος ὃ μὴ τῆς ἀρετῆς δημιουργόν ἐστι.

Comment se constitue l'État auquel convient ce « régime parfait »? Quelles sont la nature et l'extension de son territoire? Quel emplacement et quelle grandeur doit avoir sa capitale? Lui faut-il un port? et à quelle distance sied-il de le situer pour que les citoyens n'aient pas à souffrir du contact des commerçants et des étrangers? Combien y a-t-il d'espèces de charges publiques? De quelle manière et à qui peut-on les départir avec le plus d'avantage? Ce sont autant de questions qu'Aristote traite au livre VII de la *Politique* avec un soin minutieux[1], comme l'a fait Platon lui-même dans ses *Lois*[2]. Et, quand on regarde de près à cette description, on y reconnaît sans peine l'idéalisation de l'Attique : le Stagirite s'y révèle comme un Athénien de cœur.

En cherchant la meilleure des formes politiques, Aristote rencontre sur sa route les constitutions de Carthage[3], de Lacédémone[4], de la Crète[5], la réforme de Solon[6], les théories de Phaléas[7] et d'Hippodamos[8]; et il en fait la critique avec cette puissance de pénétration qui est l'un des traits dominants de son génie. La meilleure des formes politiques une fois découverte, il aborde les systèmes qui n'ont qu'une perfection relative, ceux aussi qui ne sont que des déviations franchement perverses[9]. Il étudie sous

---

1. V. du chapitre 4 au chapitre 13; v. aussi pour les charges, *Ibid.*, Δ, 15, 16; Z, 8.
2. VI.
3. Arist., *Polit.*, B. 11, 1272ᵇ. — 4. *Id., Ibid.*, 9, 1269ᵃ. — 5. *Id., Ibid.*, 10, 1271ᵇ. — 6. *Id., Ibid.*, 12, 1273ᵇ. — 7. *Id., Ibid.*, 7, 1266ᵃ. — 8. *Id., Ibid.*, 8, 1267ᵇ.
9. Dans la *Polit.* (IV, 1), Aristote distingue, au point de vue de la perfection, quatre formes politiques : 1° πολιτείαν τὴν ἁπλῶς ἀρίστην, κατ' εὐχήν, μηδενὸς ἐμποδίζοντος τῶν ἐκτός; 2° τὴν ἐκ τῶν ὑποκειμένων ἀρίστην; 3° τρίτην ἐξ ὑποθέσεως; 4° παρὰ πάντα δὲ ταῦτα τὴν μάλιστα πάσαις ταῖς πόλεσιν ἁρμόττουσαν. Et il

leurs différents aspects la république [1], l'oligarchie [2], la démocratie [3] et la tyrannie [4]. Au cours de ses développements, il trouve l'occasion de mentionner la constitution de Mantinée, singulièrement intéressante au point de vue moderne, puisqu'elle est un échantillon antique de gouvernement représentatif [5].

Nous ne pouvons le suivre dans ces études de détails; il doit nous suffire d'avoir formulé les principes dont elles ne sont que des applications diverses.

Il est plus difficile peut-être de conserver une constitution que d'en tracer le plan et de l'établir : c'est toujours une machine complexe dont les rouages sont susceptibles de se vicier; et chacun des troubles partiels nuit plus ou moins au fonctionnement normal de l'ensemble.

Le moyen le plus efficace d'assurer la persistance d'un régime politique, c'est l'éducation [6]. Mais il est nécessaire de la bien concevoir, si l'on veut qu'elle aboutisse au

---

explique lui-même ce qu'il faut entendre par la troisième de ces formes, bien que Göttling et Barthélemy Saint-Hilaire se soient mépris là-dessus : ἔτι τρίτην ἐξ ὑποθέσεως· δεῖ γὰρ τὴν δοθεῖσαν δύνασθαι θεωρεῖν, ἐξ ἀρχῆς τε πῶς ἂν γένοιτο, καὶ γενομένη τίνα τρόπον ἂν σώζοιτο πλεῖστον χρόνον· λέγω δ' οἷον εἴ τινι πόλει συμβέβηκε μήτε τὴν ἀρίστην πολιτεύεσθαι πολιτείαν ἀχορήγητόν τε εἶναι καὶ τῶν ἀναγκαίων (c. à d. des conditions voulues par la meilleure des politiques), μήτε τὴν ἐνδεχομένην ἐκ τῶν ὑπαρχόντων, ἀλλά τινα φαυλοτέραν. Platon ne compte que trois formes politiques : la première fait l'objet de la *République*, la deuxième celui des *Lois*; de la troisième il ne dit rien de précis (*De leg.* V, 739ᵃ et sqq.).

1. Arist., *Polit.*, Δ, 9, 1294ᵃ; *Ibid.*, E, 12, 1315ᵇ. — 2. *Id.*, *Ibid.*, 5-6, 1292ᵃ; *Ibid.*, Z, 6, 1320ᵇ. — 3. *Id.*, *Ibid.*, 4, 1291ᵇ, 30 et sqq.; *Ibid.*, 6, 1292ᵇ; *Ibid.*, Z, 2, 1317ᵃ. — 4. *Id.*, *Ibid.*, Δ, 10, 1295ᵃ; *Ibid.*, E, 10-11, 1310ᵃ. — 5. *Id.*, *Ibid.*, Z, 4, 1318ᵇ, 6-32.

6. *Id.*, *Ibid.*, Γ, 17, 1288ᵃ, 32-41, 1288ᵇ, 1-2; *Ibid.*, E, 9, 1310ᵃ, 12-19 : μέγιστον δὲ πάντων τῶν εἰρημένων πρὸς τὸ διαμένειν τὰς πολιτείας, οὗ νῦν ὀλιγωροῦσι πάντες, τὸ παιδεύεσθαι πρὸς τὰς πολιτείας...; *Ibid.*, Θ, 1, 1337ᵃ, 11-14.

résultat capital que l'on a le droit d'en attendre. Comme tous les citoyens d'un État donné poursuivent le même but par les mêmes lois, ils doivent avoir aussi le même esprit, le même fond de croyances et les mêmes mœurs; par suite, il faut que l'éducation soit une. Les divergences à cet égard sont une source d'antipathies qui troublent la concorde et se traduisent au bout d'un certain temps par des luttes intestines : ce qui met tout en péril[1]. Il faut aussi que l'éducation soit adaptée à la nature de la constitution en vigueur, monarchique sous la monarchie, aristocratique sous l'aristocratie, républicaine sous la république : ainsi des autres formes de gouvernement[2]. Par là même, on commettrait une grave erreur en l'abandonnant aux soins des particuliers; il faut qu'elle soit publique, comme à Lacédémone : l'État doit en garder le monopole. Ce n'est pas que le père de famille n'y ait un certain droit *in radice;* mais ce droit n'entre pas en exercice. Il est nécessaire que la cité soit; et la cité ne peut être que si elle façonne les citoyens à sa propre image[3].

Grande est aussi l'influence qu'exerce la conduite des gouvernants. Une administration bienveillante, honnête et légale s'impose aux plus difficiles[4]. Tout au contraire, l'injure et le mépris sont de nature à soulever de dangereuses indignations : les fils de Pisistrate tombèrent pour avoir outragé la sœur d'Harmodius; analogue fut la fin

---

1. Arist., *Polit.*, B, 5, 1263ᵇ, 36-37; *Ibid.*, Θ, 1, 1337ᵃ, 21-23 : ἐπεὶ δ' ἓν τὸ τέλος τῇ πόλει πάσῃ, φανερὸν ὅτι καὶ τὴν παιδείαν μίαν καὶ τὴν αὐτὴν ἀναγκαῖον εἶναι πάντων...

2. *Id., Ibid.*, E, 9, 1310ᵃ, 12-22; *Ibid.*, Θ, 1, 1337ᵃ, 14-21.

3. *Id., Ibid.*, H, 14, 1333ᵃ, 11-16; *Ibid.*, Θ, 1, 1337ᵃ, 21-34.

4. *Id., Ibid.*, E, 8, 1308ᵃ, 3-11; *Ibid.*, 9, 1309ᵃ, 33-37.

de Périandre, tyran d'Ambracie[1]. Les dilapidations[2] et les illégalités[3] ne tardent pas non plus à exaspérer le sentiment de la justice, qui est peut-être le plus profond du cœur humain. Ainsi des « sophismes politiques », de l'usage, par exemple, de mettre à l'amende les riches qui ne viennent pas aux assemblées, qui ne se rendent pas aux tribunaux ou ne s'achètent point des armes, tandis que l'on se garde bien d'inquiéter les pauvres qui commettent les mêmes négligences. Les faits se chargent de démasquer ces tromperies; et ceux qui en ont été les victimes cherchent tout naturellement à se venger[4].

Il importe également de tenir compte du rapport des lois avec les mœurs. Il arrive parfois que les mœurs sont encore démocratiques sous un régime qui ne l'est plus, oligarchiques sous un régime qui a cessé de l'être : ainsi des autres espèces de gouvernement. C'est ce qui se présente, lorsqu'on passe d'une forme politique à une autre; les mœurs anciennes persistent sous la constitution nouvelle[5]. Dans ces cas, le meilleur est d'appliquer les lois avec modération, afin de ne pas contrarier outre mesure l'opinion publique. L'idéal est qu'il existe une harmonie complète entre les mœurs et les lois[6]. Par là même, lorsque le temps a réalisé cet accord, il faut se garder d'innover à la légère, d'une manière trop brusque ou trop fréquente.

---

1. Arist., *Polit.*, E, 3, 1302^b, 6-14; *Ibid.*, 10, 1311^a, 31-40; v. aussi pour les Pisistratides Πολιτ. Ἀθηναίων, XVIII.
2. *Id.*, *Polit.*, E, 8, 1308^b, 31-40; 1309^a, 1-14.
3. *Id.*, *Ibid.*, 8, 1307^b, 30-40; *Ibid.*, 10, 1312^b, 40 et sqq.
4. *Id.*, *Ibid.*, E, 8, 1307^b, 40 : ἔπειτα μὴ πιστεύειν τοῖς σοφίσματος χάριν πρὸς τὸ πλῆθος συγκειμένοις· ἐξελέγχεται γὰρ ὑπὸ τῶν ἔργων; *Ibid.*, Δ, 13, 1297^a.
5. *Id.*, *Ibid.*, Δ, 5, 1292^b, 11-21.
6. *Id.*, *Ibid.*, 1, 1289^a, 11-25.

Sans doute, il y a des réformes qui s'imposent en vertu de l'évolution naturelle de l'esprit humain. Autrefois, par exemple, les Grecs sortaient toujours en armes et vendaient leurs femmes ; en Crète, il suffisait à quelqu'un d'obtenir le témoignage d'un certain nombre de ses parents, pour faire condamner son semblable comme coupable de meurtre. Aujourd'hui, de telles pratiques nous paraissent barbares ou simplistes. Les lois se peuvent perfectionner comme les sciences et les arts ; mais la marche à suivre n'est pas la même. La loi n'a d'autre force que celle de l'habitude : quand on la change, on lui ôte son autorité et l'on cultive d'autant l'esprit d'insubordination [1].

L'une des principales conditions de la durée d'un régime politique, c'est l'existence d'une classe moyenne dont la puissance l'emporte à la fois sur celle des riches et celle des pauvres. Supposez une société, où l'on ne compte que des grands et des petits, des richards et des miséreux ; les uns et les autres sont conduits par des voies contraires à une vie également criminelle. Ceux-ci ne savent plus ni ne peuvent plus obéir ; ceux-là ne tardent pas à former un troupeau d'êtres rampants. Et l'on obtient un État composé de despotes hautains et d'esclaves haineux : ce qui est la négation vivante de l'idéal de la cité [2]. De plus, comme cette situation est violente, il faut que l'on en sorte. Elle engendre des luttes intestines qui ne peuvent avoir que deux issues : une oligarchie débridée, si les grands l'emportent ; une démocratie féroce, si les

---

[1]. Arist., B, 8, 1268ᵇ, 26-42 ; 1269ᵃ, 1-28. — Cf. Plat., *De leg.*, VI, 772ᵃ ; Montesquieu, *ouvr. cit.*, p. 537 : Le mal de changer est-il toujours moins grand que le mal de souffrir ? Bossuet, *Polit.*, I, art. IV, prop. 8.

[2]. Arist., *Polit.*, Δ, 11, 1295ᵇ, 1-28.

petits prennent le dessus [1]. Imaginez, au contraire, une classe moyenne qui soit supérieure aux deux autres. Elle n'est point envieuse et ne devient pas non plus un objet d'envie ; elle ne conspire pas et l'on ne conspire pas contre elle. Par là même, elle se conserve ; et sa conservation devient un principe permanent d'équilibre social. Il faut l'avoir de son côté pour agir efficacement ; et son trait dominant est de rester inébranlable [2]. C'est la présence de ce moyen terme qui fait que les grandes villes se maintiennent longtemps et que les démocraties l'emportent en durée sur les oligarchies. C'est son absence qui a produit la plupart des révolutions dont les cités grecques ont été le théâtre : de là ces luttes entre riches et pauvres, ces alternatives d'oligarchie et démocratie par lesquelles on les a vues passer [3].

Il est sage, dans les monarchies et les aristocraties, de surveiller les intrigues ambitieuses des grands [4] ; et, dans les démocraties, les agissements des démagogues [5]. Il convient d'avoir des lois toutes faites d'avance pour arrêter à temps ce genre de désordre [6]. Mais, si les lois manquent ou ne sont pas suffisantes, mieux vaut employer l'ostracisme que de risquer le salut de l'État. Dans le cas donné, cette mesure extrême s'explique, vu la primauté de l'intérêt qui est en jeu. Toutefois n'y faut-il recourir

---

1. Arist., *Polit.*, E, 4, 1304ª, 33-39, 1304ᵇ, 1-4; *Ibid.*, Δ, 11, 1295ᵇ, 39-40, 1296ª, 1-6.
2. *Id., Ibid.*, Δ, 11, 1295ᵇ, 28-39; *Ibid.*, E, 3, 1302ᵇ, 33 et sqq.; *Ibid.*, 8, 1308ᵇ, 16-19; *Ibid.*, 9, 1309ᵇ, 18-31.
3. *Id., Ibid.*, Δ, 11, 1296ª, 7-10.
4. *Id., Ibid.*, E, 4, 1303ᵇ, 31-38, 1304ª, 1-17; *Ibid.*, 6, 1305ᵇ, 1-22.
5. *Id., Ibid.*, 6, 1305ᵇ, 22-36.
6. *Id., Ibid.*, 8, 1308ª, 31-35.

qu'à la dernière rigueur[1]. Outre les personnalités d'un ascendant périlleux, il peut y avoir des groupes de dissidents, où l'on rêve et parle de nouveautés. Ces groupes doivent être découverts et dispersés; et le meilleur est qu'il existe une police à cette fin : l'État ne peut se maintenir qu'autant qu'il a de son côté la bienveillance du plus grand nombre[2].

On a déjà vu que les femmes, lorsqu'on leur laisse trop de liberté, peuvent devenir pour un peuple une cause de corruption. Il faut donc régler et surveiller leur genre de vie; besoin s'impose, en particulier, de tenir pour nuls les héritages qu'elles pourraient faire[3]. On sait également que les esclaves ont des dispositions à la révolte. Il est bon de les prendre de races différentes, si l'on ne veut pas qu'ils se mettent à conspirer[4]. On ne doit pas non plus en affranchir un très grand nombre : d'ordinaire, les affranchis n'ont pas l'esprit de la cité qu'ils habitent; ils en sont bien plutôt les ennemis[5].

Au mode de départition des biens se rattachent les problèmes les plus graves. L'idéal, il est vrai, consiste à établir le règne de l'égalité; mais cette formule manque de précision. Il faut que la parité des lots soit telle que chacun se trouve à l'abri de la richesse et de la misère. De plus, cet ordre de choses une fois introduit, l'on ne peut

---

1. Arist., *Polit.*, Γ, 13, 1284ᵃ, 17-41, 1284ᵇ, 1-20 :... Βέλτιον μὲν οὖν τὸν νομοθέτην ἐξ ἀρχῆς οὕτω συστῆσαι τὴν πολιτείαν ὥστε μὴ δεῖσθαι τοιαύτης ἰατρείας· δεύτερος δὲ πλοῦς, ἂν συμβῇ, πειρᾶσθαι τοιούτῳ τινὶ διορθώματι διορθοῦν; — cf. Πολιτ. Ἀθηναίων, XXII.
2. *Id., Polit.*, E, 8, 13^3ᵇ, 20-24.
3. *Id., Ibid.*, Z, 8, 1322ᵇ, 37-39; *Ibid.*, E, 11, 1313ᵇ, 33-39; v. plus haut, p. 338.
4. *Id., Ibid.*, II, 10, 1330ᵃ, 25-30.
5. *Id., Ibid.*, E, 3, 1303ᵃ, 25-38, 1303ᵇ, 1-3 : στασιωτικὸν δὲ μὴ ὁμόφυλον, ἕως ἂν συμπνεύσῃ...

en obtenir le respect qu'en amortissant le désir au moyen d'une forte éducation : la question économique se ramène à une question d'ordre moral[1]. Mais l'égalité des biens est loin d'exister et même de pouvoir exister partout : généralement, les pauvres sont nombreux ; et, dans ces cas, l'humanité et la prudence veulent que le trésor public leur vienne en aide. Ce n'est pas qu'il faille, comme font les démagogues, donner ce que l'on a sous la main au premier qui se présente : « cette manière de faire l'aumône est un tonneau percé ». Le vrai démocrate doit viser à ce que la foule ne vive pas dans une excessive pauvreté : car c'est là ce qui rend la démocratie mauvaise. Sa tâche est d'obtenir que l'aisance devienne durable ; et la méthode appropriée consiste à réunir une grande somme d'argent, à la distribuer ensuite de telle sorte que chacun des donataires puisse acheter un champ, ou, du moins, contracter le désir d'un travail utile [2].

La population ne doit pas se réparer d'une manière quelconque ni s'augmenter à l'indéfini. Qu'il y ait une loi pour défendre de rien élever de difforme ; les êtres mal venus ne peuvent que souffrir et multiplier la souffrance, tandis qu'il faut à la cité des membres vigoureux et sains. Il est également nécessaire d'imposer une certaine limite à la procréation des enfants, si l'on veut éviter ce grouillement humain d'où naissent la misère et les révolutions. Que l'on étouffe dans le sein des mères les germes qui ne sont pas encore sensibles, toutes les fois que le nombre légalement défini se trouve dépassé ; le

---

1. Arist., *Polit.*, B, 6, 1265ᵃ, 28-38 ; *Ibid.*, 7, 1266ᵇ, 24-31 ; *Ibid.*, 7, 1267ᵃ, 29-41, 1267ᵇ, 1-9.
2. *Id., Ibid.*, Z, 5, 1320ᵃ, 29-39, 1320ᵇ, 1-2.

procédé n'a rien d'illicite ; le respect commence où commence la sensibilité [1].

Malgré ses lacunes qui d'ailleurs ne sont peut-être pas primitives, et les altérations qu'elle a subies au cours du temps, malgré les quelques erreurs dont elle est entachée et qui choquent notre sens chrétien, la *Politique* d'Aristote demeure une œuvre incomparable, la plus puissante que l'on ait jamais écrite sur la science de l'État. Sa méthode n'est ni purement positive ni purement spéculative ; elle est l'un et l'autre à la fois et dans une mesure dont la justesse a de quoi satisfaire les plus difficiles. Convaincu que les lois des faits sont dans les faits, l'idée ne lui vient pas de les tirer d'une autre source : il a étudié le plus grand nombre des constitutions grecques, il en a fait une analyse minutieuse, il les a comparées avec patience ; et c'est sur cette somme considérable de données qu'il édifie ses inductions et ses déductions [2] dont la plupart sont entrées pour toujours dans le trésor de la pensée humaine. Il est vrai que Platon lui a servi plus qu'on ne le croit d'ordinaire : nous avons essayé de le faire observer à l'occasion ; nul génie d'ailleurs n'est un déraciné. Mais du maître au disciple il y a de la distance : c'est dans Aristote seulement que l'on arrive à la rigueur scientifique.

1. Arist., *Polit.*, II, 16, 1335^b, 19-26; *Ibid.*, B, 6, 1265^a, 38-41, 1265^b, 1-12; *Ibid.*, 9, 1270^a, 39-40, 1270^b, 1-6; cf. *Ibid.*, II, 4, 1326^a, 5-7
2. *Id., Ibid.*, B, 1, 1260^b, 27-36.

CONCLUSION

LE NATURALISME ARISTOTÉLICIEN.

Du système de Platon à celui d'Aristote, la philosophie est en marche vers le naturalisme. Après Aristote, et sous son influence, ce mouvement ne fait que s'accentuer. Ses premiers disciples, si l'on en excepte le pieux Eudème [1], tendent de plus en plus à supprimer les différences qu'il a établies entre la pensée et la matière ; si bien que,

---

1. V. plus haut, p. 293, n. 1 ; p. 331, n. 2. — EUDÈME admet également une sorte de divination qui est d'inspiration platonicienne.
A son sens, la bonne fortune (εὐτυχία) ne trouve son explication complète ni *dans le hasard* (τύχη), dont les effets ne peuvent être réguliers (ἢ ἀεὶ ὡσαύτως ἢ ὡς ἐπὶ τὸ πολύ); ni *dans la science* (μάθησις), puisque les hommes qui en sont privés ont parfois de la bonne fortune (ἄφρονες γὰρ ὄντες κατορθοῦσι πολλά); ni *dans l'exercice* lui-même (ἄσκησις) ou *l'expérience* (ἐμπειρία). Il faut donc qu'il y ait une cause hypernaturelle à ce fait singulier et cependant réel; cette cause, c'est Dieu : τὸ δὲ ζητούμενον τοῦτ' ἐστί, τίς ἡ τῆς κινήσεως ἀρχὴ ἐν τῇ ψυχῇ. Δῆλον δή, ὥσπερ ἐν τῷ ὅλῳ θεός, καὶ πᾶν ἐκείνῳ. Κινεῖ γάρ πως πάντα ἐν ἡμῖν θεῖον. Λόγου δ' ἀρχὴ οὐ λόγος ἀλλά τι κρεῖττον. Τί οὖν ἂν κρεῖττον καὶ ἐπιστήμης εἴποι πλὴν θεός ; ἡ γὰρ ἀρετὴ τοῦ νοῦ ὄργανον. καὶ διὰ τοῦτο οἱ πάλαι ἔλεγον, εὐτυχεῖς καλοῦνται οἳ ἂν ὁρμήσωσι κατορθοῦν ἄλογοι ὄντες, καὶ βουλεύεσθαι οὐ συμφέρει αὐτοῖς (*Eth. Eud.*, II, 14, 1248^a, 24 et sqq.); v. aussi tout ce chapitre; *Ibid.*, A, 1, 1214^a, 14-24; *Ibid.*, B, 8, 1225^a, 27-33. V. aussi plus haut, pp. 204, n. 6. — Au contraire, la *Grande Morale*, qui n'est très probablement qu'un résumé des deux autres, est d'un aristotélisme plus pur. On n'y trouve ni la théorie d'*Eudème* sur le rapport de la vertu à Dieu (A, 35, 1198^b, 8-20; B, 10, 1208^a, 5-20), ni son explication de la bonne fortune, εὐτυχία (B, 8, 1207^a, 6-17; cf. *Ibid.*, 17 et sqq.).

au terme de leurs spéculations, il ne reste ni moteur transcendant ni « intelligence séparée » : On aboutit à une conception de l'univers d'où s'est évanouie toute idée de surnature [1].

C'est de tous côtés que le surnaturalisme superbe de Platon s'appauvrit et s'étiole sous la main d'Aristote : ses intelligibles deviennent le fond du monde sensible; de son âme entièrement éternelle il ne reste qu'une pointe de l'entendement qui ressemble bien plus à un être logique qu'à une réalité; et son Dieu si riche en science et en amour n'est plus qu'une intuition qui n'a d'autre contenu qu'elle-même.

Ces transformations diverses, Théophraste les maintient; bien plus, sa doctrine tend par endroits à les rendre plus profondes.

D'après Aristote, tous les mouvements requièrent, pour s'accomplir, une certaine portion de l'espace et par là même une certaine portion de la durée. Conformément à cette notion, il n'admet pas que les actes de la pensée soient des mouvements; car le sujet qui les produit et les supporte est indivisible. Ces actes n'ont ni terme initial ni terme final, ni avant ni après; ils s'accomplissent tout d'un coup. Théophraste n'en est pas pour cette distinction radicale entre les phénomènes de l'esprit et ceux de l'étendue. A son sens, il y a des mouvements qui s'opèrent au même instant dans toutes les parties d'une

---

1. Nous ne considérons ici les disciples immédiats d'Aristote qu'au point de vue naturaliste. Ceux qui désirent en avoir une étude complète, la trouveront dans ED. ZELLER (*loc. cit.*, II, 2, p. 806-946), qui n'omet aucun détail, aucun trait, aucun document : c'est ce que l'on possède, en l'espèce, de plus riche et de plus approfondi.

même masse [1] ; et par suite, il ne voit pas d'inconvénient à se servir de ce terme, lorsqu'il s'agit d'intellections et de jugements : pour lui, ce sont de vrais mouvements que les actes de la pensée [2].

Au regard d'Aristote, l'imagination et l'intelligence sont nettement irréductibles l'une à l'autre : la première ne renferme que des intelligibles en puissance, la seconde ne contient que des intelligibles en acte. Et de ceux-ci à ceux-là, le passage ne se fait point par voie d'affinement ; les intelligibles en acte sont des formes à l'état pur, qui se dégagent du sensible sous l'influence illuminatrice de l'intelligence active. Théophraste se demande si l'imagination se rattache à la « partie rationnelle » de l'âme ou bien à sa partie sensible [3]. Et cette question le laisse dans le doute.

On sait comment Aristote essaie d'expliquer le rapport des idées aux objets. En vertu d'une excitation dont la nature reste assez indéfinie, l'intelligence s'éveille dans les images qui nous viennent du dehors. Du même coup, elle réduit en acte les formes qui s'y trouvent à l'état latent et les perçoit. Par conséquent, la pensée n'est pas

---

1. Theophr., *Frag.* 55, p. 428ᵃ, éd. Frid. Wimmer, Firmin-Didot, Paris, 1846. Comme le fait observer Themistius, dans le fragment cité, c'est probablement sur le mode de propagation de la lumière que Théophraste fondait son sentiment. — *Ibid.*, *Frag.* 26, p. 420ᵃ.

2. *Ibid.*, *Frag.* 53 (tiré de Simpl., *Phys.*, 225), p. 426ᵃ. D'après ce passage de Simplicius, Théophraste affirme d'abord que les désirs (ἐπιθυμίαι) et les colères (ὀργαί) sont des mouvements (κινήσεις σωματικαί). Puis il ajoute un peu plus loin qu'il en va de même pour les intellections et les jugements : καὶ τούτοις ἐπάγει· ὑπὲρ μὲν οὖν τούτων σκεπτέον εἴ τινα χωρισμὸν ἔχει πρὸς τὸν ὅρον, ἐπεὶ τό γε κινήσεις εἶναι καὶ ταύτας [κρίσεις καὶ θεωρίας] ὁμολογούμενον.

3. Simpl., *In libros Arist. De an. comment.*, p. 286ᵃ, 26-32 : Simplicius, expliquant l'opinion d'Aristote sur le rapport de l'intelligence et de l'imagination, ajoute sous forme d'incidente : ... φαντασίαν, ἣν καὶ ὁ Θεόφραστος ἐν τοῖς ἰδίοις φυσικοῖς ἀπορεῖ, πότερον λογικὴν ἢ ἄλογον θετέον.

identique aux choses elles-mêmes; elle n'est identique qu'aux espèces intelligibles que nous nous en faisons. C'est là du moins ce que l'on a le droit de regarder comme l'explication dominante du Stagirite; nous ne disons pas qu'il soit impossible de fonder sur quelques-unes de ses formules une interprétation très différente : il a des textes qui, lorsqu'on les sépare de l'ensemble de sa doctrine, mènent directement à l'idéalisme [1]. Théophraste n'adopte pas de tous points la solution dualiste à laquelle s'est arrêté son maître; il paraît même l'avoir transformée en sa contraire. Comment se détermine l'intelligence passive? D'où vient l'excitation qui la fait sortir de son état de puissance? C'est un problème qu'il pose derechef. Or il se refuse à croire que le sensible puisse actionner la pensée, et même que la pensée puisse actionner le sensible, vu qu'entre le corporel et l'incorporel il n'y a pas de relation dynamique. La conséquence à laquelle il arrive, c'est que l'intelligence se développe d'elle-même, c'est qu'elle enferme en son être et les intelligibles et la spontanéité voulue pour les découvrir [2]. Mais cette

---

1. V. p. 208, n. 2; p. 385, n. 2.
2. Theophr., *Frag.* 53ᵇ (Themist., *De an.*, 91), p. 427ᵃ : ἄμεινον δὲ τὰ Θεοφράστου παραθέσθαι περί τε τοῦ δυνάμει νοῦ καὶ τοῦ ἐνεργείᾳ. Περὶ μὲν οὖν τοῦ δυνάμει τάδε φησίν : « ... πῶς δέ ποτε γίνεται τὰ νοητὰ καὶ τί τὸ πάσχειν αὐτόν; δεῖ γάρ, εἴπερ εἰς ἐνέργειαν ἥξει, καθάπερ ἡ αἴσθησις· ἀσωμάτῳ δὲ ὑπὸ σώματος τί τὸ πάθος; ἢ ποία μεταβολή; καὶ πότερον ἀπ' ἐκείνου ἡ ἀρχὴ ἢ ἀπ' αὐτοῦ; τὸ μὲν γὰρ πάσχειν ἀπ' ἐκείνου δόξειεν ἄν, οὐδὲν γὰρ ἀφ' ἑαυτοῦ τῶν ἐν πάθει, τὸ δὲ ἀρχὴ(ν) πάντων εἶναι καὶ ἐπ' αὐτῷ τὸ νοεῖν καὶ μὴ ὥσπερ ταῖς αἰσθήσεσιν ἀπ' αὐτοῦ. Τάχα δ' ἂν φανείη καὶ τοῦτο ἄτοπον, εἰ ὁ νοῦς ὕλης ἔχει φύσιν μηδὲν ὢν ἅπαντα δὲ δυνατός » ... ἀπαθὴς γάρ, φησίν, ὁ νοῦς, εἰ μὴ ἄρα ἄλλως παθητικός, καὶ ὅτι τὸ παθητικὸν ὑπ' αὐτοῦ οὐχ ὡς τὸ κινητικὸν ληπτέον, ἀτελὴς γὰρ ἡ κίνησις, ἀλλ' ὡς ἐνέργειαν. Καὶ προϊών φησι τὰς μὲν αἰσθήσεις οὐκ ἄνευ σώματος, τὸν δὲ νοῦν χωριστόν. Et la même pensée s'affirme à nouveau dans la suite du texte où il s'agit de l'intellect actif. Au regard de Théophraste, l'intelligence est tout entière séparée

conséquence ne va pas seule; elle soulève naturellement une autre question. Si les intelligibles sont dans la pensée, il s'agit plus que jamais de définir quel rapport ils peuvent avoir avec les objets réels. Et là s'accuserait, au dire de Priscien, une divergence nouvelle, beaucoup plus profonde que la première. Théophraste admettrait que les intelligibles s'identifient avec les choses dans la mesure même où elles sont « formes » : ce qui suppose que la pensée est immanente au monde, qu'elle sommeille et s'éveille en lui [1]. Toutefois, ce dernier point souffre quelque réserve. Le texte où l'on se fonde pour l'établir est la rédaction d'un néoplatonicien; et l'on n'est pas sûr de sa complète fidélité.

On connaît mieux l'idée que Théophraste s'est faite de l'âme humaine. Et là son esprit naturaliste se manifeste à nouveau. Comme il a pu voir et comparer un très grand nombre d'êtres vivants, il n'a plus une confiance absolue en la distinction métaphysique des espèces; il incline plutôt à croire que tous les individus s'apparentent de quelque manière. Pour lui, l'âme humaine, y

et ne peut éprouver l'action d'aucun corps. — PRISCIAN., *Metaphr.*, p. 25-29, Περὶ νοῦ, éd. BYWATER, Berolini, 1886.

1. PRISCIAN., *ouvr. cit.*, p. 34, 29 et sqq. : πάλιν δὲ ὑπομιμνήσκει φιλοσοφώτατα ὁ Θεόφρ. ὡς καὶ αὐτὸ τὸ εἶναι τὰ πράγματα τὸν νοῦν καὶ δυνάμει καὶ ἐνεργείᾳ ληπτέον οἰκείως· ἵνα μὴ ὡς ἐπὶ τῆς ὕλης κατὰ στέρησιν τὸ δυνάμει, ἢ κατὰ τὴν ἔξωθεν καὶ παθητικὴν τελείωσιν τὸ ἐνεργείᾳ ὑπονοήσωμεν· ἀλλὰ μηδὲ ὡς ἐπὶ τῆς αἰσθήσεως, ἔνθα διὰ τῆς τῶν αἰσθητηρίων κινήσεως ἡ τῶν λόγων γίνεται προβολή, καὶ αὕτη τῶν ἔξω κειμένων οὖσα θεωρητική, ἀλλὰ νοερῶς ἐπὶ νοῦ καὶ τὸ δυνάμει καὶ τὸ ἐνεργείᾳ εἶναι τὰ πράγματα ληπτέον... *Ibid.*, 37, 24-33 : ... τῷ νῷ, φησί (Θεόφρ.), τὰ μὲν νοητά, τουτέστι τὰ ἄϋλα, ἀεὶ ὑπάρχει· ἐπειδὴ κατ' οὐσίαν αὐτοῖς σύνεστι καὶ ἔστι(ν) ὅπερ τὰ νοητά· τὰ δὲ ἔνυλα, ὅταν νοηθῇ, καὶ αὐτὰ τῷ νῷ ὑπάρξει, οὐχ ὡς συστοίχως αὐτῷ νοηθησόμενα· οὐδέποτε γὰρ τὰ ἔνυλα τῷ νῷ ἀΰλῳ ὄντι· ἀλλ' ὅταν ὁ νοῦς τὰ ἐν αὐτῷ μὴ ὡς αὐτὰ μόνον ἀλλὰ καὶ ὡς αἰτία τῶν ἐνύλων γινωσκῇ, τότε καὶ τῷ νῷ ὑπάρξει τὰ ἔνυλα κατὰ τὴν αἰτίαν.

compris l'intelligence active, est pareille de sa nature à celle des autres animaux; elle n'en diffère que par son degré de développement. De part et d'autre, en effet, ce sont les mêmes sensations, les mêmes désirs, les mêmes passions, les mêmes raisonnements; il n'y a de dissemblance que dans l'affinement de ces divers phénomènes[1]. Assurément, Aristote est déjà sur cette voie; mais il ne va pas aussi loin. D'après sa doctrine, l'évolution des formes trouve dans les résistances de la matière une limite infranchissable.

Avec Aristoxène et Dicéarque, on fait un autre pas dans la même direction; et ce pas est considérable. Aristoxène admet l'empirisme d'Aristote. Il observe sa méthode avec rigueur et l'applique, en musique[2], d'une manière ingénieuse et féconde. Mais il subit en même temps l'influence des pythagoriciens; son intelligence demeure frappée du sens de l'harmonie qui s'est révélé dans leur école. Il se passionne pour leur théorie des nombres dont l'idée fondamentale lui semble juste, et finit par conclure que l'âme elle-même n'est qu'un certain rythme des parties du corps. L'organisme est un instrument de musique : quand il est bien accordé, la conscience jaillit et n'est que

---

[1]. PORPH., *De abst.*, III, 25, éd. RUD. HERCHER, Paris, 1858 : Θεόφραστος δὲ καὶ τοιούτῳ κέχρηται λόγῳ... πάντας δὲ τοὺς ἀνθρώπους ἀλλήλοις φαμὲν οἰκείους τε καὶ συγγενεῖς εἶναι δυοῖν θάτερον, ἢ τῷ προγόνων εἶναι τῶν αὐτῶν, ἢ τῷ τροφῆς καὶ ἠθῶν καὶ ταὐτοῦ γένους κοινωνεῖν... καὶ μὴν πᾶσι τοῖς ζώοις αἵ τε τῶν σωμάτων ἀρχαὶ πεφύκασιν αἱ αὐταί (comme les germes, la chair, etc.). Πολὺ δὲ μᾶλλον τῷ τὰς ἐν αὐτοῖς ψυχὰς ἀδιαφόρους πεφυκέναι, λέγω δὴ ταῖς ἐπιθυμίαις καὶ ταῖς ὀργαῖς, ἔτι δὲ τοῖς λογισμοῖς, καὶ μάλιστα πάντων ταῖς αἰσθήσεσιν. Ἀλλ' ὥσπερ τὰ σώματα, καὶ τὰς ψυχὰς οὕτω τὰ μὲν ἀπηκριβωμένας ἔχει τῶν ζώων, τὰ δὲ ἧττον τοιαύτας, πᾶσί γε μὴν αὐτοῖς αἱ αὐταὶ πεφύκασιν ἀρχαί. Δηλοῖ δὲ ἡ τῶν παθῶν οἰκειότης.

[2]. ARISTOXEN., *Die Harmonische fragmente*, 32, 10-33, éd. Paul Marquard, Berlin, 1868.

cet accord; elle s'évanouit dès qu'il vient à se désajuster[1].

Dicéarque s'est encore plus occupé de l'âme qu'Aristoxène, son ami; et il en donne la même définition : il la considère également comme une « harmonie des éléments » corporels. Par suite, elle ne saurait avoir une existence indépendante : elle ne peut nullement survivre à l'organisme; et la croyance en l'immortalité n'est qu'une erreur dont il faut purifier l'esprit humain [2]. Malgré cette théorie matérialiste, Dicéarque ne laisse pas d'admettre un principe divin et même une sorte de divination [3] : ce qui ne doit surprendre personne. Démocrite est tombé dans la même contradiction; et l'histoire de la

---

1. *Frag. Hist. græc.*, t. II, ARISTOX. *frag.* 82, p. 290, éd. Car. Müller Firmin-Didot, Paris, 1848 : CICERO, *Tuscul.*, I, 10 : *Aristoxenus Musicus idemque philosophus ipsius corporis intentionem quandam animam esse dixit; velut in cantu et fidibus, quæ harmonia dicitur, sic ex corporis totius natura et figura varios motus cieri, tanquam in cantu sonos. Hic Aristoxenus ab artificio suo non recessit, et tamen dixit aliquid, quod ipsum quale esset, erat multo ante dictum et explanatum a Platone* (in *Phæd.*, p. 390-392); *Id., Ibid.*, 18; LACTANTIUS, *Instit. div.*, VII, 13; *Id., De op. Dei*, c. XVI.

2. *Ibid.*, DICEARCH. *frag.* 62, p. 265. En ce fragment, Dicéarque s'exprime ainsi par la bouche d'un certain Phérécrate : *nihil esse omnino animum et hoc esse nomen totum inane, frustraque animalia et animantes appellari;...vimque omnem eam, qua vel agamus quid vel sentiamus, in omnibus corporibus vivis æquabiliter esse fusam, nec separabilem a corpore esse, quippe quæ nulla sit, nec sit quidquam nisi corpus unum et simplex ita figuratum, ut temperatione vigeat et sentiat; Ibid., Tuscul.*, I, 11, 18, 22; *Acad.*, II, 39, 124. — *Frag.* 63, JAMBL. ap. STOBOEUM, *Ecl.*, t. I, p. 870, ed. Heeren (cf. OSANN., p. 51). — *Frag.* 64, NEMESIUS, *De natur. hom.*, p. 68, éd. Matthæi : Δικαίαρχος δὲ (animam dixit) ἁρμονίαν τῶν τεσσάρων στοιχείων...; PLUT., *Plac. ph.*, IV, 2, 5, p. 898; STOBOEUS, *Ecl.*, t. I, p. 796; SEXTUS EMP., *Adv. Math.*, VII, p. 438; *Id., Pyrrhon. Hypoth.*, II, c. 5; ATTICUS PLATONICUS, apud EUSEB., *Prép. Ev.*, XV, 9, p. 810, A; TERTULLIAN., *De anim.*, c. 15.

3. *Ibid., Frag.* 69, CICERO, *De Divin.*, I, 3; *Ibid.*, 50; *Ibid.*, II, 51. — *Frag.* 70, PLUT., *Plac. Phil.*, V, 1, 4, p. 1105² : Ἀριστοτέλης καὶ Δικαίαρχος τὸ κατ' ἐνθουσιασμὸν μόνον παρεισάγουσι καὶ τοὺς ὀνείρους, ἀθάνατον μὲν εἶναι οὐ νομίζοντες τὴν ψυχήν, θείου δέ τινος μετέχειν αὐτήν.

pensée abonde en cas analogues : les philosophes enlèvent aux concepts ce qu'ils contiennent et continuent ensuite à s'en servir comme s'ils ne leur avaient rien enlevé.

Mais ce sont là des idées plus ou moins fragmentaires et dont la substance était connue depuis longtemps. Il en va différemment de l'œuvre de Straton : c'est une conception originale, compréhensive, dérivée d'un seul principe, et le naturalisme y triomphe d'un bout à l'autre : il y est plus intense que dans l'épicuréisme où subsiste une sorte de mythologie divine, plus intense même que dans le stoïcisme. Straton a subi très probablement l'influence de ces deux derniers systèmes et il en traduit avec une puissance singulière le caractère commun qui est la négation du transcendant.

Le mouvement local ne s'explique pas, comme l'a dit Aristote : contrairement à sa pensée, tous les corps sont pesants et tous ils tombent vers le « milieu ». Mais leur pesanteur est inégale et par là même ils y tombent avec des vitesses différentes : c'est ce qui fait que les uns montent, tandis que les autres vont en bas. Les plus lourds, dans leur chute, exercent une pression sur ceux qui le sont moins et les obligent à changer leur route naturelle. Si le feu, par exemple, va vers le haut, ce n'est pas qu'il y tende comme vers sa fin et sa forme ; les autres corps l'actionnent dans cette direction en vertu de leur gravité plus grande : supposé que l'on supprime à la fois l'air, l'eau et la terre, le feu se mettrait de lui-même à descendre, comme tout le reste. La loi qui préside aux mouvements de translation est unique ; et c'est celle de la chute vers le centre du monde [1].

1. SIMPL., *De cœl.*, 121ᵃ, 32 et sqq.; *Sch. in Ar.*, 486ᵃ, 5 : ὅτι δὲ οὔτε τῇ ὑπ'

A quoi tient l'inégalité de la pesanteur? Est-elle de provenance qualitative? ou bien faut-il, comme l'a fait Démocrite, l'attribuer à de petits interstices? il y a là un point qu'il n'est pas facile d'éclaircir. Il semble néanmoins que Straton ait incliné vers la seconde de ces deux hypothèses. Sans doute, il combat le mécanisme de Démocrite qu'il appelle « un rêve », il rejette ses « atomes insécables » et s'élève avec force contre sa théorie du vide[1]. Mais il ne laisse pas de s'en inspirer au profit d'une solution qui lui est personnelle. Il faut croire avec Aristote à la divisibilité indéfinie de la matière et du mouvement[2]; il faut maintenir aussi qu'il n'y a pas de vide en dehors

ἀλλήλων ἐκθλίψει βιαζόμενα κινεῖται δείκνυσιν [Ἀριστ.] ἐφεξῆς. Ταύτης δὲ γεγόνασι τῆς δόξης μετ' αὐτὸν Στράτων ὁ λαμψακηνός τε καὶ Ἐπίκουρος, πᾶν σῶμα βαρύτητα ἔχειν νομίζοντες καὶ πρὸς τὸ μέσον φέρεσθαι, τῷ δὲ τὰ βαρύτερα ὑφιζάνειν τὰ ἧττον βαρέα ὑπ' ἐκείνων ἐκθλίβεσθαι βίᾳ πρὸς τὸ ἄνω, ὥστε εἴ τις ὑφεῖλε τὴν γῆν, ἐλθεῖν ἂν τὸ ὕδωρ εἰς τὸ κέντρον, καὶ εἴ τις τὸ ὕδωρ, τὸν ἀέρα, καὶ εἰ τὸν ἀέρα, τὸ πῦρ... οἱ δὲ τοῦ πάντα πρὸς τὸ μέσον φέρεσθαι κατὰ φύσιν τεκμήριον κομίζοντες τὸ τῆς γῆς ὑποσπωμένης τὸ ὕδωρ ἐπὶ τὸ κάτω φέρεσθαι καὶ τοῦ ὕδατος τὸν ἀέρα, ἀγνοῦσι τὴν τούτου αἰτίαν τὴν ἀντιπερίστασιν οὖσαν... Ἰστέον δὲ ὅτι οὐ Στράτων μόνος οὐδὲ Ἐπίκουρος πάντα ἔλεγον εἶναι τὰ σώματα βαρέα καὶ φύσει μὲν τὸ κάτω φερόμενα παρὰ φύσιν δὲ ἐπὶ τὸ ἄνω, ἀλλὰ καὶ Πλάτων οἶδε φερομένην τὴν δόξαν καὶ διελέγχει; Stob., *Ecl.*, I, 318 : Στράτων μὲν προσεῖναι τοῖς σώμασι φυσικὸν βάρος, τὰ δὲ κουφότερα τοῖς βαρυτέροις ἐπιπολάζειν οἷον ἐκπυρηνιζόμενα.

1. Cic., *Acad.*, II, 38, 121 : Quæcumque sint, docet omnia effecta esse natura : nec ut ille, qui asperis et levibus et hamatis uncinatisque corporibus concreta hæc esse dicat, interjecto inani. Somnia censet hæc esse Democriti, non docentis, sed optantis.

2. Simpl., *Phys.*, 168, a, o : ὁ δὲ λαμψακηνὸς Στράτων οὐκ ἀπὸ τοῦ μεγέθους μόνον συνεχῆ τὴν κίνησιν εἶναί φησιν, ἀλλὰ καὶ καθ' ἑαυτήν, ὡς, εἰ διακοπείη, στάσει διαλαμβανομένην, καὶ τὸ μεταξὺ δύο διαστάσεων κίνησιν οὖσαν ἀδιάκοπον. Καὶ ποσὸν δέ τι, φησίν, ἡ κίνησις καὶ διαιρετὸν εἰς ἀεὶ διαιρετά; voir aussi la conclusion de ce passage à partir de ces paroles : Ἀλλ' ὁ μὲν Ἀριστοτέλης...; Sext. Emp., *Adv. Math.*, X, 155. Dans ce passage, le temps est donné comme se composant de parties indivisibles : τοὺς μὲν γὰρ χρόνους εἰς ἀμερὲς ὑπέλαβον [οἱ περὶ τὸν Στράτωνα] καταλήγειν. Mais cette indication semble inexacte. D'après Simplicius, Straton dit formellement que le temps, à la différence du nombre, est continu : ἡ δὲ κίνησίς καὶ ὁ χρόνος συνεχῆ; (*Phys.*, 187ᵃ, a, m).

du monde. Le vide est un lieu ; le lieu est « l'intervalle qui se produit entre l'environnant et l'environné »[1] ; or par delà le ciel, il n'existe plus rien, il ne peut plus rien exister de semblable. Et pourtant la thèse de Démocrite n'est pas entièrement fausse. Lorsqu'on expose aux rayons du soleil une bouteille pleine d'eau et hermétiquement fermée, la lumière et la chaleur la pénètrent de part en part : c'est donc qu'il s'y trouve des pores[2]. S'il n'y a pas de vide à l'extérieur de l'univers, il y en a du moins au dedans[3] ; et de là viennent probablement, au sens de Straton, les différences de gravité qui se révèlent dans le monde physique.

A côté des mouvements de translation, qui sont purement quantitatifs, il y a ce que l'on appelle aujourd'hui les mouvements moléculaires, et ceux-là sont d'ordre qualitatif[4]. Il existe deux qualités premières : la chaleur qui a son substrat dans le feu, la froideur qui a le sien dans l'eau[5]. Ces deux qualités sont des contraires qui s'ex-

1. STOB., *Ecl.*, I, 380, éd. MENEKE, Lipsiæ, 1860 : τόπον δὲ εἶναι (d'après Straton) τὸ μεταξὺ διάστημα τοῦ περιέχοντος καὶ τοῦ περιεχομένου.

2. SIMPL., *Phys.*, 163, b, o.

3. STOB., *loc. cit.* : Στράτων ἐξωτέρω μὲν ἔφη τοῦ κόσμου μὴ εἶναι κενόν, ἐνδοτέρω δὲ δυνατὸν γενέσθαι ; THEODORET., *Cural. gr. aff.*, IV, 14, p. 58, éd. Gaisford, Oxoniis, 1839 : ὁ δὲ Στράτων ἔμπαλιν, ἔξωθεν μηδὲν εἶναι κενόν, ἔνδοθεν δὲ δυνατὸν εἶναι ; SIMPL., *Phys.*, 144, b, m.

4. SEXT. EMP., *Pyrrh.*, III, 33 : Στράτων δὲ ὁ φυσικὸς τὰς ποιότητας [ἀρχὴν λέγει].

5. STOB., *Ecl.*, I, 298 : Στράτων στοιχεῖα τὸ θερμὸν καὶ ψυχρόν ; EPIPHAN., *Exp. fid.*, 1090ᵃ (coll. Migne, t. XLII) : Στρατωνίων (l. Στράτων) ἐκ Λαμψάκου τὴν θερμὴν οὐσίαν ἔλεγεν αἰτίαν πάντων ὑπάρχειν (la chaleur est le principe positif et dominant) ; PLUT., *Prim. frig.*, 9, 1160ᵇ. — D'après M. RODIER (*La Physique de Straton de Lampsaque*, p. 66, Alcan, Paris, 1891), le chaud et le froid ne seraient, pour Straton, « que des espèces du rare et du dense ». Mais les textes qu'apporte M. Rodier à l'appui de son interprétation ne concernent ni l'origine, ni la nature du chaud et du froid ; ils formulent seulement la loi qui préside à leurs rapports mutuels.

cluent : l'une disparaît toujours où l'autre se produit et dans la mesure où elle se produit ; cette lutte est le principe de tout un ensemble de phénomènes naturels. Par exemple, lorsque la froidure gagne en intensité, la chaleur est par là même pourchassée vers les hauteurs du ciel, dans les cavernes et les fissures de la terre : elle s'accumule en ces régions. Et c'est de là que résultent les éclairs, les tonnerres, les tremblements du sol, les éruptions volcaniques [1].

La pesanteur, la chaleur et la froideur ne sont que les causes directes et sensibles du devenir physique. Il faut qu'il y ait une force qui les tire de la matière et les détermine, qui les coordonne et les meuve du dedans [2]. Mais il n'est pas nécessaire que cette force soit suspendue à une pensée transcendante qui la sollicite et la dirige ; il n'est pas nécessaire non plus qu'elle connaisse elle-même ce qu'elle fait. Sa causalité se traduit sous forme de sélection ; et la sélection produit à la longue les mêmes résultats que la finalité [3]. Le moteur immobile d'Aristote

1. Senec., *Natur. qu.*, VI, 13, 2, éd. Bouillet, Paris, 1830 : Hujus [Str.] tale decretum est : frigidum et calidum semper in contraria abeunt, et una esse non possunt : eo frigidum confluit, unde vis calida discessit : et invicem ibi calidum est, unde frigus expulsum est...; Stob., *Ecl.*, I, 598 : Στράτων, θερμοῦ ψυχρῷ παρείξαντος, ὅταν ἐκβιασθὲν τύχῃ, τὰ τοιαῦτα γίγνεσθαι, βροντὴν μὲν ἀποῤῥήξει, φάει δὲ ἀστραπήν, τάχει δὲ κεραυνόν, πρηστῆρας δὲ καὶ τυφῶνας τῷ πλεονασμῷ τῷ τῆς ὕλης, ἣν ἑκάτερος αὐτῶν ἐφέλκεται, θερμοτέραν μὲν ὁ πρηστήρ, παχυτέραν δὲ ὁ τυφών.

2. C'est dans son traité Περὶ ἀρχῶν et dans son traité Περὶ δυνάμεων, que Straton avait parlé de ce sujet. Bien que l'on n'ait pas ces ouvrages, on peut reconstruire sa pensée à l'aide des textes que contiennent les références suivantes (3 et 1, 2. suiv.).

3. Plut., *Adv. col.*, 14, 3, 1369ᵃ : Τελευτῶν [δὲ] [τῶν ἄλλων περιπατητικῶν ὁ κορυφαιότατος Στράτων] τὸν κόσμον αὐτὸν οὐ ζῷον εἶναί φησι, τὸ δὲ κατὰ φύσιν ἕπεσθαι τῷ κατὰ τύχην· ἀρχὴν γὰρ ἐνδιδόναι τὸ αὐτόματον, εἶτα οὕτω περαίνεσθαι τῶν φυσικῶν παθῶν ἕκαστον. Le mot τύχη n'est juste ici qu'autant qu'il s'op-

et son âme de la nature sont deux hypothèses superflues : la nature est aveugle et pourtant se suffit [1].

Au-dessus de la nature se développe une hiérarchie d'êtres qui deviennent de plus en plus complexes, à mesure qu'ils se superposent. Ces êtres d'un genre supérieur, c'est également la force qui, vue d'un autre aspect, en fournit la raison explicative. Bien que partout la même, elle a des modalités de nature très diverse. Absolument brute dans le règne minéral, elle est aussi le principe qui vit dans les plantes, qui sent dans les animaux, qui réfléchit et raisonne dans l'homme. Et plus elle monte par ce nouvel ordre de déterminations, plus elle tend à ne relever que de soi. C'est en elle que naît et s'accomplit la pensée considérée du point de vue de son sujet. Elle est aussi le siège unique de toutes nos sensations : nous sommes victimes d'une sorte d'hallucination naturelle, lorsque nous rapportons ces phénomènes aux organes; ils ont lieu dans l'âme et les organes n'en contiennent que la cause [2].

pose au terme de finalité. Et cette remarque ne fait pas, il est vrai, que le texte parle formellement de la loi de sélection, mais on peut l'en déduire, comme le montre M. Rodier (*ouvr. cit.*, p. 84-85).

1. Cic., *Acad.*, II, 38, 121 : Negas sine Deo posse quidquam. Ecce tibi e transverso Lampsacenus Strato, qui det isti Deo immunitatem magni quidem muneris... Negat opera deorum se uti ad fabricandum mundum. Quæcunquæ sint, docet omnia esse effecta natura; *Id.*, *De nat. deor.*, I, 13, 35 : Nec audiendus ejus [Theophrasti] auditor Strato, is qui physicus appellatur : qui omnem vim divinam in natura sitam esse censet, quæ causas gignendi, augendi, minuendi habeat, sed careat omni sensu; Lactant., *De ir. D.*, t. VII, c. 10, p. 99ᵇ (coll. Migne, *Patr. lat.*); Minuc. Felix, *Octav.*, t. III, 19, 295ᵃ : Straton quoque et ipsam naturam [sc. Deum] loquitur; Senec. apud s. August., *Civit. Dei*, t. XLI, vi, 10, p. 190ᵇ : Hoc loco dicet aliquis... ego feram aut Platonem aut Peripateticum Stratonem, quorum alter fecit Deum sine corpore, alter sine animo; Max. Tyr., 17, 5, éd. Dübner, Paris, 1877 : l'athée lui-même a l'idée de Dieu, κἂν ὑπαλλάξῃς τὴν φύσιν, ὡς Στράτων.

2. Plut., *Utr. an. an corp. sit libido, Frag.*, I, 4, p. 2ᵃ : οἱ μὲν γὰρ

Mais quel que soit le degré d'activité que la force puisse atteindre, elle n'acquiert jamais une indépendance totale ; elle demeure toujours par le fond de son être essentiellement liée à la matière. L'intelligence s'étaie sur la sensibilité ; on ne pense qu'à l'aide d'images [1]. La sensibilité, à son tour, englobe la vie ; et la vie ne va pas sans organisme : de telle sorte que, au moment où celui-ci vient à se détraquer pour de bon, toutes les facultés psychologiques s'évanouissent du même coup, la plus haute comme les inférieures. L'âme est la forme du corps et n'est que cela ; par suite, elle ne s'en sépare pas plus que la blancheur du blanc ou le mouvement du mobile [2]. Aussi bien

ἅπαντα συλλήβδην ταῦτα [τὰ πάθη] τῇ ψυχῇ φέροντες ἀνέθεσαν, ὥσπερ Στράτων ὁ φυσικός, οὐ μόνον τὰς ἐπιθυμίας, ἀλλὰ καὶ τὰς λύπας, οὐδὲ τοὺς φόβους καὶ τοὺς φθόνους καὶ τὰς ἐπιχαιρεκακίας, ἀλλὰ καὶ πόνους καὶ ἡδονὰς καὶ ἀλγηδόνας καὶ ὅλως πᾶσαν αἴσθησιν ἐν τῇ ψυχῇ συνίστασθαι φάμενος καὶ τῆς ψυχῆς τὰ τοιαῦτα πάντα εἶναι· μὴ τὸν πόδα πονούντων ἡμῶν ὅταν προσκρούσωμεν, μηδὲ τὴν κεφαλὴν ὅταν κατάξωμεν, μὴ τὸν δάκτυλον ὅταν ἐκτέμωμεν· ἀναίσθητα γὰρ τὰ λοιπὰ πλὴν τοῦ ἡγεμονικοῦ, πρὸς ὃ τῆς πληγῆς ὀξέως ἀναφερομένης τὴν αἴσθησιν ἀλγηδόνα καλοῦμεν. ὡς δὲ τὴν φωνὴν τοῖς ὠσὶν αὐτοῖς ἐνηχοῦσαν ἔξω δοκοῦμεν εἶναι τὸ ἀπὸ τῆς ἀρχῆς ἐπὶ τὸ ἡγεμονικὸν διάστημα τῇ αἰσθήσει προσλογιζόμενοι, παραπλησίως τὸν ἐκ τοῦ τραύματος πόνον οὐχ ὅπου τὴν αἴσθησιν εἴληφεν, ἀλλ' ὅθεν ἔσχε τὴν ἀρχὴν εἶναι δοκοῦμεν, ἑλκομένης ἐπ' ἐκεῖνο τῆς ψυχῆς ἀφ' οὗ πέπονθε. Διὸ καὶ προσκόψαντες αὐτίκα τὰς ὀφρῦς (car c'est là que l'âme réside, d'après son école) συνήγαγον ἐν τῷ πληγέντι μορίῳ τοῦ ἡγεμονικοῦ τὴν αἴσθησιν ὀξέως ἀποδιδόντος; Id., Plac., IV, 23, 3 : Στράτων καὶ τὰ πάθη τῆς ψυχῆς καὶ τὰς αἰσθήσεις ἐν τῷ ἡγεμονικῷ, οὐκ ἐν τοῖς πεπονθόσι τόποις συνίστασθαι... A cette théorie se rattache une autre idée, c'est que les impressions organiques ne deviennent des sensations que sous l'influence de l'attention elle-même. V. Plut., Solert. an., III, 6, p. 1176ᵃ, (ex eo Porph., De abst., III, 21) : ...ὡς οὐδ' αἰσθάνεσθαι τοπαράπαν ἄνευ τοῦ νοεῖν ὑπάρχει...

1. Simpl., Phys., 225, a, u : ...καὶ πρὸ τούτου δὲ τοῦ ῥητοῦ γέγραφεν· ὅτι σύνεισιν αἱ πλεῖσται τῶν κινήσεων αἰτίαι, ἃς ἡ ψυχὴ καθ' αὑτὴν κινεῖται διανοουμένη καὶ ἃς ὑπὸ τῶν αἰσθήσεων ἐκινήθη πρότερον, δῆλόν ἐστιν. Ὅσα γὰρ μὴ πρότερον ἑώρακε ταῦτα οὐ δύναται νοεῖν, οἷον τόπους ἢ λιμένας ἢ γραφὰς ἢ ἀνδριάντας ἢ ἀνθρώπους· ἢ τῶν ἄλλων τι τῶν τοιούτων. — le mot αἰτίαι n'est pas clair dans ce texte ; mais la pensée que nous y cherchons n'en reste pas moins nette.

2. D'ailleurs, l'âme, d'après Straton, est absolument une ; et, par suite,

que la « pensée de la pensée », « l'intelligence active » est une illusion métaphysique. Il n'y a pour nous ni éternité, ni perpétuité, ni survivance d'aucune sorte : l'âme tout entière naît avec son organisme, se développe avec lui en le développant et finit avec lui[1].

Ainsi l'infinie variété du grand Tout se ramène d'abord à une dualité, qui se compose de la force et de la matière. A leur tour, la force et la matière sont deux co-principes essentiellement inséparables d'une seule et même réalité ; de la dualité on passe à l'unité : aux yeux du physicien, le monde est le développement de l'être corporel sous l'action d'une énergie qui lui est immanente[2].

La première évolution de la philosophie aristotélicienne aboutit à l'immanentisme absolu ; et la chose s'explique d'une certaine manière. Aristote a fait la nature trop riche pour que l'idée de Dieu n'en souffre pas. Il y a mis la vie, le désir, une sorte d'éternelle raison, toutes les idées sous forme de puissances. Mais alors pourquoi n'y pas mettre aussi un commencement de pensée en acte qui serait l'idée du meilleur et qui suffirait à tout mouvoir du dedans ? Pourquoi faire intervenir un moteur séparé ? Cette façon de conclure est d'autant plus

---

dire qu'elle disparaît en tant que sensible, c'est affirmer qu'elle disparaît tout entière. V. sur ce point SEXT. EMP., *Adv. Math.*, VII, 350 : οἱ μὲν διαφέρειν αὐτὴν [τὴν ψυχὴν] τῶν αἰσθήσεων, ὡς οἱ πλείους· οἱ δὲ αὐτὴν εἶναι τὰς αἰσθήσεις καθάπερ διά τινων ὀπῶν τῶν αἰσθητηρίων προκύπτουσαν, ἧς στάσεως ἦρξε Στράτων τε ὁ φυσικὸς καὶ Αἰνησίδημος; ; TERTULLIAN., *De an.*, 14.

1. V. sur ce point : OLYMPIOD., *Schol. in Phæd.*, p. 127, éd. FINCKH, Heilbronæ, 1847 ; *Id., Ibid.*, p. 150 et sqq. ; *Plut., frag.* VII, 19. Il s'agit, dans ces passages, de la critique du *Phædon;* cette critique est très pénétrante.

2. M. RODIER (*ouvr. cit.*, p. 113) observe avec raison qu'il ne faut cependant pas voir en Straton « un spinoziste avant Spinoza ».

naturelle que « la pensée de la pensée » est chose très difficile à concevoir : on est tenté malgré soi de n'y voir qu'une abstraction réalisée. On peut se demander également quel peut être au juste le rapport de « l'Acte premier » à la raison que possède la nature ; et là se trouve une nouvelle pente par où l'on descend vers le naturalisme. Puisque l'Acte premier n'a pas de matière, il ne se multiplie pas [1]. Ce n'est donc pas par une espèce intelligible que la nature le connaît, c'est en lui-même. Par suite, elle s'identifie avec lui dans la mesure où elle le perçoit : il est en elle, elle est en lui. Il y a dans la théorie aristotélicienne un principe d'idéalisme qui conduit au monisme intellectualiste [2].

C'est dans un sens analogue que s'oriente la déduction, lorsqu'on vient à réfléchir sur la distinction des deux νοῦς. Outre que l'on ne saisit pas en quoi consistent au juste la nature et le contenu et la fonction de « l'intelligence active », on ne réussit pas à comprendre comment elle peut avoir une existence indépendante. Il faut un acte à « l'intelligence passive », comme l'a bien observé Themistius ; autrement, elle ne serait qu'une pure puissance, elle n'existerait pas. Or quel est cet acte ? Ce ne peut être que « l'intelligence active », et Aristote lui-même le dit assez clairement au livre III de sa *Psychologie* (c. 5). Mais, si tel est le rôle de « l'intelligence active »,

---

1. V. plus haut, p. 39.
2. Arist., *Met.*, 7, Λ 1072ᵇ, 18-22 : .... ὥστε ταὐτὸν νοῦς καὶ νοητόν. Cette identification se produit, toutes les fois que l'objet réel n'a pas une matière où sa forme s'individualise ; elle se produit donc dans la connaissance que la nature a de Dieu. Saint Thomas dira, pour sortir de cette difficulté, que, si les formes pures ne se multiplient pas *physiquement*, elles sont susceptibles d'une sorte de multiplication *logique*. Mais cette pensée n'est pas dans Aristote.

à l'égard de l'autre, il devient rigoureusement impossible qu'elle s'en sépare jamais : il n'arrive pas que la détermination se sépare du sujet déterminé. Le vrai, c'est que les deux intellects ne sont, comme la matière et la forme, que deux aspects d'une seule et même chose.

De telles conséquences frappent d'autant plus les disciples immédiats d'Aristote qu'il leur a laissé, avec sa métaphysique, ce goût des recherches positives dont le propre est de rendre l'esprit de plus en plus difficile en matière de spéculations. D'ailleurs, ils ne sont pas les seuls à sentir ce qu'il y a d'inexpliqué et d'inexplicable, je dirais même d'artificiel, dans l'enseignement du « maître ». Le même sentiment se révèle, sous forme de réaction déclarée, et dans l'École d'Épicure et dans celle de Zénon, où vont passer toute la vitalité et toute l'influence philosophiques : après Aristote, la guerre à l'hypernature est générale.

Mais cet insuccès relatif [1] de sa vaste et profonde synthèse n'est pas définitif. Plus tard, il aura pour revanche un ascendant incomparable. Il occupera une place importante dans le néoplatonisme; il deviendra le principal inspirateur et des Arabes, et des Juifs et des Chrétiens. L'empire de son génie aura même quelque chose d'excessif et d'obsédant : le commentarisme retardera de plusieurs siècles la marche des sciences expérimentales.

1. V. RAVAISSON, ouvr. cit., t. II, p. 51.

INDEX BIBLIOGRAPHIQUE (1)

I. ÉDITIONS

Arist. *Opera græce;* Theophrasti *De historia plantarum libri X et De causis plantarum libri VI,* Venetiis, Aldi Mannaï, 1495-98, 6 vol. fol. (manquent la *Rhét.,* la *Poét.,* le IIe livre des *Économiques*). — Ἀριστοτέλους ἅπαντα... per D. Eras., Basileæ, apud Bebel, 1531, 2 vol. fol. — *Opera græce,* per D. Eras., Basileæ, apud Bebel, 1539, 2 tomes en 1 vol. fol. — Autre éd. ibid., 1550, fol. comprenant Ἀριστοτ. βίος κατὰ Διογενὴν Λαερτίου. — 2e éd. Aldine, Venetiis, 1551-1553, en 6 vol. 8° — Τὰ εὑρισκόμενα. *Arist. opera quæ extant...,* opera et studio Frid. Sylburgii, Francofurti, 1584-87, 11 tomes 4°. — Τὰ Σωζόμενα. *Operum Arist.* Nova editio, græcus textus quem emendavit Casaubon..., Lugduni, G. Læmarii, 1590, 2 vol. fol. — Τὰ σωζόμενα, etc., reproduction de l'éd. précédente, 1596. — *Opera omnia,* græce et latine..., per Jul. Pacium, Genevæ, apud Guilel. Læmarium, 1596, 2 vol. 8°; — idem, Lugduni, 1597. — *Opera.* Nov. editio, græce et latine..., La Rouière, Genevæ, 1602, 2 vol. 8° — Ibid. autre éd., t. I, 1607; t. II, 1606. — Τοῦ Σταγειρίτου τὰ Σωζόμενα, adjunctis latinis interpretationibus, P. de la Rouière, Aureliæ-Allobrogum, 1605-6, 2 vol. fol. — *Opera omnia quæ extant,* græce et latine,... authore Guil. Du Val, Lutetiæ-Parisiorum, 1619, 2 vol. fol., édition réimprimée en 1629, en 1639, en 1654. — *Opera omnia græce* edidit... Jo. Th. Bulhe; t. I-IV, Biponti, 1791-3; t. V, Argentorati, 1799 (5 vol. 8°). Ces cinq vol., les seuls qui aient paru, contiennent l'*Organum,* la *Rhétorique* et la *Poétique.* — *Opera,* ex recensione Imman. Bekkeri, edidit Academia Regia Borussica, Reimer, Berolini, 1831-1870, 5 vol. 4° — *Opera* ad optimorum librorum fidem accurate edita, Tauchnitz, Lipsiæ, 1831-1832,

---

(1) Nous ne pouvons citer que les travaux les plus importants. Pour plus de détails, nous renvoyons à Schwab, *Bibliographie d'Aristote,* in-oct, de 380 pages, H. Welter, Paris, 1896.

16 vol. 16, édition stéréotype, réimprimée en 1867-1873. — *Opera quæ extant...*, edidit C. H. Weisse, Tauchnitz, Lipsiæ, 1843, 1 vol. 4°. — *Opera omnia*, ex recensione Bekkeri; accedunt indices Sylburgiani, Oxoniis, 1837, 11 vol. 8° — *Opera omnia* græce et latine..., Firmin-Didot, Parisiis, 1848-1869, 5 vol. 4°, édition que l'on considère à bon droit comme la meilleure.

II. VERSIONS

La version latine d'Aristote, avec le commentaire d'Averroès : éditions de Venise, apud de Asula, 1483, 5 vol. fol.; apud B. de Tridino, 1489, fol.; apud Juntas, 1550-52, 11 vol. fol.; ap. Comminum de Tridino, 1560-62, 11 vol. 4°, etc...; édition de Lyon, ap. Jo. Jacobi Juntæ, 1579-80, 7 vol. in-16, sans commentaire; édition de Venise, 1584, citée au catalogue du British Museum; — *Opera omnia*, latine, impensis Benedicti Fontanæ, Per Greg. de Gregoriis, Venetiis, 1496, 2 vol. fol. — *Opera quæ quidem extant omnia*, latinitate....., commentatio per Philipp. Melanchthonem, Basileæ, 1538, fol. — *Opera quæ extant omnia*, latinitate..., Basileæ, 1542, 3 vol. fol., édit. reproduite en 1545 et 1548. — *Opera post omnes quæ in hunc usque diem prodierunt editiones summo studio emaculata...*, cum indice, Lugduni, Jo. Frellonii, 1549, 2 vol. fol. — Autre édition à Lyon, chez le même, 1561, fol. — *Tripartitæ philosophiæ opera omnia*, latine, cùm præfatione.... et commentariis..., Basileæ, 1562, 4 vol. fol. — *Opera omnia in septem partes divisa*, nuper emendata et scholiis illustrata, Venetiis, 1572, in-16. — *Opera quæ extant omnia...*, Venetiis, apud Juntas, 1573-76, 11 vol. 8°. — *Operum quotquot extant latina editio.....*, Wechel, El. Marne et Aubri, Francofurti, 1593, 4 vol. in-8°. — La traduction française de tous les traités par Barthélemy Saint-Hilaire, Paris, 1837-1892, 35 vol. (peu exacte). — *Aristotle's Works*, translated from the greek and illustrated...., by Thomas Taylor, London, 1812, 10 vol. gr. in-4°. — *Aristoteles' Werke*, Stuttgart, 1836-60, 34 vol. in-16. — *Werke*, übersetzt und erläutert von Karl Hofmeister und Knebel, Stuttgart, 1838-1840, in-8°; il n'en a paru que 2 vol. sur 4. — *Werke*, griechisch und deutsch, von C. Frank, Lipsiæ, 1854-79, 7 vol. in-12. (Les traductions sont de : C. Prantl, H. Aubert, F. Wimmer, F. Susemihl, et A. de Frantzius.) — *Werke*, deutsch, von verschiedenen übersetzern, Stuttgart, 1855-1873, 7 vol. in-16, ou 77 livraisons.

III. COMMENTAIRES

Alexandre d'Aphrodise : *In prior. Anal. Arist. comment.*, Venetiis, 1520; — *In Arist. Topicorum libros octo commentaria*, éd. Wallies,

Berolini, 1891; — *De an. cum mantissa*, éd. I. Bruns, Berlin, 1887; — *In Arist. Metaphysica commentaria*, éd. M. Hayduck, Berolini, 1891; — *Commentarius in libros Metaphysicos Arist.*, éd. H. Bonitz, Berolini, 1847; *Commentaire sur le traité d'Arist. De sensu et sensili*, éd. Ch. Thurot, Paris, 1875; — *Comment. in libros de anima*, latine H. Donato interprete, Paris, 1495, 4º; 1500, fol.; — *Quæstionum naturalium et moralium ad Aristot. Philosoph. illustrand. libri IV*, ex recensione Leonardi Spengel, Monachii, 1842, in-8º; — Voir aussi la bibliothèque de Fabricius.

Simplicius : *Hypomnemata in Arist. categorias* græce sumptibus Nicolai Blasti Cretensis, opera et industria Zacchariæ Calliergi, Venetiis, 1499, fol.; — *In Arist. physicorum libros commentario*, éd. H. Diels, Berolini, 1882-1895; — *In libros Arist. De Anima commentaria*, éd. M. Hayduck, Berolini, 1882; — *In Arist. De cœlo comment.*, éd. Heiberg, Berolini, 1893.

Themistius : *Paraphrases Arist. librorum quæ supersunt*, éd. L. Spengel, Lipsiæ, 1866.

Boethius : *Prædicamentorum Arist. liber*, Boethio interprete..., Basileæ, 1543, in-8º; — *De consolatione*, Adjectis in margine Arist. textibus ex Averroys commentariis petitis...., Venetiis, 1523, fol.

Averroes : V. plus haut *Versions*.

Albertus Magnus : *Quæstiones in Arist.* περὶ ἑρμηνείας, *in libros Priorum Anal., Elench., in Topic.*, Mss. Munich, nº 6694; — *Comment. in logic. Arist.*, s. l., 1486, fol.; — *Comment. in octo libros physicorum Arist.*, Venetiis, 1488 et 1494-6, fol.

S. Thomas Aq. : *In Arist. Stagiritæ nonnullos libros commentaria*, éd. Vivès, Paris, 1875.

Duns Scot : *In Summulas Petri Hispani exactæ explicationes. In Isagogen Porphyrii, ac universos logicorum Aristotelis libros eruditissimæ explanationes. In Arist. philosophiam naturalem, divinam et moralem exactissima commentaria, omnia in tres partes divisa*, Venetiis, 1592, 8º.

Sylvester Maurus : *Arist. opera omnia quæ extant (latine) brevi paraphrasi... illustrata.* Editio juxta Romanam, anni 1668, denuo typis descripta opera F. Ehrle, adjuvantibus Bonif. Felchlin et Fr. Beringer, Lethielleux, Paris, 1886-9.

Parmi les commentaires latins, il faut placer au premier rang celui de saint Thomas et celui de Sylvester Maurus.

IV. MONOGRAPHIES

Tartaretus (P.), *Clarissima singularisque totius philosophiæ necnon Metaphysice Arist. expositio....*, Parisiis, 1494, fol.; Lugduni, 1500. —

BIESE, *Die Philosophie des Aristoteles in ihrem inneren Zusammenhange*, Berlin, 1835-1842. — GROTE (Georges), *Aristotle*, London, 1872, 8°; ibidem with additions, 1880, 8°. — SIEBECK, *Aristoteles*, Stuttgart, 1899. — ED. ZELLER, *Die Philosophie der Griechen...*, zweiter Theil, zweite Abtheilung, Leipzig, 1879. — HUIT (Ch.), *La philosophie de la nature chez les anciens*, Albert Fontemoing, Paris, 1901. — BOUTROUX, article sur *Aristote* (Grande Encyclopédie, 70e liv.). — BONITZ, *Aristotelische Studien*, Wien, 1862-1867. — BRANDIS, *Handbuch der geschichte der griech. Röm. philosophie*, Berlin, 1835-1836. — THUROT, *Etudes sur Aristote : Politique, Dialectique, Rhétorique*, Paris, 1861, 8°. — TALAMO, *L'Aristotelismo nella storia della philosophia*, studii critici, Napoli, 1873, 8°.

V. ÉTUDES SPÉCIALES.

a) LOGIQUE. — BRANDIS, *Ueber die Reihenfolge der Bücher des Arist. Organon, und ihre griechischen Ausleger...*, Abhandlungen der Akademie der Wissenschaften, Berlin, 1833 (1835), pp. 249-299. — OCT. FREIRE OWEN, *The Organon, or logical treatises of Aristotle...*, London, 1853, 2 vol. in-8°. — KIRSCHMANN (I. H. V.), *Organon übersetzt u. erläutert*, Heidelberg, 1883, 8°. — TRENDELENBURG (Ad.), *Elementa logices Aristoteleæ...* et aussi sous le titre de : *Excerpta ex organon Aristotelis*, Berolini, 1836, 8°; 1842, 8°; 1868; 1878; traduction anglaise, Oxford, 1881; — ID., *Erläuterung zu den elementen der Aristotelischen logik*, Berlin, 1842, 8°; 1861, 8°; 1876, 8°; — ID., *Geschichte der Categorien Lehre*, Berlin, 1846, zwei Abhandl. — PRANTL (Carl), *Über die Entwicklung der Aristotelischen Logik aus der Platonischen Philosophie*, abhandlungen der philosophisch-philologischen Classe der K. Bayer. Akademie der Wissenschaften, t. VII, 1853, pp. 119-212 (et tiré à part); *Geschichte der Logik im Abendlande*, Leipzig, 1855-1870 — HEYNE (G.), *De Aristotelis casu et contingente*, Halis, sax., 1867, 8°, (32 pp.). — KUHN (Carol.), *De notionis definitione qualem Aristoteles constituerit*, Halæ, 1844, 9°. — KAMPE (Frid. Ferd.), *Die Erkenntnisstheorie des Aristoteles*, Leipzig, 1870, 8°. — BIESE, *Die Erkenntnisslehre des Aristoteles und Kanti in Vergleichung ihrer Grundprincipien*, Berlin, 1877, 8°. — BONITZ, *Ueber die Kategorien des Arist...*, Wien, 1853, in-8° (57 pp.). — FRANCK (Ad.), *Esquisse d'une histoire de la logique, précédée d'une analyse de l'Organon*, Paris, 1838, 8°. — BARTHÉLEMY SAINT-HILAIRE, *De la logique d'Aristote*, Ladrange, Paris, 1838, 2 vol. 8°. — VERA (A.), *Platonis, Aristotelis et Hegelii de medio termino Doctrina*, Paris, 1845, 8° (45 pp.). — THUROT (Ch.), *De la méthode d'exposition suivie par Aristote*, Paris, 1860, 8° (21 pp.). — FONSEGRIVE,

Théorie du syllogisme catégorique d'après Aristote (Annales de la Faculté des Lettres de Bordeaux, 1881, n° 45).

b) Métaphysique. — Feuerlin, *Disputatio de authentia et inscriptione librorum Aristotelis Metaphysicorum*, Altdorfi, 1720, 4°. — Buhle (I. G.), *Ueber die aechtheit der Metaphysik des Ar.* (Bibliothek für alte litteratur und Kunst, n° IV, pp. 1-42), Göttingen, 1789, 8°. — Ruelle (Ch. Em.), *Rapports sur une mission littéraire et philologique en Espagne* (Archives des Missions scient. et litt., 3ᵉ série, t. II, 1875, pp. 595-6). — Brandis (Chr. A.), *Ueber die Aristotelische Metaphysik*, 1ˢᵗᵉ Hälfte (Abhandlung. der Akademie in Berlin, 1834, pp. 63-87). — Bonitz (Herm.), *Observationes criticæ in Ar. libros Metaphysicos*, Berolini, 1842, 4°. — Christ (Guil.), *Studia in Ar. libros Metaphysicos collata*, Berolini, 1853, 8°. — Essen (E.), *Bemerkungen über einige stellen des Arist. Metaph.*, Stargard, 1862, 4°. — Baümker (C.), *Das problem der materie in der Griechischen philosophie*, Munster, 1890 (gr. in-8°, 434 pp.). — Hertling (George Freih von), *Materie und Form und die Definition der Seele bei Ar.*, Bonn, 1871. — Rolfes (Eug.), *Die Arist. Auffassung vom verhältnisse Gottes zur Welt und zum Menschen*, Berlin, 1892. — Pierron et Zevort, *La métaphysique d'Ar. traduite en français*, Paris, 1840-41, 2 vol. 8°. — Michelet (Ch. L.), *Examen critique de l'ouvrage d'Aristote intitulé la Métaphysique*, Paris, 1836, 8°. — Ravaisson (F.), *Essai sur la Métaphysique d'Aristote*, Paris, 1838-1846, 2 vol. 8°. — Vacherot (E.), *Théorie des premiers principes selon Ar.*, Paris, 1836, 8° (93 pp., thèse de doctorat). — Simon (Jules), *Études sur la Théodicée de Platon et d'Arist.*, Paris, 1840). — Lévêque (Ch.), *Le premier moteur dans le système d'Aristote*, Paris, 1852, 8° (Thèse de doctorat). — Taylor (Th.), *The Metaphysics of Arist.* translated from the greek, with copious notes, London, 1801, 4°; 1812, 8°. — Mac-Mahon (J. H.), *Metaphysics*, litteraly translated from the greck, with notes, analysis, questions and index, London, 1848, 8°; 1857, 8°.

c) Physique. — Prantl (C.), *Symbolæ criticæ ad Arist. Physicas auscultationes*, Berolini, 1843, 8° (64 pp.). — Diels, *zur Textgeschichte der Aristotelischen Physik* (Abhandlungen der Akademie der Wissenschaften zu Berlin, 1882-83). — Lewes (G. H.), *Aristotle*, chapter of the history of science including analysis of Aristotle scientific Writings, London, 1864, 8° (traduit en allemand par V. Carus, Leipzig, 1865). — Zevort (M.), *In Arist. Placita de Physica auscultatione vel de principiis*, Paris, 1844, 8° (th. de doct.). — Lévêque (Ch.), *La physique d'Aristote et la science contemporaine*, Paris, 1863, 8°. — Susemihl (F.), *Ueber Arist.* περὶ γενέσεως καὶ φθορᾶς, II, 3, p. 350, 15-17, *u. die spätere Elementarlehre Platonis* (Neue Jarhbücher, t. XCIII, pp. 334-6). — Thurot (Ch.), *Obser-*

vations critiques sur les Meteorologica d'Arist. (Revue arch., 1869, pp. 415-420; 1870, pp. 87-93, 249-255, 339-346, 396-407). — GROTE (G.), *Plato's doctrine respecting the rotation of the earth and Arist. comment. upon that doctrine*, London, 1860, 8°. — ZELLER (ED.), *Ueber die Lehre des Arist. von der Ewigkeit der Welt*, Berlin, 1878, 4° (15 pp.). — JOURDAIN (C. B.), *De l'influence d'Arist. et de ses interprètes sur la découverte du Nouveau-Monde*, Paris, 1861, 8°.

d) ZOOLOGIE. — PRANTL (C.), *De Ar. librorum ad historiam animalium pertinentium ordine atque dispositione*, Monachii, 1843, 8°. — FORSCHAMMER (P. W.), *De ratione quam Arist. in disponendis libris de animalibus secutus sit* (index scholarum universit.), Kief, 1846, 4°. — WIMMER (FRID.), *Lectiones aristotelicæ e libris de historia animalium....*, Breslau, 1861, 4° (24 pp.). — KÜLB (PH. H.), *Thiergeschichte in 10 Büchern*, übersetzt u. erläutert, Stuttgart, 1836-57, in-16. — THUROT (CH.), *Observations critiques sur le Traité d'Aristote De partibus animalium* (Revue archéol., nouvelle série, t. XVI, 1867, pp. 196-209, 233-242 et 305-313; t. XVII, pp. 72-88. — MEYER, *Thierkunde*, Berlin, 1855, 8°. — HECK (L.), *Die Hauptgruppen der Thiersystems bei Arist. u. seinen Nachfolgern*, Leipzig, 1885, 8°. — SCHNEIDER (J. GLO.), *Ueber die von Arist. beschriebenen Gattungen und Arten von Kresben* (Magazin der Gesellschaft naturforschendem Freunde in Berlin, an. 1, pp. 103 et sqq.). — KÖHLER (HERM. JOA. DE), *Arist. de moluscis cephalopodibus commentatio*, Rigæ, 1820, 8°. — EUCKEN (R.), *Arist. Urtheil über die Menschen* (Archiv. für Geschichte der Philos., III, 1890, p. 511-558). — MARCHL, *Des Aristoteles Lehre von der Thierseele*, Metten, 1897. — POUCHET, *La biologie aristotélique*, Paris, 1885, 8°.

e) PSYCHOLOGIE. — RODIER (G.), *Traité de l'âme*, traduit et annoté, Ernest Leroux, Paris, 1900. — STEINHART (CAR.), *Symbolæ criticæ ad Ar. De anima libros*, Schulpforte, 1843, 4°. — BONITZ (H.), *Zur Erklärung einiger Stellen aus Arist. Schrift über die Seele* (Hermes, 1873, t. VIII, pp. 416-436). — TORSTRICK (A.), *Zur Psychologie* (Γ, 4, p. 429^b, 10; Γ, 3, p. 428^a, 8; Γ, 4, p. 429^a, 5) (Neue Jarbücher für Philologie, t. XCV, 1867, p. 245). — WOLFF (W.), *Von dem Begriffe des Arist. über die Seele...*, Bayreuth, 1848, 4° (16 pp.). — BRENTANO (Franz), *Die Psychologie des Arist....*, Mainz, 1867, 8°. — WADDINGTON (Ch.), *De la Psychologie d'Arist.*, Paris, 1848, 8°. — CHAIGNET (A. Ed.), *Essai sur la Psychologie d'Arist.*, Paris, 1883, 8°. — BARCO, *Aristot. expositione critica della Psicologia grecca*, Torino, 1879. — WEDDINGEN (VON), *L'esprit de la Psychologie d'Arist.* (Bulletin de l'Académie des sciences de Belgique, 1890, n° 2).

f) PHILOSOPHIE PRATIQUE. — FISCHER (ALB. MAX.), *De Ethicis Nicomacheis et Eudemiis quæ Ar. nomine tradita sunt,* Bonnæ, 1847, 8° (70 pp.). — BEKKERUS (IMM.), *Eth. Nic., Eth. mag., Eth. Eud., De virtutibus et vitiis,* Oxonii, 1837, 8°. — THUROT (FR.), *La morale et la politique d'Ar.*, traduites du grec, Paris, 1823-4, 2 vol. 8°. — GILLIES (J.), *Ethics and Politics....,* translated from the greek, London, 1797, 2 vol. 4°; 1804, 1813, 2 vol. 8°. — SCHLEIERMACHER (F.), *Ueber die Ethischen Werke Ar.*, Berlin, 1835, 8°. — CARRAU (Lud.), *Mor. à Nic. avec une étude sur Arist.* etc..., Paris, 1881, 1886, 8°. — OLLÉ-LAPRUNE, *idem, avec une introduction, un commentaire...,* Paris, 1882, 1886, in-12. — GARVE (C.), *Uebersicht der vornehmsten Principien der sittenlehre von dem Zeitalter Ar. an bis auf unsere Zeiten,* Breslau, 1798, 8°. — RONDELET (ANT.), *Exposition critique de la morale d'Ar.*, Paris, 1846, 8°. — OLLÉ-LAPRUNE, *Essai sur la morale d'Ar.*, Paris, 1881, 8°. — LAFONTAINE (ALB.), *Le plaisir d'après Platon et Ar.*, Paris, 1902, 8° (299 pp.). — BROCHARD, *La morale des anciens* (Revue philosophique, LI, p. 1). — SERTILLANGES (R. P.), *Morale des anciens* (Revue philosophique, LI, p. 280).—SCHMIDT, *Die Ethik der alten Griechen dargestellt,* Berlin, 1882, 2 vol. 8°. — FERRI, *Della philosophia del diritto presso Arist.*, Torino, 1855, 8°. — LAPIE, *De Justitia apud Arist.*, Paris, Alcan, 1902. — EUCKEN (RUD.), *Arist. Anschauung von Freundschaft u. von Lebensgütern* (Sammlung gemeinsverständlicher Vorträge, t. XIX, p. 452 et sqq.), 1884, 8°. — BARTH. SAINT-HILAIRE, *Mémoire sur l'ordre des livres de la Politique d'Arist.* (Académie des sciences morales et politiques, févr. 1835). — THUROT (CH.), *Observationes crit. in Ar. Politicorum libros* (Neue Jarhbücher, t. LXXXI, 1860, pp. 749-759). — WILLIAM ELLIS, *Politics translated from the greek,* 1776, 4°. — SCHWARTZ (J.), *Die staatsformenlehre des Ar. und die moderne staatswissenschaft,* Leipzig, 1871, 8°. — KENNYON (F. G.), πολιτεία Ἀθηναίων, éd. princeps, London and Oxford, 1891. — BLASS (FRID.), Πολιτεία Ἀθην., Lipsiæ, 1898. — REINACH (THEOD.), *Arist., La République athénienne,* traduite en français pour la première fois, Paris, 1892.

g) PHILOSOPHIE DE L'ART. — SPENGEL (LE.), Τέχνη ῥητορική (*Rhetores græci, ex recognitione L.* SPENGEL, Lipsiæ, 1853-6, 3 vol., 8°), vol. I, n° 1. — COPE (ED.), Τέχνη ῥητορική, with commentary, revised and edited by JOHN EDWIN SANDYS, Cambridge, 1877, 3 vol. 8°. — KUEBEL, *Rhetorik übersetzt,* Stuttgart, 1838, 8°. — BENOIT (CH.), *Essai historique sur les premiers manuels d'invention oratoire,* Paris, 1846, 8°. — CHRIST (G.) *Poetik recensuit,* Lipsiæ, Teubner, 1878, 8°. — EGGER (E.), *Poétique, avec des extraits de la Politique et des Problèmes,* texte grec, avec commentaires en français, Paris, 1874, 1875, 1878, in-16. — HATZFELD (AD.) et DUFOUR (MÉDÉRIC), *La poétique d'Arist.*, édition et traduction nouvelles, précédées d'une étude philosophique, Lille, 1899, gr. in-8°. — WEISE (C. HERM.), *Poetik*, text, mit deutsche übersetzung u. anmerkungen, Meisburg, 1824, 8°. — TAYLOR (H.), *Poetics*, translated, London, 1811, 4°; 1812, 1815, 2 vol. 8°. — UEBERWEG (F.), *Poetik*, in's deutsche übersetzt u. mit erläuternden Anmerkungen versehen, Berlin, 1859, 8°. — MARTIN (TH. H.), *Analyse critique de la Poétique d'Ar.*, Paris, 1836, 8°. — BODE (G. H.), *Geschichte der Hellenischen Dichtkunst*, Leipzig, 1838-1840, 5 vol. 8°. — MEYER (D^r), *Arist. u. die Kunst*, Schweinfurt, 1864, 4° (17 pp.). — BRENTANO (E.), *Aristophanes und Aristoteles*, etc..., Berlin, 1873, 4° (56 pp.). — SPENGEL (LE.), *Ueber die Κάθαρσις τῶν παθημάτων*, München, 1859, 4°. — UEBERWEG (FR.), *Ueber den Arist. Begriff der durch die Tragödie bewirkten Katharsis* (Zeitschrift für Philosophie, etc., t. XXXVI, 1860, pp. 260-291). — TORSIRIK (AL.), *Zur Katharsis* (Reinisches Museum..., t. XIX, 1863, p. 581-9). — KUEHN (OTTO), *De Catharsis notione...*, Marburgi, 1874, 8° (37 pp.).

TABLE DES MATIÈRES

LIVRE PREMIER

L'ÊTRE

Chapitre premier. — *Définition de la « Philosophie première ».*
Chapitre II. — *Détermination des catégories.* — L'être n'est ni absolument un, ni multiple à l'infini; — il présente un nombre fini de modalités; — quel est ce nombre?................. 6
Chapitre III. — *La substance.* — Existence de la matière et de la forme; — notion de matière; — notion de forme; — rapports de la matière et de la forme; — notion de substance... 19
Chapitre IV. — *Les dérivés de la substance.* — De la qualité; — De la quantité : du discontinu, du contigu, du continu, de l'infini; — De la relation; — du lieu et du temps; — de l'accident; — des contraires............................ 42
Chapitre V. — *Les causes.* — De leur nombre; — de leur hiérarchie; — finalisme d'Aristote........................ 87

LIVRE II

LA NATURE

Chapitre premier. — *Le mouvement.* — Ce que c'est ; — de ses espèces; — priorité du mouvement circulaire.............. 96
Chapitre II. — *Le moteur immobile.* — Preuves de son existence; — son essence; — comment il meut le monde; — la Providence d'après Aristote; — définition de la nature......... 107
Chapitre III. — *Le ciel.* — Description du ciel; — unité, sphéricité, éternité du monde; — du dualisme au monisme....... 124

LIVRE III

L'AME

Chapitre premier. — *L'âme et ses facultés*.................. 139

CHAPITRE II. — *La nutrition.* — Nature de la nutrition : c'est une sorte de combustion ; — rapport de la nutrition et de la reproduction de l'individu............................... 163

CHAPITRE III. — *La sensation.* — Analyse de la sensation ; — théorie de la perception du monde extérieur ; — analyse des sensibles ; — le sens commun ; — persistance des images ; — l'imagination : sa nature, ses rapports avec l'art ; — la mémoire : sa nature et ses lois ; — le sommeil, le rêve, l'hallucination, la mort... 172

CHAPITRE IV. — *La pensée.* — Les deux intellects ; — leurs caractères respectifs et leurs rapports ; — points obscurs ; — progrès que réalise la théorie des deux intellects avec saint Thomas d'Aquin ; — le jugement : notion et espèces, l'erreur ; — l'induction ; — le syllogisme et la démonstration ; — la définition ; — la science : nature et classification........ 207

CHAPITRE V. — *Le désir.* — Désirs spontanés ; — le vouloir et le choix ; — de la responsabilité morale ; — éducation de la volonté... 273

LIVRE IV

LES ACTIONS HUMAINES

CHAPITRE PREMIER. — *L'individu.* — Le bonheur ; — la vertu ; — les vertus : justice et amitié ; — morale et religion ; — morale et métaphysique...................................... 287

CHAPITRE II. — *La famille.* — Le père ; — l'enfant ; — l'épouse ; — les frères ; — l'esclave ; — la propriété ; — le commerce et l'usure ; — critique de la *République* de Platon............ 336

CHAPITRE III. — *La cité.* — Origine et but de la cité ; — classification des formes politiques ; — de la meilleure des formes politiques : monarchie, démocratie, aristocratie ; — moyens d'assurer la stabilité politique........................... 347

CONCLUSION : *Le naturalisme de Platon à Aristote, d'Aristote à Straton.*... 371

Index bibliographique................................. 387

TYPOGRAPHIE FIRMIN-DIDOT ET C‸ie. — MESNIL (EURE).

www.ingramcontent.com/pod-product-compliance
Lightning Source LLC
Chambersburg PA
CBHW071854230426
43671CB00010B/1332